JN436939

전통과 근대의 역사적 횡단

이 책은 동아시아역사연구소 총서 13권입니다.

전통과 근대의 역사적 횡단

초판 1쇄 발행 2015년 8월 31일

저　자 | 한영화 외
펴낸이 | 윤관백
펴낸곳 | 도서출판 선인

등록 | 제5-77호(1998.11.4)
주소 | 서울시 마포구 마포대로 4다길 4(마포동 324-1) 곶마루빌딩 1층
전화 | 02)718-6252 / 6257
팩스 | 02)718-6253
E-mail | sunin72@chol.com
Homepage | www.suninbook.com

정가 30,000원
ISBN 978-89-5933-917-4 93900

전통과 근대의 역사적 횡단

한영화 외

서문

20세기 말의 세계는 냉전체제의 해체 이후 미국이 세계의 중심으로 급부상하였고, 그 대항마로서 유럽공동체가 모색되었다. 한국, 중국, 일본 동아시아 3국 또한 지역공동체의 모색을 통해 그들과 어깨를 나란히 할 새로운 세력으로의 성장을 기도하였다. 유럽공동체의 성공은 동아시아 공동체의 탄생을 기대하게 하였지만, 서로 다른 역사적 경험이 배태한 갈등의 씨앗은 쉽게 제거되지 못하였고, 여전히 유효한 한반도의 화약고와 그로 인한 국제관계의 이해 충돌은 극복되기 어려웠다. 결국 동아시아 3국의 동상이몽은 결실을 맺지 못하였지만 동시에 새로운 과제가 주어졌다. 한국사회에는 인식의 경직성을 탈피한 냉철한 성찰이 요구되었고, 동아시아의 평화체제와 공동 번영을 위한 거시적 담론의 필요성이 과제로 부각되었다.

미래를 전망하는 전제는 역사에 대한 진솔한 성찰과 역지사지(易地思之)의 자세일 것이다. 이 책을 펴내는 목적도 한반도, 나아가 동아시아의 현재와 미래를 분석하고 전망하기 위한 기초적인 작업의 일환이다. 전체를 3편으로 구성하였는데, 우선 근대 이전의 동아시아 전통사회에 대한 구조적 분석과 이념적 기반에 대한 성찰이 필요하다고 생각하였다. 3국의 전통사회에 대한 이념과 구조의 분석을 통해 동아시아를 관통하는 질서의 편린을 살펴볼 수 있을 것이다. 다음으로 근대 전환기에 맞게 되는 이념의 충돌과 사회의 변동이 어떻게 새로운 질서의 모색으로 나타나는가를 찾는 연구들을 배치하였다. 끝으로 근대사회의 구조적 연장선상인 현대사회에서 나타났던 다양한 현상과 담론들, 즉 민족주의, 전체주의, 계급이론, 포스트모더니즘에 이르기까지 역사와 사회이론의 연구자들이 사회를 고민했던 지점들을 점검해보고자 하였다.

제1부는 동아시아 3국, 즉 한국, 중국, 일본의 전통사회가 구조화되는 원리와 과정 그리고 편제된 질서가 어떻게 유지, 발전해 가는가에 대한 논의이다. 대체로 군신관계를 기반으로 하는 수직적 질서로서의 신분구조가 제도적으로 고착화되는 과정을 다양한 주제로 설명하고자 하였다.

한영화의 글은 신라의 형률에 대해 운용 사례를 중심으로 살펴봄으로써 7~8세기 신라의 형률 양상을 추적한 것이다. 군주권 보위와 관련한 형률이나 관리에 대한 견제, 규제의 의미는 궁극적으로 군주를 중심으로 하는 수직적 관계의 확인이었으며 공적 질서를 확립하려는 신라 사회의 한 단면임을 증명하고자 하였다. 또한 일련의 사례 검토를 통해 형률의 형식적인 측면보다는 운용에서 다양성이 드러났으며 결국 이는 당시 동아시아 사회를 관통하는 형률의 존재의미가 군주권 수호에 있었음을 논증하였다.

박재우의 글은 정치운영에서 차지하는 군신의 위상과 역할을 살펴봄으로써 국정 운영체계나 고려사회의 성격에 대해 고찰한 것이다. 초월적인 천(天)의 대변자로서 천명을 받은 존재로 인식되었던 국왕이 왕명 반포, 신료의 상주에 대한 최종 결정, 상벌권, 인사권의 형태로 권력을 행사하였고, 신료들은 국왕이 국정을 주도하기를 기대하는 한편, 자신들과 국왕이 함께 다스려야 한다는 국정 방향을 제시하였음을 설명하였다. 결국 이러한 방향성은 3성 6부를 근간으로 하여 다양한 회의를 만들어냄으로써 국왕과 신료의 합의하에 정치를 이끌어가는 국정 운영체계를 만들어냈음을 지적하였다.

하원수의 글은 당대(唐代) 진사과의 등장과 그것이 제도로서 정착해 가는 과정을 연구한 성과이다. 당대 진사과와 예부시(禮部試)의 제도적 정착이 중국사에서의 과거제도가 갖는 역사적 의의를 재고하고자 하였던 것이다. 여기서 기존의 시각과는 달리 과거(科擧) '응시자'의 입장에서 진사과의 제도적 정착을 바라볼 필요가 있음을 제기하였다. 이를 통해 당초에 과거의 한 과목으로 등장했던 진사과의 제도적 정착이 결국 사인(士人)들의 능동적인 주체성과 축적된 문화적 전통, 고제(古制)의 이념적 권위 등을 통해 사인 스스로 중국을 변화시켜온 과정임을 입증하였다.

구태훈의 글은 17세기 일본 무사의 직분에 대해 검토함으로써 일본 근세사회의 특질을 해명하기 위한 실마리를 찾고자 한 것이다. 중국·조선의 '사농공상(士農工商)'으로 민(民)을 분류한 사민론(四民論)의 인식이 일본에서 어떻게 전개되는지 살펴보았다. 일본에서 무사가 곧 '사(士)'로 인식되었지만, 무사의 성격은 오히려 지식인과는 거리가 먼 '병(兵)'이었음을 지적하였다. '무사도'라 함은 무사의 도덕으로 규정될 뿐 아니라 전투자의 능력, 자질 등 다분히 기술적인 부분까지 함께 고려해야함을 강조함으로써 '병농공상(兵農工商)'이라는 틀로 신분질서가 구성되었음을 밝혀내고자 하였다.

제2부는 전근대에서 근대로 전환하는 과정에서 한국, 중국에서 나타났던 학문적 경향과 사회경제적 기반, 사상의 변화에 대한 논의들, 그

리고 더 나아가서 서구(독일)에서 근대로 이행되는 과정에서 나타나는 개인과 국가의 관계를 통해 '근대성'에 대한 문제를 재조명하였다.

조성산의 글은 19세기 전반 조선의 문화사의 특징과 단면을 조망하고자 한 것으로, 주자학적 질서의 해체와 지식정보 보급과의 유기적 관련성을 규명하는 데에 주력하였다. 당시 지식인들이 주자학의 세계 이해 방식인 이기론(理氣論)에 대한 문제점을 지적하였고, 이(理) 개념의 단순화, 최소화를 통하여 다양한 사유의 가능성을 열어놓게 되었던 점을 설명하였다. 그리하여 중국과 서양의 학문의 영향으로 이치는 총체적으로 존재하는 것이 아니라 개별적인 사물에 편재되어 있기 때문에 총서의 편찬, 다양한 필기류 저작들이 등장하게 되었음을 밝혀냈다.

박기수의 글은 근대 중국 광주의 생사수출에 대한 학계의 선행연구가 가장 기초적인 해관사료를 이용하지 않은 것을 지적하고, 해관사료를 이용하여 1840~1911년 광주항에서 전개된 생사와 비단제품의 수출상황을 분석한 것이다. 그리하여 1854~1859년 사이에 종래 견해와 달리 광주항에서 생사가 수출되었고, 청 말에는 생사만이 아니라 비단류 제품이 다량으로 수출되고 있었음을 밝혀냈다.

임경석의 글은 3·1운동을 통해 한국 민족주의의 특징을 규명한 것이다. 3·1운동 전후한 시기 민족주의 세력의 행동양상을 정세변동과 관련하여 고찰하고, 민족주의 세력을 민중의 동향과 연관 지어 살펴보았다. 그리하여 3·1운동기 한국 민족주의의 특징에 대해 민족주의 세력의 조직 역량이 증대되면서 사회적 영향력이 급격히 높아졌고, 민족주의 세력의 분화와 재편성이 급격히 진행되었으며, 1919~1921년의 혁명적 정세와 맞물리면서 혁명적 성격을 띠었던 것으로 파악하였다.

정현백의 글은 근대국가로서 독일이 성매매에 대응하는 방식을 고찰하고 그 속에서 근대성의 양상을 살펴본 것이다. 주로 근대 독일에 들어와 제정된 성매매 관련 법안을 통해 국가의 관점과 정책을 분석하였고, 법의 집행주체인 경찰의 성매매 여성에 대한 대응 방식을 통해 성매매 여성과 국가의 관계를 분석하였다. 결국 근대 독일은 국가 관리하의 성매매를 선택하였으며, 이 과정에서 성매매 여성들은 근대성이 담보해야하는 시민권이나 개인의 자율성의 범주에서 벗어난 소수자로 치부될 수밖에 없었음을 지적하였다.

제3부는 서구 중심적인 역사에서 벗어나 다양한 주체들을 역사의 전면으로 부각시키고 역사이론의 새로운 패러다임을 구축할 필요성에 대한 논의들이다.

후지이 다케시의 글은 방기중의 '식민파시즘'이라는 개념을 통해 일본으로 환원되는 일국적인 파시즘에 대한 이해에서 벗어나려 한 시도를 계승하며, 기존의 진영논리로는 포착하지 못했던 파시즘의 역사를 서술하는 것을 목적으로 하였다. 해방 후 남한에서는 우익진영에서 좌우합작에 대한 대응책으로 '민족사회주의'가 간헐적으로 제기된 바 있었다. 그러나 정부수립과 한국 전쟁 이후 냉전적 진영논리가 관철되면서, 5·16 쿠데타 이후 파시즘적인 민족주의가 근대화론에 포획되면서 저항적 민족주의는 불가능해졌음을 역설하였다.

이찬행의 글은 인간을 단순히 객체로 강등시킨 사회사적 시각에 반대하며 인간의 경험을 계급형성의 결정적인 계기이자 역사연구의 핵심으로 파악했던 톰슨의 이론에 대한 분석이다. 톰슨은 경험에 특권적인 지위를 부여함으로써 계급형성에서 인간의 능동적인 행위를 부각시켰지만, 생산관계에 의해 결정되는 경험이 계급의식으로 발현된다고 가정함으로써 목적론적인 결정의 이론으로부터 벗어날 수 없었던 한계를 지적하였다.

김택현의 글은 서구 제국주의의 이데올로기적, 문화적, 정치적 기획물이었던 비서구 역사학의 식민성을 극복하기 위해서 근대적인 역사 인식론과 방법론들을 재검토할 필요성에서부터 시작된다. 서발턴 연구집단의 작업에 주목하여 포스트식민 역사를 적극적으로 되짚어 보고, '서발턴 히스토리'의 '탈구축'이 가진 의미를 확인하였다. 그럼으로써 '서발턴의 서발턴 히스토리'는 기존의 역사학적 형식이 아닌 경계를 뛰어넘는 일종의 '포스트역사학적 형식'이 되어야할 것을 제안하였다.

논문의 선정과 편성의 기본적인 원칙은 시간과 공간의 횡단이었다. 전통사회부터 현대사회에 이르기까지 시간적 횡단을 통해 시대상에 매몰되지 않고 역사 전체를 정합적으로 설명할 수 있는 길을 찾고자 하였다. 그리고 상호 영향을 주고 받았던 동아시아 3국의 공간적 횡단, 나아가 서양과의 교류 이후 등장했던 세계사적 교감(交感)을 살펴봄으로써 인식의 확장을 모색하였다. 역사연구자가 특정 시대와 주제를 세밀하게 분석하고 연구하는 것이 연구의 질을 높이기 위한 불가피한 선택일 수 있지만, 자신이 속한 사회와 끊임없이 교감하고 인식을 확장시키려 노력해야 사회의 변화와 미래지향적인 학문 환경에 능동적으로 대처할 수 있을 것이라 생각한다. 이 책은 그러한 노력의 작은 실천이자 한 걸음일 것이다.

차례

제2부 근대 전환기의 사회변동과 근대적 질서의 모색

제3부 현대사회의 균열과 비판적 역사이론의 대두

제1부

전통사회의 구조와 국가질서의 형성

7~8세기 신라의 형률과 그 운용으로 본 군신관계

한영화

1. 머리말

사회규범이라는 것은 인간에게 일정한 사회적 행위를 당위적으로 의무지울 것을 요구하는 관념이다. 또는 사회에 있어서 그 집단의 표준으로 되어 있는 태도나 행동의 형태를 사회적 규범이라고도 한다. 사회규범은 인류 역사상 사회가 발생한 이래로 구성원들의 행동을 규제해오는 하나의 기준이 되어 왔다. 그것은 관습의 형태로, 도덕의 형태로, 종교의 형태로 또는 더 나아가 법의 형태로 인간의 행위를 규제한다.

이러한 규범 · 규율은 각각 그 사회에서의 질서유지와 사유재산의 보호를 위해서 기능하며, 이후 국가의 발달에 따라 불문율이었던 규율들이 체계화된 성문법으로 전환된다. 이 과정은 삼국에서 율령의 수용으로 나타난다. 각각의 사회는 그 자체의 내적 발달에 의해 형성된 규범 · 관습을 토대로 외적 영향하에서 발생된 새로운 법률체계를 수용하게 되는 것이다. 『삼국사기』에 의하면, '율령'의 반포는 고구려에서는 불교의 공인과 태학의 성립과 함께 소수림왕 3년(373)에, 신라에서는 법흥왕 7년(520) 백관의 공복과 그 질(秩)이 정해지는 것과 함께 이루어졌다. 이 시기 율령의 문제는 일본의 '율령국가(律令國家)'의 성립과 궤를 같이하여 한국의 고대사를 파악하려는 의도에서 부정적으로 보는 경향이 있었다.[1] 그러나 이후 율령의 조항 복원이라든지[2] 금석문 발견에 따른 '율령' 반포의 사실에 대한 확인 작업을[3] 통해 한반도에서의 '율령' 반포는 의미를 찾게 되었다. 또한 이를 기반으로 삼국 '율령'의 전개과정을 '연좌제'·'형률'·'대민지배' 등 구체적인 주제를 통해 설명하려는 연구들이 계속되었고[4] 최근에는 물질자료적인 측면에서 율령의 시행을 찾으려는 연구도 진행되었다.[5] 한편 그 내용 측면에서 비교적 사료가 많이 남아있는 신라의 중대를 중심으로 중국의 형률과의 관계를 규명하면서 신라의 법체계가 고유법적 측면이 여전히 강하게 남아 있음이 구체적으로 지적되기도 했으며,[6] 단순히 변하지 않는 고정불변의 법체계가 아닌 지속적으로 수찬·확충되고 있음

---

1) 林紀昭, 「新羅律令に關する二三問題」, 『法制史研究』 17, 1967; 井上秀雄, 「朝鮮·日本における國家の成立」, 『世界歷史』 6 (岩波書店, 1974); 武田幸男, 「新羅法興王代の律令と衣官制」, 『古代朝鮮と日本』 (學生社, 1974); 北村秀人, 「朝鮮における律令制の變質」, 『日本古代史講座』 7 (學生社, 1982).

2) 田鳳德, 「新羅律令考」, 『韓国法制史研究』 (서울대학교 출판부, 1956); 盧重国, 「高句麗律令에 關한 一試論」, 『東方学誌』 21, 1979; 盧重国, 「百済律令에 대하여」, 『百済研究』 17, 1986; 李仁哲, 「新羅律令의 篇目과 그 内容」, 『정신문화연구』 54, 1994; 韓容根, 「高麗以前의 古代刑律」, 『高麗律』 (書景文化社, 1999).

3) 李基東, 「新羅 官等制度의 成立年代 問題와 赤城碑의 發見」, 『歷史學報』 78, 1978; 金龍善, 「新羅 法興王代의 律令頒布를 둘러싼 몇 가지 問題」, 『加羅文化』 1, 1982; 朱甫暾, 「蔚珍鳳坪新羅碑와 法興王代 律令」, 『韓國古代史研究』 2, 1989.

4) 朱甫暾, 「新羅時代의 連坐制」, 『大丘史学』 25, 1984; 韓容根, 「三国時代의 刑律研究」, 『韓国史의 理解－古代考古編』 (신서원, 1991); 姜鳳竜, 「三国時期의 律令과 '民'의 存在形態」, 『韓国史研究』 78, 1992.

5) 山本孝文, 『韓國 古代 律令의 考古學的 研究』, 부산대학교 박사학위논문, 2005.

6) 尹善泰, 「新羅 中代의 刑律－中國律令 受容의 新羅的 特質과 관련하여」, 『강좌 한국고대사』 3 (駕洛國史蹟開發研究院, 2003); 洪承佑, 「新羅律의 基本性格－刑罰體系를 중심으로」, 『韓國史論』 50, 2004.

을 지적하기도 하였다.[7]

어느 사회건 주변 사회와 끊임없이 관계를 맺는다. 그것이 전쟁과 같은 적대적 관계가 되었든 교역 등의 우호적 관계가 되었든, 이러한 관계들은 서로의 사회에 의식적이든 무의식적이든 많은 영향을 끼치게 된다. 곧 통시대적으로 관철되어온 그 사회의 고유한 것들과 마찰을 빚기도 하고 대체가 되기도 하고 융합이 되기도 한다. 삼국에서 형벌체계라고 하는 것도 크게 다르지 않았다. 삼국 각국은 고유의 관습법적인 질서 속에서, 확대되고 체계적인 법체계로서의 '율령'을 받아들였으며, 수용된 '율령'은 각 사회에서의 관습법과의 관계 속에서 시행과 착오를 거듭했을 것이다.

이러한 과정은 7세기 국제전을 거치면서 또 다른 국면에 접어들게 된다. 이 시기는 중국에서 통일왕조인 수와 당의 등장으로 동아시아 판도의 지각변동을 예고하는 한편, 한반도에서는 적극적인 영역확장으로 삼국이 팽팽한 접전을 벌이다 결국 신라와 발해로 재편되는 상황이었고, 일본 또한 이러한 판도 속에서 벗어날 수 없었던 그야말로 격변의 시기였다. 결국 7~8세기를 거치면서 동아시아의 역학관계는 새롭게 재편되었고, 이후 안정화된 사회 속에서 서로의 관계는 재정립되는 상황이었다. 이 과정에서 수나 당의 역사적 경험이 농축된 율령을 중심으로 한 통치체제는 한반도와 일본으로 확산되었고, 이는 동아시아 사회를 관통하는 하나의 통치질서로서 자리 잡게 되었다.

본고에서는 이 시기 신라의 형률을 중심으로 해서 동아시아사회에 관통하는 통치 질서인 율령의 한 부분을 살펴보고자 한다. 먼저 군주권의 보위와 관련된 반(反)·대역(大逆)·반(叛), 즉 국가안위의 유지하

7) 盧鏞弼, 「新羅時代 律令의 擴充과 修撰」, 『洪景萬敎授停年紀念 韓國史學論叢』(景仁文化社, 2002).

는 데 필요한 죄와 벌의 양상을 검토할 것이다. 그리고 전쟁과 일상적인 직무수행 등과 관련하여 관리에 대한 규제 사례를 통해 왕권의 통치 행위를 검토할 것이며, 그리고 중죄로서 사면의 제외대상이었던 신라의 '오역(五逆)'을 중심으로 하여 동시기 동아시아 사회에서의 형률의 전개 양상을 가늠해보고자 한다.

2. 신라 형률의 양상과 운용

당의 율(律)은 전국시대 이래 국가제정법 발달의 결과로서 특히 위·진이래 빈번히 행해진 율령의 편찬, 개정사업의 최후의 완성으로 나타난 법전이며 그 기본적 틀은 수의 '개황률'(581)에서 만들어졌다. '개황률'에서는 사형(死刑), 유형(流刑), 도형(徒刑), 장형(杖刑), 태형(笞刑)의 5종의 형이 정해졌고, 사형도 이전보다 단순화하여 참형(斬刑)과 교형(絞刑) 두 가지로 하였으며 혹형을 없애는 등 "경형(輕刑)으로 중형(重刑)을 대신하고, 사형(死刑)을 생형(生刑)으로 바꾸며, 조문이 많은 것은 쳐서 간략하게 만든다. 복잡한 격식과 무거운 형벌은 아울러 모두 삭감하여 폐지한다."라는 기본적인 원칙이 적용되었다.[8] 이는 당률에 직접적인 영향을 준다. 당은 무덕 7년(624) 수의 '대업률'을 폐지하고 '개황률'에 따라 '무덕률'을 제정하였으며,(624) '정관률'(637), '영휘률'(651), '개원률'(737) 등의 개정이 있었다. 그 형벌체계는 수의 '개황률'을 대체적으로 답습하고 있어 태·장·도·유·사의 5형이 규정되고 유형에 다소 변동이 가해진 것 이외에는 거의 변화가 없었다.[9]

---

8) 『隋書』 卷25, 「志」 20, 刑法.

9) 仁井田陞, 『中國法制史硏究(刑法)』 (東京大學出版會, 1959), 110쪽.

일본에서 율·령이 갖추어져 편찬, 시행된 것은 대보율령부터였다.[10] 대화(大化) 전대(前代) 형벌은 신판(神判)이 행해졌고, 살인죄, 강도죄, 간음죄에 대해서 사형, 장물에 대해서는 배상제(賠償制)가 적용되었으며 그 죄의 경중에 따라 유형과 장형이 처해지기도 함으로써[11] 일본 고유의 신판과 같은 관습법적인 요소와 중국의 율령적 요소가 함께 나타나고 있는 것을 확인할 수 있다.[12] 천무(天武) 5년(677) 8월에 내려진 사면령에 '삼류(三流)'와 '도죄(徒罪)' 등의 문구가 보여 율령의 시행을 가늠하기도 하며 또한 지통(持統) 3년(689) 정어원령(淨御原令)이 시행된 이후로 일본에서도 이전과는 달리 십악(十惡)이 언급되는 등 당의 율이 적용되는 구체적인 예들을 찾을 수가 있다. 일본의 율령은 대체로 중국 율령의 틀을 거의 그대로 모방, 계승하고 있었던 것이다.[13]

신라에서는 법전의 편찬이 확인되지 않는다. 다만 그 정황상 당의 율령을 신라 또한 적극적으로 수용했을 가능성은 높다. 640년대 이후로 활발해진 신라의 대당관계를 통해 이를 가늠해 볼 수 있을 것이다. 신라는 648년 이후 진덕왕 3년(649) 중국 의관제 수용, 진덕왕 4년(650) 당 연호 사용, 진덕왕 5년(651) 하정례(賀正禮)의 시작 등 당의 제도를 적극적으로 수용하였다. 또한 이 연장선상에서 진덕왕 6년(652) 파진찬

---

10) 李貞姬, 「6, 7세기 日本史에서 律令受容의 過程과 意味」, 『韓國古代史研究』 4, 1991, 24쪽.

11) 『隋書』 卷81, 「列傳」 46, 倭國.

12) 중국 南朝의 경우 梁, 陳에 이르기까지 流刑은 형벌체계에 속하지 않았으나, 北朝의 경우는 流刑이 사형 다음가는 중형으로 자리잡는다고 한다. 또한 북위나 북제의 경우 流刑에 대해 거리에 따른 등급이 정해지지 않았지만 北周부터는 거리에 대한 차등이 이루어진다고 한다(洪承佑, 앞의 논문, 2004, 13-15쪽).

13) 李貞姬는 일본의 율령제 도입을 7세기 초 부분적 도입→7세기 중엽 전면적 도입→ 7세기 후반 법전편찬의 과정으로 설명하고 있다(李貞姬, 앞의 논문, 1991). 이러한 과정을 겪은 대보율령은 당의 永徽律令을 참고하고 있다(李貞姬, 앞의 논문, 1991, 24쪽).

천효(天曉)를 좌이방부령(左理方府令)으로 삼고, 무열왕 원년(654) 이방부령(理方府令) 양수(良首) 등에게 명하여 율령을 '상작(詳酌)'하여 이방부격 60여 조를 '수정(修定)'하는 등의 조치가 있었다. 이러한 신라의 적극적인 당 제도 수용은 외부적으로는 백제와 고구려의 관계 속에서 주도권을 잡기 위한 방편의 하나였고, 내부적으로는 중앙집권적(中央集權的) 귀족관료체제(貴族官僚體制)로 나아가고자 했던 과정 중의 하나였다. 이러한 과정은 백제 · 고구려의 멸망과, 당과의 전쟁을 거쳐 전쟁이 끝나는 676년 이후 다시 이어져 문무왕 18년(678) 좌 · 우리방부에 경(卿)을 각 1인씩을 더 두고 문무왕 21년(681) 유조(遺詔)에서는 율령격식의 '개정(改定)'이 언급되었다.

당 제도의 적극적 수용과 함께 이루어진 율령 관련 조치들은 결국 기존의 율령을 당의 율령을 통해 신라의 사정에 맞춰 개정했을 가능성을 보여주기에 충분하다. 이러한 사정을 실질적인 적용이라는 측면에서 형률을 중심으로 살펴보고자 한다. 특히 군신관계에서 군주권 보위와 관리의 규제적 측면에서 적용되는 형벌을 중심으로 살펴보고자 한다.

1) 군주권(君主權) 보위(保衛)에 적용된 형률례

국가가 발전함에 따라 나라에 위해를 가하는, 즉 사직을 위태롭게 하거나 나라를 배신하는 행위에 대해서는 최고의 형벌을 가하게 된다. 이에 해당하는 죄를 모반(謀反), 대역(大逆), 모반죄(謀叛罪)로 구분할 수 있다. 당률에서는 모반(謀反), 대역(大逆), 모반죄(謀叛罪)는 십악에 해당하는 항목으로서[14] 법정 최고형인 참형 등의 형벌을 가하였다.[15] 실제로 수와 당에서는 모반(謀反)이나 반(反)의 경우 대부분 "복주(伏

誅)"되거나 "토평(討平)"으로 표현된다. 이들 중에서는 거병하여 천자나 왕으로 자칭하거나 건원(建元)하는 경우도 다수 포함되어 있다.[16] "복주"되거나 "토평"되는 이들에게 주어지는 주된 사형의 형태는 당률에 의하면 참형이었을 것이다.[17] 수나 당에서의 반(叛)은 "반망(叛亡)", "반귀(叛歸)" 등으로 쓰이며 배반하여 이탈해나가는 모습을 주로 보여준다. 이러한 반(叛)의 경우는 주로 반죄(反罪)와 같이 "복주" "토평"으로 귀결되는데, 그 구체적인 처벌의 내용은 참형이나 교형에 처해졌을 것이고 이미 반(叛)이 실행되었을 때는 참형이 처해졌다.[18]

가-1) (당 고조) 武德 4년(621) 竇建德을 長安市에서 참하였다.[19]
2) (당 고종) 開耀 元年(681) 10월 병인일 阿史那伏念과 溫傅 등 54인을 都市에서 참하였다.[20]

---

14) 수, 당 十惡의 1,2,3 조항에 해당한다. '反'은 社稷을 위해하는 것이다. 天子에게 危害를 가하려는 것으로, 황제의 폐위 · 시해를 직접 행하거나 궁극적으로 그것으로 이어지는 성질의 폭력을 행사하는 것이다. 정통의 現王朝에서 이탈하여 외국 또는 괴뢰 政權側에 붙는 것이 '叛'이다. 즉 나라를 배반하고 적국을 따르려고 꾀함을 말한다. '反'과 '叛'의 차이는 조정을 향해 정면으로 공격하는가, 조정에 등을 돌리고 이탈하는가의 차이라고 할 수 있으며, 이 점에서 叛과 亡(도망) 사이에는 근사성이 있다. 만약 한 곳을 점거하여 官軍에 철저히 항전한다면 그것은 '叛'이 아니라 '反'이 된다. '大逆'은 종묘, 산릉 및 궁궐을 훼손하는 것을 말한다. 즉 황제의 권위를 상징하는 중요한 조영물을 파괴하고 이로써 황제의 권위에 중대한 모욕을 가한 행위를 의미한다[『唐律疏議』 卷1, 名例1, 第6條 十惡: 任大熙 · 金鐸敏 主編, 『譯註 唐律疏議－名例編』 (한국법제연구원, 1994), 108-110쪽].

15) 『唐律疏議』 卷17, 賊盜1, 第248條 謀反大逆 · 第251條 謀叛.

16) 특히 수의 경우 수 말기, 즉 大業10년, 11년, 12년, 13년에 집중적으로 나타나고 있다.

17) 謀叛이나 謀大逆일 경우는 絞首刑이지만 이미 실행된 경우는 斬首刑이다.

18) 예를 들면, 『舊唐書』 卷16, 「本紀」 16, 穆宗 長慶 元年以前, "八月 … 甲戌 安南都護桂仲武 斬叛將楊清首以獻 收復安南府"와 같은 경우이다.

19) 『新唐書』 卷85, 「列傳」 10, 竇建德.

20) 『舊唐書』 卷5, 「本紀」 5, 高宗2下 永隆 2年 · 開耀 元年 10月 丙寅.

가－1), 2)의 사료는 당에서의 반반죄(反叛罪)에 대한 처벌을 그 내용으로 하고 있다. 두건덕(竇建德), 아사나복념(阿史那伏念) 등은 모두 “시(市)”에서 참형에 처해졌다. 가 사료에서 볼 수 있듯이 참형의 집행은 저자[市]에서의 공개형이었다.[21] 그러므로 수나 당에서 모반(謀反), 대역, 모반(謀叛)에 대한 사형은 대부분 “복주”와 “토평” 등으로 표현되었지만, 이렇듯 그 내용은 5형 체계에 따른 집행이 이루어졌을 것이다.

하지만 이러한 형 외에도 형률에 규정되어 있지 않은 요참(腰斬), 효수(梟首) 등이 나타나기도 한다. 수의 ‘개황률’에서 전대의 효수형, 환열형(轘裂刑), 편형(鞭刑) 등을 삭제했지만,[22] 양현감(楊玄感)의 동생 적선(積善)은 거열형(車裂刑)에 처한 후 불태워 흩뿌려졌고,[23] 고구려로 도망갔다가 송환된 곡사정(斛斯政)은 지해형(支解刑)을 받았으며[24] 양제(煬帝)를 시해하려고 모의했던 우문지급(宇文智及) 등은 효수형에 처해졌다.[25] 또한 당 태종대 모반(謀反)한 유란(劉蘭)은 요참에 처해졌는데 구행공(丘行恭)이 유란의 심간(心肝)을 먹자, 태종이 나라에는 상형(常刑)이 있음에도 그와 같음을 꾸짖기도 하였으며,[26] 측천무후대에

---

21) 5품 이상이 惡逆 이상의 죄를 범하지 않는 경우는 집에서 스스로 죽는 것을 허용하고, 7품 이상 및 황족 또는 부인이 범한 죄가 참형에 해당하지 않는 경우, 모두 은밀한 곳에서 교수형을 집행한다[『唐令拾遺』 獄官令 8조; 『唐六典』 卷6, 尙書刑部: 김택민 주편, 『譯註 唐六典(上)』 (신서원, 2003), 598쪽].

22) 『隋書』 卷25, 「志」 20, 刑法; 『唐六典』 卷6, 尙書刑部.

23) 『隋書』 卷4, 「帝紀」 4, 煬帝下 大業 9年 12月 甲申. 양현감은 宇文述 등에게 斬되었다(『隋書』 卷4, 「帝紀」 4, 煬帝下 大業9年 8月 壬寅).

24) 『隋書』 卷4, 「帝紀」 4, 煬帝下 大業 10年 11月 丙申; 『隋書』 卷70, 「列傳」 35, 斛斯政. 『隋書』 列傳에 의하면 곡사정을 기둥에 묶어놓고 公卿百僚가 활을 쏘아맞혔고 그 고기를 저며 씹어먹은 자들이 많았으며 씹은 후 삶아버렸다. 그리고 그 나머지 뼈를 모아 태워서 흩뿌렸다고 한다.

25) 『舊唐書』 卷54, 「列傳」 4, 竇建德.

26) 『舊唐書』 卷3, 「本紀」 3, 太宗下 貞觀 17年 正月 戊辰; 『資治通鑑』 卷196, 「唐紀」 12, 太宗 貞觀 17年 正月.

는 배비궁(裴匪躬) 등이 사사로이 황사(皇嗣)를 알현한 것으로 요참형을 받았다.[27] 이러한 상황들로 보아 모든 사형 집행이 꼭 규정대로만 행해진 것은 아닌 듯하다. 그러나 이러한 예외적 형벌들은 모두 이전 시기까지 행해져 왔던 사형의 방법들로, 수·당대 사형으로 참형과 교형이 정해졌다하더라도 실제 적용함에 있어서는 상황에 따라 규정 외적인 형벌이 가해졌던 것을 보여주는 사례들이라 하겠다.

당과 마찬가지로 신라 또한 군주권에 대한 도전, 즉 국가를 위태롭게 하는 행위에 대해서는 최고의 형벌을 가하였다.

> 나－1) 진평왕 53년(631) 5월, 이찬 柒宿과 아찬 石品이 謀叛하였다. 왕이 그것을 알아차리고 칠숙을 붙잡아 東市에서 참하고 아울러 9족을 멸하였다. … (석품은) 몰래 집에 이르렀다가 잡혀 伏刑을 받았다.[28]
>
> 2) 태종무열왕 7년(660) 8월, 毛尺을 붙잡아 참하였다. 모척은 본래 신라 사람으로 백제에 도망한 자인데, 대야성의 黔日과 함께 도모하여 성이 함락되게 하였기 때문에 참하였다. 또 검일을 잡아 (죄목을) 세어 말하기를 "네가 대야성의 모척과 모의하여 백제 군사를 끌어들이고 창고를 불질러 없앰으로써 온 성 안에 식량을 모자라게 하여 싸움에 지도록 하였으니 그 죄가 하나요, 品釋 부부를 윽박질러 죽였으니 그 죄가 둘이요, 백제와 더불어 본국을 공격하였으니 그것이 세번째 죄이다." 이에 사지를 찢어 그 시체를 강물에 던졌다.[29]

사료 나는 신라에서의 반(叛)·모반죄(謀叛罪)와 그 처벌에 대해 언

---

27) 『舊唐書』 卷6, 「本紀」 6, 則天皇后 長壽 2年 2月; 『資治通鑑』 卷205, 「唐紀」 21, 則天后 長壽 2年 正月.

28) 『三國史記』 卷4, 「新羅本紀」 4, 眞平王 53年 5月.

29) 『三國史記』 卷5, 「新羅本紀」 5, 太宗武烈王 7年 8月.

급하고 있다. 나－1)에서는 진평왕대 칠숙 등이 모반하여 참형을 받았고, 그 장소로서 "동시(東市)"가 등장한다. 신라에서도 모반에 대한 사형 집행이 "시"라는 공간에서 공개적으로 참형이 가해지고 있음을 보여주고 있다. 공개적으로 형을 집행한다는 것은 무엇보다도 위협과 일반예방이라는 형벌 그 자체가 가지는 보편적 의미뿐만 아니라,[30] 제의적인 측면도 포함하고 있다.[31] 고구려에서도 "사람들을 모아놓고" 그 장(場)에서 불로 태워 문드러지게 한 후 참형에 처한 바 있었다.[32] 그 공간이 어디였는지는 알 수 없지만, 신대왕 2년(166) "기지시조(棄之市朝)"라는 표현과 백제 삼근왕 2년(478) 웅진시(熊津市)에서의 참형으로[33] 보아 사람들이 쉽게 모일 수 있는 공간이며 종교적 의미를 가지고 있는 장소로 시일 가능성이 유력하다. 신라에서도 사료 나－1) 칠숙의 "참지동시(斬之東市)"에서 보이듯이 반죄(叛罪)에 대한 형벌은 바로 저자에서의 참형이며 이러한 사형 집행은 도화녀의 "참우시(斬于市)"[34]

---

30) 니시다 다이이찌로 지음·천진호 외 옮김, 『중국형법사연구』(신서원, 1998), 90-92쪽.

31) 처형은 신이 강림하여 머무는 곳에서 범죄자를 희생으로 바치는 제례의식으로 거행되었을 것이며, 異族과의 전쟁포로나 패배자는 異神의 저주나 위험을 차단하기 위해서 시에서 처형되었을 것이다(李成九, 『中國古代의 呪術的 思惟와 帝王統治』, 서울대 박사학위논문, 1996, 47-48쪽; 金昌錫, 「한국 고대 市의 原形과 그 성격 변화」, 『韓國史研究』 99 · 100, 1997, 79쪽).
市는 종래 제의의 중심이자 정무의 중심, 처형과 사면의 장소, 재화의 재분배 장소로서의 역할을 담당했으며, 이후 더 이상 정치, 종교적 성격이 탈각되고 경제적 성격이 전면에 드러나게 되었다고 한다. 하지만 이전의 전통이 완전히 사라진 것이 아니어서 여전히 대역죄인을 처형하고 하늘에 대한 맹세가 행해지는 시의 원초적 성격이 관념적으로 남게 된다고 한다(金昌錫, 앞의 논문, 1997).

32) 『舊唐書』 卷199上, 「列傳」 149上, 東夷 高麗.

33) 『三國史記』 卷16, 「高句麗本紀」 4, 新大王 2年; 『三國史記』 卷26, 「百濟本紀」 4, 三斤王 2年.

34) 『三國遺事』 卷1, 「紀異」 2, 桃花女鼻荊郎.

언급처럼 일반적인 형태로 보인다.[35]

그러나 사료 나-2)는 나-1)과는 사뭇 다른 상황을 보여준다. 바로 신라 태종무열왕 7년(660)에 신라인으로 백제로 도망간 모척과 도모하여 성이 함락되도록 한 검일의 예이다. 원칙적으로는 모척과 검일은 반반죄(反叛罪)가 적용되었을 것이다. 하지만 무열왕은 사위와 딸 그리고 주요 거점인 대야성을 잃었다는 점에서 검일에게 지해형(支解刑)과 그 시신을 강물로 던지는 형벌을 가했던 것으로 보인다. 강에 던져진 것 또한 하나의 형벌로 보여지는데, 백제 무령왕 원년(501)에 가림성을 근거로 반(叛)한 좌평 백가는 참하여 백강(白江)으로 던져졌고,[36] 신라에서 조정의 화주(花主)가 익선을 잡아서 그 더러운 때를 씻으려 했으나[洗浴] 익선이 도망쳐 숨어버렸기 때문에 그의 장자(長子)가 붙들려 결국 추운 날 성 안 못 가운데서 얼어죽었다라는 기록에서도[37] 물과 관련된 형벌이 확인된다. 이는 죽은 사람을 땅에 매장치 못하게 하여 영혼의 안식처를 빼앗는다는 의미로도 해석할 수 있을 것이며,[38] 더 나아가서 익선의 "세욕(洗浴)"은 정화의 의미도 포함되어 있을 것이

---

35) 홍승우는 신라 중고기 율로 규정된 두 가지 사형방식을 공개형인 棄市와 비공개형인 斬으로 설명하기도 한다. 실제 집행의 방식은 여러 가지가 있을 수 있지만 신라와 관계된 사료에서는 그 모습이 확인되지 않기 때문이며 일반적으로는 참수의 방식이 주로 사용되었을 것이라 한다(洪承佑, 「新羅律의 基本性格-刑罰體系를 중심으로」, 『韓國史論』 50, 2004, 26-27쪽).

36) 『三國史記』 卷26, 「百濟本紀」 4, 武寧王 元年 正月. 대표적인 예는 고구려 중천왕대 관나부인에게 죄를 물어 가죽주머니에 넣어 서해로 던져버린 것에서 확인할 수 있다(『三國史記』 卷17, 「高句麗本紀」 5, 中川王 4年).

37) 『三國遺事』 卷2, 紀異2, 孝昭王代竹旨郎. 여기에는 효소왕대의 일로 되어 있으나, 진평왕대로 보는 견해도 주목된다[金哲埈, 「新羅 貴族勢力의 基盤」, 『韓國古代社會研究』(서울대학교 출판부, 1990), 330-334쪽; 李昌勳, 「7세기 신라 民의 재편과정」, 『韓國古代史研究』 16, 1999, 429-431쪽].

38) 邊太燮, 「韓國 古代의 繼世思想과 祖上崇拜信仰(下)」, 『歷史學報』 4, 1959.

다.[39] 이러한 물과 관련된 것 이외에도 고구려의 경우는 "반반(反叛)을 꾀한 자는 사람들을 모아놓고 횃불을 들고 서로 다투어 지지게 하여, 온 몸을 태워 문드러지게 한 뒤에 참수"하는 불과 관련된 형이 집행되기도 하였다.[40] 고구려의 '불의 의식'은 고구려가 갖고 있던, 율령과 상관없이 그들에게 침투되었던 고유의 의식적(儀式的)인 한 단면으로 보여지기도 한다. 이렇듯 반반죄에 해당하는 사형집행에서 나타나는 물이나 불은 이전까지 그들이 해왔던 전통적인 형 집행과 관련이 있어 보이며, 형률에 입각한 사형을 집행한다 하더라도 그들이 가지고 있었던 이러한 의식적인 요소들이 덧붙여져 그 가혹함을 보여주고 있다.

그러나 신라 중대를 중심으로 하대까지 반반죄에 대해서『삼국사기』에는 대체로 "복주(伏誅)"로 표현되고 있다.[41] "복주"는 '죽임을 받는다.'라는 일반적인 의미로서 죽임의 특별한 형식을 의미하는 것은 아니지

39) 서양에서도 고대와 중세 형벌에 대해 지적되는 것이 형벌 혹은 처형이 제사, 제물과 관련되어 일종의 주술적 성격을 가진다는 점이다[阿部謹也,『刑吏の社會史－中世ヨーロッパの庶民生活』(中央公論社, 1978)]. 제사의 제물은 각 사회나 부족이 신봉하는 신에게 바치는 제물이고, 그렇게 해서 신의 노여움을 가라앉힌다. 또 신의 판단에 복종하고 신에 대해 지은 죄를 속죄하며 그렇게 해서 정화를 도모했으니 이것이 처형인 것이다[도미야이따루(富谷至) 지음, 임병덕 · 임대희 옮김,『유골의 증언－古代中國의 刑罰』(서경문화사, 1999), 192-193쪽].

40)『舊唐書』卷199上,「列傳」149上, 東夷 高麗.

41)『삼국사기』에 의하면, 선덕왕 16년(647) 비담과 염종 등 謀叛 "誅", 문무왕 10년(670) 한성주총관 수세 謀叛 "誅", 문무왕 13년(673) 아찬 大吐 謀叛 "伏誅", 신문왕 원년(681) 소판 金欽突 등 謀叛 "伏誅", 동왕 4년(684) 장군 大文 謀叛 "伏誅", 효소왕 9년(700) 이찬 慶永 謀叛 "伏誅", 효성왕 4년(740) 波珍飡 永宗 謀叛 "伏誅", 혜공왕 6년(770) 대아찬 金融 叛 "伏誅", 동왕 11년(775) 6월 이찬 金隱居 謀叛 · 8월 이찬 廉相, 前侍中 正門 謀叛 "伏誅", 동왕 16년(780) 伊飡 金志貞 謀叛大逆 "誅", 원성왕 7년(791) 이찬 제공 叛 "伏誅", 헌덕왕 14년(822) 웅천주도독 헌창 反叛 "誅", 문성왕 9년(847) 이찬 양순 등 叛 "伏誅", 동왕 11년(849) 이찬 김식 등 叛 "伏誅", 경문왕 8년(868) 이찬 김예 등 謀叛 "伏誅", 헌강왕 5년(879) 일길찬 신홍 謀叛 "伏誅", 정강왕 2년(887) 이찬 김요 叛 "誅"이다.

만, 그 당시 율에 의해 공식적으로 행해지는 죽임의 형태를 나타낼 가능성은 높다.[42] 그렇다고 한다면 신라 중대 이래로 행해진 "복주"는 신라에서 정한 사형의 형태가 적용되었을 것이다. 물론 예외적 상황이 있을 수 있지만, 이전까지 있어왔던 고유한 관습법적인 요소들은 점점 탈각해나가고 형률에서 정해진 대로 현실에 그대로 적용되었을 것이기 때문이다.[43] 이는 당률의 도입으로 인하여 복잡한 격식과 무거운 형벌이 삭감되거나 폐지되는 완화된 형태로 그 방향이 잡혔을 가능성도 배제할 수 없기 때문이다.

---

42) 당의 경우 정관 13년 突利可汗의 아우인 結社率(『舊唐書』 卷3, 「本紀」 3, 太宗下 貞觀 13年 4月 甲申; 『資治通鑑』 卷195, 「唐紀」 11, 太宗 貞觀 13年 4月 甲申), 영휘 4년 房遺愛 · 薛萬徹 · 柴令武(『舊唐書』 卷4, 「本紀」 4, 高宗上 永徽 4年 2月 乙酉; 『資治通鑑』 卷199, 「唐紀」 15, 高宗 永徽 4年 2月 甲申), 개원 19년 張審素(『舊唐書』 卷8, 「本紀」 8, 玄宗上 開元 19年 12月; 『資治通鑑』 卷213, 「唐紀」 29, 玄宗 開元 19年 12月)는 『舊唐書』에는 "伏誅"로 되어 있지만 『資治通鑑』에서는 그 구체적인 형으로서의 "斬"으로 표현되고 있다. 그러나 神功 원년 來俊臣처럼 『舊唐書』에는 "伏誅"로 되어 있지만 그 구체적인 형이 "棄市"로 되어 있는 경우도 있다(『舊唐書』 卷6, 「本紀」 6, 則天皇后 萬歲通天 2年 神功 元年 6月; 『資治通鑑』 卷206, 「唐紀」 22, 則天后 神功 元年 6월 丁卯).

43) 『三國史記』에 의하면 경문왕대 "謀逆"과 관련한 기사가 등장하고 있다. 경문왕6년(866), 이찬 允興과 아우 叔興 · 季興이 謀逆하여 참형에 처해졌고(『三國史記』 卷11, 「新羅本紀」 11, 景文王 6年 10月), 14년(874)에는 이찬 近宗이 "謀逆犯闕"하여 車裂刑에 처해졌다(『三國史記』 卷11, 「新羅本紀」 11, 景文王 14年 5月). 두 사건은 모두 "謀逆"사건으로 공통점을 가지고 있지만, 그 진행과정이 사뭇 다르다. 윤흥 등의 모역사건은 일이 발각되어 실행되지 못했지만, 근종의 모역사건은 "犯闕"하여 실제 禁軍과의 격전이 있어났던, 즉 실행된 사건이었다. 이는 謀大逆과 大逆에 해당할 것인데, 謀大逆에 대해서는 참형이 행해졌고, 大逆에 대해서는 車裂刑이 행해졌다. 두 가지 가능성이 있는데, 첫째는 謀逆을 참형, 大逆을 거열형이라는 형률규정이 있었을 가능성이다. 그러나 거열형이 이 기사에만 등장하고 있기 때문에 실제 형벌체계에 속해있는지 단언할 수는 없다. 둘째는 실행여부를 떠나서 謀逆했다는 것만으로도 참형을 원칙으로 하고 있으나, 거열형이 예외적 형벌로서 나타나게 될 가능성이다. 이때 거열형은 당률에 의해 새롭게 받아들인 것으로 보기보다는 기존의 중고기부터 존재했든가, 아니면 당률 이전 율령체계에서 받아들인 것으로 파악할 수도 있다(洪承佑, 앞의 논문, 2004, 42-43쪽).

일본에서 모반(謀反) 사건은 6세기 이후부터 나타나기 시작한다. 대화(大化) 원년(645) 고인(古人) 황자(皇子),[44] 대화 5년(650) 소아산전대신(蘇我山田大臣),[45] 제명(齊明) 4년(658) 유간(有間) 황자,[46] 천무(天武) 원년(673) 양련오십군(養連五十君) 및 곡직염수(谷直鹽手)와 대우(大友) 황자[47] 등의 모반 사건에서[48] 그 처벌이 참형에서부터 교형, 유형 등으로 나타나고 있다. 모반 사건의 핵심에 있었던 자들은 대부분 참형과 교형에 처해졌고, 심지어는 "극형(極刑)"에[49] 처해지기도 하였다. 극형에 내용은 알 수 없으나 중죄 8인에 대해서 내려진 형벌이었고, 그 다음 우대신(右大臣) 중신련금(中臣連金)에게 참형, 좌대신(左大臣) 소아신적형(蘇我臣赤兄) 등에게는 유형에 처하는 것으로 보아 참형보다 가혹한 형임을 알 수 있다. 그렇다하더라도 비교적 형률에 입각하여 모반 사건이 처리되고 있음을 확인할 수 있다. 또한 천무 5년(677)에는 "삼류(三流)"와 "도죄(徒罪)" 등의 문구가 보여[50] 당률을 체계적으로 섭취하고 있음을 짐작케 한다.[51]

한편 소아산전대신(蘇我山田大臣)과 대우(大友) 황자의 경우 스스로 목숨을 끊었지만, 소아산전대신(蘇我山田大臣)은 다시 참형을, 대우(大

44) 『日本書紀』 卷25, 孝德天皇 大化 元年 9月.

45) 『日本書紀』 卷25, 孝德天皇 大化 5年 3月.

46) 『日本書紀』 卷26, 齊明天皇 4年 11月.

47) 『日本書紀』 卷28, 天武天皇上 元年 7·8월.

48) '謀叛' 사건으로는 계체 21년(527), 筑紫國造 磐井이 일으킨 "陰謀叛逆"이 있으며 磐井은 다음해 大將軍 物部大連麁鹿火와 교전 중 斬되었다(『日本書紀』 卷17, 繼體天皇 21-22年).

49) 『日本書紀』 卷28, 天武天皇上 元年 7·8月.

50) 『日本書紀』 卷29, 天武天皇下 5年 8月 壬子.

51) 당률의 전면적 체계적 섭취의 시기는 천무 8년 糾彈의 강화를 詔한 것이라든지, 지통 3년 刑部省의 判事 설치 등 사법기관을 정비해 나감과 아울러 이루어진다고 한다(李貞姬, 앞의 논문, 1991, 24쪽).

友) 황자는 그 머리가 군영에 바쳐졌다. 두 사람의 자진(自盡)은 왕의 명에 의한 것이 아니라 스스로가 행한 일이었다. 하지만 결국 자진과는 상관없이 형률에 따라 참형에 처해졌다. 신라의 경우 역시 헌덕왕 14년(822), 반반(反叛)했던 김헌창이 패배를 피할 수 없다는 것을 알고 "자사(自死)"하였으나 성이 점령된 후 시신을 찾아내어 "주(誅)"하였다는 것으로 보아[52] 왕명에 의해서 반죄를 범한 자들을 단죄하겠다는 의지가 반영되었다고 하겠다.

이와 같이 당과 신라 그리고 일본이 율이라는 기본적인 체계에 맞춰 그 궤를 같이하면서 그 사회가 갖고 있는 형벌 내용의 전통적 모습이 조금씩 탈각되었지만, 여전히 곳곳에는 각기 사회에 있었던 전단계에서의 내용들이 투영되었던 것이다. 군주권을 위협하는 반(反)·대역(大逆)·반(叛)과 관련되어 공히 가장 최고의 형인 사형을 내리고 형률체계에 맞게 참형이나 교형 등으로 처벌하고자 하였지만, 당의 경우 여전히 거열형·지해형·효수형·요참형 등이 그대로 존속되었으며, 일본에서는 극형(極刑)이 존재하며, 신라에서는 거열형이 등장한다든가(하대) 교형(絞刑)이 보이지 않는 등 그 내용은 조금씩 달랐던 것이다. 이는 당률의 일방적 수용만으로 끝나는 것이 아니라 이 수용된 율을 각 사회가 갖고 있는 전통과 맞물려 변용된 모습을 보여주는 것이기도 하다.

2) 관리규제(官吏規制)에 관한 형률 적용례

통치행위에 참여하는 관료집단에 대한 적절한 통제는 군주를 정점

52) 『三國史記』 卷10, 「新羅本紀」 10, 憲德王 14년 3월.

으로 구축되어진 전근대 국가의 지배체제 유지를 위해 필수 불가결한 요소이다. 이 때문에 군주는 제의와 예제 등을 통해 이념적 질서를 공표하고, 형률을 통해 현실적 규제를 완성한다. 현존하는 형률에 나타난 다양한 조항들은 대체로 그러한 면에서 이해될 수 있을 것이다. 하지만 예측 가능한 죄의 유형들을 형률에 규정하였다고 하더라도 모든 처벌이 반드시 형률대로 집행되는 것은 아니다. 사실상 군주의 권위는 율령보다 상위에 있기 때문이다. 죄에 대한 용서를 통해 형률의 엄격함은 군주의 관대함을 부각시키기도 하며, 형률보다 강력한 처벌은 군주의 권위를 강화하기도 한다. 그렇기 때문에 형률에 대한 접근도 조항에 대한 세밀한 분석과 비교에 앞서 통치행위의 일환으로 이해할 필요가 있다.

효율적 통치를 위한 군주의 관료 규제에서 가장 중요한 부분은 역시 전쟁 수행과 관련되어 있을 것이다. 전쟁에 임하여 전투를 승리로 이끌고 군주의 이해를 충실히 대변하는 일은 국가의 안위와 관련된 일이기도 하다. 따라서 목숨을 건 전장에서 충성스러운 행동강령을 표방하는 것은 어쩌면 당연할 것이다. 600년대 초 원광의 세속오계에 등장하는 "임전무퇴(臨戰無退)"의 정신은 분명 신라의 독특한 면이기도 하지만, 왕이나 황제의 국가영역 관리와 관련된 통치행위로서 일반적인 중요성을 지닌다고 할 수 있다.

중국의 경우 전쟁과 관련하여 북제의 중죄(重罪) 10조에 "항(降)"의 항목이 있고,[53] 당률에서는 군사동원의 준비를 갖추지 못한 자, 즉 군대의 정토(征討)에 임하여 징발하는 것을 지체하거나 그르친 경우,[54]

53) 『隋書』 卷25, 「志」 20, 刑法.

54) 『唐律疏議』 卷16, 擅興 第230條 乏軍興; 任大熙 · 金鐸敏 主編, 『譯註 唐律疏議－各則(上)』(한국법제연구원, 1997), 2353-2354쪽.

전투에 임하여 먼저 물러난 경우 모두 참수형에 처하게 되며 군령(軍令) 위반의 경우는 회군 후 율문의 규정에 따라 논죄한다고 한다.[55)]

아래의 사례들은 7세기 당에서 전쟁에 임한 관료들에게 어떠한 행동을 요구하는지 잘 보여주고 있다.

다-1) (당 고조) 武德 2년(619) … (李)靖과 (李)瑗은 … 이미 硤州에 이르렀으나, 蕭銑에게 막혀 오래동안 나아가지 못하였다. 高祖는 그 지체하여 머무는 것에 노하여 몰래 硤州都督 許紹에게 勅하여 斬하려 하였다.[56)]

2) (당 고종) 咸亨 元年(670) … 吐蕃이 쳐들어오니 (薛)仁貴를 邏娑道行軍大總管으로 삼아 將軍 阿史那道真과 郭待封 등을 거느리고 공격하도록 하였다. … 仁貴는 드디어 退軍하여 大非川에 주둔하였다. 토번이 또한 40여 만(의 군사를) 더하여 오자 맞아 싸워 官軍은 大敗하고 仁貴는 드디어 吐蕃의 大將 論欽陵과 화의를 약속하였다. … 仁貴는 除名(의 죄)에 처해졌다.[57)]

3) (당 고종) 調露 元年(679) 10월 單于大都護府 突厥 阿史德溫傅와 奉職 2부가 反叛하였다. 阿史那泥熟匐를 可汗으로 삼아 24州 首領이 모두 叛하였다. 單于大都護 長史 蕭嗣業, 將軍 花大智·李景嘉 등을 보내 토벌케하였다. 돌궐과 더불어 싸웠으나 패하였다. 嗣業을 桂州로 流配하였다.[58)]

4) (당 측천무후) 萬歲通天年(697)[59)] 契丹 李盡忠과 孫萬榮이 反叛하였다. … 則天이 (王)孝傑이 敗亡한 정황을 묻자 (張)說이 말하길, "孝傑은 忠勇으로 죽음에 맞섰으니 진실로 나라를 위한 것입니다. 적진에 깊이 들어가 적은 수로 많은 적을 감당하였으

55) 『唐律疏議』 卷16, 擅興 第234條 主將臨陣先退: 위의 책, 1997, 2358쪽.

56) 『舊唐書』 卷67, 「列傳」 17, 李靖.

57) 『舊唐書』 卷83, 「列傳」 33, 薛仁貴.

58) 『舊唐書』 卷5, 「本紀」 5, 高宗下 調露 元年.

59) 『舊唐書』 「本紀」에 의하면 거란과의 전투에서 왕효걸이 패배한 것은 697년 2월이다(『舊唐書』 卷6, 「本紀」 6, 則天皇后 萬歲通天 2年 正月).

> 나, 단지 後援이 이르지 않아 패배에 이른 것입니다."고 하였다. 이에 孝傑을 追贈하여 夏官尚書로 삼고 耿國公에 封하였으며, 그 아들 無擇을 朝散大夫로 삼았다. 사신을 보내어 (후원을 맡았던) (蘇)宏暉을 斬하도록 하였으나, 사신이 아직 幽州에 이르지 않았을 때 宏暉이 이미 功을 세워 贖罪하니 마침내 誅를 면하였다.[60]

다-1)에서는 전쟁에 임한 관료가 적극적인 전투의지를 보이지 않는 점에 대해서 엄격하게 처단하고자 하는 모습이 보인다. 하지만 다-2)와 3)처럼 전쟁을 치르다 패하였을 경우라도 무조건 참하는 것은 아니었다. 그러한 면은 다-4)에서 두드러지는데, 전투의 결과보다 그 과정에 따라 상벌이 구분되는 것이다. 즉 전투에서 이기고 지는 것은 상사(常事)이기 때문에 현실적으로 그에 대한 책임을 물을 수는 없다. 다만 그 과정에서 목숨을 걸고 충성을 다했는지는 매우 중요시됨을 알 수 있다. 사실상 다-2)는 설인귀가 휘하 장수를 적절히 통제하지 못하고 초반의 승기를 잃고 결국 패퇴하여 화의한 것에 대한 책임을 지운 것이고, 다-3)은 적을 얕보고 제대로 대처하지 못하여 초동진압에 실패한 소사업에게 그 책임을 물은 것으로 보인다.[61] 그에 비해 다-4)는 뚜렷한 대비를 보여준다. 이진충의 반란 당시 패배한 전투에 대하여 목숨을 걸고 싸우다 죽은 왕효걸에 대해 포상하고 그 아들을 조산대부로 제수함으로써 표창하였다.

이와 같이 전쟁수행의 과정을 중시하는 사례는 신라에서는 좀더 확인된다.

---

60) 『舊唐書』 卷93, 「列傳」 43, 王孝傑.

61) 『資治通鑑』 卷202, 「唐紀」 18, 高宗 調露 元年 10月條에는 嗣業 등이 여러 차례 이긴 바가 있었기 때문에 제대로 대비하지 않아 돌궐의 기습에 패배한 것으로 되어 있다. 嗣業은 減死받아 桂州로 유배되었고 大智와 景嘉는 모두 免官되었다.

라-1) 문무왕 2년(662) 8월 … 大幢摠管 眞珠와 南川州摠管 眞欽이 거짓으로 병을 핑계삼아 한가로이 지내며 나라 일을 돌보지 않았으므로 마침내 그들을 목베고 아울러 그 일족을 멸하였다.[62)]

2) 문무왕 8년(668) 겨울 10월 22일 … 牙述의 사찬 求律은 사천 싸움에서 다리 아래로 내려가 물을 건너 진격하여 적과 싸워 크게 이겼는데, 軍令을 받지 않고 스스로 위험한 곳에 들어갔기 때문에 공은 비록 제일이었으나 포상되지 않았다.[63)]

3) 문무왕 10년(670) 가을 7월 … 왕이 돌아와서 衆臣 · 義官 · 達官 · 興元 등은 △△△寺 군영에서 퇴각하였으므로 그 죄가 마땅히 죽어야 하지만 용서하여 免職케 하였다.[64)]

라-1)은 백제 부흥운동을 진압하고 당의 평양 공격을 지원하던 시기에 군대를 지휘하던 진주와 진흠이 태만했다는 이유로 참형에 처해졌던 사실을 보여준다.[65)] 라-2)는 구율이 전공을 세웠으나 군령을 받지 않은 행동 때문에 포상에서 제외된 사실을 전한다. 라-3)은 중신, 의관, 달관, 흥원에게 퇴각의 책임을 물어 면직의 처분을 하고 있다. 죄와 그에 따른 처벌만을 놓고 보면, 전쟁에 적극적으로 임하지 않고 태만을 보일 경우 당사자들을 참하고 심지어 그 일족을 멸하기까지 하고, 퇴각했을 경우도 죽여야 하는 것이 당연하지만 면직(免職)으로 끝내기도 한다.[66)] 또한 군령(軍令)을 어겼을 때는 공이 제일이어도 포상되지

62) 『三國史記』 卷6, 「新羅本紀」 6, 文武王 2年 8月.

63) 『三國史記』 卷6, 「新羅本紀」 6, 文武王 8年 10月 22日.

64) 『三國史記』 卷6, 「新羅本紀」 6, 文武王 10年 7月.

65) 한편 모호한 죄목으로 진주와 진흠을 주살한 것이나 라-3)의 흥원 등을 면직한 것은 진골귀족에 대한 탄압을 통한 왕권강화와 관련지어 설명하기도 한다(金壽泰, 「新羅 中代 專制王權과 眞骨貴族」, 서강대 박사학위논문, 1990, 22-23쪽). 그러한 정황에 대해서는 기본적으로 동의하지만, 군사작전의 핵심적인 역할을 담당했던 장수들이(『三國史記』 卷6, 「新羅本紀」 6, 文武王 元年 7月 17日條 참조) 전쟁에 임하여 태만한 행위를 한 것에 대한 처벌이라는 명분은 분명해 보인다.

않아 왕이 형벌과 포상이라는 측면에서 지배층을 확실히 통제하고 있는 것을 확인할 수 있다.[67)]

여기서 주목되는 것은 라－2)의 사례이다. 행위에 대한 결과론적 포상이라면 구율의 경우는 당연히 공이 제일이므로 큰 상이 내려져야 한다. 하지만 군사작전에서 돌출행동은 돌이킬 수 없는 결과를 가져올 수도 있으므로, 군령에 따른 행동을 무엇보다 중시함을 엿볼 수 있다. 결과적으로 구율의 군령 위반은 다－4)의 예와 같이 전공(戰功)으로 속죄(贖罪)되었다고 보인다.

전쟁에 임하여 죽음으로 충성을 표출하고, 군주는 그러한 충성심을 표창함으로써 국가와 왕에 대한 충성을 강조하는 모습은 신라에서 두드러지게 나타난 점이기도 하다.[68)] 특히 신라의 전사가 전쟁에 임할 때에는 영광스럽게 죽든지 이기는 길밖에 없는 것처럼 보이기도 한다. 실제 백제의 사비성을 공략하기 위해 당군과 기일을 정하고 진군하다 황산의 벌판에서 계백군과 접전하다 지체되어 기일을 맞추지 못한 김유신의 경우, 신라의 독군(督軍) 김문영(金文穎)을 군문(軍門)에서 참하려 했던 당의 소정방에게 김유신은 황산에서의 전투를 들어 최선을

---

66) 벌휴니사금 7년(190), 仇道는 백제와의 缶谷城 전투에서 패배함으로써 左軍主에서 부곡성주로 좌천되었으며(『三國史記』 卷2, 「新羅本紀」 2, 伐休尼師今 7年), 나해니사금 27년(222), 忠萱은 백제와의 熊谷 전투에서 패배함으로써 鎭主로 좌천되었다(『三國史記』 卷2, 「新羅本紀」 2, 奈解尼師今 27年). 전투의 패배에 대한 책임으로 좌천을 행하고 있는 신라 上代의 모습은 사료 라－3)과는 다른 면모를 보여주고 있다.

67) 무열왕의 사비성함락 이후(『三國史記』 卷5, 「新羅本紀」 5, 太宗武烈王 7년), 문무왕 원년(661), 8년(668) 등 전공자에 대한 관위·관직의 하사와 하급군사로서 참전한 왕경인에게 경위와 조, 지방민에게는 외위와 속의 하사로 포상하고 있다. 이는 국사를 위한 忠에 따른 포상이었다(金瑛河, 앞의 논문, 2005, 160-161쪽).

68) 전쟁에 임하여 물러섬이 없이 목숨을 걸고 충성을 다하는 신라인의 모습은 『三國史記』 卷47, 「列傳」 7에 집중적으로 입전되어 있다.

다한 결과임을 주장하면서 강력히 반발하였다.[69] 그러나 문무왕 12년(672) 당군과의 석문(石門) 전투에 비장(裨將)으로 참여하였다가 당군의 기습으로 패전했지만 담릉의 만류로 전사하지 않고 상장군을 따라 돌아온 둘째 아들 원술에게는 그가 비장이었음에도 불구하고 가혹한 처벌을 주장한다.[70] 자신의 경우에는 과정에 따른 불가피한 상황을 주장하고, 아들에 대해서는 결과에 따라 참형을 주장하는 모순이 발생하고 있는 것이다. 이러한 사정은 결국 김유신의 지위에서 찾아야 될 것으로 보인다. 신라군을 이끌어 7세기 전쟁을 수행했던 그는 단순히 관료로서의 위치 외에도 '태대각간(太大角干)'이란 비상위(非常位)의 관등에서 보이듯이 왕과 함께 실질적인 신라사회의 정점이었다. 따라서 이러한 상황은 자식에게 더욱 엄정한 규율을 적용함으로써 보다 강력한 관료집단의 규제를 이루고자 했던 고충으로 보여진다. 물론 문무왕의 사면은 통치권자의 자애로움을 더욱 돋보이게 하는 면이기도 하다.

당이나 신라에서 보이는 전쟁 수행과 관련된 형벌의 사례는 전쟁의 과정에서 나타나는 관료들의 충성심을 무엇보다 강조하는 면을 드러내고 있다. 사실 군주의 입장에서도 전쟁의 승리가 무엇보다 중요하지만, 그 결과는 여러 가지 요소가 복합적으로 작용한다. 오히려 통치권자가 휘하에게 요구하고 싶은 면은 동서고금을 막론하고 목숨을 걸고 충성을 다하는 자세일 것이다. 그것을 적극 실현한 경우에는 '충'의 사표(師表)로서 장려되어지고, 그렇지 못할 경우에는 강력한 처벌을 수반하는 양상으로 관료의 규제가 이루어지며, 그 점은 앞서 검토한 사례를 통해 확인되고 있다.

상시(常時) 관리의 직무에 대한 규제는 그가 맡고 있는 직임을 제대

---

69) 『三國史記』 卷5, 「新羅本紀」 5, 太宗武烈王 7年.

70) 『三國史記』 卷43, 「列傳」 3, 金庾信 下.

로 수행하지 못했을 때 가해지는 처벌로 가늠해볼 수 있다.

마－1) 남산신성을 만들 때 법에 따라 만든 지 3년 이내에 무너져 파괴되면 죄로 다스릴 것임을 널리 알려 서약케 하였다.[71)]

2) 효소왕 10년(701)에는 靈巖郡 태수 일길찬 諸逸이 公事를 저버리고 私事를 도모하였으므로,[背公營私] 杖 100대를 때려 섬으로 들여보내는 형에 처했다.[72)]

사료 마는 관료의 일반적 직무에서 공사(公事)에 대한 책임감을 강조하고 그에 대한 규제를 담고 있다. 마－1)은 그 벌의 내용은 알 수 없으나 신라에서 경주 남산에 성을 축조할 때 책임을 맡은 부분을 명기한 내용이다. 현재까지 발견된 남산신성비들은 공통적으로 첫머리에 이러한 내용을 담고 있다. 이 비의 경우 공사 종료 후 3년까지 붕괴되는 것에 대해 처벌을 받게 된다는 것을 서약할 뿐 실제 그 운용이나 확충에 관해 알 수는 없으나, 형률이 성의 축조에 동원되었던 이들의 부실 공사를 방지하기 위한 세부적인 면까지 담고 있다는 것은 주목해야 한다.[73)] 수의 경우 대업 5년(609) 수 양제가 호미(浩亹)의 다리가 붕괴되자 그 책임을 물어 황긍(黃亘)을 비롯한 공사책임자들을 참하였던 것처럼,[74)] 신라 역시 국가 또는 관이 주도하는 공사는 특히 그 책임을

---

71) 〈남산신성비〉 제1비[韓國古代社會硏究所 編, 『譯註 韓國古代金石文』 2 (駕洛國史蹟開發硏究院, 1992), 104-107쪽].

72) 『三國史記』 卷8, 「新羅本紀」 8, 孝昭王 10年 5月.

73) 盧鏞弼, 앞의 논문, 2002, 55-56쪽.

74) 『隋書』 卷3, 「帝紀」 3, 煬帝上 大業 5년 5월 丙戌. 御馬가 건너자 다리가 무너졌다는 점이 강력한 처벌에 일정한 작용을 한 듯하다. 그러나 唐의 유형이 황제의 恩赦로, 사형에 대한 대체형의 의미를 가졌기 때문에, 유형의 징벌효과를 가중시키기 위해 '決杖配流'라는 병과형이 행해졌던 사실에 유의할 필요가 있다(金珍, 『唐代流刑制度의活用과變容』, 성균관대학교 석사학위논문, 2011, 54쪽).

엄격히 지우고 있었을 것이며, 그 형도 무거웠을 것이다.

마－2)는 "배공영사(背公營私)"했던 제일에 대한 처벌로 장(杖) 100대를 때려 섬으로 들여보내는 형에 처하였다는[75] 내용이다. "배공영사"의 구체적인 내용을 알 수 없으나 공을 저버리고 사를 도모하는 행위가 결국 율령에 저촉되어 처벌받았던 것으로 공이 사에 우선하는 공직윤리의 존재를 보여주는 것이다.[76]

바－1) 推古 16년(608) 6월 壬辰朔 丙辰(15일) … 妹子臣이 奏하여 말하길, "신이 돌아올 때 唐帝께서 서신을 신에게 주었습니다. 그러나 백제국을 경과하는 날 백제인이 (서신)을 찾아서 빼앗았습니다. 이 때문에 (서신을) 올릴 수 없습니다."고 하였다. … 곧 流刑으로 처벌하려 하였다.[坐] 이때 천황이 勅하길, "妹子가 비록 서신을 잃은 죄가 있으나 바로 죄줄 수는 없다. 대국의 사신들이[客] 그것을 듣는다면 또한 좋지 않다."고 하였다. 이에 용서하여 처벌하지 않았다.[赦之不坐][77]

2) 天武 4년(676) 4월 丁亥 小錦下 久努臣摩呂가 詔使에게 맞서[對捍詔使] 官位가 모두 追奪되었다.[78]

바－1)은 일본의 사례인데, 외교문서를 분실한 사신에 대한 처리문

75) 유형에 장형을 竝科하는 경우는 北朝律의 전통이며, 신라에서 流刑이 중요한 벌로서 보여지지 않는다고 하였다(洪承佑, 앞의 논문, 2004, 46쪽). 그러나 唐의 유형이 황제의 恩赦로, 사형에 대한 대체형의 의미를 가졌기 때문에 유형의 징벌효과를 가중시키기 위해 '決杖配流'라는 병과형이 행해졌던 사실에 유의할 필요가 있다(金珍, 『唐代流刑制度의 活用과 變容』, 성균관대학교 석사학위논문, 2011, 54쪽).

76) 金瑛河, 앞의 논문, 2005, 167쪽. 이와 관련하여 唐代 張鎰의 사례가 주목된다. 장일은 公이 私보다 앞선다는 신념을 그대로 실현했지만 결과적으로 처벌을 받았다. 이는 당시의 어떠한 정국으로 말미암은 부적절한 조치이기 때문에 후대 사가에 의해 열전에 입전되고 귀감으로 제시된 것으로 보인다(『新唐書』 卷152, 「列傳」 77, 張鎰).

77) 『日本書紀』 卷22, 推古天皇 9年 9月 辛巳朔戊子.

78) 『日本書紀』 卷29, 天武天皇(下), 4年 4月 丁亥.

제였다. 죄에 대한 논의는 유형으로 결정되었으나,[79] 망실의 불가피성과 해당국의 사신이 와 있는 상황을 고려하여 처벌하지 않았다. 이 또한 군주의 자애로움을 보여주는 장면이다. 바-2)에서는 구노신마려(久努臣摩呂)가 '대한조사(對捍詔使)'하여 관위(官位)를 빼앗긴다. 당률에 의하면 이는 "對捍制使 而無人臣之禮者"로 십악의 '대불경(大不敬)'에 해당하며 그 처벌은 교형이며,[80] 일본률도 마찬가지다.[81] 하지만 구노신마려(久努臣摩呂)는 관위만 추탈(追奪)되었을 뿐이었다. 이는 두 가지 경우로 생각해볼 수 있는데, 하나는 당률이나 일본률 모두 그 주(注)로 "因私事鬪競者 非"라고 하여 제칙과 관계가 없는 다른 일로 사사로이 서로 싸우거나, 혹은 비록 공적인 일로 다투었더라도 제칙에 간여하지 않은 경우에는 구타·욕설죄를 규정한 해당 법조문에 따르도록 하고 있다.[82] 즉 율이 엄격하게 적용되었음을 전제하면 구노신마려(久努臣摩呂)는 조(詔)와 상관없는 사사로운 다툼이었기 때문에 교형이 아닌 제명(除名)의 처분을 받은 것일 수도 있다. 하지만 다른 경우로, 군주의 자비에 의한 감형의 가능성도 부정할 수는 없을 것이다. 군주의 명에 대항한 죄는 용서할 수 없는 것이지만, 사안에 따른 융통성은 얼마든지 적용될 수 있기 때문이다.

다음으로 주로 창고와 관련하여 망실, 혹은 관리의 범법행위에 대해

---

79) 당률에서는 制書나 官文書를 버리거나 훼손한 자는 準盜罪로 논하고, 망실하였거나 잘못으로 훼손한 자는 각각 2등을 감한다고 한다. 그러나 잘못으로 符·移·解牒을 훼손하였거나 잃어버린 자는 장형 60대에 처한다고 한다[『唐律疏議』 卷27, 雜律2, 第438條 棄毁亡失制書官文書: 『譯註 唐律疏議-各則(下)』(한국법제연구원, 1997), 3262-3263쪽].

80) 『唐律疏議』 卷10, 職制2, 第122條 指斥乘輿.

81) "對捍詔使 而無人臣之禮者"로 八虐의 '大不敬'에 해당하며 처벌은 絞刑이다[『律令』 職制律3: 井上光貞 외, 『律令-日本思想大系3』(岩波書店, 1976), 74쪽].

82) 『唐律疏議』 卷10, 職制2, 第122條 指斥乘輿.

검토해 보겠다.

> 효소왕대 天授 4년〈長壽 2년〉 癸巳(693) 3월[暮春之月] … 때마침 瑞雲이 天尊庫를 덮었다. 왕은 또 더욱 두려워하여 그것을 알아보게 하니, 창고 안에 두었던 玄琴과 神笛 두 보물이 없어졌다. … 즉시 司庫吏 金貞高 등 5인을 가두었다. … (부례랑이) 현금과 신적을 가지고 안으로 들어오는 것이었다. … 창고 맡은 관리 5명은 모두 놓아주고[免] 각 사람에게 관작 5급을 주었다.[83]

위의 사료는 고(庫)와 관련하여 물품을 망실한 사건이다. 천존고(天尊庫)의 현금(玄琴)과 신적(神笛)의 분실사건으로 사고(司庫)의 관리 김정고(金貞高) 등 5인이 수금(囚禁)되었다. 이들은 엄밀히 말하면 창고와 관련된 그들의 임무를 제대로 수행하지 못했던 것으로 보인다. 그 정황을 판단하기 위해서 일단 이들을 가두었고, 여러 가지 경우에 따라서 죄가 정해졌을 것이다. 그러나 현금과 신적을 다시 찾았고, 찾는 과정에서 상서로움이 가미되어 오히려 이들을 놓아주고 관작 5급을 주었다. 당률에 의하면, 망실했다는 것을 적발하지도 못했을 뿐더러 고의성이 확인되면 최고 교형까지 받을 수 있는 상황이었다.[84] 또한 천존고는 내고(內庫)이며, 없어진 물품이 신라의 보물급 기물(器物)인 현금과 신적이라는 점을 감안한다면 사죄(死罪)를 면하기 어려운 상황이

83) 『三國遺事』 卷3, 「塔像」 4, 栢栗寺.

84) 당률에서는 "무릇 사람이 창고에서 나올 때에는 지키는 主司가 수색하고 검사해야 하는데 수색하고 검사하지 하지 않았다면 태형 20대에 처한다. 이 때문에 도둑을 적발하지 못하게 된 경우에는 도둑의 죄에서 2등을 감한다. 만약 밤에 경비를 서는 자가 도둑을 적발하지 못하였다면 3등을 감한다."고 하여 창고 감시와 그 문책에 대한 책임을 규정하고 있다(『唐律疏議』 卷15, 廏庫 第210條 庫藏主司搜檢: 앞의 책(上), 1997, 2319-2322쪽). 같은 조의 율문3에서는 "만약 故意로 놓아주었는데, 그 贓物이 (絹) 50匹이 되었다면 加役流에 처하고, (絹) 100匹이면 絞首刑에 처한다. 만약 强盜를 당하였다면 각각 논죄하지 않는다."라고 하여 고의성이 확인되면 액수에 따라 교수형까지 처벌할 수 있도록 엄중히 다루고 있다.

었을 것이다. 황제의 기물 훼손과 관련한 당의 예를 본다면, 정원 3년(787) 덕종의 명을 받들어 대(帶)를 만드는 옥공(玉工)이 한 쪽의 과(銙)가 망가지자, 사사로이 과(銙)를 구매하여 보완하였고 이를 안 덕종은 사죄를 결정하였다.[85] 황제의 기물 훼손은 십악의 '대불경' 죄를 적용할 수 있는 것이다. 그러나 유혼(柳渾)은 오히려 잡률의 조항을[86] 적용하여 관대하게 처분할 것을 요청하였고, 결국 덕종은 그 요청을 받아들였다. 신라의 경우도 분실된 현금과 신적이 다시 돌아왔고, 이 과정이 영이(靈異)한 일들의 연장선상에 있기 때문에 오히려 그 책임을 다하지 못하였다하더라도 용서와 승급으로 마무리되었다.

그러나 수나 일본의 경우 창고와 관련한 관인의 범법행위에 관해서는 가혹한 처벌이 아래의 사료에서 확인된다.

> 사－1) (수 문제) 開皇 16년(596) 有司가 合川倉의 粟이 7천석 부족하다고 상주하자, 斛律孝卿에게 명하여 그 일을 鞫問하게 하니 主典이 훔친 것으로 밝혀졌다. 다시 孝卿으로 하여금 신속히 그를 斬하고 그 家는 적몰하여 노비로 삼고 곡식을 사서 창고를 채우도록 하였다. 이후로 邊糧을 도둑질할 경우 1升 이상이면 모두 죽이고(死) 家口는 官에 적몰하도록 하였다.[87]
>
> 2) (文武) 慶雲 2년(706), 만일 官人이 사사로이 (義倉의) 1斗 이상을 범하면 그 날로 解官하고 贓에 따라 벌을 결정한다.[88]

사－1)은 수의 경우로, 합천창(合川倉)의 곡식[粟]을 훔친 주전(主典)이 참형을 당하였으며, 그 가속은 적몰되었으며 이후에 창고의 곡식

---

85) 『舊唐書』 卷125, 「列傳」 75, 柳渾.

86) 『唐律疏議』 卷27, 雜律2, 第435條 棄毁亡失神御之物: 앞의 책(下), 1997, 3259-3260쪽.

87) 『隋書』 卷25, 「志」 20, 刑法.

88) 『續日本紀』 卷3, 文武天皇 慶雲 2年 2月 庚寅.

[粟]을 도둑질할 경우 1승(升) 이상이면 사형과 적몰이 행해지도록 조치를 취한 내용이다. 또한 사-2)는 일본의 경우로, 1두(斗) 이상을 범할 시에는 해관(解官)은 물론 장(贓)에 따라 형벌을 받는다는 내용이다. 이 두 예는 모두 매우 무거운 처벌이 이루어지고 있다. 특히 당률에 의하면 감림관(監臨官)이나 주수관(主守官)이 자신 관할하에 있는 물품을 훔쳤거나 관할 구역 내의 재물을 도둑질한 경우는 일반 도죄(盜罪)에 2등을 가중한다고 한다.[89]

이와 같은 관리들의 범법행위, 특히 도죄와 관련된 죄들은 일반 도죄보다도 엄격하게 다루고 있다. 백제의 경우에도 일반인의 경우 "盜者流 其贓兩倍徵之"라고[90] 하여 유형과 두 배의 배상으로 했던 것에 비해 관리의 도죄는 "吏受財及盜 三倍償 錮終身"라고[91] 하여 3배로 배상해야하며 종신토록 제명(除名)되었던 것을 보면, 관리들의 범법행위에 대해서는 각각의 사회가 단호하게 대처하고 있음을 확인할 수 있다. 이러한 점은 창고관리라는 실무에 대한 문제이기 때문에 하급관료에 대한 보다 가혹한 조처로 보일 수도 있지만, 국가의 기반이 되는 재정관리의 중요성을 감안하면 지위고하의 문제라기보다는 실효적인 조치로 보인다.

일련의 관리에 대한 규제사항들을 보면 형률은 규정되어진 형식적 측면보다는 운용에서 훨씬 다양성이 드러나고 있다. 이는 역시 형률의 존재 의미가 군주권의 수호에 있기 때문이 아닌가 생각된다.

군주권에 대한 도전에 관련된 형벌 그리고 군주권 강화와 관련된 관리들에 대한 규제를 통해서 보이는 한 단면은 군주권을 중심으로 하는

89) 『唐律疏議』 卷19, 賊盜3, 第283條 監臨主守自盜.

90) 『周書』 卷49, 「列傳」 41, 異域上 百濟.

91) 『新唐書』 卷220, 「列傳」 145, 東夷 百濟.

공적 질서의 확립 · 정착을 지향하는 신라의 모습이었다. 신라는 율이라는 법체계를 통해서 일정 부분 이를 실현하고자 하였던 것이다.

3. 신라 형률의 성격: 오역(五逆)을 중심으로

당과 신라 그리고 일본의 율과 관련해서 연관성을 보여주는 것은 중죄로 여겨지는 "십악", "오역", "팔학(八虐)"이다. 당의 십악은 모반(謀反), 모대역(謀大逆), 모반(謀叛), 악역(惡逆), 부도(不道), 대불경(大不敬), 불효(不孝), 불목(不睦), 불의(不義), 내란(內亂)으로 모든 죄 가운데 십악죄를 범하는 것이 가장 나쁜데, 소의(疏議)에서는 '인륜의 명분(名分)과 교화(教化)를 훼손하고 그 범죄로 인해 관인으로서의 지위를 상실한다.'고 한다.[92] 대체적으로 십악의 구성은 군신 간의 공적 질서와 사적 공간에서의 가족질서, 인간으로서 지켜야할 윤리적 질서로서 당시 국가의 총제적 질서를 반영한다고 할 수 있다.[93] 특히 '불의'와 같은 항목은 도의(道義)를 저버리고 인(仁)에 어긋난 행위라고 설명하지만, 혈속과 관계되는 것이 아니고 부주(府主)와 자사(刺史) · 현령(縣令), 그리고 공적 시설에서의 사(師)와의 관계로 주로 공적인 관리와의 관계를 규정하고 있는 점은[94] 공법적 법규로서의 율령의 특징을 잘 드러낸다.

---

92) 『唐律疏議』 卷1, 名例1, 第6條 十惡:앞의 책(名例編), 1994, 106쪽. 이는 北齊에서도 보이는데, '重罪十條'는 反逆, 大逆, 叛, 降, 惡逆, 不道, 不敬, 不孝, 不義, 內亂이다. 北周에서는 惡逆, 不道, 大不敬, 不孝, 不義, 內亂의 6가지를 重罪로 여겼다(『隋書』 卷25, 「志」 20, 刑法).

93) 尾形勇, 『中國古代の'家'と國家』(岩波書店, 1979), 317쪽.

94) 『唐律疏議』 卷1, 名例1, 第6條 十惡: 앞의 책(名例編), 1994, 127-129쪽.

일본의 팔학은 당의 십악의 변용이다. 모반(謀反), 모대역, 모반(謀叛), 악역, 부도, 대불경, 불효, 불의로 십악 중 불목과 내란의 조항이 빠진다.[95] 일본은 지통 3년(689) 정어원령이 시행된 이후로 사면의 제외대상으로 십악이 언급되기 시작하여 지통 6년(692), 문무 3년(699), 문무 4년(700)의 사면령에서는 사면의 제외대상으로서 십악이 운운되었다.[96] 이때까지는 당의 십악이 그대로 준용(遵用)되었던 것으로 보인다. 그러나 8세기 이후 특히 대보율령 반포(702) 이후 원명(元明)의 즉위 조(詔)에서 보이는 사면령에서는 상사(常赦)의 제외대상으로서 십악이 아닌 팔학이 언급되었으며 708년 개원과 관련해서 사면령을 내릴 때도 역시 팔학이 등장한다.[97] 여기에서 대보율을 반포하면서 십악이 팔학으로 조정되었던 것으로 보인다.

십악과 팔학은 국가에서 가장 중한 죄를 설정함으로써 국가의 안녕과 신분질서 유지에 기여한다. 이와 연관성이 있는 신라의 오역은 669년 문무왕 교서 내용 중 사면과 관련하여 언급된다.

---

95) 일본은 중국에서 율령제나 유교를 이입하는 것에 열심이었으나, 중국 율령이나 유교체계 중에서 중요한 위치를 점하고 있던 교사, 종묘의 예는 거의 수용되지 않았고 의도적으로 섭취되지 않았다고 한다[金子修一, 「中國－郊祀と宗廟と明堂及び封禪」, 『東アジアにおける儀禮と國家－東アジア世界における日本古代史講座9』(學生社, 1983), 180쪽]. 예컨대 『唐律疏議』 名例律 6조 十惡의 '謀大逆'의 注로는 "종묘, 산릉 및 궁궐을 훼손하려고 謀하는 것"인 것에 대해 일본 律 八虐의 '謀大逆'의 注로는 "산릉 및 궁궐을 훼손하려고 謀하는 것"이라고 하여 종묘를 생략된 것을 비롯하여 당률의 종묘에 관한 어구는 일본률의 각 곳에서 삭제되어 있어, 일본에서는 율령의 계수될 때 중국에서는 중요한 제사였던 교사, 묘향에 관한 부분은 삭제되어 개변되고 있다고 한다.

96) 『日本書紀』 卷30, 持統天皇 6年 7月 乙未; 『續日本紀』 卷1, 文武天皇 3年 10月 甲午; 『續日本紀』 卷1, 文武天皇 4年 8月 丁卯.

97) 『續日本紀』 卷4, 元明天皇 慶雲4年 7月 壬子; 『續日本紀』 卷4, 元明天皇 和銅元年 正月 乙巳.

五逆을 범하여 死罪를 받은 경우 이하로 지금 囚禁되어 있는 사람은 죄의 大小를 막론하고 모두 放出하고, 앞서 사면 이후에 죄를 범하여 奪爵된 자는 모두 그 전과 같게 하라. 남의 것을 훔친 사람은 다만 그 몸을 풀어주되, 훔친 물건을 돌려줄 재물이 없는 자에게는 징수하지 않는다.[不在徵限] 백성들이 가난하여 다른 사람에게 곡식을 빌려 쓴 사람으로서 흉년이 든 지방에 사는 사람은 이자와 원금을 모두 갚을 필요가 없고, 풍년이 든 지방에 사는 사람은 곡식이 익을 때에 이르러 단지 원금만 갚고 그 이자는 갚을 필요가 없다.[98]

위의 사료는 교서 중에서 사면과 관련하여 기술되고 있는 부분이다. 그 내용은 오역을 범하여 사죄를 받은 경우를 제외하고 그 이하로 모든 수금(囚禁)을 풀어주는 감형조치와 탈작(奪爵)된 자들에 대해서는 구작(舊爵)으로 복구해주는 관인구제조치,[99] 도(盜)의 경우는 일단 풀어주고[放其身] 재물이 없을 경우 배상을 면해주고, 백성들이 빈한(貧寒)하여 곡식을 빌려 쓴 경우에 그에 대해 탕감해 주는 경제구제 조치가 취해진다. 이는 전쟁 이후 민심의 수습이라는 차원과 빈곤층이 지배층의 예속노동력으로 전락하는 것을 막으려는 의도에서 나온 것이라 보인다.[100] 이 중 감형 조치와 관련해서 "오역을 범하여 사죄를 받은 경우"를 제외하고 있다. 일반적으로는 오역을 범하여 그 어떤 형을 받더라도 상사(常赦)의 대상이 되지 못했을 것이다. 또한 오역과 관계없는 사죄도 존재했을 것이다. 당에서도 "잡범사죄(雜犯死罪)"라 하여

98) 『三國史記』卷6, 「新羅本紀」 6, 文武王 9年 2月.

99) 윤선태는 신라의 관인에 대한 奪爵, 免職 등의 존재가 당률의 除名, 免官, 免所居官의 체제와 유사하지만, 이러한 刑은 당이 전체 관인을 대상으로 폭넓게 실행했던 것과는 달리 신라는 소수 진골 특권계층에 한정되었을 가능성이 높고 중하급관인의 신분이 제대로 보장되고 있지 않다는 점을 지적한다(尹善泰, 앞의 논문, 2003, 119-121쪽).

100) 尹善泰, 위의 논문, 2003, 127쪽.

십악을 범한 것으로 사죄를 받은 것이 아니라 잡범으로 사죄를 받을 경우는 사면의 대상이 되기도 한다.[101)]

신라 상대에는 그 사면의 제외대상으로 "이사(二死)" "이죄(二罪)"가[102)] 언급되었다. "이사(二死)" "이죄(二罪)"는 서로 다르게 표현되어 있지만, 실제로는 다른 것이 아니라 같은 내용을 가진 두 가지 표현으로 보인다. 즉 이죄(二罪)를 범함으로써 이사(二死)에 해당되는 것으로[103)] 그 당시 신라 사회에서 사면의 대상이 될 수 없었던 중죄였다. 그 구체적인 내용은 알 수 없지만, 대체적으로 이전시기 고조선, 부여의 경우 살인죄 간음죄, 투기죄가 모두 사형이었던 것으로[104)] 미루어 보아 신라에서도 이와 관련된 죄, 특히 살인죄와 같은 경우가 사면의 제외대상이 되었을 수도 있다. 그러나 정치적 · 사회적 성장, 군주권의 강화와 함께 중죄의 구성은 변화하게 된다. 국가를 구성하는 기본적 질서에 반하는 범죄행위가 가장 큰 중죄가 되고 이것이 성문법인 율에 적용된다. 율령은 국가지배의 수단으로서의 공법적 법규로 가족, 친족관계나 재산 등과 관련된 율령의 조항도 개인의 권리관계를 주체로 하는 것이 아니라 국가의 안녕유지나 신분질서의 규칙으로서 존재한다.[105)] 그렇기 때문에 이전 사회에서 가장 최고의 중죄였던 살인죄와

---

101) 『唐律疏議』 卷6, 名例6, 第45條 二罪從重, "雜犯死罪 經赦得原"

102) 婆娑尼師今 2年 "非二罪"; 祇摩尼師今 3年 "除死罪"; 奈解尼師今 15年 "除二死"; 炤知麻立干 10年 "除二死"; 眞興王 16年 "除二罪"

103) 金瑛河, 앞의 논문, 2005, 161쪽. '二罪' '二死'에 관해서는 斬 · 絞의 사형죄를 범한 것[李丙燾, 『國譯 三國史記』(乙酉文化社, 1977), 14쪽], 또는 大逆과 謀叛罪에 의한 死刑[韓國精神文化硏究院, 『譯註 三國史記』 3 (韓國精神文化硏究院, 1996), 48쪽], 공개형인 棄市刑과 비공개형인 斬刑(洪承佑, 앞의 논문, 2004, 27쪽)으로 보기도 한다.

104) 『漢書』 卷28下, 「志」 8下, 地理下, 玄免 · 樂浪郡; 『三國志』 卷30, 『魏書』 30, 「列傳」 30, 夫餘.

105) 吉田孝, 『律令國家と古代の社會』(岩波書店, 1983), 31쪽.

같은 범죄는 이제는 사면의 대상이 될 수도 있었을 것이다.

신라에서 국가를 구성하는 기본적 질서에 반하는 범죄행위인 오역의 실체는 명확하지 않다. 오역을 모반(謀反), 모대역, 모반(謀叛), 악역, 부도 혹은 항으로 보기도 하며,[106] 불충, 불효와 관련된 것으로 보기도 하고,[107] 신라 상대에 이죄(二罪)를 범함으로써 이사(二死)에 해당했던 불충과 불효가 중대에 불교에서 차용한 오역의 개념으로 다시 정리되었다고 추측하기도 한다.[108] 또한 중국문헌에서 보이는 "십악오역(十惡五逆)"의 용어로 중국은 십악을 중심으로, 신라는 오역을 주로 사용함으로써 당률에 대한 선택적 변용으로 보기도 한다.[109]

그런데 십악의 주요 항목이자 오역의 주요 내용을 구성하고 있을 것이라 추측되는 모반(謀反), 모반(謀叛)에 대해서 『삼국사기』에는 "반(叛)"과 "모반(謀叛)", "모역(謀逆)"만이 나타나고 있을 뿐 '반(反)'으로 표현된 사례가 없다.[110] 고구려나 백제의 형벌과 관련해서 『주서』, 『수서』, 『구당서』, 『신당서』에서는 "반반(反叛)"에 대한 형벌이 기록되고

106) 田鳳德, 「新羅律令攷」, 『서울大論文集』 4 (서울대학교, 1956), 327-329쪽.

107) 尹善泰, 앞의 논문, 2003, 115-116쪽.

108) 金瑛河, 앞의 논문, 2005, 161쪽.

109) 洪承佑, 앞의 논문, 2004, 50-52쪽. 당대의 十惡은 "十惡大逆"(『舊唐書』 卷15, 「本紀」 15, 憲宗下 元和 12年; 『舊唐書』 卷17下, 「本紀」 17下, 文宗下 開成 3年), "十惡忤逆"(『舊唐書』 卷19上, 「本紀」 19上, 懿宗 咸通 10年; 『舊唐書』 卷19上, 「本紀」 19上, 懿宗 咸通 12年; 『舊唐書』 卷19上, 「本紀」 19上, 懿宗 咸通 14年), "十惡叛逆"(『唐大詔令集』 卷3, 卽位赦下, 武宗卽位赦 · 懿宗卽位赦), "十惡五逆"(『唐大詔令集』 卷4, 帝王 改元中 去上元年號赦(761))으로 표현되기도 한다. 특히 "十惡五逆"의 용례는 위의 예를 제외하고 중국 正史에는 일정시기 동안만 보이고 있다. 923년부터 949년까지 『舊五代史』에서 12건이 검출된다. "十惡大逆" "十惡忤逆" "十惡叛逆" "十惡五逆" 등의 표현은 사면의 제외대상으로서 '十惡'과 그 '무엇'이 아닌 十惡에 대한 강조가 아닌가 싶다.

110) 다만 헌덕왕 14년(822) 김헌창과 관련해서만 "反叛"이라 하고 있다(『三國史記』 卷10, 「新羅本紀」 10, 憲德王 14年 3月).

있음에도 『삼국사기』에는 '반(反)'이 나타나지 않는 것이다. 그러나 실제로 『삼국사기』에 나타나고 있는 반(叛)과 관련된 대부분의 사건들이 당률에 의한다면 모두 반(反)에 해당하는 것들이다. 『삼국사기』에 모반(謀反)이나 반(反)이 보이지 않는 이유는 신라 당시 현실에서 반(反)과 반(叛)이 엄격하게 분리되어 사용되지 않았기 때문으로 볼 수도 있다.[111] 그러나 한 번이긴 하지만 헌덕왕대 "반반(反叛)"이라는 표현이 나오기 때문에, 이러한 현상이 실제로 신라사회에서 반(反)과 반(叛)이 엄격하게 분리되어 사용되지 않았기 때문인지는 의문의 여지가 있다.[112]

한편 오역이 신라사회의 유지를 위한 근간이자 총제적 질서를 반영하는 것이라면, 진평왕대인 600년대 초 원광에 의해서 제시된 세속오계를 주목할 필요가 있다. 이 세속오계는 원광이 평생의 교훈을 받고자 찾아온 귀산과 추항에게 제시한 세속인으로서 지켜야할 다섯 가지 계율이었다.[113] 이 계율은 그 당시 신라에서 하나의 사회적 규범으로서 제시되었던 것이며, 지켜야할 규율처럼 작용했을 가능성이 크다.[114] 그렇다면 세속오계를 통해 간취할 수 있는 충, 효, 신(信: 공동체 규율), 전시(戰時) 행동 요령, 살생 금지 등은 당시 신라사회의 주요한 부분을 차지하고 있었던 가치를 반영한 것이며, 이러한 사회적 규범으로 제시

111) 洪承佑, 앞의 논문, 2004, 49-51쪽.

112) '反'이라는 것이 社稷, 즉 '天子'에 위해를 가하려는 행위이기 때문에 非禮를 피하고자하는 김부식의 인식 문제인지, 그 당시 신라 현실의 반영 결과인지는 좀더 생각해볼 여지가 있다.

113) 『三國史記』 卷45, 「列傳」 5, 貴山.

114) 世俗五戒는 비단 花郎 성원만의 덕목이 아니라 신라사회가 요구하는 시대정신으로 파악할 수 있겠다[金哲埈·崔柄憲, 『(史料로 본) 韓國文化史』 (一志社, 1986), 191쪽; 金正珅, 「花郎道의 思想的 淵源에 關한 小考」, 『道源柳承國博士華甲紀念論文集－東方思想論攷』 (종로서적, 1983)].

되었던 가치들은 법체계로 편입되었을 가능성이 매우 높다고 볼 수 있다. 또한 이것은 세분화되어 있는 십악의 규제 내용도 사실상 모두 포괄하고 있다. 따라서 당률의 수용과 형률의 정비과정에서 이러한 가치가 반영된, 즉 십악의 내용에 전쟁을 치르고 있는 신라사회의 상황을 고려하여 전쟁 수행 자세에 관한 처벌 규정이 추가된 포괄적 형태로 오역을 구성하였을 가능성이 높을 것이다.

이후 오역은 더 이상 등장하지 않는다. 다만 사면의 제외대상으로 혜공왕대 이후로 "수사(殊死)"가 등장하고 있다.[115] 사형을 받은 죄 이하로 경중을 막론하고 사면을 받게 되는 것이다. 이 시기에도 여전히 오역 또한 사면 제외대상으로 존재하고 있는지는 알 수 없다. 다만 당이나 일본의 경우처럼 살인이나 강·절도 등의 항목이[116] 십악이나 팔학과 더불어 사면의 제외대상이었던 것처럼, 신라의 경우도 오역과 더불어 다른 항목들이 사면의 제외대상으로 포함되었을 가능성도 있다. 만약 그러하다면 이는 다양해지는 범법행위에 대한 폭넓은 규제가 사면령에 반영된 것으로 볼 수도 있을 것이다.

---

115) 혜공왕 4년(768), 희강왕 2년(837), 문성왕 12년(850), 헌강왕 원년(875), 진성왕 2년(888). 이 殊死는 『漢書』의 韋昭의 注에 의하면 "斬刑"의 뜻이라 한다(『漢書』 卷1下, 高帝紀1下, 5年 春正月 "如淳曰 死罪之明白也 左傳曰斬其木而弗殊 韋昭曰 殊死斬刑也 師古曰 殊絕也 異也 言其身首離絕而異處也").

116) 당과 일본의 경우, 十惡과 八虐뿐만 아니라 그 외의 항목들도 사면에서 제외시기고 있다. 수에서는 十惡뿐만 아니라 "故殺人獄成者"가 사면의 제외대상이기도 했으며(『隋書』 卷25, 「志」 20, 刑法) 당대에는 9세기 이래로는 시기에 따라 "故殺人, 劫盜, 官典犯贓, 合造毒藥, 放火持仗, 開劫墳墓"(『舊唐書』 卷17下, 「本紀」 17下, 文宗下 開成 3年(838); 『唐大詔令集』 卷3, 卽位赦下 武宗卽位赦(841); 『舊唐書』 卷19上, 「本紀」 19上, 懿宗 咸通 10年(869); 『舊唐書』 卷19上, 「本紀」 19上, 懿宗 咸通 12年(871); 『舊唐書』 卷19上, 「本紀」 19上, 懿宗 咸通 14年(873)) 등이 제외대상이 되기도 하였다. 일본에서는 殺人이나 强·竊盜가 八虐과 더불어 사면의 제외대상이기도 했다(『續日本記』 卷4, 元明天皇 慶雲 4年 7月 壬子; 『續日本記』 卷4, 元明天皇 和銅 元年 正月 乙巳 등).

십악, 오역, 팔학을 보면, 각 사회마다 국가를 유지하는 기본적인 질서에 반하는 행위들을 정하고 이에 대해 최고의 형벌을 내려야 한다는 인식과 이를 다루는 방법은 공통된 부분으로 보인다. 그러나 오역이나 팔학의 경우 그 구성내용은 조금씩 그 사회에 따라 변용되고 있음을 확인할 수 있다.

4. 맺음말

수, 당의 율령은 이전 시기부터 축적되어온 통치기술의 결정(結晶)이다. 고구려, 백제, 신라도 고유의 관습법과 4~6세기에 걸쳐 중국과의 관계 속에서 수용된 율령이 존재했다. 7세기 동아시아의 세력재편이 진행되면서 수, 당의 율령체계는 신라나 일본에게 각 사회 특수성과 지배층의 지향태에 따라 영향을 미쳤을 것이다.[117] 신라는 640년대 이후로 행해진 당과의 밀접한 관계 속에서 당률을 적극적으로 수용했을 것이다. 그러므로 681년 문무왕 유조에서 보여지는 율령의 개정은 기존의 신라 형률과 수용된 당률을 살펴 개정되었을 것으로 보인다. 본고는 이러한 상황을 염두에 두고 이 시기 형률의 운용문제를 사례를 중심으로 살펴봄으로써 7~8세기 신라의 형률 양상을 추적해보고자 하였다.

그리하여 지배층 내부 질서를 중심으로 한 군주권의 보위, 관리에 대한 규제 그리고 오역의 문제를 다루었다. 군주권의 보위와 관련된 반(反)·대역·반(叛)죄에 대해서는 신라뿐만 아니라 당이나 일본 모두 최고의 형벌을 내리고 있다. 신라는 기존의 형률에 입각하여 사형을

117) 당에서 기능 위주로 수용한 율령지배의 한계는 유가윤리의 지배적 기능에 의해 보완될 수밖에 없다는 견해는 주목할 만하다(金瑛河, 앞의 논문, 2005, 140쪽).

집행하였는데, 여기에는 제의적이고 관습법적 요소들이 여전히 남아있는 것을 확인할 수 있었다. 그러나 중대 이후 "복주"라고 표현되어 공식적인 형률에 의해 사형이 이루어졌던 것으로 보인다. 예외적으로 거열형이 등장하기도 하지만, 대체적으로 참형이 주요한 사형의 형태로 보여진다. 일본의 경우 역시 기존의 방식으로 보이는 "극형"이 보이기는 하나, 중국의 율 원칙에 비교적 충실하게 따르고 있다. 관리에 대한 형벌은 비상시의 전쟁과 상시의 공적 직무, 그리고 범법행위에 관해서 살펴보았는데, 이러한 형벌은 관리에 대한 견제와 규제로 궁극적으로는 군주를 중심으로 하는 수직적 관계의 확인이기도 하였으며, 공적 질서를 확립하려는 신라사회의 한 단면이기도 하였다. 일련의 사례 검토를 통해 형률의 형식적인 측면보다는 운용에서 다양성이 드러나게 되는데, 결국 이는 형률의 존재의미가 군주권 수호에 있었다고 할 수 있다.

또한 신라의 오역은 당의 십악이나 일본의 팔학과 같이 사면의 제외대상인 중죄로서 서로 연관성이 있다. 동아시아 각국에서의 형률은 공법적 법규로서, 국가나 군주의 안녕과 이를 통한 지배층의 질서유지라는 궁극적 목표를 추구한다는 면에서 어느 정도 동질성을 가지고 있지만, 이전 사회와의 연관성 혹은 현 사회의 상황에 따라서 변용이 나타나기도 한다. 신라의 五逆은 당률의 수용과정에서 이전 시기의 전통적 관념이 투영된 하나의 변용으로서 이해된다.

본고에서는 7~8세기에 시기를 한정하고 있기 때문에 형률의 계기적 변화에 대해서는 심도 있게 다루지 못하였다. 형률의 계기적 변화와 각 사회와의 연관성에 대한 연구는 지속적으로 연구의 과제로 삼을 것이며, 이후 논문을 통해서 규명하고자 한다.

고려전기 군신(君臣)의 위상과 역할에 대한 관념

박재우

1. 머리말

고려 일대에 걸쳐 운영된 3성(省) 6부(部)와 중추원(中樞院)을 비롯한 중앙 정치제도가 성종대에 도입되어 현종대에 정착하고 문종대에 정비 운영되었다는 것에 대해서는 별다른 이견이 없다. 그런데 이러한 제도의 형성과 운영에는 국정운영이 어떻게 이루어져야 하며 국왕과 신료가 어떤 위상을 가지고 어떤 역할을 해야 하는지에 대한 당시 지배층의 이해와 관념이 반영되었을 것으로 생각된다. 이 글은 이러한 문제를 살펴보려는 것이다.

정치운영에서 군신(君臣)의 위상과 역할에 관한 연구는 국정운영 체계나 고려사회의 성격에 대한 이해와도 맞물려 있는 중요한 주제로서, 필자는 제도사 연구의 일환으로 이에 대하여 관심을 가져왔으나 실은 여러 방면에서 연구가 있어 왔다.

먼저 정치제도사 연구에서 살펴보면, 그동안 연구가 재추(宰樞)를 귀족의 대표적 존재로 보는 귀족제설의 관점 속에서 진행되면서 권력관계와 국정운영에서 재추의 역할을 강조해 왔으므로[1] 왕권 자체에 대해서는 거의 관심을 기울이지 못했다. 그러면서 왕권이 상대적으로 약했던 것으로 평가되는 경향이 있었는데,[2] 재신(宰臣)의 6부 판사 겸직이나 대간(臺諫)의 간쟁(諫諍), 서경권(署經權) 같은 제도가 근거가 되었다. 반면에 6부가 국왕에게 직주(直奏)했다는 점을 강조하며 왕권과 재상권이 조화를 이루었다는 견해가 재상권을 강조하는 입장과 대립해 왔다.[3]

그런데 기존의 연구들은 왕권 자체에 대한 연구는 하지 않은 채 군신의 위상과 역할을 설명하려 했다는 방법론상의 결함이 있었다. 필자는 이점에 주목하여 왕권 자체에 대한 연구를 진행하여 왕명(王命)의 종류와 반포 방식,[4] 신료의 상주(上奏)와 국왕의 결정 및 신료의 시행이라는 국정운영의 과정에 대한 이해를 바탕으로 국왕이 국정의 최종 결정권자라는 사실을 밝혔다.[5] 물론 국왕이 신료와 합의하에 국정을 결정할 수 있는 여러 가지 회의(會議)가 존재하였고 이를 통해 신료의 입장이 국정에 반영되었다.[6] 그래서 고려는 국왕이 국정을 주도하는 가운데 국왕과 신료가 합의하에 국정을 운영했다고 보았다.

기존 연구가 재추와 6부를 중심으로 연구를 진행하고 제도의 귀족적

---

1) 朴龍雲, 「중앙 정치체제의 권력구조와 그 성격」, 『한국사』 13 (국사편찬위원회, 1993).

2) 朴龍雲, 「高麗時代의 宰臣과 樞密과 6部尙書의 관계를 통해 본 權力構造」, 『震檀學報』 91, 2001.

3) 邊太燮, 「高麗의 政治體制와 權力構造」, 『韓國學報』 4, 1976.

4) 朴宰佑, 「고려전기 王命의 종류와 반포」, 『震檀學報』 95, 2003. 王命에 관한 다른 연구로는 다음과 같은 것이 있다. 矢木毅, 「高麗王言考」, 『史林』 77-1, 1994; 최연식, 「고려시대 국왕문서의 종류와 기능」, 『國史館論叢』 87, 1999.

5) 朴宰佑, 「高麗前期 國政運營體系와 宰樞」, 『歷史學報』 145, 1997; 「고려전기 政策提案의 주체와 提案過程」, 『震檀學報』 88, 1999; 「고려전기 國政의 결정과 시행」, 『韓國史硏究』 121, 2003; 『고려 국정운영의 체계와 왕권』 (신구문화사, 2005).

6) 박재우, 「고려전기 國政의 결정과 회의」, 『韓國文化』 30, 2002.

성격을 강조한 것은, 성종대 지배층을 6두품과 호족에서 전환한 귀족으로 보고 이들에 의해 설립된 3성 6부를 귀족적 정치기구로 파악하는 귀족제설 때문이었다.[7] 하지만 고려 국정운영 체계의 성격을 이해하기 위해서는 국왕과 신료를 동시에 고려하지 않으면 안 된다. 왕권에 대한 연구는 재추 등 신료를 중심으로 보던 고려의 권력관계를 다른 관점에서 볼 수 있게 했다는 의미가 있다.

정치사 연구에서도 귀족 등을 중심으로 논의되던 것에서 벗어나 왕권에 관한 관심이 제기되었다. 그중에 왕권 자체를 직접 다룬 연구를 보면, 이들은 기본적으로 국왕의 권위가 갖는 중요성에 대한 이해를 통해 정치사를 설명하려고 하였다. 국왕과 호족의 관계에서 왕권의 위상은 호족연합정권설에 대한 동의 여부에 따라 설명이 달랐는데,[8] 그중에 왕권 자체를 다룬 연구는 거의 없었으나 태조의 왕권을 국왕의 권위의 측면에서 다룬 연구가 있다.[9] 이는 정치사에서 왕권 자체를 독자적인 연구 대상으로 삼았다는 의미가 있었다.

이러한 관점은 무신정권기의 왕권에 관한 연구에서도 나타났다. 왕권을 능가하는 권력을 가졌던 최충헌이 왕이 되지 못한 이유를 고려 국왕의 권위를 무시할 수 없었기 때문으로 보는 견해가 있고,[10] 이러한 시각은 명종대의 왕권을 바라보는 관점이나[11] 대몽교섭에서 고종(高

---

7) 李基白, 「高麗貴族社會의 形成」, 『한국사』 4 (국사편찬위원회, 1974); 『高麗 貴族社會의 形成』 (一潮閣, 1990) 재수록; 「貴族的 政治機構의 成立」, 『한국사』 5 (국사편찬위원회, 1975); 『高麗 貴族社會의 形成』 (一潮閣, 1990), 재수록.

8) 국왕과 호족의 문제를 다룬 연구들이 많이 있으나 다음 연구는 기존 연구의 문제점이 제기되어 있다. 申虎澈, 「後三國時代 豪族과 國王」, 『震檀學報』 89, 2000.

9) 정경현, 「고려 태조의 왕권—특히 그 권위의 측면을 중심으로—」, 『택와허선도선생정년기념한국사학논총』 (一潮閣, 1992).

10) 金塘澤, 「최씨정권과 國王」, 『高麗의 武人政權』 (국학자료원, 1999).

11) 나만수, 「국왕의 권위」, 『한국사』 18 (국사편찬위원회, 1993).

宗)이 고려의 대표자 역할을 했다는 연구에도 그대로 받아들여졌다.[12] 이러한 연구들은 국왕의 권위가 갖는 현실적인 힘이 적지 않았음을 보여주는 것으로 이해된다.

이러한 점은 사상사 연구에서 왕권에 관한 연구 경향에 관심을 갖게 하는데, 우선 고려의 왕권이 어떻게 인식되었는가와 관련하여 산악숭앙(山岳崇仰)과 용신신앙(龍神信仰)을 바탕으로 하는 '신성왕권(神聖王權)'적 성격을 가졌다고 보거나,[13] 고려 유교의 특징인 천인합일설(天人合一說)에 주목하여 왕권의 신성성을 설명하거나,[14] 국왕을 천명(天命)의 대변자로 인식했다고 보기도 했다.[15] 이상군주론과 관련해서는 최승로(崔承老) 이후 이규보(李奎報) 시기까지 유교적인 것과 초월적 성격이 결합된 군주관이 있다가 고려 말에 초월적 성격이 약해졌다고 보기도 하고,[16] 고려 말에 온건파 사대부는 당태종을, 급진파는 이제삼왕(二帝三王)을 이상군주로 인식했다는 견해도 나와 있다.[17]

군신 관계에 대해서는 최승로가 신료 중심의 중앙집권적 귀족정치를 지향했다는 견해가 있는 반면에,[18] 국왕을 중심으로 하되 국왕과 신료가 합의하에 정치를 해야 한다고 생각했다는 견해가 있다.[19] 후자와

12) 丁善溶, 「趙冲의 對蒙交涉과 그 政治的 意味」, 『震檀學報』 93, 2004.

13) 金烈圭, 「高麗史 世家에 나타난 神聖王權의 意識」, 『震檀學報』 40, 1975.

14) 李熙德, 『高麗 儒教政治思想의 研究』 (一潮閣, 1983); 한정수, 「高麗前記 天變災異와 儒教政治思想」, 『韓國思想史學』 21, 2003.

15) 도현철, 「고려시대 유교의 전개와 성격」, 『한국사』 6 (한길사, 1994).

16) 김인호, 「여말선초 군주수신론과 대학연의」, 『역사와현실』 29, 1998; 「원간섭기 이상적 인간형의 역사상 추구와 형태」, 『역사와현실』 49, 2003.

17) 都賢喆, 『高麗末 士大夫의 政治思想研究』 (一潮閣, 1999); 「고려 말 윤소종의 현실인식과 정치활동」, 『東方學志』 131, 2005.

18) 李基白, 「新羅 骨品制下의 儒教的 政治理念」, 『大東文化研究』 6·7, 1970; 『新羅思想史研究』 (一潮閣, 1986); 「崔承老와 그의 政治思想」, 『崔承老上書文研究』 (一潮閣, 1993).

비슷한 관점에서 이규보가 군주의 전제권력을 비판하고 군신 간의 협력에 의한 조화로운 통치를 지향했다고 보는 연구도 있다.[20] 이들 연구는 국왕의 위상과 국정운영에서 국왕과 신료의 역할에 대한 고려 지배층의 관념을 이해하는 데 도움을 준다.

본 연구는 고려전기의 국정운영에서 국왕과 신료가 각각 어떤 위상과 역할을 가져야 한다고 생각했는가에 대한 문제를 중심으로 정치제도의 형성과 운영에 반영된 고려 지배층의 이해와 관념에 대하여 살펴보되 이를 제도의 운영과 연결하여 설명하고자 한다.

이를 위해 크게 두 가지 방식으로 고찰하고자 하는데, 첫째는 신료와는 뚜렷이 구별되는 국왕의 초월적 위상과 권한에 대한 관념을 살피고, 둘째는 국정운영에서 군신의 역할에 대한 기대 관념을 국왕의 국정 주도라는 점과 신료와 함께 하는 국정운영이라는 점에서 살펴보고자 한다.

2. 국왕의 초월적 위상과 권한에 대한 관념

여기서는 신료와는 뚜렷이 구별되는 국왕의 초월적 위상과 권한에 대한 고려 지배층의 관념을 살펴보기로 하겠다.

---

19) 河炫綱, 「崔承老의 政治思想」, 『韓國中世史研究』(一潮閣, 1988); 박재우, 「국정운영 체계의 형성과 지향」, 『고려 국정운영의 체계와 왕권』(신구문화사, 2005). 崔承老의 사상이 군주권 강화를 인정하고 이를 배경으로 신권의 안정을 희망했다고 설명하는 다음 연구도 있다. 白南赫, 「高麗 成宗代의 改革과 儒敎政治思想」, 『동서사학』 9, 2003.

20) 朴宗基, 「儒敎史家 李奎報의 歷史學」, 『韓國史學史研究－于松趙東杰先生停年記念論叢』(나남, 1997); 황병성, 「이규보의 군신·군자관의 성격」, 『全南史學』 19, 2002.

국왕의 위상과 관련해서 주목할 것은 천명사상이다. 고려 지배층은 국왕은 초월적인 천(天)의 대변자로서 천명을 받은 존재로 생각하였다. 천명사상은 유교사상의 도입으로 인하여 삼국 이래로 형성된 관념이지만 고려 건국 이후에 유교가 정치이념으로 성립하면서 완전히 정착하였다. 이러한 점에서 고려 군주의 위상을 천명(天命) 관념으로 파악하려 했던 것은 고려적인 특징으로 이해할 수 있다.

고려의 천명사상은 왕건의 즉위 과정에서 이미 뚜렷하게 나타났다. 왕건을 추대하는 과정에서 홍유(洪儒) 등이 궁예를 걸주(桀紂)에 비교하고 은주(殷周)의 대의(大義)를 행하라는 방벌적(放伐的) 혁명론을 제시하면서 '하늘이 주는 것을 취하지 않으면 도리어 재앙을 받을 것입니다.'[21]라고 한 것은 그들이 왕건의 즉위를 천명으로 이해하였음을 보여준다.[22] 왕건도 왕위에 오른 것을 천명으로 인식하였는데, 연호를 천수(天授)[23]라고 명명한 것은 단적인 증거이며, 또한 왕건의 즉위에 불만을 품은 환선길(桓宣吉)이 반역을 도모하자 '짐이 비록 너희 무리들의 힘으로 이에 이르렀으나 어찌 천(天)이 아니랴 천명이 이미 정해졌는데 네가 감히 이럴 수 있느냐.'[24]고 한 것에서도 그의 천명 관념을 보여준다.[25] 이처럼 천명 관념은 고려 왕조의 성립 시기부터 단순히 관념으로 그친 것이 아니라 왕조의 창건, 왕위의 즉위 및 합리화와 관련하

21) 『高麗史』 卷92, 「列傳」 5, 洪儒.

22) 洪儒 등이 天命 관념을 가졌음은 金忠烈, 『高麗儒學史』 61 (고려대학교출판부, 1987) 참고.

23) 『高麗史』 卷1, 太祖 원년 하6월 丙辰.

24) 『高麗史』 卷127, 「列傳」 40, 叛逆1, 桓宣吉.

25) 도현철, 앞의 논문, 1994, 266쪽. 왕건은 이후 원년 8월, 11년 정월에도 자신의 즉위를 天命 사상으로 설명하였는데, 이는 왕권을 안정시키기 위한 표방으로 생각된다.

여 상당한 정치적 영향력을 가진 관념으로 고려에 정착했다.

천명사상이 정치제도의 도입 정착 시점인 성종, 현종대에 표방되었다는 것은 중요한 의미를 갖는다. 왜냐하면 천명사상이 국왕의 위상 및 역할과 관련하여 제도 형성의 이념적 배경이 된 것으로 이해가 가능하기 때문이다.

성종대 정치를 주도했던 최승로는 왕건의 즉위를 천명으로 이해했는데,[26] 이는 왕조 개창과 태조의 즉위를 천명으로 인식하는 관념이 성종대에는 완전히 정착했음을 의미한다. 또한 최충(崔沖)이 현종(顯宗)의 즉위에 대하여 '하늘이 장차 일으키려 하면 누가 능히 폐하겠는가.'[27]라고 평가한 것도 주목할 만하다. 사실 현종은 천추태후와의 정쟁에서 힘겹게 왕위에 올랐던 군주였다. 하지만 최충은 그의 즉위가 하늘에 의한 것이므로 아무도 폐할 수 없었던 것이라는 이해를 보여주고 있다. 이는 '천명이 이미 정해졌는데 네가 감히 이럴 수 있느냐.'고 말했던 태조의 천명 관념과 상통하는 것으로, 천명은 결코 고칠 수 없는 것이라는 인식이다.

이러한 측면은 숙종대에도 나타나는데, 숙종이 이자의(李資義)의 난을 평정하는 비상한 방법으로 헌종의 양위를 받아 왕위에 오르자 중서성(中書省)은 '성상(聖上)께서는 명(命)에 순응하여 대통(大統)을 이어 만기(萬機)를 모두 바로 잡았습니다.'[28]라고 하고 있어, 일단 국왕이 되면 현실을 받아들이고 천명 관념으로 왕위를 합리화하였음을 알 수 있다.

현종, 숙종과 같은 경우가 아니라도 천명 관념이 보편화되자 고려의

---

26) 『高麗史』 卷93, 「列傳」 6, 崔承老.

27) 『高麗史』 卷8, 顯宗 22년 5월 辛未.

28) 『高麗史』 卷11, 肅宗 원년 4월 癸酉.

국왕은 왕위의 계승을 천명의 결과로 보았다. 문종은 유조(遺詔)를 통해 '짐이 보잘 것 없는 몸으로 조업(祖業)을 이어 받았으나 천명이 다하여 병이 깊다.'[29]고 하여 국왕의 수명 또는 재위 기간을 천명의 결과로 생각하는 이해력을 보여주고 있으며, 예종은 '과인(寡人)이 천명을 공경히 받들어 외람되이 비서(丕緖)를 이어 가방(家邦)을 다스린 지 여러 해가 지났다.'[30]고 하여 왕위의 즉위와 통치를 천명에 의한 것으로 보는 관념을 보였다.

이처럼 고려의 지배층은 국왕을 천과 연결된 존재로 설명함으로써 왕위의 초월성을 부각했다. 왕위는 천명을 받은 사람이 얻는 것인데 왕건만 천명을 받았다고 생각하지 않고 왕건의 후손으로 국왕이 된 사람들도 천명을 받아 왕위에 올랐다고 생각했다. 그리고 이러한 천명은 인간이 고칠 수 없는 것이라고 생각했다.

이는 자연스럽게 왕건과 그 후손만이 왕위를 계승할 수 있다는 관념을 낳았다. 이러한 생각은 용손(龍孫) 관념에서 그대로 드러난다. 용손 관념은 왕건의 조모가 용녀(龍女)였던 데서 나온 것으로 왕건의 후손을 용자(龍子), 용손(龍孫), 용희지후(龍姬之後)로 인식하는 관념이다.[31] 이는 왕건이 왕조를 개창하고 국왕이 된 현실에 근거해서 그의 후손으로 왕위에 오른 인물을 특별한 존재로 인식하는 관념으로, 왕건이 즉위하기 전에 왕창근(王昌瑾)이 얻은 거울에 비친 글에 있는 '용자는 12인데 대를 바꾸어 상승(相承)하기를 육갑자(六甲子) 동안 할 것이다.'[32]라는 내용에 근거한 것이었다. 왕건의 아들 혜종(惠宗)이 '항상

29) 『高麗史』 卷9, 文宗 37년 추7월 辛酉.
30) 『高麗史』 卷14, 睿宗 17년 하4월 己丑.
31) 金庠基, 「高麗時代의 總說」, 『新編 高麗時代史』 (서울대학교 출판부, 1985).
32) 『高麗史』 卷1, 太祖 즉위년.

물로 침석(寢席)을 씻었고 또 큰 병에 물을 담아 팔을 씻는 것을 싫어하지 않으니 참 용자였다.'[33]는 이야기가 전해지는 것은 용손 관념이 고려 초기부터 형성되었을 가능성을 보여준다.

이러한 용손 관념은 이후 왕건 후손의 왕위 계승에 대한 정당성을 보장해주는 기능을 했던 것으로 보인다. 이 관념은 참언(讖言)의 형태로 나타난 것이기에 정치가 혼란했던 무신난 이후에 이와 관련된 사실이 많이 확인된다.

예를 들어 이의민(李義旼)은 '고참(古讖)에 용손은 12대로 끝나고 다시 18자(十八子)가 소유할 것이라는 말이 있는데 18자는 곧 이자(李字)이므로 인하여 비망(非望)을 품었다.'[34]고 하고, 삼별초가 난을 일으켰을 때 판태사국사(判太史局事) 안방열(安邦悅)은 '용손은 12대로 끝나므로 남(南)을 향하여 제경(帝京)을 짓는다는 참언이 징험이 있다.'[35]고 하여 삼별초에 가담했다고 한다. 이들 내용은 용손이 끝나면 반란에 성공할 수 있다는 신념을 보여주는데, 반대로 12대까지는 용손만이 왕이 될 자격이 있다는 관념도 보여준다. 이처럼 용손 관념은 왕건의 후손에게만 배타적으로 왕위를 얻을 자격을 부여하는 기능을 하였다.

왕건의 후손으로 왕위에 오른 국왕들은 왕위의 독점권을 선대(先代)의 왕업(王業) 또는 유업(遺業)을 계승했다는 표현으로 표방하기도 했다. 예를 들어 덕종(德宗)은 '짐이 외람되이 선업(先業)을 계승하여 삼한을 통어(統御)하게 되었다.'[36]고 하였고, 헌종(獻宗)은 '짐이 선고(先考)의 유업을 계승하여 외람되이 대위(大位)에 올랐다.'[37]고 하였으며,

33) 『高麗史』 卷88, 「列傳」 1, 后妃1, 莊和王后吳氏.

34) 『高麗史』 卷128, 「列傳」 41, 叛逆2, 李義旼.

35) 『高麗史』 卷130, 「列傳」 43, 叛逆4, 裴仲孫.

36) 『高麗史』 卷5, 德宗 2년 10월 己酉.

숙종(肅宗)도 '짐(朕)이 그릇되이 선업을 계승하여 하민(下民)을 다스리기를 생각하고 날마다 만기(萬機)를 살피나 다만 근로(勤勞)하는 마음만 쌓을 뿐이었다.'[38]고 하여, 이들 국왕들이 왕위를 왕건 가계의 독점적 소유물로 인식하고 있었음을 보여준다.

특히 인종(仁宗)은 '짐이 천지(天地)의 경명(景命)을 받고 조종(祖宗)의 유기(遺基)를 이어 삼한(三韓)을 차지한 지 6년이나 되었다.'[39]고 하여 왕위의 즉위를 천명의 산물로 인식하면서 동시에 조종의 유기를 물려받는 것으로 생각하고 있어, 이런 사상들이 서로 혼재되어 왕건 후손에게 고려 왕위의 배타적 독점권을 부여하는 데 기여하였음을 보여준다.

이처럼 고려의 국왕은 초월적인 천의 대변자로서 천명을 받은 왕건과 그의 후손이 얻었다. 게다가 왕건의 후손은 용손 관념 또는 선업, 유업, 유기를 계승한다는 관념 속에서 왕위에 대한 배타적 독점권을 합법적으로 얻을 수 있는 권리를 부여받았다. 이는 왕건의 후손이 아닌 이성(異姓)이 국왕이 되어서는 안 된다는 관념을 만들었다.

목종 말년에 김치양(金致陽)이 난을 일으키려 하자 목종이 대양원군(大良院君)에게 양위하고자 하여 채충순(蔡忠順)에게 '마땅히 마음을 다해 바로 붙들어 사직(社稷)이 이성(異姓)에게 속하지 못하게 하라.'[40]고 하였고, 유충정(劉忠正)도 '금상(今上)이 침질(寢疾)하니 간당(姦黨)이 틈을 엿보므로 사직이 장차 이성(異姓)에게 속할까 두렵다.'[41]고 하였다. 이는 현종 추대세력의 입장을 반영하는 내용이므로 목종이 과연

37) 『高麗史』 卷10, 獻宗 원년 10월 己巳.
38) 『高麗史』 卷11, 肅宗 3년 동10월 辛丑.
39) 『高麗史』 卷15, 仁宗 5년 3월 戊午.
40) 『高麗史』 卷93, 「列傳」 6, 蔡忠順.
41) 『高麗史』 卷93, 「列傳」 6, 蔡忠順.

그런 말을 했는지 의심스럽지만 적어도 현종 추대세력은 왕위가 이성(異姓)에게 넘어가서는 안 된다는 관념에 기대어 현종을 추대했음을 알 수 있다.

이는 왕건과 그 후손만이 왕위에 오를 수 있다는 생각이 단순히 관념에 그치는 것이 아니라 고려 사회에서는 상당한 정치적 힘을 가진 관념임을 보여준다. 고려후기의 기록이지만 다음 자료를 살펴보자.

[자료 1]
本朝는 太祖가 統三한 이래로 聖子神孫이 繼繼相承하여 今日에 이르기까지 王氏가 아니면 왕이 될 수 없었음은 너희들이 모두 아는 바이다. 이에 어찌 異姓인 白家의 아들로 세워 왕을 삼고자 하여 도리어 부모의 나라를 공격하는가.[42]

공민왕대에 경복흥(慶復興)은 원이 덕흥군을 내세워 왕위에 올리려 하자 덕흥군의 입장을 대변하던 최유(崔濡) 등에게 [자료 1]과 같은 내용의 격문(檄文)을 보냈다. 물론 경복흥이 공민왕을 위해 격문을 보낸 것은 그의 정치적 이해에서 나온 것이겠지만, '왕씨가 아니면 왕이 될 수 없다.'는 관념이 단순히 관념에 머물지 않고 왕건의 후손에게 배타적으로 왕위가 계승되게 하고 나아가 고려 왕조를 지키는 현실적인 힘이 되었음을 보여준다.[43]

---

42) 『高麗史』 卷111, 「列傳」 24, 慶復興.

43) 왕씨가 아닌 인물이 국왕이 되었을 때에 다시 왕씨로 세워야 한다는 관념이 나타나기도 했다. 고려 말의 禑昌非王說은 그러한 사정을 잘 보여준다. 당시 이성계 세력은 '禑와 昌은 본래 왕씨가 아니므로 宗社를 받들게 할 수 없다. 天子의 명령도 있으니 마땅히 가짜를 폐하고 진짜를 세워야 한다.'(『高麗史節要』 卷34, 昌王 원년 11월)고 하였는데, 이는 昌王을 폐위하고 恭讓王을 추대하는 명분이 되었다. 물론 이는 이성계 세력이 권력 장악 과정에서 만든 명분임에 틀림없지만 여기서도 왕씨가 아니면 왕위에 오를 수 없다는 관념을 확인할 수 있다.

이 때문에 왕위는 신민(臣民)이 넘볼 수 없는 자리로 인식되었다. 무신정권기의 일이지만 국왕을 마음대로 폐하고 세웠던 최충헌(崔忠獻)도 국왕이 되지는 못했다는 점은 시사하는 바가 크다. 물론 왕권을 능가하는 권력을 가졌던 최충헌이 왕위에 오르지 않은 것은 다양한 현실적 이유가 있었던 것이지만[44] 왕씨가 아니면 왕이 될 수 없다고 인식했던 고려인의 관념도 중요한 원인이었다고 생각된다. 천인(賤人) 신분에서 벗어나기 위해 반란을 꾀했던 만적(萬積)이 최충헌을 죽이고 공경장상(公卿將相)이 되려고 하면서도[45] 국왕이 되려고 하지는 않았다는 것도 같은 관점에서 생각해 볼 수 있다.

그래서 왕위를 엿보거나 국왕을 시해하는 것은 큰 범죄로 인식되었다. 왕건이 반역을 꾀하는 환선길에게 '천명이 이미 정해졌는데 네가 감히 이럴 수 있느냐.'고 꾸짖은 것은 단적인 사례이다. 천명을 받은 존재인 국왕에게 반역하는 것은 범죄라는 관념이다. 이러한 관념은 정적을 제거하는 명분이 되기도 했는데, 최충헌이 이의민을 제거하며 내세운 명분은 '천신(賊臣) 의민이 일찍이 시역(弑逆)의 죄를 범했으며 생민(生民)을 학해(虐害)하고 대보(大寶)를 엿보았다.'[46]는 것이었다. 물론 명분에 불과한 것이지만 국왕을 시해하고 대보를 엿보는 것 자체를 부정적으로 인식했던 고려인의 관념이 없었다면 이러한 명분은 정치적 효과를 거두지 못했을 것이다.

---

44) 金塘澤, 앞의 논문, 1999에서는 崔忠獻이 왕위에 오르지 않았던 이유를 설명하면서 고려의 국왕은 당대의 정치세력을 대표하는 인물이자 고려 왕조를 상징하는 존재였으므로, 崔忠獻은 왕위에 오름으로서 야기될 수 있는 정치적 몰락보다는 국왕의 권위를 이용하여 정권의 존속을 꾀했기 때문이라고 하였는데 설득력 있는 견해로 이해된다.

45) 『高麗史』 卷129, 「列傳」 42, 叛逆3, 崔忠獻.

46) 『高麗史』 卷129, 「列傳」 42, 叛逆3, 崔忠獻.

이처럼 왕건과 그 후손만 국왕이 될 수 있다고 인식되자 국왕은 지배층 내에서도 그렇게 될 수 없는 신료와는 뚜렷이 구별된 특별한 존재로 인식되었다. 즉 군신관계는 분명한 상하 질서 속에서 이루어진 것이었다.

군신관계를 어떻게 설정할 것인가 하는 점은 성종대 지배층의 중요한 관심사였다. 예를 들어 김심언(金審言)은 『설원(說苑)』의 6정6사(六正六邪)와 『한서(漢書)』의 자사6조(刺史六條)를 주장했는데,[47] 특히 6정6사를 통해 신료는 군주를 보필하여 빛나게 하고 권세를 오로지 해서는 안 된다는 입장을 표명했다. 이는 군신의 상하 질서를 전제로 군주를 보필하는 신료의 자세를 말하는 것이다.[48] 주목할 것은 성종대에 중앙과 지방의 관청 벽에 써 붙였던 것이 덕종 무렵에 떨어지자 최충이 건의하여 6정6사를 새롭게 써 붙였다는 점이다.[49] 게다가 이를 주장한 것이 문종 초반에 정치를 이끌었던 최충이었다는 점을 생각하면, 군신관계의 정립에 대한 성종대 지배층의 견해가 이후 덕종, 문종대에도 계속 수용되었고 이러한 관념에 기초하여 형성된 제도의 운영 방식도 후대까지 지속되었음을 의미한다.[50]

사실 군신관계의 정립에 대한 관심은 태조대부터 있었다. 왕건이 통일 후에 찬술한 『정계(政誡)』, 『계백료서(誡百寮書)』는 신료의 의무를

47) 金甲童, 「金審言의 生涯와 思想」, 『史學硏究』 48, 1994.

48) 李基白, 앞의 책, 1990, 82쪽에서는 金審言이 六正六邪를 주장한 것은 그가 국가의 흥망은 군왕이 아닌 人臣에게 달려 있다고 생각했다는 인상을 받게 되는데 이는 정치의 실권이 군왕이 아닌 人臣에게 있다고 생각했기 때문이라고 하였다. 하지만 金審言의 글에서는 그런 내용을 발견할 수 없다. 金審言이 국가와 군주에 봉사하는 관리상을 제시했다는 점에 대해서는 白南赫, 앞의 논문, 2003, 14-18쪽 참조.

49) 『高麗史』 卷95, 「列傳」 8, 崔冲.

50) 박재우, 「국정운영 체계의 형성과 지향」, 앞의 책, 2005, 35-37쪽.

강조하며 국왕에 대한 충성을 요구하는 내용으로 짐작되므로 군신 간의 상하 질서를 명백히 하려는 의도에서 저술된 것으로 생각된다. 다만 왕건 사후의 정쟁(政爭) 속에서 이를 구현하기가 쉽지 않았고 광종을 거쳐 성종대에 제도로 정립하려는 노력이 이루어지면서 당송(唐宋) 제도가 도입된 것으로 생각된다.

국왕은 신료와는 뚜렷하게 구별된 존재이며 군신관계는 상하관계라는 고려 지배층의 관점을 단적으로 보여주는 것이 이자겸(李資謙)의 사례가 아닌가 한다. 당시 인종을 추대한 이자겸의 정치권력이 왕권을 상당히 위축시켰음은 주지의 사실이다. 이러한 상황에서 인종은 이자겸은 외조(外祖)이므로 반차(班次)를 백관(百官)과 같이 할 수 없으므로 특별대우를 해야 한다는 논의를 제기했다. 이에 대해 정극영(鄭克永), 최유 등은 천자(天子)가 신하로 삼지 못하는 자가 셋인데 후(后)의 부모도 그중에 하나이므로 표(表)를 올림에 칭신(稱臣)하지 못하게 해야 한다고 주장했으나, 공의(公義)와 사은(私恩)은 다른 것이므로 표를 올림에는 칭신하되 왕정(王廷)에서는 군신의 예(禮)를, 궁위(宮闈)에서는 가인(家人)의 예를 하면 된다고 하는 김부식(金富軾)의 견해를 이자겸이 받아들이지 않을 수 없었던 것은,[51] 아무리 권세가 많아도 신료는 국왕과 뚜렷이 구별된 존재라는 관념이 현실적인 힘이 있었음을 보여준다.

이자겸의 사례는 이후 공민왕대에 이존오(李存吾)에 의해 언급되었는데, 당시 문수회(文殊會) 때에 신돈(辛旽)이 재신의 반열에 앉지 않고 왕과 나란히 앉자 이존오는 신돈을 탄핵하기 위해 이자겸의 사례를

---

51) 『高麗史』 卷98, 「列傳」 11, 金富軾. 公義와 私恩에 대해서는 都賢喆, 「12세기 公·私禮와 金富軾」, 『韓國史의 構造와 展開－河炫綱敎授停年紀念論叢』(혜안, 2000) 참조.

들면서 '이자겸은 인종의 외조이므로 인종이 겸양(謙讓)하여 조손(祖孫)의 예절로 상견(相見)하고자 했으나 공론(公論)을 두려워하여 감히 하지 못했으니 군신의 분수가 정해진 까닭입니다. 이 예는 군신이 있은 후로 만고(萬古)에 고쳐질 수 없는 것입니다.'[52]라고 하였다.

여기서 주목되는 것은 군신의 분수가 정해졌고 이는 군신이 있은 후로 만고에 고쳐질 수 없는 것이라는 대목이다. 즉 고려의 왕권은 왕위의 특수성을 인정하는 대다수의 지배층에 의해 특별하게 인식되었던 것이다. 이는 이자겸에 대한 특별대우를 반대했던 김부식을 비롯한 대부분의 고려 지배층에게도 마찬가지였던 것으로 평가된다.

국왕은 신료와 구별된 특별한 존재였기에 국정운영에서 최고 통치권자로서 통치를 위한 실질적인 권한을 가질 수 있었다. 국정운영을 위해 제서(制書), 교서(教書), 조서(詔書), 선지(宣旨), 교지(教旨), 왕지(王旨) 같은 왕명을 반포하거나[53] 신료의 상주에 대하여 최종 결정을 내리는 것은[54] 모두 국왕만이 누릴 수 있는 권리였던 것이다. 상벌권과 인사권은 대표적인 국왕의 고유 권한으로, 신료가 가져서는 안 될 것으로 생각했다.[55]

상벌권을 보면 무신정권기의 일이지만 명종은 '상벌(賞罰)은 인주(人

---

52) 『高麗史』 卷112, 「列傳」 25, 李存吾. 李存吾는 같은 글에서 오직 임금이라야 福을 만들고 威를 만들며 玉食을 할 수 있는데 辛旽은 福을 만들고 威를 만들며 왕과 예를 대등하게 하니 이는 나라에 두 임군이 있는 것이라고 하며 신돈을 비판하였다.

53) 박재우, 「王命의 종류와 반포」, 앞의 책, 2005.

54) 박재우, 「신료의 上奏와 국왕의 결정 및 시행」, 앞의 책, 2005.

55) 국왕의 고유 권한으로 제사권이 있다. 이와 관련해서 주목할 것 중에 하나는 천자국 의례로 알려진 圜丘에 대한 제사인데, 이는 天命 사상에서 나온 것으로 이에 대한 제사가 조선에는 없었다는 점에서 天의 대변자로서 고려 국왕의 위상을 잘 보여준다(金澈雄, 「고려 國家祭祀의 體制와 그 특징」, 『韓國史研究』 118, 2002, 149쪽).

主)가 가진 병(柄)인데 근래에 권신(權臣)이 조정에 있으면서 위복(威福)이 사문(私門)에서 나오니 상도(常道)가 어지럽고 질서를 잃었다.'[56] 고 하였는데, 이는 무신이 정권을 잡게 되면서 상황이 달라졌지만 원래는 국왕이 상벌에 관한 실질적인 권한을 가지고 정치를 이끌어 가는 것이 상도요 질서라는 관념이다. 물론 이러한 관념은 이 시기에 새로 생겨난 것이 아니라 고려전기 이래의 관념으로 판단된다.

그러므로 상벌에 대한 국왕의 판결은 모두 이러한 관념에 기반한 제도적 장치 속에서 이루어진 것으로 이해할 수 있다. 예를 들어 중형주대의(重刑奏對儀)를 보면, 이는 의례(儀禮)이지만 국왕이 형부(刑部)의 상주에 대하여 중형(重刑)에 대한 최종 판결을 내리는 내용으로 구성되어 있어[57] 상벌의 최종 결정권이 국왕임을 단적으로 보여준다.

인사권도 국왕의 고유 권한이기는 마찬가지였다. 국왕의 인사권은 '어진 사람을 등용하고 불초(不肖)한 자를 물리치는' 권한이었다. 이는 국왕이 표방한 것일 뿐만 아니라 신료들도 국왕에게 요구하는 내용이었다. 예를 들어 숙종 6년 4월 송충(松虫)의 피해가 심각해지자 신료들은 '어진 사람을 등용하고 불초한 자를 물리쳐 천견(天譴)에 답하십시오.'[58]라고 요구하였다.

어진 사람을 등용하라는 요청의 이면에 있는 정치적 의도는 상황에 따라 다를 수 있는 것이지만, 인사권이 국왕의 고유 권한이라는 관념이 있었기 때문에 이러한 발언은 고려 지배층에게 자연스러운 것으로 판단된다. 게다가 관리임용에 대한 제도 차원의 최종 결정권도 국왕에게 있었다. 실제로 관리의 인사는 이부(吏部)와 병부(兵部)의 전주(銓注)

---

56) 『高麗史』 卷19, 明宗 5년 하4월 丙寅.

57) 『高麗史』 卷64, 「禮志」 6, 重刑奏對儀.

58) 『高麗史』 卷11, 肅宗 6년 하4월.

에 대하여 국왕이 결정을 내림으로써 임명이 이루어졌으니,[59] 이러한 제도적 장치로 인하여 '어진 사람을 등용하라.'는 건의가 가능할 수 있었던 것이다.

물론 현실정치에서 신료가 상벌권과 인사권을 장악하기도 했다. 무신정권기 이후 이러한 경향이 많이 생겨났다. 예를 들어 명종대에 형부시랑 이준창(李俊昌)을 참소하는 익명서가 있자 당시 국정을 모두 제장(諸將)이 결정하고 왕은 다만 끄덕일 뿐이었으므로 제장이 그 글을 믿고 이준창을 죽이려 하였다. 하지만 왕이 부당하다고 하자 제장은 투서자를 고문하였고 결국 무고임이 밝혀졌다.[60]

여기서 국정을 모두 제장이 결정하고 왕은 다만 끄덕일 뿐이었다는 것은 실제 권력의 향방을 분명히 알려주는 내용이다. 하지만 왕이 끄덕여야 최종 결정이 이루어졌다는 것은 설령 제장이 실제 권력을 가졌다고 해도 국정의 최종 결정권자는 왕이며 제장이 아니라는 관념과 제도 운영을 반영하는 것으로 이해된다. 이준창의 처벌에 반대한 명종의 입장이 받아들여진 것은 국왕이 상벌에 관한 최종 결정권을 가진 존재라는 관념이 최소한의 힘을 발휘하는 모습인 것이다. 이러한 상황은 이후 정국의 변동에 따라 왕정복고를 가져오게 하는 힘이 될 수도 있었다.

이처럼 국왕과 신료는 뚜렷이 구별된다는 관념이 현실 정치에서 국왕의 주도권을 전적으로 보장해 주는 것은 아니었지만 왕권의 보전 및 안정, 회복을 위한 일정한 힘으로 작용했던 것이 분명하다. 이러한 힘은 국왕을 신료와 달리 천명을 받은 초월적 존재로 이해한 데서 나온 것으로 국왕으로 하여금 국정의 최종 결정권자로 기능할 수 있게 하였다.

---

59) 박재우, 「관리임용을 통해 본 국정운영」, 앞의 책, 2005.

60) 『高麗史』 卷100, 「列傳」 13, 李俊昌.

3. 국정운영에서 군신(君臣)의 역할에 대한 기대 관념

1) 국왕의 국정 주도

고려의 국왕은 천명을 받아 왕위에 올라 신료와는 뚜렷이 구별되는 존재로 인식되었고 이로써 국정의 최종 결정권자로서 위상과 역할이 주어졌다. 하지만 고려 지배층은 국왕을 초월적 존재로만 인식하지는 않았다. 다시 말해 왕권을 단순히 추상적으로 생각하지 않고 실제적인 권력으로 인식하였다. 그래서 국왕이 단순히 관념상의 최고 지배자가 아니라 현실 속에서 정치를 주도해야 한다고 생각하였다.

예를 들어 왕건에 대한 긍정적인 평가 중에 하나는 '공신(功臣)을 성심껏 대접했지만 권세는 빌려주지 않았다.'[61]는 것으로 정치의 주도권을 국왕이 가져야 한다는 관념을 엿볼 수 있다. 이는 문종에 대한 평가도 마찬가지인데 '위권(威權)을 근일(近昵)에게 옮기지 않았다.'[62]는 점이 높이 평가되었다. 이들 평가는 모두 이제현(李齊賢)의 사찬(史贊)에 나온 것으로 고려전기 지배층의 관념을 직접 보여주는 것은 아니지만, 국왕이 정치를 실질적으로 주도해야 한다는 관념은 고려전기 지배층 일반의 생각이었다. 이를 단적으로 보여주는 것이 헌종의 양위와 관련된 기록이다. 다음 자료를 살펴보자.

> [자료 2]
> 당시 사람들이 원망하기를 宣宗은 사랑하는 동생이 5인이나 있는데 孺子에게 位를 전했으니 이러한 亂에 이른 것이라고 하였다.[63]

61) 『高麗史』 卷2, 太祖 26년 5월.

62) 『高麗史』 卷9, 文宗 37년 추7월 辛酉.

63) 『高麗史節要』 卷6, 獻宗 원년 추7월.

이 자료는 헌종대에 한산후(漢山侯)를 옹립하려 했던 이자의 세력과 계림공 세력이 대립하여 많은 사람이 희생되고 정국이 혼란해지자 당시 고려인들이 정치를 평가했던 내용으로, 선종(宣宗)은 동생들이 있었지만 어린 아들 헌종에게 전위(傳位)하여 정국의 혼란을 자초했다는 평가이다. 이는 정치를 주도할 수 있을 정도로 성장하지 못한 어린 아들에게 전위하는 것은 잘못이라는 관념으로 국왕은 정치를 실질적으로 주도할 수 있어야 한다는 인식이다.

이러한 평가는 이제현의 사찬에서도 확인된다. 그는 "선종이 죽자 태자가 이었으니 이가 헌종이다. 국인(國人)이 보고들은 것에 익숙하여 선종은 다섯 동생이 있는데 어린 아들을 세워 옳은 것을 잘못되게 했다고 하니 어찌 생각지 못함이 그리 심한가. 주공(周公)과 같은 친척과 박육(博陸) 같은 신하에게 위임하여 보정(輔政)하게 하지 못했으니 위난(危難)이 족히 왔던 것이다."[64]고 했다. 이는 국왕이 어려도 신료의 보필을 받으면 된다는 이제현의 관점을 보여주는 것이지만, 문제는 '어린 아들을 세워 옳은 것을 잘못되게 했다고 하였다.'는 표현이다. 이는 헌종 당시 고려 지배층은 이제현의 생각과 달리 선종이 어린 아들을 세운 것은 잘못된 것이라고 생각했던 것이다.[65]

이렇게 보면 부자계승이냐 형제계승이냐 하는 문제는 그들에게 중요한 것이 아니었다. 오히려 그들은 국정을 주도할 만한 나이나 능력

---

64) 『高麗史』 卷10, 獻宗 원년 동10월 己巳.

65) 국왕이 어린 나이에 즉위하고 그로 인해 정치 주도권을 장악하지 못하면 문제가 되었다. 인종은 '어린 나이로 왕위를 계승하여 외척이 권세를 부렸다.'는 평가를 받았고 인종 자신도 여러 번 이를 인정하였다(『高麗史節要』 卷9, 仁宗 원년 하4월; 仁宗 6년 8월; 仁宗 10년 11월). 이러한 관념은 고려후기에도 있었는데, 尹紹宗은 禑王이 어린 나이에 즉위하였으므로 李仁任이 나라의 권세를 마음대로 하여 정사를 친히 할 겨를이 없었다고 하였다(『高麗史節要』 卷33, 昌王 즉위년 12월). 이 역시 같은 관념에서 나온 발언으로 이해된다.

이 되지 못한 인물이 국왕이 되는 것을 불만스럽게 생각하였던 것이다.

이는 헌종대 지배층의 관념만이 아니라 「훈용십조(訓要十條)」에도 나타난 태조 이래의 관념이었다. 왕건은 '무릇 원자(元子)가 불초하거든 다음 아들에게 전하고 또 불초하거든 형제의 무리 중에 추대를 받은 자로 하여금 대통(大統)을 잇게 하라.'[66]고 하였는데, 여기서 왕건이 왕위계승에서 부자상속에 얽매이지 않고 형제상속까지 허용한 이유는 왕이 되는 후손의 자질이 불초한가 아닌가의 문제 때문이었다. 원자가 왕위를 계승하는 것이 자연스럽지만 불초하면 추대를 받은 자로 하여금 대통을 계승하게 해야 한다는 것으로, 국왕은 정치를 이끌만한 실제적인 권력을 가진 존재여야 한다는 관념을 보여준다.

이 때문에 인종(仁宗)은 그가 묘청(妙淸), 백수한(白壽翰)의 음양설에 현혹되어 서경의 반역을 겪은 것은 '천성이 자애(慈愛)하고 우유부단하기 때문'[67]이라는 비판을 받았고, 무신정권기에 명종(明宗) 같은 인물은 '마음이 부드럽고 약하여 결단성이 없으므로 정권이 아랫사람에게 있었다.'[68]는 평가를 받았다. 인종이 단순히 성품이 인자하고 우유부단하기 때문에 묘청의 난이 일어났거나 명종이 결단성이 부족한 것 때문에 왕권이 약했던 것은 아니지만, 이들 모두 정치를 주도해야 하는 책임이 국왕에게 있다는 관념을 보여주는 것으로 이해된다.

한편 국왕이 정치를 주도해야 한다는 관념이 있었다고 해서 국왕이 정치를 독단적으로 이끌어 가는 것조차 인정한다는 것은 아니었다. 고려 지배층은 국왕의 독단적인 정치 행위를 상당히 경계했다.

이러한 점은 고려의 제도를 형성하던 성종대 지배층에게 두드러지

66) 『高麗史』 卷2, 太祖 26년 하4월.

67) 『高麗史』 卷17, 仁宗 24년 2월.

68) 『高麗史節要』 卷12, 明宗 원년 5월.

게 나타났다. 그들이 국왕의 독단적인 국정운영을 경계했던 것은 광종대의 경험 때문이었다. 고려 초기 정치에 대한 최승로의 평가에 따르면, 광종은 쌍기를 등용한 이후 차서(次序)를 넘는 인사행정을 했고, 중국 문화를 성급하게 도입했으며, 빈료(賓僚)를 영접하지 않아 시정득실을 말하는 자가 없었고, 구신(舊臣)과 숙장(宿將)을 많이 죽이는 등 왕권을 남용하였다.[69]

즉 광종은 인사권이나 상벌권을 독단적으로 사용했고 이로 인해 정치질서가 혼란해지고 많은 신하들이 참살을 당했다. 최승로가 성종에게 '죄(罪)를 지은 자가 있으면 경중(輕重)에 따라 모두 법대로 판결할 것'[70]을 요청한 것도 독단적인 정치에 대한 경계였던 것이다.

게다가 광종은 '빈료를 영접하지 않아 시정득실을 말하는 자가 없었다.'는 표현에서 알 수 있듯이 신료들의 정치참여를 봉쇄하였다. 최승로는 대다수 관리를 배제하고 소수의 측근과 정치를 하는 정치관행에 대하여 비판적 입장을 취했던 것이다. 사실 최승로는 혜종은 '조신(朝臣)의 현사(賢士)는 가까이 오지 못하게 하고 향리(鄕里)의 소인(小人)만 항상 침실 안에 들였고', 경종은 '좌우에 중관(中官)과 내수(內豎)뿐이어서 군자의 말은 들어가지 못하고 소인의 말만 좇았다.'는 부정적인 평가를 하였다.[71] 이러한 정치행태 역시 독단적 정치의 일환으로 이해했던 것이다.

측근정치에 대한 비판은 이후에도 계속 나타나는데 대개는 환관(宦官), 내시(內侍)를 통한 왕권강화에 대한 비판이었다. 이제현은 문종이 '환관과 급사(給使)는 10여 인을 넘기지 않았고 내시는 반드시 공능(功

69)『高麗史』卷93,「列傳」6, 崔承老.
70)『高麗史』卷93,「列傳」6, 崔承老.
71)『高麗史』卷93,「列傳」6, 崔承老.

能) 있는 자를 선발하여 충당하되 역시 20여 인을 넘기지 않았다.'[72]는 점을 긍정적으로 평가했다. 이러한 관점은 그가 활동했던 원 간섭기의 측근정치에 대한 비판적 인식에서 나온 것이겠지만 고려 전기 이래의 관념이었다. 예를 들어 인종은 '초년(初年)에는 궁중(宮中)에 환시(宦寺)와 내료(內僚)가 매우 많았으나 매번 작은 죄로서 내쫓고 다시 보충하지 않아 말년에는 수인(數人)에 불과했다.'는 김부식의 평가와 '환사를 멸생(減省)하니 옛 제왕(帝王)이라도 더할 수 있겠는가.'라는 김신부(金莘夫)의 평가를 받았다.[73] 이처럼 고려 지배층은 국왕이 정치를 독단적으로 이끌어가는 것에 대하여 상당히 비판적인 입장에 있었다. 이는 광종 정치의 경험과 유교사상에서 나온 관념으로 이해된다.

그렇다고 해서 신료가 정치를 주도해야 한다고 보지도 않았다. 특히 권신이 정치를 마음대로 하는 것을 상당히 비판적으로 보았다. 최승로는 경종이 광종대에 감옥에 들어간 수천 명을 풀어준 것에 대해서는 칭찬을 했지만 부인의 손에서 자라 정체(政體)에 어두워 권호(權豪)에게 맡겨 피해가 종친에게 이르렀다는 점을 비판적으로 보았다.[74] 국왕이 권력의 주체로서 정치를 주도하지 못할 때에 생겨날 수 있는 정치적 파탄을 경험적으로 깨달았던 것이다.

고려는 신료가 국정을 장악할 수 있는 제도적 장치가 없다. 국정의 상주 과정을 보면 중서문하성(中書門下省)과 상서성(尙書省) 및 6부뿐만 아니라 중급관청인 시(寺)·감(監)과 하급관청인 서(署)·국(局)까지 재상(宰相)을 거쳐 올라가는 것이 아니라 국왕에게 직접 상주하는 구조가 만들어져, 국왕이 국정을 직접 파악하도록 되었다.[75] 뿐만 아니라

72) 『高麗史』 卷9, 文宗 37년 7월.

73) 『高麗史』 卷17, 仁宗 24년 2월.

74) 『高麗史』 卷93, 「列傳」 6, 崔承老.

국왕이 신료와 합의하여 국정을 결정할 수 있도록 만든 다양한 회의도 기본적으로 국왕의 제안을 통해 회의가 성립되도록 만들어져 있어 국왕의 국정 주도를 보장하고 있었다.[76] 이러한 모습으로 제도가 짜여진 것은 다름 아니라 신료가 정치를 마음대로 하지 못하도록 하기 위한 것이었다.

국왕을 국정운영의 중심에 두려는 관념과 그에 따른 제도적 장치가 마련되어 있었기 때문에 심지어 신료가 권력을 장악했던 무신정권기에도 신료가 국정을 마음대로 해서는 안 된다는 관념은 계속 유지되었다.

예를 들어 이의방(李義方)은 그의 형 이준의(李俊儀)와 싸운 적이 있는데 이때 이준의는 이의방의 죄를 세 가지로 지적하였다. 첫째는 군주를 내쫓아 시해하고 제택(第宅)과 희첩(姬妾)을 취한 것이고, 둘째는 태후의 여동생을 협박하여 간음한 것이며, 셋째는 국정을 전천(專擅)한 것이라 하였다.[77] 여기서 신료가 국정을 전단해서는 안 된다는 비판적 인식을 읽을 수 있다. 게다가 이러한 비판이 권력자의 형인 이준의에게서 나왔다는 것은 비록 현실은 권신이 권력을 장악한 상태라고 해도 그것을 비정상적인 것으로 생각하는 관념이 당시에 널리 퍼져있었음을 의미한다.

왕권이 권신에 의해 위축된 상황에 대한 비판적 인식을 보여주는 기록은 신종(神宗) 사찬(史撰)이 대표적이다. '신종은 최충헌이 세워 생살(生殺)과 폐치(廢置)가 모두 그 손에서 나오니 한갓 허기(虛器)를 안고 신민의 위에 서 있으니 마치 나무로 만든 인형 같았다. 애석한

---

75) 박재우, 「신료의 上奏와 국왕의 결정 및 시행」, 앞의 책, 2005.

76) 박재우, 「국정의 다양한 會議」, 앞의 책, 2005.

77) 『高麗史』 卷128, 「列傳」 41, 叛逆2, 李義方.

일이다.'[78]라는 기록은 당시 왕권이 완전히 위축되어 국정에 관한 실질적인 결정이 최충헌에 의해 이루어졌음을 보여준다. 문제는 이러한 상황 역시 비판적으로 기록되고 있다는 점이다.[79]

이로 보면 고려의 지배층은 국왕이 국정을 실질적으로 주도해 주기를 바라면서 동시에 국왕과 신료 어느 한쪽이 정치를 일방적으로 독주하는 것에 대하여 비판적인 관념을 가지고 있었음을 알 수 있다.

2) 신료와 함께 하는 국정운영

고려 지배층은 국왕이 국정을 주도하기를 기대하면서 동시에 국왕은 신료와 함께 다스려야 한다고 생각하였다. 국왕이 신료와 함께 정치를 함에 있어서 중요한 것은 신료에 대한 국왕의 태도인데 국왕은 신료를 예절로 대할 것을 요구받았다.

이러한 점은 성종대를 전후로 크게 강조되었다. 「오조치적평(五朝治積評)」에서 최승로는 왕건은 '아래를 대함에 공손함을 생각했고', '자기를 버리고 다른 사람을 따랐고', 혜종은 동궁 시절에 '빈료를 잘 접대했으며', 광종도 초기에는 '아래를 접함에 예로서 했다.'는 것을 긍정적인 점으로 평가하였다.[80] 이는 국정운영에서 국왕의 태도가 어떻게 정립되어야 하는가에 대한 당시 지배층 일반의 생각을 반영한 것으로 생각된다. 그래서 최승로는 「시무28조」에서 성종에게 '만약 성상(聖上)께서

---

78) 『高麗史』 卷21, 神宗 7년 춘정월.

79) 원 간섭기의 일이지만 忠肅王은 '晩年에 國事를 버리고 外郊에 나가 머물면서 朴晴 등 세 內竪를 신임하니 威福이 아래로 옮겨졌다.'(『高麗史』 卷35, 忠肅王 복위 8년 춘3월)는 비판을 받았다. 여기서도 신료가 권력을 잡아서는 안 된다는 관념을 읽을 수 있다.

80) 『高麗史』 卷93, 「列傳」 6, 崔承老.

마음을 잡고 겸손히 하며 항상 경외(敬畏)하고 신하를 예우(禮遇)한다면 누가 심력(心力)을 다하여 나아가매 모유(謀猷)를 아뢰고 물러나매 광찬(匡贊)을 생각지 않겠습니까.'[81]라고 하였던 것이다.

물론 신료를 예우해 달라는 최승로의 건의는 단순히 예절바르게 접견해 달라는 것이 아니라 국왕이 정치를 함에 있어 독단적으로 처리하지 말고 신료의 견해를 수용해야 한다는 것을 의미했다. 성종 초반은 고려의 제도가 성립된 시기이고 주지하다시피 최승로는 정치의 중심에 있었으므로 제도의 성격을 정립하는 데 그의 견해가 상당한 영향력을 미쳤을 것으로 판단된다. 그러므로 국왕은 신료를 예우해야 한다는 그의 견해는 매우 중요한 의미를 갖는다.

종래 이러한 최승로의 견해를 그가 귀족 곧 신료 중심의 정치를 추구한 것으로 해석해 왔다.[82] 하지만 이들 사료는 국왕이 정치를 함에 있어 신료를 예우해야 한다는 것이지 국왕을 대신해서 신료가 정치를 주도해야 한다고 말하고 있지 않다.[83] 그러므로 이는 국왕의 정치 주도를 인정하면서도 국왕과 신료가 합의하에 정치를 이끌어가야 한다는 것으로 해석해야 할 것이다.[84]

이와 관련해서 주목할 것이 고려 지배층이 『정관정요(貞觀政要)』를 널리 읽었다는 것이다. 『정관정요』는 당태종의 제왕학적 통치술이 담긴 책으로 군주가 정치를 주도하되 군주와 신료는 상하 관계 속에서 국정을 조화롭게 운영해야 함을 말하고 있다. 특히 정치를 이끌어 가는 군주의 수신(修身)과 신료의 간쟁을 받아들이는 군주의 미덕을 강

---

81) 『高麗史』 卷93, 「列傳」 6, 崔承老.

82) 李基白, 앞의 책, 1990.

83) 白南赫, 앞의 논문, 2003.

84) 박재우, 「국정운영 체계의 형성과 지향」, 앞의 책, 2005, 27-37쪽.

조하고 있다.[85] 고려 지배층은 이러한『정관정요』를 국정운영에서 군신의 위상과 역할에 대한 모범으로 생각했다.

『정관정요』가 고려에 수용된 것으로 확인되는 것은 광종 초반이다. 당시 천재지변이 일어나자 광종은 재앙을 물리칠 방법을 물었고 이에 사천(司天)이 덕을 닦아야 한다고 하자 그때부터 광종은『정관정요』를 읽었다고 한다.[86] 사천의 권유로 읽게 된 것으로 이해되는데 그렇다면 광종 초반의 국왕과 신료는『정관정요』의 정치 이념에 공감하고 있었던 것으로 볼 수 있다.

한편「오조치적평」에서 광종을 가장 비판적으로 평가했던 최승로가 광종 초반의 정치에 대해서만은 삼대(三代)의 정치라고 평가한 것은[87] 그가 광종 초반의 정치에 공감했음을 의미한다. 최승로가『정관정요』의 정신에 기초하여「오조치적평」을 찬술했다고 말하고 있는 점을 생각하면 그 가능성이 충분히 짐작된다. 이처럼 광종, 성종대의 지배층은『정관정요』의 정치이념에 공감하고 있었던 것이다.

사실 성종 초반에 중국제도를 도입하면서 송(宋)의 제도보다 멸망한 당(唐)의 제도를 더욱 능동적으로 수용한 것도『정관정요』의 정치이념에 대한 관심과 그것을 가능하게 했던 당의 3성 6부 제도에 주목했기 때문이었다.[88] 그러므로 이러한 정치제도의 결합을 통해 형성된 고려의 국정운영 체계는 국왕이 정치 주도권을 가지되 국왕과 신료가 합의하에 정치를 운영하도록 만들어졌다고 할 수 있다.[89]

---

85) 吳瑛燮은『貞觀政要』가 군왕의 개인적 修德과 君臣 간의 조화로운 관계를 논하는 내용이 많다고 하였다(吳瑛燮,「崔承老 上書文의 思想的 基盤과 歷史的 意義」,『泰東古典硏究』10, 1993).

86)『高麗史』卷2, 光宗 원년 춘정월.

87)『高麗史』卷93,「列傳」6, 崔承老.

88) 박재우,「국정운영 체계의 형성과 지향」, 앞의 책, 2005, 37-44쪽.

고려의 제도가 국왕과 신료가 합의하에 정치를 운영하도록 만들어졌다는 점을 잘 보여주는 것이 3성 6부를 근간으로 형성된 다양한 회의들이다. 고려의 국왕은 국정의 최종 결정권자였지만 그렇다고 해서 국정을 독단적으로 결정한 것은 아니었고 혼자 결정하기 어려운 문제를 신료들에게 자문하여 해결하도록 만든 다양한 회의가 있었다. 자문 대상을 기준으로 회의를 살펴보면 재상회의(宰相會議), 재추회의(宰樞會議), 보신회의(輔臣會議), 식목도감사(式目都監使) 참여회의, 군신회의(群臣會議) 등이 있었는데, 이들 회의는 기본적으로 국왕의 발의에 의해 개최되었고 회의 내용에 대하여 국왕이 최종 결정을 내렸지만 국왕과 신료가 합의하에 정치를 이끌어갔던 제도적 장치였다.[90]

정치제도가 이러한 이념 속에서 성립하였기 때문에 제도의 계속적인 운영과 맞물려 이후에도『정관정요』에 대한 관심은 지속되었다. 예종은 '천하(天下)가 대평(大平)하고 집이 공급되며 사람이 만족하면 비록 상서(祥瑞)가 없어도 덕(德)이 요순(堯舜)에 비견될 것이라'는 당태종의 정치관에 공감하면서 김연(金緣), 박경인(朴景仁)에게『정관정요』에 대한 주해(註解)를 만들어 올리라고 명령하였다.[91]

당태종의 정치에 대해서는 고려의 군신이 공감하고 있었다. 사실 고려 지배층에게 당태종은 이상군주였다.[92] 고려 후기의 일이지만 충선왕(忠宣王)이 세자 시절에 원 세조를 만났을 때 역대의 제왕 중에 누가 현명한가라는 질문에 대하여 한(漢) 고조(高祖)와 당태종이라 답변한

89) 河炫綱, 앞의 논문, 1988, 164쪽.

90) 박재우,「국정의 다양한 會議」, 앞의 책, 2005.

91)『高麗史』卷14, 睿宗 11년 12월 甲申.

92) 都賢喆,「政治體制 改善論과 王覇兼用的 理想君主論」, 앞의 책, 1999, 130-138쪽.

것은 고려 지배층의 인식을 단적으로 보여주는 것으로 이해된다.[93)]

그런데 당태종이 이상군주로 인정된 중요한 이유 중에 하나는 그가 간쟁을 받아들이는 군주였기 때문이었다. 권근(權近)은 우왕에게 '삼대 이후에 종간(從諫) 호선(好善)한 군주로는 한 문제(文帝) 당태종과 같은 자가 없었다. 그러므로 한당(漢唐)의 정치가 이에 번성했다.'[94)]고 하였고, 이첨(李詹)은 창왕에게 당태종의 제범(帝範)을 바치면서 당태종을 간쟁을 받아들인 군주로 말했다.[95)] 성석연(成石珚)은 경연에서 공양왕에게『정관정요』를 강론하면서 당태종은 직언(直言) 듣기를 좋아했다는 점을 강조하였다.[96)] 이들은 고려 말의 자료여서 당시 지배층의 관점을 보여주는 것이기는 하지만,『정관정요』가 고려전기부터 널리 읽혀왔다는 점을 생각하면 고려전기 지배층 역시 비슷한 관점을 가졌을 것으로 생각된다.

실제로 고려 지배층은 신료의 간쟁을 받아들이는 국왕을 훌륭한 군주로 생각하였다. 왕건은 '간쟁을 따르면 성군(聖君)이 된다.'[97)]고 하였고, 이러한 관념은 이후 국정운영 방식에 대한 고려 지배층의 일반적인 이념이 되었다.

간쟁의 수용을 중요하게 생각했음은 천명사상을 통해서도 설명된다. 원래 천명사상은 천의 대리자로서 국왕의 위상을 신료와 뚜렷이 구별된 존재로 인식하게 하는 것이지만, 이에서 파생되어 고려의 정치이념에 커다란 영향을 주었던 천인합일 사상은 재이(災異)를 천견(天譴)으

93)『高麗史』卷33, 忠宣王 즉위년.
94)『高麗史』卷107,「列傳」20, 權㫜 付 權近.
95)『高麗史』卷117,「列傳」30, 李詹.
96)『高麗史』卷45, 恭讓王 2년 하4월.
97)『高麗史』卷2, 太祖 26년 하4월.

로 보는 해석을 통해 신료의 입장에서 군주에게 천(天)의 이름으로 간쟁할 수 있는 기반을 마련하고 있었다.[98)]

천인합일 사상은 삼국시기에도 있었으나 고려 특히 성종 이후 문종에 이르러 훨씬 심화 정착되었고, 게다가 재이에 대한 대책으로 왕이 수덕(修德)하고 형정(刑政)을 완화하는 선정(善政)을 베푸는 것과 신료로부터 봉사(封事)나 상소(上疏)를 받는 관행이 성종 이후 본격화했다고 한다.[99)] 그러므로 이러한 인식과 기반은 간쟁 관련 제도의 형성과 정비에 커다란 영향을 끼쳤던 것으로 이해된다. 고려에서 대간을 비롯한 신료들의 간쟁이 널리 행해졌고, 비록 삼국과 발해에 대간이 없지는 않았지만 이것이 고려 성종대에 중서문하성의 낭사(郎舍)와 어사대(御史臺)가 설립되면서 훨씬 체계적인 제도로 정비 보장되었다는 특징을 가진 것도 이 때문이었다.[100)]

이로 본다면 고려 지배층은 국왕이 정치를 주도하되 국정운영에 신료의 입장을 반영해야 한다는 관념을 가지고 있었다.[101)] 그래서 그들은 국왕과 신료가 상하 관계 속에서 국정의 조화로운 운영을 강조한 『정관정요』의 이념을 널리 수용하였고 이를 기초로 3성 6부 제도를 설립하였다. 그러므로 고려의 국정운영 체계는 국왕이 정치 주도권을 가지되 국왕과 신료가 합의하에 정치를 운영하도록 만들어졌다고 하겠는데, 3성 6부를 근간으로 국왕의 결정을 보좌하기 위해 만든 다양한 회의가 이를 구현하기 위한 제도적 장치였다. 뿐만 아니라 당태종의

98) 李熙德, 「天文觀과 天人合一思想」, 앞의 책, 1983, 86-93쪽.

99) 李熙德, 「高麗初期의 天文 · 五行說과 儒教政治思想」, 앞의 책, 1983.

100) 朴龍雲, 「高麗의 臺諫制度 成立」, 『高麗時代 臺諫制度 研究』(일지사, 1980).

101) 군주의 전제권을 인정하지 않고 군신의 협력에 따른 조화로운 통치의 구현은 고려 일대의 지배층이 지향했던 정치운영 방식이었다. 李奎報가 그런 관점을 가졌음은 朴宗基, 앞의 논문, 1997 참고.

정치나 천명사상을 통해 이념적 제공을 받으면서 간쟁을 받아들이는 것을 매우 중요하게 생각하여 관련 기구를 삼국에 비해 체계적으로 정비했다. 그만큼 국정운영에 신료들의 입장을 반영하려는 노력이 이루어졌던 것이다.

4. 맺음말

고려의 국정은 국왕과 신료가 국정운영의 제도적 장치인 제도의 운영을 통해 이끌어갔다. 이러한 제도에는 국왕과 신료가 국정운영에서 어떤 위상을 가지고 어떤 역할을 해야 하는지에 대한 고려 지배층의 입장과 관념이 반영되어 있다. 이러한 관념은 크게 국왕의 초월적 위상과 권한에 대한 관념과 국정운영에서 국왕과 신료 각각의 역할에 대한 기대 관념으로 구분해서 살펴볼 수 있다.

먼저 신료는 공유할 수 없는 국왕만의 위상과 역할에 대한 고려 지배층의 관념을 살펴보면, 국왕은 초월적인 천의 대변자로서 천명을 받은 존재로 인식되었고, 천명은 인간이 고칠 수 없는 것으로서 왕건과 그의 후손으로 국왕이 되는 사람들이 받았다고 보았다. 그 결과 왕건과 그의 후손만이 왕위에 오를 수 있었는데, 이는 왕건 후손의 왕위 계승에 정당성을 보장하는 기능을 했던 용손 관념을 통해서도 확인된다. 그리고 왕건의 후손으로 왕위에 오른 국왕들은 왕위의 독점권을 선대의 왕업 또는 유업을 계승했다고 표현으로 표방하기도 했다.

이러한 배타적 관념은 왕건 후손이 아닌 이성(異姓)은 국왕이 되어서는 안 된다거나, 왕위는 신민이 넘볼 수 없는 자리이므로 왕위를 엿보거나 국왕을 시해하는 것을 큰 범죄로 인식하게 했다. 그래서 그들은 결국 국왕은 신료와 뚜렷이 구별된 특별한 존재라고 생각했는데, 군신의 분수는 정해져 있고 군신관계는 상하 질서 속에서 파악되어야 한다는 관념이었다.

이로 인해 고려에서는 국왕만이 최고 통치권자로서 통치를 위한 권한을 가질 수 있었다. 왕명을 반포하거나 신료의 상주에 대하여 최종 결정을 내린 것은 국왕만의 권한이었고, 상벌권, 인사권은 대표적인 국왕의 고유 권한이었다. 상벌은 인주의 권한이라는 관념 속에서 중형주대의(重刑奏對儀) 같은 제도가 만들어졌고, 어진 사람을 등용하는 것이 국왕의 권한이라는 생각 속에서 관리 임명에 대한 최종 결정권을 국왕이 갖는 인사행정 절차가 만들어졌다.

한편 고려 지배층은 국왕을 초월적 존재로만 생각하지는 않았다. 그들은 국왕이 단순히 관념상의 최고 지배자가 아니라 현실 속에서 국정을 주도해야 한다고 생각했다. 그래서 국정을 주도할 만한 나이나 능력이 되지 못한 인물이 국왕이 되는 것을 불만스럽게 생각했다.

국왕이 정치를 주도해야 한다는 관념을 가졌다고 해서 국왕이 정치를 독단적으로 이끌어 가는 것조차 인정하는 것은 아니었다. 고려 지배층은 국왕의 독단적인 정치 행위를 상당히 경계했다. 광종의 독단적인 정치에 대한 비판 의식이 있었기 때문이었다. 하지만 권신이 정치를 마음대로 하는 것도 비판적으로 보았다. 실제로 고려는 신료가 국정을 장악할 수 있는 제도적 장치가 없다. 신료의 상주는 재상을 거치지 않고 국왕에게 직접 상주되어 국왕이 국정을 직접 파악하게 했고, 신료와 합의하에 국정을 운영하기 위한 회의도 기본적으로 국왕의 제안을 통해 회의가 성립되도록 만들어져 국왕의 국정 주도가 보장되고 있었다. 국왕과 신료 어느 한쪽이 정치를 일방적으로 독주해서는 안 된다고 생각했던 것이다.

고려 지배층은 국왕이 국정을 주도하기를 기대하면서 동시에 신료와 함께 다스려야 한다고 생각하였다. 국왕이 신료와 함께 정치를 함에 있어 중요한 것은 신료에 대한 국왕의 태도인데 국왕은 신료를 예절로 대할 것을 요구받았다. 이것이 갖는 정치적 의미는 국왕이 신료의 입장을 국정운영에 반영해야 한다는 것이었다.

이와 관련해서 그들은 군주가 정치를 주도하되 군주와 신료는 상하관계 속에서 국정을 조화롭게 운영해야 함을 강조하는 『정관정요』를 광종, 성종대에 널리 수용하면서, 이러한 이념에 기초하여 『정관정요』의 정치를 가능하게 했던 당의 3성 6부 제도를 받아들였다. 그 결과 고려의 국정운영 체계는 국왕이 국정을 주도하되 국왕과 신료가 합의하에 정치를 운영하도록 만들어지게 되었다. 3성 6부를 근간으로 만든 다양한 회의는 국왕과 신료가 합의하에 정치를 하도록 만든 제도적 장치였다.

고려 지배층이 당태종을 이상군주로 생각했던 이유는 그가 간쟁을 수용하는 군주였기 때문이었다. 왕건은 간쟁을 따르면 성군이 된다고 했고 이런 관념은 이후 국정운영 방식에 대한 고려 지배층의 일반적인 이념이 되었다. 천인합일 사상에 기초하여 재이를 천견(天譴)으로 받아들이는 관념이 정착할 수 있었던 것도 이 때문이었다. 이를 구현하기 위해 고려는 재상과 대간을 비롯하여 간쟁을 위한 제도를 삼국에 비해 훨씬 체계적으로 정비했던 것이다. 이 역시 국왕과 신료가 합의하에 정치를 운영해야 한다고 생각했던 고려 지배층의 관념이 제도화된 것으로 평가된다.

이처럼 고려 지배층은 국왕을 국정의 중심에 두고 국왕과 신료가 합의하에 국정을 운영해야 한다는 관념을 가지고 있었고, 3성 6부 제도를 통해 이를 실현하기 위한 국정운영 체계를 만들어냈다. 이러한 방식의 제도의 형성과 운영은 무신정권기 이후와 비교한다면 고려전기의 정치가 상대적으로 안정될 수 있는 기반이 되었던 것으로 이해된다.

당대(唐代) 진사과(進士科)의 등장과 그 변천

하원수

1. 머리말

과거제도(科擧制度)가 중국사에서 갖는 중요성은 이미 잘 밝혀져 있다.[1] 그런데 기왕의 연구들은 대부분 과거의 특징을 자발적으로 응시한 시험을 통한 정기적인 관인(官人)의 선발에서 찾고,[2] 이 제도가 가진 공정성(公正性)과 객관성(客觀性)을 강조하였다. 따라서 과거제도의 전형이 호명법(糊名法)과 등록법(謄錄法) 등이 시행된 송대(宋代)에 비로소 나타난다고 보며, 응시자가 익명화(匿名化)되지 못한 그 이전 과거제도의 한계를 지적하는 연구자들이 많다. 특히 일본에서 두드러졌던 이러한 경향은 이른바 '당송변혁론(唐宋變革論)'이라는 시대구분론과 결합하여 학계에 폭넓은 영향을 미쳤다. 귀족(貴族)의 몰락과 군

---

1) 科擧制度의 硏究史는 劉海峰, 『科擧學導論』(武漢: 華中師範大學出版社, 2005)에 잘 정리되어 있다.

2) 科擧의 개념은 연구자에 따라 달라서 혹 漢代의 察擧까지 여기에 포함시키기도 한다. 그러나 본고는 科擧의 '자발적 응시자에 대한 정기적 시험'이라는 특징에 주목하여, 察擧는 물론 詔勅으로 시행된 非定期的인 制擧 역시 일단 이와 구별하고자 한다.

주독재체제(君主獨裁體制)의 성립이라는 송대의 '근세(近世)'상(像)을 설명하려 할 때, 공정하고 객관적인 관인선발제도만큼 좋은 것이 없기 때문이다. 지금까지 강조해 온 과거제도의 역사적 의의도 바로 이러한 시각과 무관하지 않을 터인데, 여기에는 절대왕정(絕對王政)을 거쳐 '근대(近代)'로 진입한 서구사(西歐史)의 전개 과정에서 역사 발전의 보편성을 찾으려던 역사학계의 기존 통념이 잠재되어 있을 수 있다.

그러나 송대 이후 과거제도의 원형은 분명히 당대(唐代)부터 확인된다. 구체적인 실행 방법은 시기에 따라 바뀌더라도, 청 말까지 유지된 과거의 기본 틀, 곧 예부(禮部)에서 진사과(進士科) 위주로 자발적 응시자를 시험하는 제도가 당대에 이미 나타나기 때문이다. 물론 당 초에는 과거의 주관 관부(官府)가 이부(吏部)이었을 뿐더러, 진사과도 다양한 과목들 중 하나에 불과하였다. 사실 새롭게 만들어진 진사과는 처음에 전통적 권위를 지닌 수재과(秀才科)나 명경과(明經科)에 비하여 결코 중시되지 않았다. 하지만 당 말에 이르면, 예부에서 실시한 과거 과목들 중 응시자들에게 가장 환영받았던 것은 확실히 진사과였다.[3] 따라서 당대의 과거를 굳이 송대 이후의 제도와 본질적으로 차별화할 필요가 있는지 의문스럽다.

이와 같은 시각에서 볼 때, 당대에 진사과가 어떻게 여타 과목들보다 우위를 차지하게 되었는가, 또 왜 그 담당 기구가 이부에서 예부로 바뀌었는가라는 문제가 과거제도의 이해에서 선결과제이다. 사실 과

---

3) 기존의 연구들 중 특히 본고의 작성에 큰 도움을 준 근래의 연구 성과들은 孟二冬, 『登科記考補正』(北京燕山出版社, 2003)과 傅璇琮, 『唐代科擧與文學』(西安: 陝西人民出版社, 1986); 劉海峰, 『唐代教育與選擧制度綜論』(臺北: 文津出版社, 1991); 吳宗國, 『唐代科擧制度研究(修訂本)』[北京大學出版社, 2010(1992 원간)]; 王勛成, 『唐代銓選與文學』(北京: 中華書局, 2001); 陳飛, 『唐代試策考述』(北京: 中華書局, 2002); 金瀅坤, 『中晚唐五代科擧與社會變遷』(北京: 人民出版社, 2009) 등이다.

거가 단지 관인을 공정하고 객관적으로 선발하기 위한 제도라면, 관부의 성격상 이부에서 이를 관장하는 편이 오히려 더 합당해 보인다. 그리고 문학적 소양을 주로 시험한 진사과가 가장 중요한 과목이 되는 현상도 납득하기 어렵다. 그럼에도 불구하고 당대에 진사과와 예부시가 제도적으로 정착해 나간 것은 명백한 사실이다. 이 시기 과거제도의 전개 과정과 그 역사적 의의에 주목하는 까닭은 바로 여기에 있다.

시험 위주의 과거는 응시자와 선발자라는 두 주체를 가지며, 이 제도를 추동시켜 나가는 힘도 결국 이들로부터 나온다. 물론 시험 그 자체에 당면하여서는 전자가 후자에 종속되기 쉽다. 그러나 장기적으로는 선발자인 조정(朝廷)도 사인(士人) 응시자들의 요구를 일방적으로 묵살하기도 어렵다. 응시자들이 과거에 급제하면 곧 관인으로서 조정의 주된 구성원이 되므로 더욱 그러하다. 과거제도는 이처럼 상이한 두 주체의 공조(共調)와 길항(拮抗) 속에서 변화해 가고, 진사과와 예부시의 확립 역시 이러한 역관계의 산물인 것이다. 그러므로 당대 과거제도의 변천과 그 성격에 대한 이해는 당시 응시자와 선발자의 동태와 상호 관계에 대한 분석을 요구한다.

이러한 고찰에 필요한 당대의 관련 문헌은 현재 그렇게 많이 남아 있지 않다. 당시 제도의 구체적 실상을 보여줄 법령이 온전히 전하지 않고, 이에 대한 체계적인 설명도 송대 이후의 문헌에서야 발견된다. 물론 당인(唐人)들의 과거에 대한 전문(傳聞) 기록도 없지는 않다. 그러나 대부분 과거제도와 직접 연관된 인물들이 쓴 이 글들은 기록자 개인의 입장을 뚜렷이 드러낸다. 급제자들이 보통 이를 우호적으로 서술한 반면 그렇지 않은 경우 비판적 태도를 보이는 것이다. 당시 과목으로서의 위상이 가변적이던 진사과의 경우, 관련자들의 이해관계는 더욱 민감할 수밖에 없어 이러한 현상이 특히 두드러진다. 그 결과 많지 않은 현존 문헌들에서조차 모순된 내용이 적지 않은 진사과 관련 기록은 매우 다루기 힘든 사료인 것이다.

그러므로 본고는 당대 과거제도와 관련된 기록들에 대한 전면적인 재검토로부터 시작한다. 그리고 진사과와 예부시의 등장 과정과 그 성격 및 진사과 출신자들의 활약이 두드러진 당 후기의 상황을 분석하려 한다. 이때 과거제도를 시행한 조정의 입장은 물론 응시자의 동향에도 주의를 기울임으로써 이 제도를 전개시켜 나간 추동력을 다각적으로 고찰하고자 한다. 이것은 상대적으로 소홀히 다루어졌던 당대 과거제도의 실상 이해에 도움이 될 것이다. 뿐만 아니라 예부에서 시험한 진사과 위주의 형태로 귀착한 이 제도가 청 말까지 이어지게 된다면, 이러한 검토를 통해 중국사에서 과거제도가 갖는 역사적 의의를 재고해 볼 수 있는 가능성도 기대한다.

2. 과거 관련 주요 사료들의 가치와 한계

당대 과거의 정확한 이해가 그 제도의 실상 파악을 전제로 한다면, 당시의 「선거령(選擧令)」 등 관련 법규의 검토가 무엇보다 중요하다. 그런데 현존하는 영문(令文)에 과거 관련 규정이 매우 적고, 그 하위 법령들 역시 마찬가지이다.[4] 물론 『당육전(唐六典)』·『통전(通典)』 등

---

[4] 仁井田陞, 『唐令拾遺』[東京: 東京大學出版會, 1964(1933 원간)]은 「選擧令」의 29개 조항을 복원하였고, 池田溫 주편, 『唐令拾遺補』(東京: 東京大學出版會, 1997)이 여기에 3개 조항을 추가하였다. 그러나 여기에서 科擧 관련 조항은 겨우 3개뿐이다. 이것은 자료의 遺失 탓일 수도 있지만, 혹 당시 '選擧'의 중심이 銓選이었기 때문일 가능성도 배제하기 어렵다. 따라서 과거제도의 구체적 시행 방법을

당대의 정서(政書)들이나 『당회요(唐會要)』·『책부원구(冊府元龜)』 등에서 당시 제도의 편린(片鱗)을 확인할 수 있다. 그러나 이 기록들은 특정 시점의 상황을 보여줄 뿐 당대 과거제도 전반에 대한 설명으로는 미흡하다. 따라서 당대 과거제도의 연구에서 가장 중시되는 사료는 『신당서(新唐書)』「선거지(選擧志)」의 전반부 곧 「선거지상(選擧志上)」이다.[5] 『구당서(舊唐書)』와 달리 '선거(選擧)'를 독립된 편목(篇目)으로 만든 여기에 과거 관련 사실이 잘 정리되어 있기 때문이다.

『신당서』 '지(志)'의 높은 사료적 가치는 주지의 사실인데, 「선거지상」도 『옥해(玉海)』나 『문헌통고(文獻通考)』의 당대 과거 관련 기록의 저본이라고 해도 좋을 만큼 일찍부터 중시되었다. 이 글은 크게 보아 당제(唐制)를 개관한 '총론(總論)', 시기에 따른 변화상을 정리한 '편년기록(編年記錄)', 진사과와 제거(制擧)·무거(武擧)에 대한 '과목별각론(科目別各論)'으로 나누어져서 일목요연한 체계를 갖추고 있다. 그리고 내용도 풍부할 뿐더러 그 근거 자료를 대부분 확인할 수가 있어 서술의 객관성이 특히 돋보인다. 이 가운데 "무릇 학생이 두 경에 통(通)하면 … 음에 준(準)하여 배정한다."[6]는 국자감(國子監)의 학생에 대한 기록처럼 당시 일본령(日本令)에서만 발견되는 내용도

알기 위해 格이나 式의 검토가 긴요할 듯하나, 이러한 형태의 법령 또한 현재 알기 어렵다. 霍存福, 『唐式輯佚』(北京: 社會科學文獻出版社, 2009)은 유관 考功式 4개와 格 1개를 찾았을 뿐이다. 물론 選擧와 관련된 내용은 「學令」과 「考課令」의 일부 조항에도 나온다.

5) 이에 관하여서는 하원수, 「『新唐書』「選擧志上」'總論'部의 箋草」, 서울대학교동양사학연구실 편, 『分裂과 統合－中國 中世의 諸相』(지식산업사, 1998); 「『新唐書』「選擧志上」 編年記事의 箋草」, 『魏晉隋唐史研究』 5, 1999; 「『新唐書』「選擧志」의 진사과에 대한 認識－진사과 專論部의 箋注를 통하여」, 『中國學報』 41, 2000과 「『新唐書』「選擧志上」의 內容과 宋代 編者의 性格」, 『震檀學報』 90, 2000 참조.

6) 『新唐書』(北京: 中華書局, 1975) 권44, 「選擧上」, 1161쪽. 이하 中國 正史는 中華書局本 標點校勘本에 따른다.

있다면,[7] 설령 지금 그 근거를 찾지는 못하는 부분도 섣불리 진위(眞僞)를 의심할 수 없다.

그러나 북송(北宋) 인종(仁宗) 가우(嘉祐) 2년(1060)에 완성된 『신당서』는 당이 망한 뒤 150년이나 지나서 나온 책이고, 구양수(歐陽脩)를 위시한 그 찬자(撰者)들[8] 또한 매우 개성이 강한 인물들이었다. 사실 「선거지상」의 체계적 구성은 분명한 장점이나, 이것은 일면 당대의 사실 자체보다 찬자의 해석이 더 부각될 위험성을 가진 것이기도 하다. 제거 · 무거에 대한 극히 짧은 기록과 '편년기록(編年紀錄)' 전체만큼 긴 진사과 관련 내용이 현격히 대비되는 '과목별각론'은 그 좋은 예이다. 무거와 관련하여 "선발하여 쓰는 방법은 이야기할 가치가 없으므로 다시 적지 않는다."라는 폄하적(貶下的) 서술은 송대의 문치주의적 분위기를 뚜렷이 드러내는 것이다. 그리고 『통전』의 "'사족(士族)'들이 몰린 것은 명경과와 진사과 둘뿐이었다."[9]는 기록에서 보듯이 당대에 진사과와 함께 명경과가 중시되었음에도 불구하고, 오로지 진사과에만 관심을 집중한 이 부분은 과거가 진사과 단일 과목으로 바뀌는 송대 상황의 반영일 수 있다.

이와 관련하여, "대저 여러 과목 중에 진사과가 가장 중요하고, (이를 통해) 얻은 인재 역시 가장 많았다. … (후대에 풍속이 나빠져 위아래

---

7) 『令義解』(新訂增補國史大系本) (東京: 吉川弘文館, 1939) 卷3, 「學令」, 132-134쪽.

8) 錢大昕, 『廿二史考異』(叢書集成初編本) 卷56, 959-969쪽에 의하면, 『新唐書』 편찬에 관여한 인물들은 아래와 같다. 단 * 표를 한 인물은 "入(到)局"하지 않아 직접 편찬에 참여하지는 않았다.

提擧官	刊修官	編修
賈昌朝, 丁度, 劉沆, 王堯臣, 曾公亮	王堯臣, 宋祁, 張方平, 楊察, 趙槩, 余靖, 歐陽修	曾公亮*, 趙師民*, 何中立*, 范鎭, 邵必*, 宋敏求, 王疇, 劉義叟, 呂夏卿, 梅堯臣

9) 『通典』 (北京: 中華書局, 1988) 卷15, 「選擧 歷代制下」, 354쪽.

가 서로 의심해서, 답안 시문의 운율) '성병(聲病)'을 따져야 담당 관인[有司]의 책임을 물을 수 있고, 이 (평가 기준)을 없애면 '한만(汗漫)'해서 지킬 것이 없다고 여기게 되었으므로, 마침내 (문학적 소양 위주의 시험 방식을) 다시 바꿀 수 없었다. 아아, 향리(鄕里)에서 덕행 있는 자를 선발하던 삼대(三代)의 제도는 지극히 잘 다스려지는 시대가 아니면 실행할 수 없는 것이도다!"[10]라는 진사과에 대한 전론(專論)의 서두가 흥미롭다. 운율(韻律)을 중시하는 문학적 소양의 시험처럼 된 진사과가 현실적으로 부득이하다는 이 글은 단순한 사실의 기술(記述)이 아니라 찬자의 해석에 가깝기 때문이다. 송 인종 경력(慶曆) 연간(1041~1048) 과거 개혁론이 분분할 때 양찰(楊察)이 "시부(詩賦)의 '성병(聲病)'은 평가하기 좋고, 책론(策論)은 '한만(汗漫)'하여 (그 좋고 나쁨을) 알기 어려우므로, 선대(先代)에 이를 고칠 수 없었습니다."라면서 시(詩)·부(賦) 시험의 불가피성을 강조하였는데,[11] 『신당서』의 간수관(刊修官)을 역임한 그의 말은 본지(本志)의 내용과 논리는 물론 표현까지 유사한 것이다. 따라서 상당히 객관적 기록처럼 여겨지는 「선거지상」 안에도 주관적 요소가 숨어있다고 하겠다.

이러한 측면에서 보면, 『신당서』「선거지상」의 무엇보다 분명한 특징은 '선발자'의 관점이다. 위에 인용한 진사과의 긍정 논리도 "담당 관인"의 입장에 초점을 맞추었고, 그 뒤에 이어지는 진사과에 관한 설명도 황제나 지공거(知貢擧)를 중심으로 한 고관(高官)들의 논의 위주로 전개되는 것이다. 그리고 '누가 어떻게 선발할 것인가'라는 문제는 당대 과거 제도의 핵심적 내용으로서 이 글 '총론(總論)'의 기조를 이루는데, '편년기록'도 이와 크게 다르지 않다. 당 후기 '편년기록'의 반 가까이가 고공

---

10) 『新唐書』 卷44, 「選擧上」, 1166쪽.

11) 李燾, 『續資治通鑑長編』(北京: 中華書局, 1979~1995) 卷155, 3761쪽.

별두시(考功別頭試)와 재상(宰相)의 '상복(詳覆)' 관련 서술에 할애되어 『당회요』 등 비슷한 내용의 여타 문헌들과 다르기 때문이다. 이처럼 철저히 선발자의 시각에 입각한 「선거지상」의 기록은 정사(正史)의 성격상 일면 당연한 일이다. 그러나 과거제도의 전개 과정에서 '응시자'의 역할 또한 무시하기 어렵다면, 이 자료가 가진 한계 역시 분명하다.

『신당서』의 이러한 문제점을 보완할 수 있는 좋은 사료가 소종(昭宗) 광화(光化) 3년(900)의 진사과 급제자 왕정보(王定保)의 『당척언(唐摭言)』이다. 과거에 응시하여 급제한 뒤 관인으로 활동하면서 보고 들은 바를 기록한 이 책은 관찬(官撰) 정서류(政書類)와는 그 성격이 전혀 다르기 때문이다. 다시 말해 '응시자'의 입장에 서서 당시의 과거 관련 사실들을 생생히 전하는 것이다. 여기에 등장하는 400명가량의 인물들은 대부분 과거와 직접 관계가 있고, 「선거지상」을 비롯한 다른 문헌에서 보기 힘든 과거 응시자들의 습속, 과장(科場)의 분위기와 급제 후 의례 등이 이 책에 자세히 소개되어 있다. 따라서 당대 과거의 실제 현실을 이해하는 데 『당척언』만큼 중요한 문헌이 없다고 해도 과언이 아니다.[12]

왕정보는 당 말 혼란의 와중에서 진사과에 급제한 후 주로 현재의 광동(廣東) 지역에서 활동하여 결코 당시 사회의 중심부에 속하는 인물이 아니다. 그 스스로도 "옛 집이 태평리(太平里)에 있었으나 경사(京師)에 (별로) 간 적이 없어, 잘 다스려지던 시절의 일을 거의 전해들을 수 없었다. 그러나 '과제지미(科第之美)'에 관하여 듣기를 좋아하여

12) 김장환, 「唐代 科擧에 대한 전문 기록－王定保의 『唐摭言』에 대하여」, 『中國語文學論集』 79, 2013 참조. 실제로 Moore, Oliver J., *Rituals of Recruitment in Tang China* (Leiden · Boston: Brill, 2004)은 唐代 科擧와 관련된 儀禮의 분석을 거의 전적으로 『唐摭言』에 의존한다.

과거에 급제한 이들을 찾아가서 묻곤"[13]하여 이 책을 적었다고 고백하였다. 따라서 전문(傳聞)에 의거한 그의 기록은 별로 정확하지 않고, 이에 대한 잠중면(岑仲勉)의 상세한 고증이 있다.[14] 하지만 이러한 착오는 그 자체로서 의미가 있다. 설령 그것이 사실과 다를지라도 당시 사람들의 입에 오르내리던 이야기라면, 이로부터 오히려 당 말·오대 시기의 사회적 분위기를 엿볼 수 있기 때문이다. 진사과 급제자들을 "백의공경(白衣公卿)"·"일품백삼(一品白衫)"[15]이라고 불렀다는 기록이 혹 과장이더라도, 여기에서 진사과를 존숭하던 당시의 현실이 잘 드러나는 것이다.

물론 이러한 사료의 가치는 그 진위가 밝혀진 다음의 일이고, 먼저 당 전기 기록의 사실 여부에 대한 확인이 필요하다. 기존의 연구들에서 지적되었듯이 당 후기의 이야기들마저 허전(虛傳)이 많다면, 그 이전 시기의 내용은 더욱 의심스러울 수밖에 없기 때문이다. 예를 들어, 진사과가 "무덕(武德) 연간(618~626)에 뚜렷해지고 정관(貞觀) 연간(627~649)에 최고가 되었다."거나 "정관·영휘(永徽) 연간(627~655)에 융성하였다."는 말이 그러하다. 이것은 진인각(陳寅恪)의 지적처럼 진사과가 일찍부터 융성하였음을 강조하기 위한 사실의 왜곡인데,[16] 그 사이에 나오는 당태종(太宗)의 고사(故事), 곧 진사과 합격자들을 보고 "천하의 영웅들이 나의 영향권 안에 들어왔다."[17]고 기뻐했다

13) 『唐摭言』(臺北: 世界書局, 1975 3판) 卷3, 「散序」, 24쪽. 최근 간행된 김장환의 역주본(서울: 학고방, 2013)이 참고할 만하나, 여기에서는 혹 번역을 달리한 곳도 있어 병기하지 않는다.

14) 岑仲勉, 「跋唐摭言」, 『歷史語言硏究所集刊』 9, 1947.

15) 『唐摭言』 卷1, 「散序進士」, 4쪽.

16) 陳寅恪, 『唐代政治史述論稿』(臺北: 里仁書局, 1982), 22쪽.

17) 『唐摭言』 卷1, 「述進士上篇」, 3쪽.

는 이야기 역시 마찬가지일 것이다. 당시 성군(聖君)으로 칭송되던 태종의 이 말은 진사과나 진사과 합격자의 위세를 높이는 데 무엇보다 유용한 만큼 진사과 출신자들이 '믿고 싶은 거짓'이었음에 틀림이 없다.

왕정보가 듣고 싶어 한 "과제지미(科第之美)"가 바로 이런 이야기들이었고, 이를 모아서 만든 『당척언』의 내용은 철저한 사료 비판이 필요하다. 구체적 논거까지 갖춘 서술도 마찬가지인데, 당 전기에 향공(鄕貢) 급제자가 적었음을 실명(實名)까지 거론하며 설명한 부분은 그 좋은 예이다. 최근에 발견된 묘지(墓誌)를 보면 그의 이 기록은 사실과 다른 것이다.[18] 이와 같은 문제점은 당 후기부터 빈출하는 다양한 필기자료(筆記資料)들에서 공통적으로 발견된다. 이 책들이 전하는 현장감 있는 과거 관련 이야기들이 당 후기 과거의 실상을 생동적으로 보여주지만, 그 안에 숨겨진 허구의 위험성도 간과할 수 없다. 대부분 진사과 급제자들의 사찬(私撰)인 이 글들은 진사과나 진사과 출신자는 물론 진사과와 직결된 문학적 소양의 중요성을 과장하고 있는 것이다. 단적인 예가 목종(穆宗) 때 명경과 출신 재상이 문명(文名)을 떨치던 젊은이에게 면박(面駁)을 당하였다는 고사인데,[19] 당 후기의 사실마저 이렇게 위조되었다면 당 전기의 일은 더 말할 나위가 없다고 하겠다.

당 후기 진사과 출신자들에 의한 사실의 왜곡은 비단 필기자료만의

18) 『唐摭言』 卷1, 「鄕貢」, 8쪽에 따르면, 開耀 2年과 永淳 2年에 각각 雍思泰와 元求仁 한 사람만 鄕貢으로 급제하였다. 그러나 孟二冬, 『登科記考補正』 권2, 87-88쪽에서 보듯이, 이 해에 "以鄕貢進士擢第"했다고 명기된 다른 인물들의 墓誌가 존재한다.

19) 僖宗 乾符 5年의 진사과 급제자 康駢이 쓴 『劇談錄』(文淵閣四庫全書本) 卷下, 「元相國謁李賀」, 31앞쪽에 나오는 이 이야기는 일찍이 『四庫全書總目』(北京: 中華書局, 1965) 卷142, '劇談錄', 1210쪽에서 虛構임을 지적하였다.

문제도 아니다. 문종(文宗) 대화(大和) 8년(834) 예부가 진사과에서 "국초(國初)부터 시부(詩賦), 첩경(帖經), 시무책(時務策) 5도(道)를 시험하였다."라고 상주하였으나,[20] 기실 당 전기의 진사과가 시와 부를 함께 시험한 사례는 거의 없다.[21] 이것은 시·부 시험이 중시된 당 후기의 상황을 당 초로까지 소급시킨 잘못이고, 여기에는 이른바 '우이당쟁(牛李黨爭)'이라는 시대적 배경이 존재한다. 즉 대화 7년(833) 진사과에 대해 비판적이던 이덕유(李德裕)가 시·부 시험을 폐지하였는데,[22] 이듬해 10월 진사과 출신자 이종민(李宗閔)이 입상(入相)하면서 이러한 주장이 제기된 것이다. 다시 말하면, 이 사실의 곡해는 시·부로 대표되는 문학적 소양을 자부하던 진사과 출신 관인들이 자신들의 권위와 직결된 진사과의 정체성을 지키기 위해서였다. 이처럼 당 후기의 복잡한 정치적 상황이 빚어낸 명백한 허구가 조정에서조차 공언(公言)되었고, 그 결과 현재 정서류(政書類) 문헌들까지 그 기록을 사실처럼 전하는 것이다.[23]

이와 같은 분위기 속에서 와전된 이야기들은 사람들의 입과 손을 거쳐 널리 유포되었다. 부박(浮薄)한 장창령(張昌齡)을 높은 문명(文名)에도 불구하고 진사과에서 낙제시킨 지공거와 이를 승인한 태종의 고사가 그 좋은 예로서, 이와 비슷한 내용이 당 후기 이후 다양한 유형의 문헌에 자주 나오는 것이다.[24] 그러나 『신당서』에서 채용한[25] 이 이야

---

20) 『唐會要』(上海古籍出版社, 1991) 卷76, 「貢擧中 進士」, 1636쪽.

21) 이 문제는 뒤에서 상술하겠지만, 현존 문헌에서 詩와 賦를 함께 시험한 첫 사례는 玄宗 先天 2年(開元 元年)의 일이고(『登科記考補正』 권5, 196쪽), 唐前期의 詩·賦 시험은 예외적인 현상일 뿐이다.

22) 『唐會要』 卷76, 「貢擧中 緣擧雜錄」, 1640쪽; 『資治通鑑』(北京: 中華書局, 1956) 卷244, 太和 7年, 7886쪽.

23) 위 大和 8年의 기록은 『册府元龜』(北京: 中華書局, 1960) 卷641, 「貢擧部 條制3」, 7684쪽을 비롯한 후대의 유관 문헌들에 자주 인용되었다.

기와 달리 장창령의 진사과 급제 기록도 있고,[26] 이것은 당 후기 진사과 응시자들의 행태에 대한 비난이 당 초의 인물에게 덮씌워진 허구라는 부선종(傅璇琮)의 판단이 정확한 듯하다.[27] 이 사례는 사실의 왜곡이 진사과에 대한 비판자에 의하여서도 이루어졌으며, 『통전』이나 정사(正史)처럼 공신력 있는 사서들마저 이처럼 그릇된 사실을 혹 그대로 옮겼음을 잘 보여준다.

『문헌통고』에 전하는 「당등과기총목(唐登科記總目)」도 이 점에서 예외가 아니다. 당대 전 시기의 매년 급제자 수를 과목 별로 명기한[28] 이것이 당시 과거제도를 개관할 수 있는 중요한 사료라는 점은 주지의 사실이다. 청대에 서송(徐松)이 당대의 『등과기고(登科記考)』를 편찬할 때 채용한 연도별 과거 시행 상황은 기본적으로 이에 따랐고, 후대에 과거 합격자 수의 계량적 분석도 대개 여기에 의존한다. 그러나 이 「당등과기총목」 역시 분명한 한계가 있는데, 서송도 이미 지적하였던 명경과에 관한 기록의 배제가 그것이다.[29]

그렇다면 이러한 문제점의 원인 곧 「당등과기총목」의 자료 내원(來源)에 대한 좀 더 치밀한 검토가 필요하다. 이와 관련하여 주목되는 것이 당대의 등과기류(登科記類) 서적들이다.[30] 중종(中宗) 신룡(神龍) 연간

---

24) 封演, 『封氏聞見記校證』(北平: 哈佛燕京社, 1933) 卷3, 「貢擧」, 1쪽; 胡璩, 『譚賓錄』(文淵閣四庫全書本) 卷2, 1뒤－2앞쪽과 『通典』 卷17, 「選擧 雜議論中」, 402쪽; 『冊府元龜』 卷651, 「貢擧部 淸正」, 7799쪽; 『唐會要』 卷76, 「貢擧中 進士」, 1633쪽.

25) 『新唐書』 卷201, 「張昌齡」, 5734쪽.

26) 『登科記考補正』 卷1, 30쪽 참조.

27) 傅璇琮, 앞의 책, 1986, 381-383쪽.

28) 馬端臨, 『文獻通考』(北京: 中華書局, 1986) 卷29, 「選擧 擧士」, 276-280쪽.

29) 『登科記考補正』에 실린 徐松의 「登科記考凡例」, 19쪽. 福島繁次郎, 『增訂 中國南北朝史硏究』(東京: 名著出版, 1979), 77-92쪽 참조.

30) 이에 관하여서는 傅璇琮, 앞의 책, 1986, 2-16쪽에 자세히 설명되어 있다.

(705~707)에 "호사자(好事者)"들이 만든 『진사등과기(進士登科記)』 이래 목종 장경(長慶) 2년(822)까지 나온 십여 종의 『등과기(登科記)』들이 개인이 만든 불완전한 형태였고, 관찬의 등과기는 선종(宣宗) 대중(大中) 10년(856)이 되어야 비로소 확인된다. 이것은 당시의 등과기가 애당초 진사과 중심이었으며, 이러한 책들을 계속 만들어낸 사회적 관심의 주체도 진사과 응시자나 급제자들이었음을 시사한다. 스스로 "향공진사(鄕貢進士)"를 자칭하였다는 선종[31] 시기에 처음 등과기가 관찬된 것도 단순한 우연이 아니라고 하겠다. 명경과를 배제한 「당등과기총목」의 체재는 바로 이러한 선행(先行) 등과기들과의 깊은 관련성을 의미하는 것이다.

그러므로 「당등과기총목」의 기초 자료는 빨라도 8세기 초의 문헌이다. 더욱이 여기에 거듭 오기(誤記)된 7세기 말부터 8세기 초까지의 연호가 단순한 실수로 보이지 않으므로,[32] 그 근거 기록의 시기를 좀 더 늦추어야 할 듯도 하다. 만약 8세기 초에 만들어진 『진사등과기』가 「당등과기총목」에 반영되었다면, 이처럼 당시의 가장 기본적인 사실에 대한 무지(無知)나 부주의가 발생하였을 리가 없기 때문이다. 뿐만 아니라 당 후기의 "정(공)거[停(貢)擧]"로 기록된 해와 달리 당 전기의 "불공거(不貢擧)" 시기에는 급제자의 실례가 적지 않게 확인되는 것 또한 사실이다.[33] 따라서 「당등과기총목」에서 당 전기 기록의 정확성은 당 후

---

31) 『太平廣記』(北京: 中華書局, 1961) 卷182, 「宣宗」, 1356쪽.

32) 「唐登科記總目」에서 延載 2년과 證聖 元年, 萬歲通天 3年과 聖曆 元年, 大足 2年과 長安 2年은 각각 서력 695년, 698년, 702년에 해당하고, 이는 동일한 해를 상이한 연호로 두 번씩 적은 착오이다.

33) 『登科記考補正』에 따르면, 唐前期에 "不貢擧"로 기록된 17년(중복 記載年 제외) 중 무려 10년이나 과거 급제자가 보인다. 물론 여기에는 「唐登科記總目」에서 무시된 명경과 급제자만 있거나 표현의 애매함 등으로 착오라고 단정하기 힘든 해도 있다. 그러나 적어도 儀鳳 元年(75쪽), 儀鳳 2年(77-78쪽), 儀鳳 3年(79-80쪽)과 景龍 3年(176-177쪽)의 경우, 石刻資料에서 진사과 급제자가 분명히 확인된다.

기에 비하여 신뢰도가 떨어지고, 특히 7세기까지의 내용은 믿기 힘들다고 해도 과언이 아니다.

지금까지 당대 과거제도의 연구에서 중시되어 온 사료들을 살펴보았는데, 이 문헌들은 나름의 가치와 함께 문제점을 가지고 있다. 사실 이러한 기록들은 대부분 당 후기 이후의 것이므로, 이에 의거한 당 전기 과거의 실상 파악은 확실히 한계가 있다. 따라서 보다 믿을 만한 동시기의 1차 사료에 의거하여 당대 전 시기 과거제도의 전개 과정을 조망할 필요가 있지만, 현재까지 전해지는 문헌의 양은 시기에 따라 크게 다르다. 기존의 당대 과거제도 연구들이 사실과 기록 사이의 시차에 따른 오류의 위험성에도 불구하고 당 후기 자료로써 당 전기의 상황을 설명할 수밖에 없었던 것은 일면 부득이한 일이었다.

그런데 이러한 사료의 부족은 석각자료(石刻資料)의 적극적인 이용을 통해 어느 정도 보완이 가능하다. 무려 9천여 점에 가까운 당대의 묘지(墓誌)에서[34] 당 전기의 것이 오히려 더 많아 이 시기의 1차 사료를 덧보탤 수 있는 것이다. 게다가 묘지를 만들 만한 재력가들은 대부분 식자층(識者層)이고, 여기에 상세히 기록된 묘주(墓主)의 경력 중 과거 관련 내용이 적지 않다. 최근 맹이동(孟二冬)이 서송의 기존『등과기고』에 수록된 진사과 급제자 수의 1/3에 가까운 600여 명의 진사과 급제자를 증보(增補)하고 이와 유사한 연구들이 이어지는데,[35] 이러한 작업들은 묘지 자료에 힘입은 바가 크다. 더욱이 묘지의 제작과 묘주의 행적은 대개 시점이 명기되어 있어 사료적 가치가 매우 높다. 묘지

---

34) 氣賀澤保規,『新版 唐代墓誌所在總合目錄(增訂版)』(東京: 汲古書院, 2009)에 소개된 唐代의 墓誌는 8,737점이다.

35)『登科記考補正』을 수정, 보완하고 있는 최근의 연구서로 王洪軍,『登科記考再補正』(桂林: 廣西師範大學出版社, 2010)과 許友根,『登科記考補正考補』(南京: 南京大學出版社, 2011)이 있다.

는 제작 당시의 현실을 명확히 보여줌과 동시에 그 이후 문헌들 사이에 드러나는 상위나[36] 후대인의 시각으로 왜곡된 기술을[37] 바로잡는데 매우 유용한 것이다.

물론 망자(亡者)의 표양(表揚)이란 명확한 목적 아래 쓰인 지문(誌文)은 과장이 심하여 문면(文面)대로 믿기가 어렵고, 수·당 시기의 석각자료들 중에 혹 후대에 날조된 것도 없지 않으므로 그 내용의 맹신 또한 금물이다.[38] 사실 사료에 대한 이처럼 조심스러운 태도는 역사 연구의 기본자세로서 단지 석각자료에 국한된 문제가 아니다. 기록자의 성격, 문헌의 시대적 배경 그리고 서술의 문맥에 대한 정확한 이해 없이는 사료에 담긴 역사의 진상을 밝힐 수 없는 것이다. 지금까지 당대 과거제도와 관련된 주요 사료들의 검토에 긴 지면을 할애한 까닭도 바로 이 때문이다. 본고는 이를 통해 확인한 사료들의 특성을 염두에 두면서 당대 진사과의 성격과 그 역사적 의미를 새롭게 고찰해 보고자 한다.

---

36) 예를 들어, 張庭(廷)珪의 入仕 방법이 『舊唐書』 권101, 本傳, 3150쪽에 "應制擧"로 되어 있으나 『新唐書』 권118, 本傳, 4261쪽에는 "第進士"라고 하여 상이하다. 그런데 「唐故贈工部尙書張公墓誌銘并序」의 "弱冠, 制擧賢良射策第二等"[『全唐文補遺』 5 (西安: 三秦出版社, 1998), 30쪽]이라는 그의 墓誌를 통해 『新唐書』의 착오를 확인할 수 있다.

37) 杜牧, 『樊川文集』 (上海古籍出版社, 1978) 卷12, 「上宣州高大夫書」, 179쪽에서 房玄齡을 진사과 급제자라 하였고, 正史의 기록 또한 이와 같다.(『舊唐書』 卷66, 本傳, 2459쪽; 『新唐書』 卷96, 本傳, 3853쪽) 그러나 그의 비석에는 그가 "俯從賓貢"하였다고 한다.[『昭陵碑石』 (西安: 三秦出版社, 1993), 123쪽] 이것은 원래 科擧 특히 진사과에 대한 비판을 반박하려고 쓴 杜牧의 글이 唐初의 名相을 진사과 급제자로 둔갑시키고 그 착오가 정사에 그대로 옮겨진 잘못을 석각자료로써 시정할 수 있는 좋은 예이다.

38) "唐"·"貞觀"·"垂拱"이 각각 "隨"·"開皇"·"大業"으로 改鑿된 「大ㅁ故朝散大夫行大學博士賈府君殯記」[周紹良 주편, 『唐代墓誌彙編』 (上海古籍出版社, 1992), 垂拱007, 732쪽]은 그 좋은 예이다. 앞으로 이 책에 실린 墓誌는 篇名을 생략하고, 그 일련번호로 약칭한다.

3. 당(唐) 전기 진사과의 등장과 그 특징

진사과는 과거제도 기원의 표지(標識)로도 간주될[39] 만큼 과거의 전형적 속성을 보여주는 과목이므로, 당대 과거제도의 고찰에서 진사과에 대한 이해가 무엇보다 중요하다. 그런데 이를 위한 선결과제인 진사과의 출현 시기는 학계에 정론(定論)이 없다. 통일제국을 재건한 수대(隋代)에 만들어졌다는 주장이 많으나, 이에 대한 반론도 만만치 않기 때문이다. 따라서 당대 진사과의 성격에 대한 검토 역시 이 문제로부터[40] 시작하지 않을 수 없다.

진사과가 수 문제(文帝) 때 생겼다는 견해의 오류는 기존의 연구에서 이미 잘 밝혀졌다.[41] 하지만 수 양제(煬帝)의 창치설(創置說)은 여전히 적지 않은 이들의 지지를 받는데, 그 주된 논거의 하나가 무후(武后) 천수(天授) 3년(692) 설등(薛登)의 "양제(煬帝)가 뒤를 이어 이전의 제도를 바꾸어 '진사(進士)' 등의 과목을 두었습니다."[42]라는 상소(上訴)이다. 그러나 수가 망한 뒤 80년이나 지나서 나온 이 글의 시점도 문제지만 그 문맥 또한 주의할 필요가 있다. 응거자(應擧者)들의 부화(浮華)한 풍조의 시정을 황제에게 촉구하려 한 설등의 입장에서 이러한 분위기를 조장한 진사과가 망국(亡國)의 군주 양제의 소작(所作)이라고 주장하는 것이 극히 유용하였을 터이기 때문이다. 실제로 이 상소에는 진사과가 만들어지는 과정에 대한 설명이 전혀 없고 후대의 유

---

39) 劉海峰, 「科擧起源論」, 앞의 책, 2005, 86-88쪽.

40) 進士科의 등장 시기에 관하여서 하원수, 「隋·唐初 進士科에 관한 記錄의 再檢討」, 『中國史硏究』 44, 2006에서 상론하였고, 본고의 내용도 대체로 이에 따른다.

41) 劉海峰, 「"科擧"含義與科擧制的起始年份」, 『厦門大學學報』, 2008-5.

42) 『舊唐書』 卷101, 「薛登」, 3138쪽.

사한 주장 역시 마찬가지이므로, 이러한 상소 내용을 그대로 믿어도 될지 의문이다.

양제 때 진사과가 만들어졌다는 또 다른 근거가 당시 급제자의 실례인데, 이를 전하는 전승문헌들의 착오는 일찍이 하충례(何忠禮)가 잘 지적하였다.[43] 단 진사도(陳思道)나 묘유(苗裕)의 경우 진사과 급제 사실을 전하는 본인의 묘지 녹문(錄文)이 있어 이를 쉽게 부정하기 어려울 듯도 하다. 그러나 진사도(陳思道)의 지문(誌文)은 짧고 결자(缺字)가 많을 뿐더러 진사과 급제 후 "군수(郡守)"처럼 높은 관직을 받았다고 하여 의아스럽고,[44] 태어나기도 전에 진사과에 급제하였다고 적은 묘유(苗裕)의 묘지는[45] 아예 사료적 가치가 없다. 그러므로 현재로서는 수대의 분명한 진사과 급제자가 확인되지 않으며, 기존에 그 논거로 제시된 기록들은 단지 철저한 사료 비판의 필요성을 깨우쳐준다고 하겠다.

그렇다면 문제는 당대에 진사과가 언제 또 어떻게 처음 만들어졌는가라는 점이다. "고조 무덕 원년, 상서배관(上書拜官) 1인"으로 시작되는 「당등과기총목」이[46] "무덕 5년, 수재(秀才) 1인, 진사 1인"이라고 명기하였으므로, 당 초 진사과의 존재는 학계의 상식이다. 그러나 앞서 설명하였듯이 당 전기 사실에 대한 이 기록은 신뢰도가 떨어진다. 뿐만 아니라 이 글의 "여기까지가 당(唐) 289년 동안 매년 뽑은 '진사(進士)'의 '총목(總目)'이다."라는 끝 구절은 심각한 의문을 제기한다. 이 구절의 "진사"에 "상서배관"이나 "수재"도 포함되는 것처럼 읽히기 때문이

---

43) 何忠禮, 「再論科擧制度的定義和形成時間」, 『科擧制的終結與科擧學的興起』 (武漢: 華中師範大學出版社, 2006).

44) 吳鼎昌 편, 『誌石文錄』, 『隋唐五代石刻文獻全編』 4 (北京: 北京圖書館出版社, 2003), 922쪽.

45) 毛漢光 주편, 『唐代墓誌彙編附考』 10 (臺北: 中央硏究院歷史語言硏究所, 1989).

46) 『文獻通考』 卷29, 「選擧 擧士」, 276-280쪽.

다. 실제로 「당등과기총목」에는 이밖에도 “응제(급제)[應制(及第)]”, “제과(諸科)” 등 “진사” 이외의 급제자 수가 자주 명기되어 있다. 그러므로 이 글에는 매년 급제자 수를 명기한 협의의 “진사”와 말미에 ‘총목(總目)’으로 말한 광의의 “진사”라는 상이한 두 개념이 병존하는 듯하고, 이를 근거로 진사과 출현의 문제를 논하기는 어렵다.

물론 무덕 5년(622)에 진사과가 시행되었다는 기록은 이것만이 아니다. 이러한 기록들 가운데 가장 이른 것이 덕종(德宗) 정원(貞元) 17년(801)에 쓰인 조참(趙傪)의 「등과기서(登科記序)」인데,

> 당 고조(高祖)께서는 “신무(神武)”로써 천하를 안정시키고 “문교(文敎)”로써 백성들을 평안하게 하시어, 무덕 5년에 황제께서 담당관에게 조서를 내려 특별히 “진사(進士)”로써 사인(士人)을 뽑는 과목으로 삼으시니, (이는) “고도(古道)”를 따른 것이다. 향(鄕)에서 현(縣)으로 올리고, 현에서 주(州)로 올리고, 주에서 부(府)로 올려, 모두 “행예(行藝)”의 시험을 거쳐서 (올라온 이들은) 가을에 상서성에서 모아 공거(貢擧)되니 함께 궁정으로 가서 그 나라를 빛내고, 그 뒤 고관들과 같이 선사(先師)를 배알(拜謁)하면서 제물을 갖추고 음악을 연주하니, (이는) “유교(儒敎)”를 존숭하는 것이다.

라고 하는 것이다.[47] 그런데 정원 3년의 진사과 급제자인 조참의 이 글은 개원(開元) 5년(717)에 시작된 선사(先師) 배알의 의례를[48] 마치 이 때부터 시행한 듯이 적어 사실과 다르다. 따라서 “고도(古道)”와 “유교(儒敎)”로 미화된 이 진사과의 기원에 대한 설명을 문면(文面)대로 믿을 수는 없다.[49]

---

47) 『文苑英華』(北京: 中華書局, 1982) 卷737, 「李奕登科記序」, 3841쪽. 이 글에 관한 考證은 傅璇琮, 앞의 책, 1986, 5-7쪽 참조.

48) 『唐會要』 卷76, 「貢擧中 緣擧雜錄」, 1638쪽.

그러나 이와 유사한 내용이 『당척언』의 처음과 끝을 장식하고,[50] 이것은 송대 이래 당 초의 과거제도와 관련하여 자주 인용되었다.[51] 그러나 『당척언』의 「통서과제(統序科第)」와 「잡기(雜記)」에 실린 이 두 글을 비교해 보면, 무덕 4년(621) 4월의 "공사(貢士)의 시작"과 그 이듬해 10월에 가서야 시행된 "고공(考功)이 주관한 시험"의 관계 등 역시 의문스러운 부분이 많다. 특히 진사과 관련 내용의 경우 더욱 그러하다. 「통서과제」에서 무덕 4년의 "공사(貢士)" 과목으로 명기(明記)된 이것이 「잡기」의 극사(極似)한 서술에서 빠졌을 뿐더러, 무덕 5년에는 제주(諸州)에서 입공(入貢)시킨 "진사(과)[進士(科)]"가 실제로 공포(公布)된 선발 과목에서는 없기 때문이다. 그러므로 당 초로부터 300년 가까이 지나서 나온 『당척언』에 갑자기 등장하는 이 기록 또한 의심을 부른다. 사실 이렇게 긴 시간 뒤의 기록이 이처럼 세밀한 것은 오히려 신

---

49) 武德年間에 진사과가 시작되었다는 唐人들의 기록은 이밖에도 僖宗 光啓 2년의 진사과 급제자 蘇鶚의 『蘇氏演義』(文淵閣四庫全書本) 卷上, 10앞－뒤쪽과 牛希濟의 「貢士論」, 『文苑英華』 卷760, 7686쪽이 있다. 그러나 그 始點을 각각 "武德四年"과 "武德初"라고 한 이 글들은 처음부터 진사과가 詩賦를 시험하였다거나 天子가 주관하였다는 등 사실과 다른 이야기를 한다. 따라서 唐初의 진사과 시행을 주장하는 글들은 모두 唐後期 인물들의 편견이 담긴 믿기 힘든 내용이라고 하겠다.

50) 『唐摭言』은 卷1, 「統序科第」, 1쪽에서 "始自武德辛巳歲四月一日, 敕諸州學士及早有明經及秀才´ 俊士´ 進士, 明於理體, 爲鄉里所稱者, 委本縣考試, 州長重覆, 取其合格, 每年十月隨物入貢. 斯我唐貢士之始也."라고 한 뒤, 다시 卷15, 「雜記」, 159쪽에는 "武德四年四月十一日, 敕諸州學士及白丁, 有明經及秀才´ 俊士, 明於理體. 爲鄉曲所稱者, 委本縣考試, 州長重覆, 取上等人, 每年十月隨物入貢. 至五年十月, 諸州共貢明經一百四十三人, 秀才六人, 俊士三十九人, 進士三十人. 十一月引見, 敕付尚書省考試; 十二月吏部奏付考功員外郎申世寧考試, 秀才一人, 俊士十四人, 所試並通, 敕放選與理入官; 其下第人各賜絹五疋, 充歸糧, 各勤修業. 自是考功之試, 永爲常式."라고 더욱 자세히 武德 5年의 일을 전한다.

51) 『新唐書』 卷44, 「選擧上」, 1163쪽; 『文獻通考』 卷29, 「選擧 擧士」, 271쪽 등이 위 『唐摭言』의 일부 구절로써 唐初의 과거를 설명하였다.

뢰를 잃게 한다. "과제지미(科第之美)"의 전문(傳聞)을 애써 모은 『당척언』의 당 전기 기록에 오류가 많음은 앞서 지적하였는데, 이 역시 과거 특히 진사과의 기원을 당 초로 소급시켜 그 권위를 높이려 한 작위(作爲)의 산물로 여겨지는 것이다.

물론 진위가 의심스러운 후대의 문헌들일지라도 진사과의 시행을 공통적으로 무덕 5년의 일로 적고 있다면, 이러한 기록을 쉽게 무시할 수 없다. 이와 관련하여 주목되는 것이 무덕 5년의 「영경관오품이상급제주총관자사각거일인조(令京官五品以上及諸州總管刺史各擧一人詔)」이다. 이 조칙(詔勅)은 "추현진사(推賢進士)"가 군주를 섬기는 좋은 법도라고 하며 일부 관인들에게 천거를 명하면서, 아울러 "뜻과 행실이 쓸 만한데 그 능력을 펴지 못한 경우 또한 '자진(自進)'하여 그 재주를 밝히는 것도 허락한다."고 하였기 때문이다.[52] 여기에서의 "진사"가 과거 과목의 명칭이 아님을 두말할 필요가 없지만, 그럴듯한 진사과의 기원을 찾으려던 이에게는 "자진(自進)"이 가능한 이 조처가 곧 진사과로 오독(誤讀)될 가능성이 있는 것이다. 그러나 이것은 분명히 후대의 진사과와 다른 일종의 제거(制擧)이고, 『등과기고』도 이 해에 "제거지시(制擧之始)"라고 주기(注記)하였을 뿐이다.[53]

현존 문헌들 중 이러한 오독(誤讀)의 첫 사례는 앞서 인용한 조참의 「등과기서」인데, 전술하였듯이 이 글은 진사과를 미화시키기에 급급하다. 그러나 이 글 역시 "황제께서 담당관(擔當官)에게 조서(詔書)를 내려"라고 하여 이것이 조칙에 의거한 관인 선발임을 스스로 드러내었고, 그가 이야기하는 진사과가 기실 제거의 일종이었음을 암시한다. 과거

52) 『唐大詔令集』(臺北: 鼎文書局, 1978) 卷102, 「擧薦上」, 518쪽. 『册府元龜』 卷67, 「帝王部 求賢1」, 755쪽과 『唐會要』 卷26, 「擧人自代」, 570쪽 참조.

53) 『登科記考補正』 卷1, 4쪽.

의 과목 명칭이면서 또 '사(士)를 진상(進上)한다'거나 '사(士)를 인진(引進)한다'는[54] 뜻으로도 읽을 수 있는 "진사"라는 말의 애매함이 당 후기 인물들의 혼동 혹은 곡해를 쉽게 만들었던 것이다. 사실 수 초 이래 빈번히 시행된 제거도 황제의 뜻에 따라 사(士)를 '진상(進上)' 혹은 '인진(引進)'한다는 의미에서 '진사'의 한 방법이었고, 진사과의 기원 역시 이와 무관하지 않을 수 있다.

이와 같은 시각에서 보면, 당 초 진사과 급제자에 관한 기록도 더욱 신중히 검토할 필요가 있다. 『등과기고보정(登科記考補正)』은 무덕·정관 연간에도 그 실례를 많이 찾아 두었지만, 그 근거가 대부분 "사책(射策)"이라는 불확실한 과목(科目) 표현 혹은 후대에 선조의 현양 등 분명한 목적 아래 쓰인 문헌이어서 의문을 남긴다. 그러므로 여기에서 당 전기 자료에 의거한 최초의 인물은 손처약(孫處約)인 듯한데, 개원 29년(741)의 아들 비문(碑文)에 나오는 "진사에 급제하여[進士擢第] 교서랑(校書郎)의 관직이 주어졌다."[55]라는 말이 그 증거이다. 그러나 정작 함형(咸亨) 3년(672) 자신의 묘지에는 "일찍이 빈공(賓貢)에 응하였는데, 특별히 황제의 마음에 들어서 급제하여 공명(功名)을 떨치니[擢第金門] … 정관 원년에 교서랑의 관직이 주어졌다."[56]라고 하여 이와 상이(相異)하다. 따라서 손처약(孫處約)은 사실 제거 합격자로 생각되고, 그를 진사과 급제자처럼 적은 아들의 비문은 8세기 중엽 이후 기록의 문제점을 확인시켜 줄 뿐이다. 다시 말하면, 후술하듯이 예부시가 시행된 개원 25년(737) 이후 상거 과목들의 사회적 위상이 바뀌는데,

---

54) 『唐六典』(北京: 中華書局, 1992) 卷30, 「三府督護州縣官吏」, 747쪽에는 刺史 등 지방장관의 역할 중 하나로 "部內有篤學異能聞於鄕閭者, 擧而進之."를 말하고 있다.

55) 「故荊州大都督府長史 … 孫公之碑」, 『全唐文補遺』 3 (西安: 三秦出版社, 1996), 69쪽.

56) 『唐代墓誌彙編』, 咸亨068, 558쪽.

변화된 상황에서 두드러진 진사과의 모칭(冒稱) 풍조가 당 초의 사실을 왜곡시켰을 가능성이 있는 것이다.

정관 4년(630) 이후에는 당 전기의 사료에서 "진사"로 명기된 8명의 인물이 존재하지만, 이들 역시 진사과 합격자로 단정하기 어렵다. 이들의 시험 방법에 대한 구체적인 기록이 없는 상황에서 "진사"라는 말만으로는 그 충분한 근거가 되지 않는 것이다. 특히 "폐하께서 다스림이 승평(昇平)을 가져오시고 현자(賢者)에게 정사(政事)를 맡기시니, 태학(太學)에서 좋은 성적을 얻은 이[高第]나 여러 주(州)의 '진사'는 모두 (시험에서) 책문(策文)이 훌륭하고 경학(經學)이 뛰어나며 선성(先聖)의 가르침을 지키고 석현(昔賢)의 염치(廉恥)를 흠모하지만 …"[57]이라는 정관 연간의 상주에서 "진사(進士)"가 진사과가 아니라 제거로 생각된다면 더욱 그러하다. 실제로 정관 연간까지의 지공거나 진사과 시험 답안 모두 그 진위가 의문스럽기는 마찬가지이고, 현존하는 문헌들로써 당 초부터 제거와 달리 매년 시험한 상거 과목으로서의 진사과가 존재한다고 확언하기는 불가능하다고 하겠다.

그런데 흥미로운 사실은 당 초에 '황제의 조칙에 의한 인재선발'이 유난히 잦았음에도 불구하고[58] 『책부원구』에서 제거는 현경(顯慶) 연간(656~661)에 시작되었다고 하고[59] 또 『당회요』의 '제과거(制科擧)' 항목 역시 현경 3년(658)의 지열추상과(志烈秋霜科)가 처음이라는 점이다.[60] 현존하는 그 이전의 많은 제거 사례들을 부정할 수 없다면, 이

---

57) 『通典』 卷35, 「職官 俸祿」, 963쪽.

58) 制擧와 관련된 본고의 내용은 하원수, 「唐前期 制擧의 實狀－官人選拔制度에서 皇帝權의 限界」, 『東洋史學硏究』 100, 2007 참조.

59) 『冊府元龜』 卷639, 「貢擧部 總序」, 7662쪽.

60) 『唐會要』 卷76, 「貢擧中 制科擧」, 1641쪽.

기록은 역으로 제거와 대비되는 상거의 제도화를 의미할 수도 있다. 즉 필요에 따라 시행하던 기존의 관인선발 시험들 중 일부 과목들을 정례화한 이때 비로소 황제의 권위로써 임의적인 시행이 가능한 제거의 특징도 분명해진 것이다. 상거 과목으로서의 진사과도 바로 이 관인선발제도의 체계화에 따른 산물로서, '사(士)의 진상(進上) 혹은 인진(引進)'이란 일반적인 의미의 '진사'와는 확실히 달라졌다.

이와 함께 간과할 수 없는 것이 그 직전 고종 영휘 2년(651)에 수재과가 "처음으로 중지[始停]"되었다는 기록이다.[61] 한대(漢代)에 생겨나 위진남북조(魏晉南北朝)를 거치며 발전한 찰거제도(察擧制度)에서 대표적인 세거(歲擧) 과목이던[62] 이것의 "중지"는 천거(薦擧)를 위주로 하던 기존 방식의 탈각(脫殼)을 시사하기 때문이다. 다시 말하면 관인선발제도의 새로운 체계화의 방향은 추천 없이도 응시할 수 있는 시험 위주였고, 그 직후 제거와 분화된 상거 과목들도 이러한 원칙에 입각하였을 것이다. 그러므로 이때 만들어진 진사과 역시 자발적인 응시에 따른 정기적인 시험으로서 남북조 시대의 찰거와 분명히 다른 형태였다. 새로운 관인선발제도로서 진사과의 출현은 이 시기에 이르면 이론의 여지가 없는 것이다.

이것은 물론 현경 연간에 갑자기 진사과가 생겨났다는 뜻은 아니다. 자발적인 응시자를 대상으로 한 이와 유사한 시험이 수대의 구품중정제

---

61) 『文獻通考』 卷29, 「選擧 擧士」의 「唐登科記總目」, 277쪽; 『新唐書』 卷44, 「選擧上」, 1163쪽. 물론 唐代의 秀才科에 대하여 혹 "有唐已來無其人"(『舊唐書』 卷42, 「職官志」 1, 1804쪽)이라고 하는 반면 開元 24年에 부활하여 天寶初까지 재차 시행되었다고도(『通典』 卷15, 「選擧 歷代制下」, 354쪽) 하는 등 상이한 기록들이 있다. 이것은 察擧制度에 입각한 전통적인 秀才科와 새로운 常擧 과목으로서의 그것이 구분되지 않아 초래된 혼란인 듯하고, 永徽 2年 수재과에 모종의 변화가 생겼음은 분명해 보인다.

62) 閻步克, 『察擧制度變遷史稿』 (瀋陽: 遼寧大學出版社, 1997) 참조.

(九品中正制) 폐지 이후 없지 않으나, 이때까지 제거와의 구분이 명확하지 않았을 뿐이다. 그리고 이 안에 남아 있던 찰거의 유제(遺制)도 쉽게 사라지지 않았다. 과거제도라는 새로운 중앙집권적 관인선발제도로의 전환은 상당한 기간의 과도기가 필요하였고, 진사과도 이 속에서 서서히 실체를 드러내었던 것이다. 사실 현경 연간의 진사과도 여전히 제거나 여타 상거 과목들처럼 책(策)만을 시험함으로써[63] 아직 그 고유한 특성은 분명히 드러나지 않았다. 그러므로 상거의 다른 과목과 확실히 구별되는 진사과의 진정한 등장은 일면 '잡문(雜文)'이란 시험이 새로 추가된 고종 영륭(永隆) 2년(681) 이후라고도 할 수 있다.[64]

이처럼 긴 역정(歷程)을 거쳐 진사과는 상거의 한 과목으로 확립되었다. 응시자들의 입장에서 볼 때, 자발적 응시가 허용된 정기적인 관인선발 시험으로서의 상거는 좋은 입사(入仕)의 수단이었다. 그러나 선발자의 시각에서 보면, 제거와 분화된 상거는 더 이상 "비상지재(非常之才)"를 발탁하기 위한 방법은 아니었다.[65] 따라서 진사과를 포함한 상거의 과목들은 제도적인 안정성을 가졌을 뿐 관인선발제도 안에서의 위상이 그렇게 높지 않았다. 장수(長壽) 2년(693)까지 그 응시자들이 공물(貢物)보다 홀대된다는 지적마저 있을 지경이었다.[66] 실제로 당 전기의 서계제도(敍階制度)에 규정한 상거 급제자의 품계가 '봉작(封爵)'·'자음(資

---

63) 『通典』 卷15, 「選擧 歷代制下」, 354쪽은 진사과와 명경과 모두 "其初止試策"하였다고 한다. 단 『封氏聞見記』 卷3, 「貢擧」, 1쪽은 唐初부터 科目들마다 시험한 策의 종류가 달랐다고 하지만, 여기에도 진사과가 策 이외의 다른 시험을 쳤다는 기록은 없다.

64) 『唐大詔令集』 卷106, 「條流明經進士詔」, 549쪽. 『通典』 卷15, 「選擧 歷代制下」, 354쪽; 『唐會要』 卷75, 「貢擧上 帖經條例」, 1629쪽; 『册府元龜』 卷639, 「貢擧部 條制1」, 7669쪽 참조.

65) 『新唐書』 卷44, 「選擧上」, 1159쪽.

66) 『唐會要』 卷76, 「貢擧中 緣擧雜錄」, 1638쪽.

蔭)' 등 여타 경로의 입사자(入仕者)에 비하여 낮은 편이었다.67)

그런데 진사과는 아래의 〈상거(常擧) 과목(科目) 급제자(及第者)의 서계(敍階) 규정(規程)〉에서 보듯이 명법과(明法科)와 함께 상거 과목들 중에서도 최하위에 있다. 진사과 급제자는 수재과나 명경과에 비하여 낮은 품계를 받았을 뿐만 아니라 그 급제 등급의 구분 방식과 명칭에서도 서로 확연한 차이가 존재하는 것이다. 더욱이 "본음(本蔭)이 높은 자"가 합격하였을 때 서계상(敍階上) 우대한다는 보충 규정도 단지 수재과와 명경과에만 해당되어, 마치 진사과나 명법과는 이처럼 높은 신분의 사람과 무관한 과목처럼도 보인다. 이와 같이 진사과를 명법과와 같은 기능성 과목과 동일시한 규정이 진사과의 위상이 높아진 후대에는 쉽게 납득되지 않았을 터이므로, 『구당서』와 『신당서』에서 보이는 혼란도68) 까닭이 없지 않아 보인다.

〈표 1〉 상거(常擧) 과목 급제자의 서계(敍階) 규정69)

수재과 급제자	명경과 급제자	진사과 · 명법과 급제자
정8품상(상상)~ 종8품하(중상)*	종8품하(상상)~ 종9품상(중상)**	종9품상(갑) · 종9품하(을)

* 본음(本蔭)이 높은 수재과 급제자는 본음에 가계(加階)한다는 보충 규정이 있다.

** 본음이 높은 명경과 급제자는 수재과처럼 본음에 가계하고, 특히 "통이경(通二經)" 이상의 명경과 급제자는 이 규정보다 더 높이 서계할 수 있다는 보충 규정이 있다.

---

67) 『唐令拾遺』와 『唐令拾遺補』의 「選擧令」 21-26條, 297-302쪽과 575-577쪽. 黃淸連, 「唐代散官試論」, 『歷史語言硏究所集刊』 58-2, 1987 참조.

68) 『舊唐書』 卷42, 「職官志1」, 1806쪽에는 명경과의 上中第가 종9품상으로 敍階되었다고 하여 中下第는 어떤 품계가 주어졌는지조차 알 수 없고, 『新唐書』 卷45, 「選擧志下」, 1173쪽에는 명경과의 上下第까지는 『唐六典』 등의 기록과 동일하나 中上第의 경우 종9품하로 서계되었다고 해서 갑자기 2階를 낮추어 버렸다.

69) 『唐六典』 卷2, 「尙書吏部」, 31-32쪽; 『唐會要』 卷81, 「階」, 1767-1762쪽.

상거 과목으로서 진사과의 특징은 제도적으로 규정된 낮은 위상만이 아니다. 당대에 "매세공인(每歲貢人)"하였다는 이른바 "육과(六科)"[70]는 '수재(秀才)'·'명경(明經)'·'명법(明法)' 등과 같이 인재 선발의 기준 혹은 선발된 인재의 능력으로 작명(作名)되었는데, '진사'만 유독 그 이름만으로써는 어떤 인재를 선발하는 과목인지 불분명한 것이다. 따라서 진사과는 "통식문률(洞識文律)"[71] 혹은 "화실겸거(華實兼擧)"[72]를 기준으로 평가한 '잡문(雜文)' 시험이 부가된 이후에서야 문필 능력을 중시하는 그 성격이 확실히 드러난다. 그런데 이 '잡문' 시험의 구체적 대상이 일정하지 않았다는 사실 역시 주목할 필요가 있다. "진사(과에 응시하는 이가) 사(史)·전(傳)을 찾지 않고 오로지 옛 책(문)[策(文)]만을 읽으며 서로 베끼고 흉내 내어 기본적으로 실재(實才)가 없다."[73]라는 '잡문' 시험 채용 조칙의 서두에서 보듯이, 원래 진사과에서 시험하려 했던 '잡문'은 정사(政事)와 관련된 실용적인 문장이었다. 실제로 '잡문' 시험도 처음에 잠(箴)·명(銘)·논(論)·표(表)처럼 상대적으로 현실적 효용이 있는 글들을 대상으로 하였던 듯한데,[74] 이후 그 범위가 부(賦)·시(詩)·송(頌) 등 다양한 형태의 문장으로 확대되는 등 가변적이었던 것이다.[75]

그러나 천보(天寶) 연간(742~756) 이후[76] 진사과의 '잡문' 시험 대상

---

70) 『唐六典』 卷2, 「尙書吏部」, 44-45쪽; 「尙書禮部」, 108-109쪽.

71) 『唐六典』 卷2, 「尙書吏部」, 45쪽.

72) 『唐六典』 卷4, 「尙書禮部」, 109쪽.

73) 『唐大詔令集』 卷106, 「條流明經進士詔」, 549쪽.

74) 『登科記考補正』 卷2, 84-85쪽.

75) 현재 확인되는 몇 가지 예를 들면, 武后 光宅 2年의 賦(『登科記考補正』 卷3, 99쪽), 玄宗 先天 2年의 詩와 賦(『登科記考補正』 卷5, 196쪽), 開元 11年의 頌 시험 사례가 있다.

은 결국 시(詩)와 부(賦)로 귀착한다. 수사적 형식미를 중시하는[77] 시·부가 일반 관인들의 실무와 직접 관련이 없다면, 이것은 의외의 변화인 듯도 하다. 그러나 천보 10년(751) 주공(周公)과 공자(孔子)라도 전선(銓選)에서 남북조 말의 명문장가 서릉(徐陵)과 유신(庾信)과 겨루지 못할 것이라는 말이 있고,[78] 천보 13년(754)부터 제거에서 시·부를 시험하기 시작하였다는 기록도 보인다.[79] 이러한 분위기 속에서 '잡문'이 단순한 문필 능력이 아니라 문학적 기교를 중시하는 시·부로 바뀌는 것이 이상하지 않다. 사실 고종 시기에도 "늘 시·부를 우선시하"는[80] 이부에 대한 비판이 발견되므로 당 초부터 이와 유사한 분위기가 없지 않았던 듯하다. 특히 근래 발견된 의봉(儀鳳) 4년(679) 제거 급제자의 묘지에 "제거(制擧)에서 '잡문(襍文)'을 시험하여, 「조야다환오(朝野多歡娛)」라는 시와 「군신동덕(君臣同德)」이라는 부로써 급제하였다."[81] 라고 하여, 진사과에서 '잡문' 시험을 채용하기도 전에 이미 시와 부로써 "잡문(襍文)"을 시험한 제거도 있다.

이와 같이 당 초부터 분명히 드러나는 '선거(選擧)'에서의 문학적 소양 중시는 두우(杜佑)의 지적처럼 위진 이래 숭문(崇文) 풍조의 영향일 것이다.[82] 사실 위진남북조 시기 사인들의 문학에 대한 애호 경향은

76) 雜文 시험에서 詩·賦가 專用된 시기를 徐松은 "天寶之季"라고 하였으나(『登科記考補正』 卷2, 85쪽), 이와 다른 견해 또한 많다. 그러나 그 시기를 비교적 빨리 잡는 傅璇琮도 天寶 10年 이전으로까지 소급하지는 않는다(傅璇琮, 앞의 책, 1986, 407쪽).

77) 曹丕의 「典論論文」의 "詩賦欲麗"[蕭統, 『文選』(臺北: 藝文印書館, 1976) 卷52, 734쪽]라는 표현은 아름다운 修辭를 중시하는 詩賦의 전통적인 특성을 잘 설명한다.

78) 『唐會要』 卷74, 「選部上 論選事」, 1587쪽.

79) 『唐會要』 卷76, 「貢擧中 制科擧」, 1649쪽.

80) 『王子安集註』(上海古籍出版社, 1995) 卷4, 「上吏部裴侍郎啓」, 131쪽.

81) 『唐代墓誌彙編』, 開元363, 1407쪽.

부정할 수 없고, 이러한 분위기가 당대에도 영향을 미치지 않았을 리 없다. 황제들이 자주 연회를 열어 신하들과 시부를 즐기던 당 전기 궁정의[83] 상황은 그 단적인 예이다. 그 결과 당시 책문(策文)이나 판문(判文) 등에서도 수사적 기교가 중요하였고,[84] 문학적 소양의 평가가 진사과에만 국한된 문제가 아니었을 수 있다. "개원 연간(713~741) 이후 사해(四海)가 평안하여 사인들은 현(賢)·불초(不肖)를 막론하고 '문장(文章)'으로써 영달하지 못함을 부끄럽게 여겼으니, 조제(詔制)에 호응하여 응거한 이가 많으면 2천 명 적더라도 천 명은 되었다."[85]는 『통전』의 기록처럼, 위진남북조의 문화적 전통을 계승한 사인들의 문학 중시 분위기가 제거에서도 잘 드러나기 때문이다.

그런데 두우(杜佑)는 위의 글에 진사과가 사림(士林)의 "화선(華選)"이 되었다는 심기제(沈旣濟)의 글을 주기(注記)함으로써 이러한 문학 중시의 분위기를 바로 진사과와 연결시켜 두었다.[86] 이것은 상거와 제거의 차이를 무시한 착오이지만, 한편으로는 여기에서 당시의 실상도 드러난다. 수재과가 유명무실해진 상황에서 명경 등 여타 상거 과목들은 명칭에서부터 문학과는 확실한 거리가 있었다. 따라서 문필 능력을 시험하기 위한 '잡문' 시험은 진사과에 추가될 수밖에 없었고, 결국 문학적 소양과 연관된 유일한 상거 과목이 진사과였던 것이다. 결국 문학적 능력을 자부하는 사인들이 새로운 관인선발제도에 관심이 있다면 진사과 이외에 달리 갈 곳이 없었다. 다시 말하면, 과거에서 위진남북조 이

---

82) 『通典』 卷18, 「選擧 雜議論下」, 454쪽.

83) 『册府元龜』 卷40, 「帝王部 文學」, 450-457쪽; 「帝王部 好文」, 459-460쪽. 黃正建, 「唐代官員宴會的類型及其社會職能」, 『中國史硏究』, 1992-2 참조.

84) 『文獻通考』 卷37, 「選擧 擧官」, 354쪽.

85) 『通典』 卷15, 「選擧 歷代制下」, 357쪽.

86) 『通典』 卷15, 「選擧 歷代制下」, 358쪽.

래 사인들이 축적해 온 문화적 역량의 흡입구가 진사과였던 셈이다.

그러나 마지막으로 다시 분명히 할 것은 관인선발제도 안에서 진사과의 낮은 지위이다. 당 초부터 문학에 대한 사회적 애호 분위기가 있었다고는 하나, 현실과 유리된 문풍(文風)은 늘 망국(亡國)의 원인으로 지목되었다. 정관 연간 왕규(王珪)의 "중문경유(重文輕儒)" 풍조에 대한 비판은[87] 그 좋은 예인데, 경학적 지식이 늘 공식적으로 문학적 소양에 비하여 중시되었던 것이다. 격(格)이 다르다고 느껴질 만큼 대우가 달랐던 명경과와 진사과 급제자의 위상 차이가 이를 명증한다. 이것은 제도적 규범과 사인들의 현실 사이의 괴리라고도 하겠는데, 설령 스스로는 문학적 소양을 즐길지라도 결코 이를 위주로 뽑은 관인의 선발 방식을 존중하기는 어려웠던 것이다. 당대의 국자감이 경학 교육을 위주로 하여 기본적으로 명경과와 연계되어 있음은 그 좋은 예로서, 진사과 응시자를 위해서는 천보 9년(750) 광문관(廣文館)을 따로 만들어야만 하였다.[88] 당 전기까지 이러한 규범적인 이념의 강고함은 부정할 수 없는 현실이었다.[89]

4. 현종조(玄宗朝) 예부시(禮部試)의 개시와 진사과

현종 개원 25년 과거의 주관 관부를 이부에서 예부로 바꾸었는데, 이 예부시의 성립은 과거제도사에서 매우 중요한 사건인 만큼 이미 많은

---

87) 『資治通鑑』 卷193, 貞觀 2年, 6058쪽.

88) 『通典』 卷27, 「職官 國子監」, 765쪽.

89) 이와 같은 제도적 규범과 사회적 현실의 긴장 문제는 하원수, 「唐代 明經科의 性格」, 『東洋史學硏究』 42, 1993 참조.

관련 연구들이 있다.[90] 그러나 여기에서 진사과와 연관된 몇 가지 사실들은 분명히 확인해 두고자 한다. 우선, 『대당신어(大唐新語)』 등에 자세히 전하는[91] 이 사건의 발단은 개원 24년(736)의 과거에서 지공거(知貢擧)와 진사과 응시자 사이에 벌어진 언쟁이다. 고공원외랑(考功員外郎) 이앙(李昂)이 청탁의 혐의를 두고 이권(李權)의 "장구(章句)"를 호되게 비판하자, 그는 도리어 지공거의 시(詩)에 시비를 걸어 분란을 일으켰던 것이다. 이 이야기가 사실이라면, 예부시의 출현과 진사과는 불가분의 관계에 있다. 당시 진사과 응시자들이 급제를 사사로이 청탁함은 물론 이를 제지하려는 지공거의 권위조차 무시할 정도로 방자하였고, 조정은 이들을 제압할 목적으로 예부시를 택한 것이다.

그런데 이 과거가 끝난 뒤 예부시로의 개제(改制)를 명한 조칙은[92] 진사과를 특별히 문제 삼지 않았다. 그리고 이부원외랑(吏部員外郎)이 지공거로서 "위경사중(位輕事重)"하다는 점만 말할 뿐 예부에서 과거를 주관해야 할 당위성 또한 밝히지 않았다. 이부의 상급자가 이 일을 맡아야 하나, 전선(銓選) 업무가 과중하여 부득이 주관 관부를 바꾼 듯이 적고 있는 것이다. 단 예부(禮部)의 역할을 "의주빈천(宜主賓薦)"이라고 한 점은 흥미롭다. "매년 인재의 선발은 사인(士人)을 구(求)하는 근본이다."라는 조칙의 서두와 상응하는 이 말은 진사과를 비롯한 상거에 대한 특별한 예우를 뜻할 수도 있기 때문이다.

---

90) 唐代 科擧制度史에서 늘 언급되는 이 사건에 대하여서는 七野敏光, 「唐開元二十四年禮部貢擧について」, 『法學論集』 36-2, 關西大, 1986과 王志東, 「略論唐玄宗開元二十四年的科擧變革」 上·中·下, 『廣西社會科學』, 2005-3·4·5와 같은 專論도 있다.

91) 劉肅, 『大唐新語』(北京: 中華書局, 1984) 卷10, 「釐革」, 153-154쪽; 『唐摭言』 卷1, 「進士歸禮部」, 10-11쪽.

92) 『唐大詔令集』 卷106, 「令禮部掌貢擧敕」, 549쪽. 『唐會要』 卷59, 「尙書省諸司下 禮部侍郎」, 1203쪽; 『册府元龜』 卷639, 「貢擧部 條制1」, 7671쪽 참조.

이듬해 최초의 예부시는 지공거 요혁(姚奕)의 상주(上奏)에 따라 세부적인 시행 방법도 조금 달라졌다. 이를 전하는 칙문(勅文)은[93] "명경"과 "진사"에 대하여 예전의 "효렴(孝廉)"이나 "수재(秀才)"와 같다고 치켜세움과 동시에 현금의 그들이 "근본을 두텁게 하여 고(古)를 회복하고, 경학(經學)에 밝아 행실을 닦"을 수 없음을 비판한다. 그리고 특히 우수한 합격자는 주청(奏聽)하여 황제가 결정하게 하고, 모든 급제자의 '잡문(雜文)'과 '책(策)'의 답안도 재상에게 보내 "상복(詳覆)"하도록 하였다. 여기에서 진사과에서만 시험한 '잡문'을 재검토 대상으로 명기하여 진사과 급제자들을 특별한 감시의 대상으로 삼은 것은 주목할 만하다.

예부시의 출현을 둘러싼 이 일련의 일들은 약간 이해하기 힘든 부분이 있다. 이 사건의 원인을 생각하면, 상거의 주관자인 지공거의 지위를 높이거나 황제나 재상까지 여기에 관여하게 된 것은 과거 특히 진사과 응시자에 대한 통제의 강화책이었을 것이다. 그러나 전술하였듯이 상거의 응시자를 공물(貢物)처럼 취급하기도 했던 예전의 상황과 비교할 때, 이러한 조처는 오히려 상거의 위상(位相)을 높여준 측면도 없지 않다. "빈천(賓薦)"을 주관하는 예부로 상거를 이관(移管)시키면서 "구사지본(求士之本)"이라 하고, 또 그 응시자들을 전통적 권위를 갖는 수재 등에 비기고 있음을 생각하면 더욱 그러하다. 특히 개원 26년(738) 병부원외랑(兵部員外郎)의 지위가 낮다는 이유로 교체된 무거(武擧)의 책임자가 여전히 병부(兵部)의 시랑(侍郎)이었으므로,[94] 유독 진사과를 비롯한 문거(文擧)만 예부로 관할 기구를 바꾼 사실에 주의하지 않을 수 없다. 따라서 예부시가 과거 응시자들의 증가와 그 세력화의 귀결로 설명되기도 하는데,[95] 이 경우 이러한 제도를 만든 직접적인

93) 『唐會要』 卷75, 「貢擧上 帖經條例」, 1631쪽.

94) 『唐會要』 卷59, 「尙書省諸司下 兵部侍郎」, 1210쪽.

원인 곧 응시자들의 분란 행위에 대한 조정의 제어는 전혀 없었던 셈이 된다.

이처럼 그 출현 과정에서 상반된 해석이 가능한 예부시의 성격은 좀 더 넓은 시야에서의 고찰을 요구한다. 즉 예부시의 실시를 전후한 현종조 전시기의 상황에 대한 이해 위에서 그 역사적 의의가 좀 더 선명해지리라고 기대되는 것이다.[96] 이러한 입장에서 볼 때, 우선 주목되는 것이 개원 3년(715) 명경과와 진사과 급제자들에게 3년간 수선(守選)하도록 한 조처이다.[97] 상거 합격자들의 입사(入仕) 시기를 유예시킨 이것은 고종 때부터 심각해진 관직의 부족 현상이[98]이 마침내 과거에까지 직접 영향을 미치기 시작하였음을 뜻하기 때문이다. 그러나 관인의 적체 문제는 계속 심화되었고, 이로 인해 야기된 관계(官界)에서의 지나친 경쟁 풍조를 완화하기 위해 개원 18년(730) 순자격(循資格) 제도를 시행하기에 이르렀다.[99]

예부시의 성격도 이러한 시대적 배경 속에서 관직과 관인자격자 사이의 실조(失調)에 대한 대응책의 일환일 수 있다. 즉 관직의 부족 문제를 해결하기 위해 새로운 관인자격자를 낳는 과거부터 철저히 관리할 필요가 있고, 황제나 재상이 마치 지공거를 감시하듯이 과거에 관여할 수 있도록 만든 조처도 이러한 맥락에서 쉽게 이해된다. 예부시 역

95) 吳宗國, 앞의 책, 2010(1992 원간), 42-44쪽.

96) 이에 관하여서는 하원수, 「應試者의 입장에서 본 唐代의 科擧－禮部試의 性格에 관한 一試論」, 『歷史教育』 96, 2005에서 詳論하였다.

97) 『册府元龜』 卷635, 「銓選部 考課1」, 7622쪽.

98) 『通典』 卷15, 「選擧 考績3」, 363-364쪽. 寧欣, 『唐代選官研究』(臺北: 文津出版社, 1995), 11-33쪽 참조.

99) 鳥谷弘昭, 「裴光庭の'循資格'について」, 『立正史學』 47, 1980; 胡寶華, 「試論唐代循資制度」, 『唐史論叢』 4, 1988.

시 마찬가지인데, 상거의 응시자들이 증가하는 상황에서[100] 급제자의 수를 당장 줄이기 어렵다면, 과거를 이부에서 분리시킴으로써 급제와 입사를 구별하는 것이 그 대안이 되기 때문이다. 예부시의 급제자는 예전과 달리 이부원외랑이 주관한 관시(關試)를 통해 비로소 이부와 관계를 맺고,[101] 과거 급제의 증명서이자 전선(銓選) 참여의 자격증이던 '춘관(春關)'도 이 시험을 통과한 뒤에야 받게 되는 것이다.[102]

이러한 시각에서 보면, 개원 25년 첫 예부시를 시행한 직후 주별(州別) 향공의 수를 1~3명으로 제한하고[103] 급기야 천보 12년(753)에는 향공을 폐지하기까지에[104] 이른 사실도 주목된다. 이 역시 관인자격자의 수와 직결된 과거에 대한 관리의 한 방편으로도 생각되는 것이다. 개원 2년(714) 응시자들의 교육을 강조하거나[105] 개원 19년(731) 향공의 적관(籍貫)을 분명히 확인하게 하는[106] 등의 조칙도 같은 맥락에서 이해되는데, 향공은 조정에서 제어하기 힘든 과거의 응시자들이었기 때문이다. 실제로 현종 시기는 국자감과 향공의 관계를 강화하고,[107] 전

---

100) 禮部試의 성립 배경을 설명하면서 "元(玄:인용자)宗時, 士子殷盛, 每歲進士到省者, 常不減千餘人."이라고 한『封氏聞見記』卷3,「貢擧」, 1쪽의 기록은 이와 관련하여 주목된다.

101)『唐摭言』卷3,「關試」, 27쪽.

102) 王勛成, 앞의 책, 2001, 28-34쪽. 大中 6年 上奏文의 "吏部告身及禮部春關牒"(『唐會要』권82,「考下」, 1789쪽)이라는 말을 보면 春關이 禮部에서 발급된 것처럼도 보이나, 이것은 후술하듯이 關試가 형해화한 뒤의 일이 아닌가 한다.

103)『唐會要』卷26,「鄕飮酒」, 581쪽.

104)『通典』卷53,「禮 大學」, 1469쪽.

105)『唐大詔令集』卷106,「令貢擧人勉學詔」, 549쪽.

106)『唐會要』卷76,「貢擧中 緣擧雜錄」, 1638-1639쪽.

107) 開元 5年 鄕貢에게 國子監에서 先師를 배알하게 하거나(『唐大詔令集』卷105,「令明經進士就國子監謁先師敕」, 538쪽), 開元 21年 省試에서 낙방한 鄕貢에게 國子監의 입학을 허용한(『唐會要』卷35,「學校」, 741쪽) 것 등이 그 좋은 예이다.

술하였듯이 진사과 응시자를 위한 광문관을 국자감에 새로 설치하는 등 관학(官學)을 중심으로 과거를 운용하려는 경향이 뚜렷하다. 이와 같은 조처들은 물론 여러 가지 목적을 가졌겠지만, 과거를 통하여 공급되는 관인자격자의 통제와도 무관하지 않을 듯하다.

그러므로 진사과 응시자들의 입장에서 볼 때 예부시의 출현은 결코 반길 일이 아니었다. 물론 이들은 지공거의 지위 격상과 더불어 권위 있게 된 상거, 특히 무거(武擧)와 달리 "빈천(賓薦)"의 대상으로 예우(禮遇)된 문거(文擧)의 응시자로서 명예로워졌다. 하지만 실질적으로는 치열한 경쟁을 뚫고 급제하더라도 다시 이부 주관의 시험을 거칠 수밖에 없는 이들에게 입사는 더욱 멀어지고 말았다. 그러나 조정의 입장에서 보면 급제자와 입사 사이의 이 거리야말로 진정 바라던 것이었다. 그리고 이를 전후한 향공의 폐지나 관학 중심의 과거 운용 등도 응시 과정에 대한 관여라는 점에서 진사과 응시자들에게는 압박이었겠지만, 조정의 입장에서는 이를 통해 관인의 수급을 조절하여 관직의 부족 문제를 완화시키는 효과가 있었다.

진사과가 언제부터 상거 과목들에서 우위를 점하였는지는 논란의 여지가 있으나, 당 후기에 진사과와 그 급제자가 이전보다 더 중요해진다는 사실은 분명하다.[108] 그렇다면 진사과 응시자들에게 불리했던 예부시의 시행 뒤 어떻게 진사과의 위세가 오히려 더욱 높아지는지가 의문이다. 사실 향공은 곧바로 부활하였고,[109] 천보 연간 이후 관학이 더

---

108) 唐代에 常擧 과목들 중 진사과의 獨尊的 優位를 당연시하는 연구도 많으나, 吳宗國, 앞의 책, 2010(1992 원간) 150-187쪽에서 잘 설명하고 있듯이 唐前期의 경우 진사과가 명경과보다 중요한 과목이었다고 생각되지 않는다. 그러나 唐後期에 명경과보다 진사과가 중시되었음은 이미 상식에 속한다.

109) 『唐會要』 卷76, 「貢擧中 緣擧雜錄」, 1639쪽은 肅宗 至德 元年 이후 鄕貢이 다시 생겼다고 하는데, 『新唐書』 卷44, 「選擧上」, 1164쪽의 경우 天寶 14年으로 그 시기를 더 앞당기고 있다.

욱 쇠퇴하였다는 기록도 있다.[110] 전술한 현종조의 제반 정책은 그렇게 성공적이지 않았던 것이다. 그러므로 조정의 원래 의도와 달리 전개된 현실 상황 곧 선발자의 의지와 따로 움직이는 과거 응시자들의 구체적 실태를 검토할 필요가 있다.

이를 위하여 유용한 자료가 당대의 묘지(墓誌)들이다. 이것은 전술하였듯이 현실과 밀착된 좋은 1차 사료일 뿐더러 조정이 영향을 미칠 여지도 적기 때문이다. 특히 여기에서 주목하는 것은 묘지를 만든 이가 가장 내세우고 싶어 한 묘주의 신분이나 지위를 표시한 별행(別行)의 표제(標題)이다. 이 안에 당시 사람들의 일반적인 원망(願望)이 담겨 있고, 이를 분석함으로써 당대 사회의 실상에 접근하려는 것이다. 단 문집 등 전승문헌들에 실린 묘지의 경우 표제를 약칭한 예가 많으므로 이러한 작업에 적합하지 않다. 따라서 현존하는 묘지의 탁본이나 그 채록문(採錄文)을 망라하여 편집한『당대묘지휘편(唐代墓誌彙編)』과『당대묘지휘편속집(唐代墓誌彙編續集)』에 실린 5천여 점의 묘지로 우선 검토 대상을 제한한다.[111] 이 두 책에서 과거의 응시나 급제 사실을 별행의 표제로 삼은 묘지들을 시기 순으로 정리하면 아래와 같다.[112]

---

110) 唐代 官學의 쇠퇴 시기는 문헌마다 달라 이견의 여지가 있으나,『新唐書』卷44,「選擧上」, 1165쪽의 경우 "天寶後, 學校益廢, 生徒流散."이라고 하였다.

111) 물론 이 두 책에 문제가 없는 것은 아니지만(齋藤勝,「『唐代墓誌彙編續集』」,『東洋學報』85-1, 2003 참조), 여기에 실린 자료들의 분석을 통해 唐代 현실의 대체적인 추세는 파악할 수 있을 것이다.

112) 이 표는 "孝廉"·"五經"이라고 표현한 것도 명경과로 간주하여 포함시켰으나, "開元禮"·"學究"·"三傳" 등 吏部科目選의 성격을 가진 類似科目들은 제외하였다. 그리고 혹 墓誌들 중에 標題가 없거나 短句로 된 것 또 시기가 불분명한 것도 분석의 일관성을 위하여 여기에서 배제하였다.

〈표 2〉『당대묘지휘편』·『당대묘지휘편속집』의 과거 관련 표제(標題)의 묘지

황제 (기간/년)	고조 (9)	태종 (23)	고종 (34)	무칙천 (21)*	중종 (6)	예종 (3)	현종 (45)			
								선천	개원	천보
묘지 총수	11	254	1153	601	145	43	1118	11	729	388
급제 기록	0	0	0	0	0	0	6	0	4	2
응시 기록	0	0	0	1	0	0	1	0	1	0

황제 (기간/년)	숙종 (7)	대종 (18)	덕종/순종 (26)**	헌종 (16)	목종 (4)	경종 (3)	문종 (14)	무종 (6)	선종 (13)	의종 (14)	희종 (15)	소종 (17)	애제 (4)
묘지 총수	31	150	256	249	48	31	237	88	244	224	102	35	2
급제 기록	0	0	0	0	0	0	0	0	0	0	0	0	0
응시 기록	0	0	0	1	0	0	3	0	5	4	0	0	0

* 무칙천이 황제였던 것은 15년간이었지만, 여기에서는 고종 사후 중종이 사성(嗣聖)으로 개원한 684년 이후부터 그 시기에 포함시켰다.

** 재위 기간이 8개월에 그친 순종은 덕종의 연호를 그대로 사용하였으므로 별도의 항목을 따로 만들지 않았다.

위의 표를 보면, 예부시가 만들어진 현종조에만 과거 급제를 표제로 내세운 묘지가 나타난다는 사실이 무엇보다 흥미롭다.[113] 물론 그 전후 시기의 묘주 중에도 당연히 과거 합격자들이 있지만, 그들 묘지의 표제는 과거 급제가 아니다. 예를 들어, 무덕(武德) 4년에 "명경거(明經

113) 물론 여타 시기에도 科擧 급제를 표지로 내세운 묘지가 없지는 않을 것이다. 최근 공개된 文宗 시기의 「唐故前明經博陵崔府君墓誌」[趙君平·趙文成 編, 『河洛墓刻拾零』(北京圖書館出版社, 2007), 537쪽]가 그 좋은 예이다. 그러나 『唐代墓誌彙編』와 『唐代墓誌彙編續集』를 대상으로 할 때 드러나는 이러한 양상은 玄宗 시기에 과거 급제를 표지로 내세운 묘지가 상대적으로 많았음을 뜻한다고 보아도 무방할 것이다.

擧)"한 이조(李詔)의 묘지는 "대당합주신명현승이군(大唐合州新明縣丞李君)"으로[114] 또 대화 6년(832)에 "진사급제(進士及第)"한 노취(盧就)의 경우 "당고조청대부상서형부낭중상주국범양노부군(唐故朝請大夫尙書刑部郎中上柱國范陽盧府君)"[115]이라고 관직 위주로 표제를 삼은 것이다. 그런데 현종 때에만 존재하는 과거 급제를 표제로 한 묘지들의 묘주, 곧 5명의 명경과 급제자와 1명의 진사과 급제자[116] 모두 실직(實職)이 없다는 공통점이 있다. 즉 이원확(李元確)이 가진 주장사(州長史)의 직함은 사후(死後)에 추증된 것이고,[117] 이화(李華)의 상기도위(上騎都尉)도 훈관(勳官)에 지나지 않으며, 여타 인물들의 경우 직사관(職事官)은커녕 관직과 관련된 어떠한 내용도 묘지에 없는 것이다. 이것은 과거에 급제하더라도 실직을 받기 힘들었던 당시의 현실을 시사한다.

이와 같은 현상은 그 이전 시기의 상황과 대비된다. 예종조(睿宗朝)까지는 실직을 갖지 못한 과거 급제자들이 대부분 산관(散官)을 묘지의 표제로 쓰고 있기[118] 때문이다. 이 시기 묘지의 표제에는 혹

---

114) 『唐代墓誌彙編續集』, 開耀003, 253쪽. 이 책에 실린 墓誌는 篇名을 생략하고, 일련번호로 약칭한다.

115) 『唐代墓誌彙編』, 大中064, 2299쪽.

116) 명경과 급제자 王師(『唐代墓誌彙編』, 開元033, 1175-1176쪽); 李元確(『唐代墓誌彙編』, 開元103, 1224-1225쪽); 寇釗(『唐代墓誌彙編』, 開元182, 1283-1284쪽); 寇鈞(『唐代墓誌彙編』, 開元250, 1329쪽); 盧憕(『唐代墓誌彙編』, 天寶194, 1666-1667쪽)과 진사과 급제자 李華(天寶171, 1650-1651쪽)가 그들이다.

117) 『唐代墓誌彙編』, 開元103, 1225쪽에 의하면 그의 아들이 正4品上의 職事官인 右淸道率이었고, 이 덕분에 그가 贈官을 얻었으리라고 추측된다.

118) 이와 같은 사례로 楊全(『唐代墓誌彙編』, 貞觀171, 117-118쪽); 仵願德(『唐代墓誌彙編』, 龍朔081, 389-390쪽); 支敬倫(『唐代墓誌彙編』, 麟德058, 433쪽); 王令(『唐代墓誌彙編』, 總章028, 500쪽); 張貴寬(『唐代墓誌彙編』, 永淳019, 698쪽); 董本(『唐代墓誌彙編』, 天授045, 825-826쪽); 宋智亮(『唐代墓誌彙編』, 萬歲通天007, 893쪽); 路巖(『唐代墓誌彙編』, 萬歲通天024, 904-905쪽); 劉胡(『唐代墓誌彙編』, 聖曆042, 957-958쪽); 吳績(『唐代墓誌彙編』, 久視004, 968-969쪽); 王貞(『唐代墓誌彙編』, 長安019, 1003쪽); 崔沉(『唐代墓誌彙編』, 神龍035, 1065-1066쪽) 등의 墓誌가 있다.

실직마저 버리고 산관을 취한 예조차[119] 있을 만큼 산관이 무척 중시되었지만, 현종조의 경우 이러한 사례가 없는 것이다. 그런데 이 두 시기를 비교할 때 더욱 주목되는 사실은 예종 시기까지 과거 급제자의 묘지 중에는 "청묘대재랑(淸廟臺齋郞)"[120] · "삼품손(三品孫)"[121] · "국자감태학생(國子監太學生)"[122]처럼 가문이나 관학 관련 내용만 쓰고 급제 사실을 무시한 표제들이 존재한다는 사실이다. 당시에는 가문 등이 과거의 급제보다 더 자랑스러운 일이었던 것이다. 그러나 현종 때의 경우 이와 달리 급제를 내세울 뿐 가문을 적지 않았다. 이것은 그 이전 시기에 비하여 과거의 중요성이 커진 현종조의 상황을 잘 보여준다고 하겠다.

그런데 당 후기에는 산관이나 가문은 물론 급제 사실을 표제로 한 과거 합격자의 묘지도 사라진다. 이것은 과거에 합격한 묘주들이 실직을 가질 가능성이 비교적 커졌음을 시사하고, 현실적으로 과거가 점점 더 중요해지는 추세였음은 의문의 여지가 없다. 그런데 이 시기의 더욱 뚜렷한 특징은 과거 응시 사실을 명기한 표제들의 존재이다. 당 전기에도 유사한 사례가 없지는 않으나,[123] 현종 때부터 과거의 응시자임을 표제에 내세운 묘지가 지속적으로 나타나기 때문이다.[124] 이

119) 『唐代墓誌彙編』, 證聖006, 870쪽에서 보듯이, 南郭生은 科擧에 급제하여 安東都護府錄事參軍事 등 여러 관직을 거쳤으나 단지 散官만을 墓誌의 標題로 삼았다.

120) 『唐代墓誌彙編』, 神功007, 917-918쪽.

121) 『唐代墓誌彙編』, 咸亨076, 565쪽.

122) 『唐代墓誌彙編』, 聖曆012, 932-933쪽.

123) "唐(故)孝廉"이란 標題의 墓誌를 가진 則天武后 시기의 張慶之(『唐代墓誌彙編』, 天授041, 823쪽)나 玄宗 시기의 李泉(『唐代墓誌彙編』, 開元506, 1503쪽)이 이들이다. 그러나 그 誌文을 보면, 이들은 "州辟孝廉, 不赴" 혹은 "性本謙退…薄於名"하여 자발적인 應擧의 의사가 없었다는 점에서 唐後期 應試者들의 사례와 본질적인 차이가 있다.

것은 과거의 응시 자체만으로도 높은 사회적 가치를 지니게 된 현실을 의미하는데, 이 묘지들을 자세히 살펴보면 매우 흥미로운 현상이 발견된다.

우선 이러한 사례들이 모두 진사과 응시자들의 것이고, 그것도 조규(趙珪) 이외에는 다 "향공(鄕貢)"임을 명확히 밝혔다. 응시가 중시된 과목은 진사과뿐이고, 특히 향공으로서의 응시가 중요하였던 것이다. 이러한 경향은 명경과에 급제하였음에도 불구하고 그의 부친(父親)이 쓴 묘지는 오히려 "향공진사"를 표제로 선택한 손형(孫佣)의 예에서[125] 단적으로 나타난다. 이것은 당시 명경과의 급제보다 향공으로서 진사과에 응시한 것을 더 존숭하는 사회적 분위기를 드러내는 것이다. 그리고 "향공진사"와 "아추(衙推)"라는 직함을 병기한 장후(張厚)의 묘지도 주목할 만하다. 물론 이 "아추"는 번진(藩鎭)의 속료(屬僚)로서 위계(位階)가 분명한 직사관과 엄연히 다르지만,[126] 여기에서 진사과 응시가 갖는 현실적인 중요성의 편린을 엿볼 수 있기 때문이다. 이부의 전선

---

124) 이 사례들의 墓主는 盧ㅁ(『唐代墓誌彙編』의 元和103, 2021쪽과 寶曆007, 2085-2086쪽); 韋行素(『唐代墓誌彙編』, 大和007, 2099-2100쪽); 董交(『唐代墓誌彙編續集』, 大和012, 888쪽); 陳宣魯(『唐代墓誌彙編』, 開成040, 2198쪽); 趙珪(『唐代墓誌彙編』, 大中011, 2260쪽); 孫佣(『唐代墓誌彙編』, 大中092, 2321쪽); 李眈(『唐代墓誌彙編』, 大中131, 2353-2354쪽); 張審文(『唐代墓誌彙編』, 大中158, 2374-2375쪽); 鄭堡(『唐代墓誌彙編』, 大中165, 2379쪽); 達奚革(『唐代墓誌彙編』, 咸通063, 2427-2478쪽); 張曄(『唐代墓誌彙編』, 咸通085, 2445쪽); 段庚(『唐代墓誌彙編續集』 咸通081, 1096쪽); 張厚(『唐代墓誌彙編續集』, 咸通087, 1100-1101쪽)이다.

125) 『唐代墓誌彙編』, 大中092, 2321쪽에 실린 그의 墓誌에도 "擧明經第"하였다는 기록이 보이지만, 『唐代墓誌彙編』, 大中095, 2323쪽에 나오는 그의 모친 李氏의 墓誌에는 그를 분명히 "前鄕貢明經"이라고 하였다.

126) 藩鎭의 屬僚에 관하여서는 嚴耕望, 「唐代方鎭使府僚佐考」, 『唐史硏究叢稿』(香港: 新亞硏究所, 1969); 石云濤, 『唐代幕府制度硏究』(北京: 中國社會科學出版社, 2003); 戴偉華, 『唐方鎭文職僚佐考(修訂本)』(桂林: 廣西師範大學出版社, 2007) 참조.

은 물론 예부시도 통과하지 못한 향공진사까지 사주(使主)의 벽서(辟署)를 통해 관직에 다가갈 수 있었던 것이다.

당대의 묘지들은 혹 이를 만드는 데 기여한 '작자(作者)'들을 적어두기도 하였는데, 이때 그 이름 앞에는 마치 묘지의 표제처럼 자신이 가장 내세우고 싶은 지위나 신분을 썼을 것이다. 따라서 이를 통해서도 당시인들의 원망(願望)을 알 수 있고, 위와 유사한 분석이 가능하다. 이러한 사례들의 검토 결과를 간략히 도표화하면 아래와 같다.

〈표 3〉『당대묘지휘편』·『당대묘지휘편속집』에 실린 묘지의 과거 관련 '작자(作者)'

시기		급제자*(향공:생도:미상**)		응시자*(향공:생도:미상**)	
		진사과	명경과	진사과	명경과
예종 이전		2(0:1:1)	1(0:0:1)	2(2:0:0)	0
현종		10	3	28	0
	선천	0	1(0:1:0)	0	0
	개원	4(3:1:0))	1(1:0:0)	7(3:3:1)	0
	천보	6(2:3:1)	1(0:0:1)	21(14:5:2)	0
숙종 이후		24(17:1:6)	3(3:0:0)	241(227:2:12)**	17(15:0:2)**

* "진사/명경"이라고만 표현한 경우 원칙적으로 응시자로 간주하였다. 그러나 산관(散官)·"상선(常選)"을 병기하거나, 과거 급제 사실이 여타 자료에서 분명히 확인되면 급제자에 포함시켰다. 혹 이 중에는 "ㅁ향공명경(鄉貢明經)"처럼 글자가 불분명하더라도 문맥상 급제자로 판정한 예도 있다.

** "낙주진사(洛州進士)"와 같이 지명을 과목명과 병칭한 경우 향공으로 보았다.

지문(誌文)에 묘지 '작자(作者)'의 행적까지 나오지는 않으므로 이 경우 세밀한 분석은 어렵지만, 분기별 특징은 앞서 살펴본 내용과 대체로 동일하다. 물론 여기에는 과거 급제를 내세운 사람이 어느 시기에나 있다. 그러나 예종 이전은 그 수가 매우 적고, 숙종(肅宗) 이후도 그 기간을 고려하면 현종조에 비해 출현 빈도가 훨씬 낮다. 따라서 현종 시기에 과거 급제를 앞세우는 이들의 증가 추세는 확실하며, 또 그 이후부터 진사과와 향공 관련 사례들이 급격히 늘어나는 것 또한 마찬가지이다. 특히 당 후기에 향공으로 진사과에 응시한 이들이 폭증하고, 이 가운데 번진의 속료를 칭한 인물이 존재한다는[127] 사실 또한 앞서 살펴본 바와 같다. 뿐만 아니라 이 묘지의 '작자(作者)' 중에는 관직을 역임하였음에도 불구하고 단지 "전향공진사(前鄕貢進士)"라고만 칭한 인물까지 발견된다.[128] 이것이 매우 특이한 사례이기는 하나, 이를 통해 진사과의 급제 자체에 큰 관심을 가지는 당 후기의 독특한 사회적 분위기를 잘 알 수 있다.

지금까지 묘지를 중심으로 살펴본 당대의 현실은 당 후기에 진사과의 권위가 크게 제고되었다는 기존 연구들의 결론을 확인시켜 준다. 그런데 묘주 혹은 묘지를 만든 이들 곧 과거 응시자의 시각에서 본 이 사례들에서 특기할 만한 현상도 있다. 이들의 의식 속에서 예종 시기까지는 과거의 급제보다 산관 나아가 음(蔭)과 같은 가문이 더 중시되었다. 이와 대조적으로 당 후기의 경우 급제는 물론 과거의 응시 사실 자체도 자랑스러운 일이 되었다. 그런데 주의할 점은 응시만으로도 명예롭게 여겨질 만큼 과목 그 자체로서 중요성을 지니게 된 것은 오로지 진사과 한 과목이었다는 사실이다.

그런데 이처럼 상이한 사인들의 행태에서 그 전환점으로 보이는 현

---

127) 예를 들면, "攝涿州參軍" 彭藩(『唐代墓誌彙編』, 元和125, 2037쪽의 墓誌 撰者), "節度隨軍" 劉南仲(『唐代墓誌彙編』, 大中017, 2264쪽의 墓誌 撰者), "前攝幽州大都督府參軍" 許舟文(『唐代墓誌彙編』, 咸通083, 2443쪽의 墓誌 撰者), "前攝滄州司馬" 徐膠(『唐代墓誌彙編』, 中和001, 2506쪽의 墓誌 撰者) 등이 그러하다.

128) 『唐代墓誌彙編』, 咸通085, 2445쪽에 실린 張曄의 墓誌를 쓴 李夷遇는 자신이 監察御史로서 墓主의 行卷을 받았던 이야기를 기록하였다. 그러나 그의 이름 앞에 아무런 官職 없이 단지 "前鄕貢進士"라고만 표기하였다.

종 시기의 과거는 양면성이 있다. 진사과만이 아니라 명경과의 급제도 분명히 자랑스러운 일이 되었지만, 급제 이후 실직이 없는 경우도 많았다. 이들은 그 이전에 산관이라도 내세우던 과거 급제자들과 다르고, 그 이후 번진에서의 관함(官銜)을 갖기도 한 향공진사들과도 다르다. 일면 현종 시기의 과거 급제자들은 관직으로부터 거리가 멀어진 상태에서 단지 급제라는 허명(虛名)만 가진 것이다. 이러한 상황은 이때 만들어진 예부시의 성격을 떠올리게 한다. 전술하였듯이 이것이 과거의 형식적 위상은 제고시켰으나 실제로 급제와 입사를 분리시켜 버렸기 때문이다. 묘지를 통하여 살펴본 사인들의 실태에서 예부시의 역사적 의미를 재차 확인할 수 있는 것이다.

그러나 당 후기의 상황은 이와 전혀 다르다. 진사과의 경우 급제는 물론 응시 자체만으로도 관직을 얻을 수 있는 방법으로서 결코 허명(虛名)이 아니었기 때문이다. 이와 관련하여 주목되는 것이 관시(關試)의 형해화(形骸化)이다. 전술하였듯이 관시는 예부시의 성립 뒤 이부와 틈이 생긴 급제자가 다시 이부와 관계를 맺는 시험이었다. 그런데 목종 시기에 쓰인 『당국사보(唐國史補)』의 "득재(得第)한 사람을 '전진사(前進士)'라고 한다."는[129] 말에 오대(五代) 때 나온 『당척언』이 "근년(近年)의 급제자(及第者)는 '관시(關試)'를 거치기 전부터 모두 '신급제진사(新及第進士)'라고 부른다."[130]고 부기(附記)하였다. 여기에서 "근년"의 정확한 시점은 몰라도 당 말로 갈수록 관시가 유명무실해진 것은 분명하며, 9세기 후반의 묘지에도 관시에 사람들이 모이지 않았다는 이야기가 나올 지경이다.[131] 예부시의 급제자들은 이처럼 관직과의 거

129) 『唐國史補』(上海古籍出版社, 1979 新1版) 卷下, 55-56쪽.

130) 『唐摭言』 卷1, 「述進士下篇」, 4쪽.

리와 무관하게 독자적 권위를 갖추게 되었던 것이다. 이것은 전술하였듯이 관인의 적체 속에서 예부시를 만들었던 조정의 원래 의도와는 다른 결과였다고 하겠다, 그렇다면 이러한 변화를 추동한 힘이 무엇인지 궁금하고, 이 변화의 가장 큰 수혜자인 진사과 급제자들의 움직임에 주목하지 않을 수 없다.

5. 당(唐) 후기 진사과를 둘러싼 사인(士人)들의 동향과 급제(及第)의 의미

과거제도 특히 이를 매개로 한 사회적 세력의 형성과 관련하여 우선 주목되는 것이 좌주(座主)·문생(門生) 관계로서, 예부시의 출현 이후 뚜렷해진 이것의 강고한 결집력은 이미 잘 알려져 있다.[132] 그런데 여기에서 분명히 해 둘 것은 좌주·문생 관계와 예부시의 상관성이다. 예부시의 시행으로 과거에 대한 관리가 철저해지면서 지공거와 응시자 사이의 관계도 변하였는데, 이와 관련하여 간과할 수 없는 것이 재상의 상복제(詳覆制)이다. 이로 인해 급제자의 잡문과 책에 대하여 재상의 재가(裁可)를 받게 된 지공거는 자신이 뽑은 피선발자들과 함께 심사대상이 되어 상호 유대감이 생겼다고 생각되기 때문이다. 물론 이 제도는 일시 폐지된 적도 있고 그 구체적 시행 방법도 한결같지 않다.[133]

131) 『唐代墓誌彙編』, 咸通115, 2467쪽(『唐代墓誌彙編續集』, 咸通100, 1112쪽 참조). 咸通 9年의 진사과 급제자인 孔紓의 이 墓誌는 咸通 15年에 만들어진 것이다.

132) 吳宗國, 앞의 책, 2010(1992 원간), 190-200쪽과 金瀅坤, 앞의 책, 2009, 104-137쪽 참조. 필자도 「唐後半期 進士科와 士人들간의 私的 紐帶」, 『東洋史學硏究』 56, 1996에서 이 문제를 詳論하였는데, 본고의 내용은 주로 이에 근거한다.

133) 『新唐書』 卷44, 「選擧上」, 1165-1166쪽.

그러나 이것이 시행될 때 가장 중요한 상복(詳覆) 대상이 진사과에서만 시험한 '잡문'이었으므로,[134] 지공거와 응시자의 유대감 역시 진사과에서 더욱 강하였을 것이다.

실제로 당대의 좌주·문생 관계는 대부분 지공거와 진사과 급제자 사이의 문제였다.[135] 최군(崔羣)이 좌주로서 도움을 기대하였던 문생 30명이나[136] 좌주 고개(高鍇)를 마땅히 도와야 한다고 여겨진 120명의 문생은[137] 단지 진사과 급제자들만이었던 것이다. 이것은 종래 좌주·문생 관계의 배경으로 익히 지적된 급제 후의 '사은(謝恩)' 의례(儀禮)가 명경과 등 여타 상거 과목의 경우 보이지 않는다는 사실로부터도 짐작되는 일이다. 그러므로 예부시의 시행 뒤 두드러지는 좌주와 문생 사이의 강고한 결집력은 당시 과거제도 일반이 아니라 진사과만의 특별한 문제였다. 이 외 같은 진사과 급제자들 특유의 사적(私的) 결집력은 다양한 합격 축하 행사나 잔치들을 스스로 조직하여 상호 유대감을 강화한[138] 진사과의 '동년(同年)'들 사이에서도 확인된다.

나아가 진사과 급제자들의 이처럼 긴밀한 유대 관계는 서로 '선배(先

134) 穆宗 長慶 3年 이것이 재개된 뒤 宰相에게 보고해야 할 것은 주로 雜文이었다. 『唐會要』 卷76, 「貢擧中 進士」, 1634-1635쪽 참조.

135) 吏部試 합격자가 그 시험관에게 스스로를 "門生"이라고 일컬은 용례는 적지 않다[趙璘, 『因話錄』(上海古籍出版社, 1979 新版) 卷3, 「商部下」, 83쪽 등]. 그러나 唐代에 常擧를 이처럼 표현한 것은 座主의 文集 서문에 진사과 급제자와 함께 "奉詔"하여 뽑은 이들도 병기한 楊嗣復의 글(『文苑英華』 권707, 「權公集序」, 3646쪽) 등 극소수에 불과하다.

136) 李亢, 『獨異志』(稗海本) 卷下, 2앞-뒤쪽. 崔羣은 元和 10年 30명을 진사과에 급제시켰다.

137) 王定保, 『唐摭言』 권15, 「沒用處」, 167쪽. 高鍇는 開成 1·2·3年 세 차례에 걸쳐 각각 40명씩 총 120명의 진사과 급제자를 배출하였다.

138) 傅璇琮, 앞의 책, 1986, 287-325쪽; 妹尾達彦, 「唐代の科擧制度と長安の合格儀禮」, 唐代史硏究會 편, 『律令制』(東京: 汲古書院, 1986) 참조.

輩)'라고 부르며 존중한[139] 이 과목의 합격자 모두에게로 확대된다. 스스로 "정핵(精覈)"[140] · "정시(精試)"[141]하여 뽑혔다는 긍지를 가진 이들은 지공거와 관련된 글에서 여타 과목의 급제자들을 배제시킨 경우가 많은 것이다.[142] 사실 진사과 급제자들의 이러한 배타적 동류의식(同類意識)은 전술한 당대의 사찬(私撰) 『등과기(登科記)』들이 진사과 위주였다는 사실에서도 이미 나타나고, 그 기원은 『등과기』가 만들어지기 시작한 당 전기까지 거슬러 올라간다. 그렇다면 당시 제도적 지위가 높지 않았던 이들의 배후에는 문학적 소양에 대한 사회적 애호 분위기가 있었다고 생각된다.[143] 따라서 진사과를 특징짓는 '잡문' 시험이 시 · 부의 시험으로 귀착한 당 후기에 이르면, 진사과 급제자들이 검증된 문학적 능력을 더 자부할 수 있었던 만큼 동류의식도 심화되었을 것이다. "사인재자(詞人才子)"에게 진사과 급제를 추증하자고 올린 당말 진사과 급제자의 상소는[144] 자신들의 정체성을 문학적 소양에서 찾던 이들의 인식을 명확히 보여준다.

---

139) 『唐國史補』 卷下, 55쪽.

140) 顔眞卿, 『顔魯公文集』(四部叢刊本) 卷12, 「尙書刑部侍郎贈尙書右僕射孫逖文公集序」, 65쪽.

141) 『文苑英華』 卷701, 李華 「楊騎曹集序」, 3615쪽.

142) 柳宗元은 貞元 9 · 10 · 14年의 知貢擧였던 顧少連의 "門下"가 79명이라고 하였다[『柳宗元集』(北京: 中華書局, 1979) 권30, 「與顧十郎書」, 805쪽]. 이것은 「唐登科記總目」의 당시 진사과 급제자 총 수 80명과 1명의 차이가 있으나, 여기에 여타 급제자가 끼일 수가 없다면 두 기록 중 어느 하나의 착오로 보인다. 이와 유사한 예는 蕭籍(『文苑英華』 卷984, 「祭權相公文」, 5180쪽), 杜牧(『樊川文集』 卷14, 「唐故銀靑光祿大夫…贈吏部尙書崔公行狀」, 208쪽) 등의 글들에서 확인된다.

143) 龔鵬程, 「論唐代的文學崇拜與文學社會」, 淡江大學中文系主編, 『晩唐的社會與文化』(臺北: 臺灣學生書局, 1990)은 唐代의 문학에 대한 "崇拜"가 거의 "宗敎"的 분위기였다고도 한다.

144) 韋莊, 『韋莊集校注』(成都: 四川省社會科學院出版社, 1986), 「乞追賜李賀皇甫松藤進士及第奏」, 572쪽.

사실 진사과 급제자들의 이러한 특성은 이미 응시 단계에서부터 드러난다. 주지하듯이 찰거제(察擧制)의 전통에서 갓 벗어난 당대의 과거제도는 인물에 대한 품평을 중시하여 응시자를 익명화하지 않았고, 지공거가 유능한 인재를 추천받는 것은 결코 흠이 아니었다. 따라서 과거의 급제가 여론에 의하여 좌우되었다는 기록까지 있는 당시 응시자들은 천거라는 명목으로 행해진 청탁에 매우 적극적이었다.[145] 행권(行卷), 곧 자작(自作) 시문(詩文)을 유력자에게 미리 보임으로써 그들의 호평으로 급제하려는 당대 진사과 응시자들의 독특한 관행도 이와 무관하지 않다.[146] 진사과에 응시한 이들 역시 자신의 문학 작품을 매개로 하여 긴밀한 사적 유대 관계를 형성해 갔던 것이다.

진사과 급제자나 응시자들의 이와 같은 결집력은 단지 그들끼리만의 유대감으로 끝나지 않았다. 좌주 · 문생이나 '동년' 관계가 그 아들에게로까지 친밀감이 확대된 것[147] 등은 그 좋은 예이다. '사은(謝恩)'의 의례도 "공경(公卿)"들이 합석하고 합격자의 친인척 중 명망자(名望者)를 소개하는 절차를 포함하여[148] 교유(交遊)의 폭을 넓힐 좋은 기회였다. 진사과 합격 후의 의례들 중 재상을 찾아뵙는 '과당(過堂)'이나 중서사인(中書舍人)을 찾아갔던 일[149] 역시 마찬가지이다. 실제로 장안을 떠나는 동년을 위해 마련된 송별연(送別宴)에 "조현경사(朝賢卿士)"들이 동참하였다는[150] 등 진사과를 매개로 한 모임에 다양한 관인과

---

145) 당시 과거제도의 특성과 그 應試者들의 행태에 관하여서는 傅璇琮, 앞의 책, 1986, 326-380쪽; 吳宗國, 앞의 책, 2010(1992 원간), 201-213쪽에 잘 설명되어 있다.

146) 程千帆, 『唐代進士行卷與文學』 (上海古籍出版社, 1980) 참조.

147) 狐綯와 魏扶가 자신들의 좌주 鄭餘慶의 아들을 발탁한(『舊唐書』 권158, 「鄭從讜」, 4169쪽) 것은 그 전형적인 예이고, 이와 유사한 사례는 매우 많다.

148) 『新唐書』 卷44, 「選擧上」, 1169쪽; 『唐摭言』 卷3, 「謝恩」, 25쪽.

149) 『唐摭言』 卷3, 「過堂」, 27쪽.

사인이 참석하였다는 이야기는 당 후기에 흔히 발견된다. 진사과 급제자들은 이처럼 다양한 방법으로 자신들과 비슷한 성격의 인물들과 깊은 친분을 쌓아 갔던 것이다.

행권의 대상에도 문명(文名)이 높은 진사과 합격자만이 아니라 급제에 영향을 미칠 수 있는 "공경" 역시 포함되었다.151) 사실 시문(詩文)의 증여는 단지 진사과 급제를 위해서만 이용된 것도 아니었다. 벽서(辟署), 이부시의 통과, 승진(昇進) 등 여러 목적으로 문학작품을 주었으며,152) 양이(量移)를 바라는 좌천된 관인도 마찬가지였다.153) 그리고 그 대상 또한 비교적 낮은 직위의 관인,154) 심지어 좌천당한 명사(名士)들에155) 이르기까지 다양하다. 이것은 당시 과거의 합격 나아가 관인으로서의 출세를 위하여 좋은 여론이 필요하였고, 이를 위하여 문학적 소양이 매우 유용하였음을 의미한다. 이 점에서 문학적 재능이 뛰

---

150) 『沈下賢集』 卷9, 「送同年任畹歸蜀序」, 47쪽.

151) 計有功, 『唐詩紀事』 (上海古籍出版社, 1987 新1版) 卷65, 「裴說」, 974쪽은 "唐擧子先投所業於公卿之門, 謂之行卷."이라고 하였다. 당시 公卿이 주된 行卷 대상이었음은 "公卿之門, 卷軸塡委."(『唐摭言』 卷12, 「自負」, 136쪽)하였다는 말에서도 잘 드러난다.

152) 이러한 사례들은 매우 많다. 韓愈의 예만을 보더라도 辟署를 위해 쓴 「上賈滑州書」[『韓昌黎文集校注』外集 권上 (上海古籍出版社, 1986), 659쪽], 吏部試에 임박하여 적은 「上宰相書」[위의 책(권3), 158쪽] 그리고 승진과 관련된 「上李尙書書」[위의 책(권2), 141쪽] 등의 글에서 모두 詩文의 증여를 이야기하고 있다.

153) 오랜 貶謫 생활을 한 柳宗元에게는 이러한 行卷이 많이 있는데, 『柳宗元集』 권36에도 「上裴晉公度獻唐雅詩啓」를 비롯한 9편의 글에서 문학작품의 증여가 확인된다.

154) 縣尉이던 牛僧孺에게 "携文往謁"한 이나(『太平廣記』 卷357, 「東洛張生」, 2824쪽), 藩鎭의 屬僚에게 준 "文軸"은[撰者未詳, 『玉泉子』 (上海古籍出版社, 1988 新1版), 4쪽] 그 좋은 예이다.

155) 예를 들어 被貶된 柳宗元(『舊唐書』 卷160, 柳宗元傳, 4214쪽)과 劉禹錫(『劉禹錫集』 外集 卷8, 「送曹璩歸越中舊隱詩并引」, 1459쪽)에게 많은 진사과 응시자들이 몰려들었다는 기록이 있는데, 이것은 대체로 行卷을 통해서였으리라고 짐작된다.

어난 진사과 응시자들은 누구보다도 유리한 조건을 갖추고 있었다.

진사과는 사실 당 후기의 다양한 관인 선발 방법들 가운데 하나에 불과하다. 과거제도의 정착 뒤에도 황제권을 배경으로 한 제거(制擧)는 여전히 권위가 있었고, "상과(常科)에 응시(應試)하는 것을 부끄럽게 여겨" 제거를 쳤다는 인물도 없지 않다.[156] 그리고 같은 상거 과목들 중에서도 당시 명경과의 급제자와 응시자 수가 진사과보다 훨씬 많았으며,[157] 지공거가 과거 과목들 가운데 "명경위수(明經爲首)"[158]·"명경극중(明經極重)"[159]이라고 할 정도였다. 따라서 입사 방식이 상이한 관인들이 부족한 관직을 두고 치열히 경쟁할 수밖에 없었던 이 시기에, "공경"들과 결탁하는 "험박(險薄)"한 풍조는 일면 당연한 일이다.[160] 전술한 진사과 급제자와 응시자의 특성 곧 문학적 소양을 바탕으로 형성한 폭넓은 사적 유대관계 역시 이러한 상황과 무관하지 않을 터인데, 이처럼 공고한 결집력을 가진 "진사"들이 특히 "투박(偷薄)"이 심하였다는 세평(世評)도[161] 쉽게 이해된다. 선종 때 진사과에 급제하지 못한 이가 중용되지 않은 이유를 "무인원(無引援)"이라고 한 글을[162] 보면, 관계(官界)에서 진사과 출신자들의 득세는 '인원(引援)', 곧 사적 유대

156) 殷璠, 『河岳英靈集』[李珍華 외, 『河岳英靈集研究』(北京: 中華書局, 1992 所收)] 권上, 「高適」, 180쪽.

157) 『通典』은 "其進士, 大抵千人得第者百一二; 明經倍之, 得第者十一二."(卷15, 「選擧 歷代制下」, 357쪽)라고 두 과목의 응시자와 급제자 수를 개관하였다. 唐後期의 구체적 실례를 보더라도 "仕進之多數"(『權載之文集』 卷41, 「答柳福州書」, 240쪽)였던 명경과의 급제자 수가 더 많았고, 唐末의 擧格에 규정된 응시자 수(『唐摭言』 卷1, 「會昌五年擧格節文」, 2쪽) 역시 마찬가지이다.

158) 『唐會要』 卷75, 「貢擧上 明經」, 1629쪽.

159) 『册府元龜』 卷641, 「貢擧部 條制3」, 7687쪽.

160) 『通典』 卷17, 「選擧 雜議論中」, 420쪽.

161) 皇甫湜, 『皇甫持正文集』(四部叢刊本) 卷4, 「答李生第二書」, 17쪽.

162) 王讜, 『唐語林校證』(北京, 中華書局, 1987) 卷3, 「賞譽」, 282쪽.

관계에 기반을 둔 후원 덕분이었던 것이다.

실제로 천보 말의 진사과 급제자 상곤(常袞)은 대종 때 재상으로서 진사과 출신자가 아니면 배척하였는데,[163] 당 후기에 이처럼 여타 방법으로 입사한 이들을 소외시키고 진사과 출신자 중심의 정치세력을 형성한 사례는 드물지 않다.[164] 이른바 '우이당쟁(牛李黨爭)'에서 우승유(牛僧孺)를 필두로 한 '우당(牛黨)'은 그 대표적인 예이다.[165] 이와 관련하여 "제왕(帝王)이 가장 싫어하는 것이 붕당(朋黨)이니 … 소인(小人)이 현량(賢良)한 이를 모함할 때 반드시 붕당(朋黨)을 말합니다."[166] 라는 정원 연간(785~805)의 진사과 급제자 이강(李絳)의 말이 흥미롭다. 동년들과 긴밀한 관계를 유지하면서[167] "부세(附勢)"자들과 결탁하였던[168] 그는 전형적인 진사과 출신 관인이었고,[169] 이 말은 당시 실재하던 붕당에 대한 변명에 불과하다. 즉 사적 관계에 기초한 정치세력화로 지탄의 대상이 된 진사과 출신자들은 이로 인해 야기될 수 있는 황제의 경계심을 두려워하며 자구(自救) 논리가 필요하였던 것이다.

당 후기에는 실제로 진사과 응시자들의 "붕유(朋游)"·"붕람(朋濫)"이 문제시되고[170] "부화경박(浮華輕薄)"한 진사과 출신자들에게 정사(政

163) 『唐會要』 卷53, 「擧賢」, 1073쪽; 『舊唐書』 卷119, 「常袞」, 3446쪽.

164) 韓國磐, 「唐朝的科擧制度與朋黨之爭」, 『隋唐五代史論集』 [北京: 三聯書店, 1979(1954 원간)]; 築山治三郎, 「安史の亂後の政治と官人の對立抗爭」, 『京都府立大學學術報告』 19, 1967 등 참조.

165) 陳寅恪, 앞의 책, 1982, 50-127쪽. 이 黨爭의 성격은 논란이 없지 않으나, '牛黨'이 진사과 출신자들 위주로 구성되었음은 부정하기 어렵다.

166) 蔣偕 편, 『李相國論事集』(畿輔叢書本) 卷5, 「論朋黨事」, 14앞쪽. 이 책의 卷6, 「上言須惜官」, 7앞쪽에도 이와 유사한 官人들의 朋黨에 대한 옹호론이 있다.

167) 『資治通鑑』 卷238, 元和 7年, 7688-7689쪽.

168) 『册府元龜』 卷945, 「總錄部 附勢」, 11135쪽.

169) 裴廷裕, 『東觀奏記』 (北京: 中華書局, 1994) 卷上, 90쪽에는 李絳이 다른 사람에게 "明經碌碌"이라고 하면서 진사과 응시를 권한 이야기가 나온다.

事)를 맡길 수 없다는 여론이 있었으며,[171] 황제를 정점에 둔 조정에서도 이들에 대한 불신이 없지 않았다. 덕종 건중(建中) 2년(781)과 문종 대화 7년(833) 시·부 시험의 철폐가 시도되거나, 나아가 진사과의 폐지까지 건의된 적도 있기 때문이다.[172] 물론 이처럼 극단적 조처는 실행되기 어려웠지만, 진사과 응시자나 급제자를 통제하기 위한 방법은 거듭 모색되었다. 향공진사가 "행동이 거칠며[疎狂] 예교(禮敎)를 손상"한 경우 관리자의 책임을 묻겠다는 헌종(憲宗) 원화(元和) 2년(807)의 조칙이나[173] 목종 장경 원년(821) 진사과 응시자들의 "부박(浮薄)한 무리들이 붕당(朋黨)을 조장"하는 분위기에 대한 비판이[174] 그 좋은 예이다. 문종 개성(開成) 원년(836) 진사과에 응시한 이들의 "정계교통(情計交通)"을 지적하면서 "보(保)"를 철저히 하도록 한 조칙도 이와 마찬가지이다.[175]

진사과 응시자들에 대한 이러한 규제는 기본적으로 이들의 사적인 청탁의 만연 탓이었고, 이 점에서 다르지 않던 진사과 급제자들 또한 통제의 대상이었다. 문종 대화 9년(835) 관인들의 "붕부(비)[朋附(比)]" 현상에 대한 비판이[176] 나온 직후 진사과 급제자에게 3년의 수선(守選)

---

170) 『舊唐書』 卷147, 「高郢」, 3976쪽.

171) 杜牧, 『樊川文集』 卷12, 「上宣州高大夫書」, 179쪽. 여기에서 비판의 대상이 되었다는 "科第之徒"는 杜牧의 반론에서 예시된 인물들 중 여타 常擧 과목 급제자가 없음을 볼 때 주로 진사과 출신자를 뜻한다고 생각된다.

172) 『新唐書』 卷44, 「選擧上」, 1168쪽. 陳飛, 앞의 책, 2002, 134-144쪽 참조.

173) 『唐會要』 卷76, 「貢擧中 進士」, 1634쪽.

174) 『唐會要』 卷76, 「貢擧中 進士」, 1634-1635쪽.

175) 『唐會要』 卷76, 「貢擧中 進士」, 1634-1635쪽. 단 이와 비슷한 내용이 『册府元龜』 卷641, 「貢擧部 條制3」, 7685-7686쪽에는 武宗 會昌 4年의 일로 되어 있다.

176) 『唐大詔令集』 卷110, 「告諭宗閔德裕親故更不問罪敕」, 573쪽. 이 조칙의 시기는 『册府元龜』 卷65, 「帝王部 發號令4」, 725쪽; 『舊唐書』 권17下, 「文宗紀下」, 560쪽 참조.

기한 준수 요구로 이어짐을[177] 보면, 붕당과 진사과 급제자들의 관련성을 조정에서도 잘 인식하고 있었던 것이다. 따라서 회창(會昌) 2년(842) 진사과 출신자들이 정해진 규정과 달리 지나치게 빨리 승진하는 "요속(澆俗)"을 경계하였고,[178] 이듬해에 진사과의 급제 후 행해지던 다양한 의례들을 포괄적으로 금지하여[179] 진사과 출신자들의 사적 활동까지 제약하였다. 희종(僖宗) 시기에 나온 진사과와 관련된 비공식적인 행사들에 대한 제한이나[180] 수선 규정 준수 요구[181] 등의 정책은 진사과 급제자들에 대한 불신이 당 말까지 이어지고 있음을 잘 보여준다. 그러므로 당 후기 진사과 출신자들의 정치적 득세는 결코 조정의 제도적 지원에 의한 것은 아니었다고 하겠다.[182]

그러나 당 후기 당쟁의 와중에서 이러한 정책의 내용과 실행 강도가 일관성을 갖지 못하였고, 진사과 출신자들에 대한 조정의 통제는 한계가 있었다. 전술한 조처들 중 가장 강력한 회창 3년(843)의 진사과 급제자들의 의례 금지가 '우당(牛黨)'의 집권 후 바로 취소된[183] 것이 그 전형적인 예이다. 사실 회창 3년의 조처도 지공거에 대한 한 차례의 '사은(謝恩)'과 소규모 연회는 막지 못하였는데, 조정도 이미 정착된 사인

177) 『册府元龜』 卷641, 「貢擧部 條制3」, 7684쪽.

178) 『文苑英華』 卷423, 「會昌二年四月二十三日上尊號赦文」, 2144-2145쪽. 『唐會要』 卷75, 「選部下 雜處置」, 1620쪽 참조.

179) 『唐摭言』 卷3, 「慈恩寺題名遊賞賦詠雜紀」, 29쪽. 『新唐書』 卷44, 「選擧上」, 1169쪽 참조.

180) 『唐大詔令集』 卷106, 「釐革新及第進士宴會敕」, 550쪽.

181) 『唐大詔令集』 卷72, 「乾符二年南郊赦」, 404쪽.

182) 이와 관련하여 循資格의 시행과 더불어 유능한 인재의 발탁을 위해 만든 吏部科目選의 성격도 주목된다. 唐後期에 새로 만든 '開元禮' 등의 과목들은 대부분 經書와 관련이 있어[吳宗國, 앞의 책, 2010(1992 원간), 96-102쪽], 이것이 진사과보다 명경과의 급제자들에게 더 유리한 제도라고 생각되기 때문이다.

183) 『唐會要』 卷76, 「貢擧中 緣擧雜錄」, 1640쪽.

들의 관행을 완전히 부정할 수 없었던 것이다. 그렇다면 위진남북조 이래 문학적 소양을 애호하는 사회적 분위기 속에서 시문을 매개로 한 진사과 출신자들의 교유와 청탁은 당연히 근절하기 힘들었다.

뿐만 아니라, 당 후기의 관계(官界)에는 제한된 관직을 둘러싼 치열한 경쟁이라는 근본적인 문제가 있었다. 이것이 관인들 사이의 사적 결탁을 부추겼음은 앞서 설명하였는데, 당시 조정의 정책 또한 이러한 현상을 조장하였다. 전술하였듯이 관인들의 경쟁 완화를 위해 순자격(循資格) 제도를 마련하였지만, 한편으로 유능한 인재의 발탁 역시 필요하였기 때문이다. 덕종 시기 '거인자대(擧人自代)'의 범위 확대나[184] '동천(冬薦)'의 개시[185] 등이 그 좋은 예이다. 그런데 이로 인해 본래 5품 이상의 고관에게 주로 부과되었던 인재 추천 의무가 광범위한 관인들의 추천권으로 바뀌었다. 그 결과 당 후기 특히 덕종조 이후에는 천거가 전선의 일정 부분을 대체하면서 빠른 승진을 보장하는 한 방법이 되었고,[186] 이것은 공고한 사적 유대 관계를 폭넓게 가진 진사과 출신자들에게 매우 유리한 조건이었다.

안사(安史)의 난을 거치면서 내지(內地)로까지 확산된 번진(藩鎭)이 일부 속료를 벽서할 수 있었고, 당시 그 주된 대상은 진사과 출신자였다는 것이 기존의 연구에서 잘 밝혀져 있다.[187] 따라서 당 후기 진사과 출신자들의 현실을 이해하기 위하여 중앙 조정만이 아니라 상대적 자

184) 『唐會要』 卷26, 「擧人自代」, 570-571쪽.

185) 『唐會要』 卷82, 「冬薦」, 1790-1792쪽. 이 가운데 太宗 貞觀年間의 기록은 張國剛, 『唐代官制』(西安: 三秦出版社, 1987), 159쪽의 설명처럼 모두 德宗 貞元年間의 일이다.

186) 張國剛, 위의 책, 1987, 158-159쪽이 唐後期의 한 특징으로 지목한 이러한 현상을 寧欣의 『唐代選官硏究』가 잘 설명하고 있다.

187) 戴偉華의 『唐代使府與文學硏究(修訂本)』(桂林: 廣西師範大學出版社, 2007)과 金瀅坤, 앞의 책, 2009, 176-228쪽 등 참조.

율성을 지닌 지방 행정 단위로서의 번진과의 관계 역시 주목할 필요가 있다. 이때 우선 분명히 할 것은 이들에게 번진에서의 사환(仕宦)이 원래 최선책은 아니라는 사실이다. 당시 관인의 심각한 적체 상황에서 이것이 이부의 전선을 거치지 않아도 된다는 점에서 매력적이었지만, 진사과 출신자들의 궁극적인 희망은 어디까지나 중앙 관인으로서의 출세였다.[188]

그런데 이 시기에는 번진에서의 경력을 선망의 대상처럼 적은 글도[189] 보이고, 당 말의 고관들 중 실제로 번진의 속료를 거친 이들이 많다. 하지만 중요한 사실은 이러한 인물들이 대부분 헌종 원화 연간(806~820) 이후의 진사과 급제자라는 점이다.[190] 전술하였듯이 덕종 시기에 관인들의 추천권이 확대되었고, 이러한 현상 또한 천거의 중요성이 커진 관계(官界)의 변화와 무관하지 않아 보이기 때문이다. 즉 벽서를 통해 사주(使主)와의 관계가 긴밀해진 이들이 쉽게 추천을 받아 승진할 수 있었고, 속료는 사적 유대 관계를 공고히 하는 좋은 계기였던 것이다. 실제로 진사과 출신자들이 주로 벽서된 곳은 중앙 조정과의 관계가 밀접했던 지역의 번진이었는데,[191] 자주 재상으로 발탁된 그 사주들은 부득이하여 번진으로 갔던 이들을 도리어 빨리 승진할 수 있도록 도왔던 것이다.

이와 같은 측면에서 보면, 공고한 사적 유대 관계를 폭넓게 가진 진사과 출신자들에게 번진만큼 좋은 환경이 없다. 조정의 직접 통제에서 벗어난 벽서가 가능하였던 번진의 경우, 사주(使主)의 개인적 호오(好

---

188) 『舊唐書』 卷138, 「趙憬」, 3778쪽.

189) 『權載之文集』 卷38, 「送李十弟侍御赴嶺南序」, 220쪽.

190) 吳宗國, 앞의 책, 2010(1992 원간), 236-238쪽.

191) 金瀅坤, 앞의 책, 2009, 311-319쪽의 「中晩唐進士科出身者入幕方鎭分包簡表」 참조.

惡)가 작용할 여지가 컸기 때문이다. 속료를 선발할 때, 진사과 출신자들끼리의 강한 결집력이 특별한 제약을 받지 않았을 뿐더러 문학에 대한 사회적 애호 분위기 역시 쉽게 영향을 미칠 수 있었던 것이다. 사실 경학이라는 규범적 가치와는 별개로, 문서 행정에 필요한 문필 능력과 직결된 문학적 소양은 관인의 중요한 조건이다. 게다가 당 후기처럼 사주를 위시한 번진의 관인들끼리 시문의 교류가 많고, 또 이것이 번진과 사주의 명망을 높여줄 수 있다면[192] 더욱 그러하다. 명경과 급제자이던 원진(元稹)도 절동관찰사(浙東觀察使)일 때 "문사(文士)"만을 벽서하였고, 이들과 어울리며 지은 시들로 오래도록 명성을 누렸던 것이다.[193] 따라서 문명(文名)이 높은 자를 급제 여부와 관계없이 벽서하기도 한 결과, 번진에서 입사 자격이 없는 "향공진사"를 관인으로 주청(奏請)하는 것을 금지한 조칙까지[194] 나오게 만들었다. 이와 같이 문학에 대한 사회적 애호 분위기를 바탕으로 형성된 진사과 출신자들의 사적 유대 관계는 번진을 배경으로 더욱 공고해질 수 있었고, 마침내 "진사과가 당 말에 이르러 더욱 부박(浮薄)해져 세상에서 함께 근심하는 바였다."[195]는 말조차 나오게 되었다.

진사과 급제자가 이처럼 당 후기의 특수한 상황에서 현실적 지위를 제고시켜 갔다면, 이들에게 실제로 주어진 초임관(初任官)이 어떻게 변하였는지 궁금하다. 이와 관련하여 "진사과에 처음 합격하면 모두 주(州)·부(府)의 참군(參軍)이나 긴현(緊縣)의 주부(主簿)·위(尉)를 준다."는 문종 대화 9년의 조칙이 주목된다.[196] 여기에서 가장 높은 관직

192) 戴偉華, 앞의 책, 2007, 121-139쪽.
193) 『舊唐書』 卷166, 「元稹」, 4336쪽.
194) 『唐會要』 卷79, 「諸使下 諸使雜錄下」, 1714쪽.
195) 『新唐書』 卷44, 「選擧上」, 1169쪽.

인 참군(사)[參軍(事)]는 대개 8품관으로서[197] 앞서 본 당 전기의 서계(敍階)의 규정에서 진사과 급제자에게 주도록 한 종9품의 품계보다 상당히 높은 것이다. 이 시기의 명경과 관련 기록은 없으나, 그 전에 명경과보다 진사과 급제자의 서임을 높이자는 주장이 있었다.[198] 그리고 진사과를 통해 관직에 나가는 것을 "제일출신(第一出身)"이라고 한[199] 당 말의 경우 두 과목의 위상이 전도되었음은 확실하다,

이와 같이 진사과가 당 후기의 어느 시점부터 상거 중 가장 우대된 과목이었다면, 간과할 수 없는 사실이 있다. 위 대화 9년의 조칙으로 진사과 급제자에게 줄 수 있는 최고 관직 정8품하가[200] 당 전기 수재과 합격자에 허용된 정8품상보다 낮다는 점이 그것이다. 이것은 관인선발 제도에서 상거 과목이 갖는 위상이 당 후기에 결코 더 높아지지 않았

---

196) 이 조칙은 『文苑英華』 卷423, 「會昌二年四月二十三日上尊號赦文」, 2144-2145쪽에 인용되어 있다. 『唐會要』 卷75, 「選部下 · 雜處置」, 1620쪽; 『冊府元龜』 卷632, 「銓選部 條制4」, 7575쪽의 기록은 이와 조금 다르나, 일단 가장 자세한 이 글에 따른다.

197) 현존 문헌에서 확인 가능한 唐前期의 「官品令」에 따르면(『唐令拾遺』와 『唐令拾遺補』의 「官品令」 1條, 110-114쪽과 324-330쪽), 地方官으로서의 參軍事는 州나 府의 등급에 따라 品階가 다르다. 그러나 가장 낮은 中州와 下州의 參軍事를 제외하면, 모두 8品 이상의 品階를 갖는다.

198) 『通典』 卷17, 「選擧 雜議論中」, 424쪽에 의하면, 趙匡은 일반적인 명경과인 "兩經"의 급제자에게 "上縣尉"를 주고 진사과의 경우 "四經"과 같이 "緊縣尉"를 주자고 제안하였다. 특히 여기에서 明法科의 급제자를 "兩經"과 동일시한 것은 앞서 본 唐前期의 吏部 敍階 규정에서 진사과와 明法科를 하나의 범주로 설정하여 명경과나 秀才科와 차별하였던 것과 대조된다. 단 이 제안은 실제로 채용되지는 않았다.

199) 『唐大詔令集』 卷106, 「釐革新及第進士宴會敕」, 550쪽.

200) 『唐令拾遺』와 『唐令拾遺補』의 「官品令」 1條, 110-114쪽과 324-330쪽의 唐前期 「官品令」으로는 緊縣의 主簿와 尉의 品階를 정확히 알 수 없으나, 緊縣이 畿縣과 上縣 사이임은 확실하다. 그렇다면 이 규정으로 받을 수 있는 최고 품계는 正8品下(京兆 · 河南 · 太原府, 大都督府, 大都護府의 參軍事)이고 최하 품계는 從9品下(下州 參軍事)이다.

음을 의미한다. 사실 이 조칙에 의거할 때 당 후기 진사과의 경우 최하 종9품하의 관직도 받을 수도 있는 반면, 이부의 서계 규정은 명경과의 합격자조차 이렇게 낮은 품계를 주지 않도록 되어 있다. 따라서 당 후기에 제고된 진사과의 지위도 실상 당 전기의 명경과보다 제도적으로 우대되었다고 보기도 어렵다. 당 후기의 진사과 급제자에게 요구된 몇 년간의 수선 기간까지 고려한다면 더욱 그러하다.

이것은 "진신(縉紳)들이 '인신(人臣)'으로서 최고의 지위에 이르더라도 진사과를 거치지 않았다면 끝내 좋게[美] 여기지 않았다."[201]라고 진사과의 높은 위상을 강조하는 당 후기의 전문(傳聞)과 현격한 차이가 있다. 그런데 위의 말은 일면 "인신(人臣)" 곧 관인으로서의 지위와 진사과를 통해 얻을 수 있는 "좋"음을 구별한다는 점 또한 주의할 필요가 있다. 천보 9년 현종이 어떤 이를 진사과에 합격시키려다가 "관(官)"은 주더라도 "급제(及第)"를 허락할 수는 없다는 반대로 결국 좌절하였다는 고사도[202] 이와 유사하다. 당시 황제가 주는 관직과 진사과의 급제는 확실히 달랐던 것이다.

물론 전술하였듯이 예부시의 결과에 황제의 개입이 가능하고, 선종 시기 이후 예부시와는 별도로 진사과 급제를 "칙사(敕賜)"한 예들조차 보인다.[203] 그러나 이처럼 칙으로써 진사과 급제를 내린다는 것은 관직의 수여와 별개인 급제의 독자적 의미를 시사하는 일이기도 하다. 더욱이 이미 죽은 이에게 진사과의 급제를 추증하자는 주장은[204] 당시

201) 『唐摭言』 卷1, 「散序進士」, 4쪽.

202) 『封氏聞見記校證』 卷3, 「貢擧」, 2-3쪽.

203) 『唐摭言』 卷9, 「敕賜及第」, 97-98쪽.

204) 『韋莊集校注』, 「乞追賜李賀皇甫松藤進士及第奏」, 572쪽. 『唐摭言』 卷10, 「韋莊奏請追贈不及第人近代者」, 116-119쪽 참조.

이것이 망자(亡者)조차 필요할 만큼 특별한 가치를 갖지 않는다면 이해할 수 없다. 이와 관련하여 내정(內庭)에서 일하다가 "특칙사급제(特敕賜及第)"한 인물을 "칙(敕)으로써 방(牓)을 대신하여, '관(官)'에서 '명(名)'으로 들어갔다."고 한 당시의 세평(世評)이나[205] 진사과에 급제하지 못한 이를 "불수일명(不遂一名)" 혹은 "세불여기위(世不與其位)"라고 한 이 시기의 묘지는[206] 흥미롭다. 진사과의 급제를 '관(官)'과는 다른 '명(名)'이나 '위(位)'로 표현하고 있기 때문이다.

이처럼 진사과의 급제와 연관된 '명(名)'과 '위(位)'의 구체적 의미와 관련하여, 당 말에 나온 『동관주기(東觀奏記)』의 고사가 주목된다. 즉 선종이 "전진사(前進士)" 우종(于琮)에게 시집보내려던 공주(公主)가 "사대부처(士大夫妻)"로서의 자격이 없다고 여겨 다른 공주를 그에게 주었다고 하여,[207] 진사과의 급제가 곧 "사대부(士大夫)"를 뜻하는 것처럼 보이는 것이다. 물론 우종(于琮)은 명문가의 후손이므로, 여기에서의 "사대부"가 그의 가문과 관련된 표현일 수도 있다. 그러나 이 사건을 전하는 『신당서』에서 선종(宣宗)이 "사인(士人)" 사위를 얻으려 하자 우종(于琮)을 눈여겨 본 이가 그의 진사과 급제를 청탁하였다는 이야기를 덧보태어 두었고,[208] 『구당서』에도 "사인"이 "사족(士族)"으로만 바뀌었을 뿐 거의 같은 내용이 나온다.[209] '사대부'나 '사인'·'사족'을 진사과 급제자와 동일시한 이 기록들이 당 후기의 사회적 인식을 반영한다면, 이 어휘들에 공통된 '사(士)'와 진사과 급제 사이의 상관성에 주

205) 『唐摭言』 卷9, 「敕賜及第」, 98쪽.

206) 『唐代墓誌彙編』, 大中011, 2260쪽.

207) 鄭處誨, 『東觀奏記』(北京: 中華書局, 1999) 권下, 129쪽.

208) 『新唐書』 卷104, 「于琮」, 4009-4010쪽.

209) 『舊唐書』 卷149, 「于琮」, 4010쪽.

의하지 않으면 안된다.

그런데 당 전기의 「호령(戶令)」에 규정된 '사(士)'는 '사민(四民)'의 하나로서 "습학문무자(習學文武者)"이다.[210] 이러한 '사(士)'의 법령상 개념은 『곡량전(穀梁傳)』의 범영(范甯) 주(注)에 나오는 "학습도예자(學習道藝者)"[211]라는 말과 유사한데, 『공양전(公羊傳)』 하휴(何休) 주(注)의 경우 "덕능거위왈사(德能居位日士)"라고[212] 하여 '사(士)'의 '위(位)'를 인정한다는 점에서 이와 다르다. 물론 후한(後漢) 때 하휴(何休)가 말한 '위(位)'의 구체적 의미는 불분명하나, 당 초에 이 '위'가 '민(民)'이 갖지 못하는 어떤 지위로 인식된 것은 분명하다. 당시 양사훈(楊士勛)이 『곡량전』의 소(疏)에서 '사'가 "'거위(居位)'한다면 '민(民)'이 될 수 없다."라고 하휴(何休)를 비판하고 있기 때문이다.[213] 따라서 '위'를 언급하지 않은 당령의 규정은 당시 제도적으로 '사'와 '민'의 본질적 차이를 인정하지 않았음을 뜻한다고 하겠다.

그러나 하휴(何休)에 앞서 반고(班固)도 이미 "학이거위왈사(學以居位日士)"라고 한 적이 있고,[214] 이러한 표현은 당 초 최융(崔融)의 상소에서도 보인다.[215] 따라서 당대에도 법령과 달리 '사'를 '민'과 구분하는 민간의 인식이 존재하였던 듯한데, 이와 관련하여 개원 말 유질(劉秩)의

210) 『唐令拾遺』와 『唐令拾遺補』, 「戶令」 26條, 244-245쪽과 537쪽. 이에 따르면 이것은 '武德令'과 '開元7年令'의 내용이다.

211) 『春秋穀梁傳注疏』 (北京: 北京大學出版社, 2000) 卷13, 成公 元年, 242쪽. 이하 經書는 이 十三經注疏의 整理本에 따른다.

212) 『春秋公羊傳注疏』 卷17, 成公 元年, 427쪽.

213) 『春秋穀梁傳注疏』 卷13, 成公 元年, 242쪽.

214) 『漢書』 卷24上, 「食貨志上」, 1117-1118쪽.

215) 『文苑英華』 卷697, 「請不稅關市疏」, 3599쪽.

> 상고(上古)에는 인(민)[人(民)] 수를 헤아려 사(士)를 선발해 보내고[貢士] (관)리[(官)吏] 수를 헤아려 (관)인[(官)人)]을 발탁하였으므로 사는 관(인)[官(人)]이 아닌 자가 없고 관(부)[官(府)]에는 (관)리[(官)吏]가 부족하지 않았다. 그러나 근래(近來)에는 관(인)이 상고보다 배가 많지만 사는 관(인)보다 열 배나 되고 관(인)이 되려는 자[求官者]는 사보다 또 열 배나 된다.[216]

는 글이 주목된다. 여기에서 설명된 "근래"의 상황은 "관인(官人)"은 물론 단지 "구관자"로서의 일반민(一般民)과도 다른 '사'를 설정하고 있기 때문이다. 이러한 논리에서 '민'과 '관(官)' 사이에 존재하는 '사'의 독자적 '위'가 명확해진다. 뿐만 아니라 상고의 "공사(貢士)"와 대비된 이 글의 문맥상 이 '사'의 '위'는 마치 향공으로 올라온 과거와 관련된 듯도 한데, 과거의 응시자나 급제자의 입장에서 보면 이처럼 자신들을 민과 구별시켜 주는 논리가 절실히 필요하였다.

이와 같이 스스로 '민'보다 우월한 존재가 되려는 이들에게 '진사'라는 과목의 명칭은 특히 매력적이다. 이 말은 '민과 구분되는 사로의 지위 상승'을 암시할 수도 있기 때문이다. 더욱이 『예기(禮記)』「왕제(王制)」편(篇)의 기록처럼 "향(鄕)"에서 뽑힌 "수사(秀士)"가 다양한 이름의 '사(士)'들을 거쳐 결국 "작록(爵祿)"을 받을 수 있는 "진사(進士)"가 된다면,[217] '진사'는 이처럼 높여진 '사' 중에서도 가장 권위 있는 존재이다. 따라서 당 후기의 진사과 급제자들이 진사과라는 명칭의 실제 유래와 무관하게[218] 이 고제(古制)를 즐겨 인용한 것은 당연한 일이다.

---

216) 『通典』 卷17, 「選擧 雜議論中」, 417쪽.

217) 『禮記正義』 卷13, 「王制」, 472-479쪽.

218) 『唐六典』에서 四門學의 俊士生을 「王制」篇의 "俊士"로써 설명하였지만(권21, 「國子監」, 561쪽), 진사과에 대한 주석에서는 이에 대한 언급이 전혀 없다. 실제로 唐代의 관인선발제도에서 俊士生과 진사과 사이에 특별한 관계가 없으며, 이것은 진사과라는 常擧 과목이 「王制」篇의 내용과 무관함을 반증한다. 唐前期의 문헌에서 양자의 관련성을 명기한 예를 찾을 수가 없음도 마찬가지이다.

서두에 「왕제」편의 "진사"에 관한 내용을 축약하여 옮긴 뒤 진사과가 "고도(古道)"로부터 유래한다는 사실을 강조한 조참의 글이[219] 그 전형적인 예이다. 이러한 주장을 통해 "고금거현진능지과(古今擧賢進能之科)"[220]가 된 진사과는 그 급제자들의 특별한 지위에 대한 역사적 근거는 물론 이념적 정당성까지 주었다. 그리고 「왕제」편에서 "진사"의 전 단계인 "준사(俊士)"·"조사(造士)"까지 "준조(俊造)"라는 표현으로 과거와 연관되기도 하였다면,[221] 진사과 응시자인 향공진사 또한 그 권위가 더불어 높아질 수 있었다.

이러한 시각에서 보면, 당 후기의 새로운 사상적 조류인 이른바 '고문운동(古文運動)'도 간과할 수 없는 문제이다. 안사의 난을 전후하여 활동한 소영사(蕭穎士)·이화(李華)부터 그 이후 양숙(梁肅)·한유(韓愈) 등에 이르기까지 과거와 문학이라는 이중의 매개로써 사적인 유대를 강화시킨 고문가들의 움직임은 앞서 본 진사과 출신자들의 행태와 유사하다.[222] 그리고 문학에서 "고(古)"와 "도(道)"의 이념을 강조한 이들의 주장이 중국사에서 갖는 의의는 다양한 측면에서 이해될 수 있지만, 이를 통해 결국 수사적 형식의 추구로 폄하되기 쉬웠던 문학의 이념적 가치가 높아졌다는 점이 중요하다. "사람의 소리 중에 '정(精)'한 것이 '언(言)'이요 '문사(文辭)'는 이 '언(言)' 가운데 더욱 '정(精)'한 것이

---

219) 『文苑英華』 卷737, 「李弈登科記序」, 3841-3842쪽.

220) 歐陽詹, 『歐陽行周文集』(四部叢刊本) 卷8, 「與王式書」, 40쪽.

221) "國家歲貢俊造"[『白居易集箋校』 (上海古籍出版社, 1988) 卷63, 「策林2 尊賢」, 3486쪽]이나 "歲登俊造"(黃滔, 『黃御史公集』, 附錄 「昭宗實錄」, 四部叢刊初編本, 107쪽) 등이 그 예이다.

222) 林田愼之助, 「唐代古文運動の形成過程」, 『中國中世文學批評史』 [東京: 創文社, 1979(1977 원간)]; 何寄澎, 「簡論唐代古文運動中的文學集團」, 『古典文學』 6, 1984 및 하원수, 「蕭穎士와 士人들의 交遊-唐代 古文運動의 性格과 관련하여」, 『魏晉隋唐史研究』 9, 2002 참조.

다."[223]는 한유(韓愈)의 글에서 단적으로 드러나듯이 "문사(文辭)" 곧 문학은 이제 최고의 가치를 지니게 된 것이다. 이것은 위진남북조 이래 사회적인 문학 애호 분위기에도 불구하고 상존하던 문학의 규범적 가치에 대한 회의를 부정할 수 있는 논리의 확보이었다. 따라서 문학적 소양이 풍부한 "문인(文人)"이 사람들 중에서 가장 "수령(粹靈)"한 존재가 되고,[224] 이를 시험으로써 검증 받은 진사과 출신자들의 우월한 지위는 당연한 일이 되었다. 진사과 출신자들이 "종신위문인(終身爲文人)"으로서 자랑스러워 할 수 있었던[225] 것은 이와 같은 분위기의 산물이었다.

진사과의 합격이 갖는 사회적 가치가 이처럼 당 후기에 현격히 제고되었지만, 전술하였듯이 관직의 부족으로 인해 과거의 급제자들이 실제 관인이 되기는 쉽지 않았다. 회창 연간(841~846) 관직이 없는 과거 합격자에게 '의관호(衣冠戶)'라는 이름으로 면역(免役)의 특권을 준[226] 것은 이와 같은 사회적 인식과 현실의 괴리를 좁히기 위한 방안일 수 있다. 그런데 이 조처는 단순한 경제적 혜택의 부여에 머물지 않고, 과거의 급제자를 조정이 역을 부담시킬 수 없는 '노심자(勞心者)', 곧 '치자(治者)'로[227] 만들어 주었다. 특히 진사과의 경우 당 말에는 "일문(一

---

223) 『韓昌黎文集校注』 卷4, 「送孟東野序」, 233쪽.

224) 『白居易集箋校』 卷68, 「故京兆元少尹文集序」, 3653쪽.

225) 『唐國史補』는 진사과의 합격자를 "終身爲聞人"한다고 적었는데(卷下, 55쪽), 이것이 『唐摭言』에 인용될 때는 "終身爲文人"(卷1, 「述進士下篇」, 3쪽)으로 바뀌어 졌다. 후대의 문헌들에서 이 두 표현이 병존하므로(『太平廣記』 卷178, 「總敍進士科」, 1321쪽; 『唐語林校證』 卷2, 「文學」, 183쪽), 이것을 단순한 誤記로 보기는 어려울 듯하다. 늦어도 五代 시기 이후에는 進士科에 급제하면 "文人"이 된다는 인식이 확산되었던 것이다.

226) 『文苑英華』 卷429, 「會昌五年正月三日南郊赦文」, 2175쪽. 韓國磐, 「科擧制和衣冠戶」, 『隋唐五代史論集』(1965 원간); 張澤咸, 「唐代的衣冠戶和形勢戶」, 『中華文史論叢』, 1980-3 참조.

門)"의 차역(差役)을 면제시켜 줌으로써 개인에게만 이런 특권을 준 "잡과(雜科)"와 명확히 구분된다.[228] 진사과 급제자는 이제 관직과 무관하게 치자(治者)의 반열에 들었고, 이것은 조정도 이들에게 '민'과 구분되는 '사'의 지위를 확고히 보장하였음을 뜻하는 것이기도 하다. 뿐만 아니라 이 시기에는 "시명조저(詩名早著)"를 이유로 성시(省試)에서 낙제한 이까지 "향리지역(鄕里之役)"을 면제시켜 주었다는 일화마저 있다.[229] 비록 조정의 입장은 아니더라도, 여기에서 진사과 응시자 혹은 문학적 소양이 뛰어난 자를 곧 '민'과 구분되는 '치자(治者)'로 인식하는 사회적 분위기가 엿보인다.

예부시의 시행 이후 진사과의 위상이 이렇게 높아지는 것은 결코 중앙 조정의 주도적 역할로 이루어진 일이 아니다. 관직과 관인자격자의 심각한 불균형 속에서 공고한 사적 유대를 폭넓게 형성해 간 진사과 출신자들 스스로 힘겹게 만들어낸 결과였던 것이다. 그리고 여기에는 문학에 대한 사회적 애호 분위기와 번진의 확산이라는 특수한 정치적 상황이 일조하였음 또한 사실이다. 그러나 이후의 역사는 분명히 이와 같은 방향으로 전개되어 갔다. 오대 시기에도 이기(李琪)나[230] 양진(梁震)처럼[231] 어떤 높은 관직보다 "전향공진사(前鄕貢進士)"나 "전진사(前進士)"라는 호칭을 자랑스럽게 여기는 이들이 이어지고, 송대의 왕칭(王稱)도 재상이 되더라도 "전진사(前進士)"라고 일컫는 과거 합격자들의 분위기를 전하고 있다.[232] 진사과의 급제는 이와 같이 단순한 관

227) 『孟子注疏』 卷5下, 「藤文公章句上」, 173쪽.

228) 『文苑英華』 卷669, 楊夔 「復宮闕後上執政書」, 3442쪽; 『唐大詔令集』 卷72, 「乾符二年南郊赦」, 402쪽.

229) 『唐摭言』 10, 「海敍不遇」, 112쪽.

230) 歐陽脩, 『新五代史』 卷54, 「李琪」, 619쪽.

231) 陶岳, 『五代史補』(文淵閣四庫全書本) 卷4, 「梁震裨贊」, 671쪽.

직 획득 이상의 의미를 지녔던 것이고, 이것이 바로 청 말까지 과거제도의 중심은 예부에서 주관하는 진사과일 수밖에 없었던 이유라고 하겠다.

6. 맺음말

당대의 진사과는 고종 시기에 제거와 분리된 상거의 한 과목으로 등장하고, 이후 추가된 '잡문' 시험에 의하여 이 과목의 특징이 확실해졌다. 수재과나 명경과와 같은 전통적 권위를 갖지 못한 이것이 관인선발제도에서 차지한 위상은 미미하였으나, 문학적 소양을 중시하는 유일한 상거 과목으로서 위진 이래 축적된 사인들의 문화를 흡입할 수 있는 좋은 통로였다. 현종 시기의 심각한 관인 적체 상황에서 출현한 예부시가 일면 상거의 외형적 권위를 높여 주었지만, 이부의 소관에서 벗어난 진사과의 합격자들은 실질적으로 관직과의 거리가 멀어질 수밖에 없었다. 그러나 진사과의 응시자와 급제자들은 공고한 사적 유대관계를 형성하여 당 후기에 자신들의 현실적인 위상을 현격히 제고시켰다. 이것은 번진의 벽서권이나 '고문운동(古文運動)' 등 당시의 특수한 상황에 힘입은 바 크다. 이 시기의 진사과 출신자들은 비록 초임관이 높지 않더라도 입사 후 빠른 승진이 가능하였을 뿐더러, 문학적 소양을 검증 받은 '사'로서 높은 사회적 권위를 누릴 수 있게 된 것이다.

이러한 본고의 내용은 기존의 연구들과 상이한 부분이 있다. 우선 상거 과목으로서의 진사과가 분명히 등장하는 시기를 고종 이후로 늦

232) 王稱, 『東都事略』(文淵閣四庫全書本) 卷121, 「宦者傳104」, 792-793쪽.

추었다. 수대는 물론 당 태종 시기까지도 새로운 관인선발제도로서의 과거 곧 자발적인 응시자를 대상으로 한 정기적 시험에 의한 관인의 선발이 제도화되었다는 확증이 없기 때문이다. 물론 무덕 연간 혹은 그 이전부터 진사과를 시행하였다는 주장이나 당시 급제자에 관한 기록은 존재한다. 그러나 이것들은 대부분 후대에 진사과의 비판이나 옹호 혹은 선조나 가문의 현양 등 분명한 목적 아래 쓰인 문헌으로서 믿기 어렵다. 그리고 비교적 이른 시기에 나오는 당 초의 "진사" 용례도 단지 '사(士)를 진상(進上) 혹은 인진(引進)한다'는 의미로 읽히고 사실상 후대의 제거와 유사한 형태였다. 그럼에도 불구하고 이러한 기록들을 진사과 출현의 증거로 삼았던 까닭은 통일제국의 성립과 함께 구품중정제가 곧 새로운 관인선발제도로 대체되었으리라는 예단 탓인 듯하다. 그러나 과거제도가 만들어지기까지 과도기로서 당 초의 실상을 정확히 이해하려면, 이 제도가 정착한 뒤에 쓰인 문헌들에 대한 철저한 사료 비판을 필요로 한다.

그리고 진사과가 과거제도의 가장 중요한 과목으로 되는 과정에서 황제를 정점에 둔 조정과의 갈등을 본고는 특별히 강조하였다. 이를 단적으로 보여주는 것이 공고한 사적 유대관계에 기초한 진사과 출신자들의 정치세력화이다. 진사과의 현실적 위상을 높이는 데 크게 기여한 이것이 조정의 비판과 통제의 대상이었던 것이다. 그러나 진사과를 중심으로 한 과거를 이른바 군주독재체제의 주된 제도적 수단으로 보는 시각에서는 이러한 현상이 별로 주목되지 않았다. 사실 진사과의 중요성이 커진 당 후기는 황제나 중앙 조정의 역량이 약화된 시기였고, 오히려 이와 같은 상황에서 진사과 출신자들의 활약이 더욱 두드러질 수 있었다. 이들의 정치적 득세는 황제나 조정의 제도적 지원이 아니라 붕당이나 번진과 같은 당시의 특수한 상황에 힘입었던 것이다. 따라서 진사과의 제도적 정착은 그 출신자들의 주동적 역할 없이는 불가능하였고, 과거제도 또한 '선발자'의 관점만이 아니라 '응시자'의 시각에서도 검토해야만 할 것이다.

이와 같은 '응시자'의 시각에서, 본고는 진사과 급제의 의미를 달리 생각해 볼 가능성을 제시한다. 사실 진사과를 비롯한 상거의 급제자들은 관직의 부족으로 입사 전에 일정한 수선(守選) 기간을 거쳐야만 하였고, 예부시는 이 급제와 입사 사이의 간극을 확실히 제도화시켰다. 물론 '선발자'인 조정의 입장에서 보면 과거는 당연히 관인을 뽑기 위한 제도일 뿐이지만, '응시자'의 경우 이 관직과의 거리는 요원하였다. 이러한 점에서 '진사'라는 과목의 명칭이 주목된다. 여타 과목들과는 달리 특정한 재능을 명시하지 않은 이 말은 쉽게 사회의 분위기와 공조하여 위진남북조 이래 축적된 사인들의 문화 곧 문학적 소양의 시험으로 자리 잡았다. 이것은 문학에 대한 사회적 애호 분위기, 특히 고문운동으로 그 이념적 가치까지 제고된 당 후기의 상황에서 진사과 급제의 의미를 바꿀 수 있었다. 진사과를 통해 문학적 능력을 검증받은 이들의 가치는 단지 관계(官界)에서의 지위 문제만이 아니게 된 것이다. 당 후기 진사과 급제자에 대한 특별한 존중은 이러한 사회문화적 맥락 위에서만 이해되는 일이다. 당 말에 관직과 무관하게 이들의 "일문(一門)"에 주어진 면역(免役)의 특권은 결국 조정도 진사과 급제자를 '치자(治者)'로 인정하였음을 의미하며, '진사'라는 과거 과목은 일면 '민과 구별되는 사로의 지위 상승'을 공인하는 일종의 사의 자격 시험처럼 인식될 수도 있었던 것이다.

당 초에 미미한 상거의 한 과목으로 등장한 진사과는 지금까지 살펴본 바와 같은 복잡다단한 과정을 거쳐 결국 당 말에는 사인들의 원망(願望)이 집약된 시험으로 정착하였다. 그런데 이 진사과가 이후 송대에 과거제도의 유일한 과목이 되어 청 말까지 계속되었다면, 이러한 진사과의 변천 과정은 과거의 역사적 의미와 관련하여 시사하는 바가 많다. 일례를 들면, 과거제도를 관인선발시험으로 단순화시키기 어렵고, 특히 과거로 입사한 관인들을 그 이전보다 더 황제권에 예속된 관인들로 이해하는 것은 위험해 보인다. 당대에 진사과를 독존적 지위를 가진 과목으로 만들었던 추동력, 곧 사인들의 능동적인 주체성과 문학과 같은 축적된 문화적 전통, 고제(古制)의 이념적 권위 등이 그 이후 시기에도 여전히 과거제도 혹은 그 합격자나 응시자들을 지탱하는 중요한 힘이었다고 생각되는 것이다. 과거제도가 더욱 체계화되는 시기에 나타나는 이른바 '지방 엘리트(local elite)'나 '하급 신사층(紳士層, lower gentry)'의 동향도 단지 사인의 수적 증가 때문만이 아닐 수 있다. 이것은 사인들 스스로 발전시켜 온 내재적 힘이 중국 사회 안으로 더욱 깊이 확산된 결과일 가능성도 없지 않다. 거대한 중국 사회는 군주독재 체제와 같은 단원적(單元的) 틀로 존립할 수 없고, '근대'로의 이행 또한 더욱 복합적인 형태로 이루어졌을 것이다. 물론 이와 같은 거시적 문제는 본고의 논의 범위를 벗어나고, 여기에서는 단지 새로운 시각으로 전근대 중국사와 중국 사회를 검토해 볼 필요성을 제기하고자 할 뿐이다.

일본 근세 무사의 직분과 '병농공상'의 사회

구태훈

1. 머리말

이 글의 목적은 일본 근세 사회 전기에 해당하는 17세기 일본 사회를 대상으로 하여, 무사(武士)의 직분(職分)에 관한 문제를 검토함으로써, 일본 근세 사회의 특질 해명의 실마리를 찾는 것이다. 이때 구체적으로 야마가 소코(山鹿素行)의 '사도론(士道論)'[1]에 초점을 맞추고자 한다.

소코의 '사도론'은 당시의 유학자들의 그것과는 내용 면에서 많은 차이가 있다. 동시대의 유학자들의 '사도론'은 일반적으로, 무사의 직분으로서 '문(文)'의 중요성을 강조하였다.[2] 무사가 위정자로서의 역할을 담당하기 위해서는 무엇보다도 유교적 교양을 몸에 익히고 '명덕(明德)', '인의(仁義)' 등[3]과 같은 지배자적 덕성을 갖추어야 한다고 생각하

---

1) 구체적으로는 『山鹿語類』 권22, 「士道」篇을 말한다. 『山鹿語類』는 山鹿素行의 門人들에 의하여 寛文 3年(1663)부터 편집되기 시작되기 시작하여, 同 5年에 素行의 교정을 거쳐 출판된다.

2) 中江藤樹에 대표되는 소위 儒教的 士道論者들을 말한다. 藤樹 이외에 熊澤蕃山, 貝原益軒, 室鳩巢 등을 들 수 있다.

였기 때문이다. 이에 대하여 소코의 '사도론'은, 무사의 위정자로서의 역할을 결코 경시하지는 않았으나, 무사의 본분은 어디까지나 전투자로서의 역할이라고 하여, 무사의 직분으로서 특히 '무(武)'의 중요성을 강조하였다. 다시 말하자면 소코의 '사도론'은 형식면에 있어서는 많은 부분을 유학에 의거하면서도, 내용면에 있어서는 일본 전통의 '무사도(武士道)'에 그 뿌리를 두고 있었다. 그것은 소코의 방대한 유교 관계 저서[4]가 상징하듯이 그의 사상은 유교 윤리에 기반을 두고 있다는 점에서 볼 때, 예외적인 것이라고 말하지 않을 수 없다.

소코의 '사도론'은, 이와 같은 '특성'으로 인하여, 일찍이 쓰다 소키치(津田左右吉)에 의해 "유교사상과 무사의 기질 사이에서 방황하여 사상의 통일성을 결여하고 있다."고 평하여진 적이 있다.[5] 근년 이시이 시로(石井紫郎)도 소코의 '사도론'이 소재의 선택 면에서도 "수미(首尾) 일관성을 결여하고 있다."고 지적하였다.[6]

그러나 여기에서 필자는 소코의 사상이 '통일성을 결여'하고 있는가 그렇지 않은가를 '평가'하기에 앞서 그 '결여'를 역사 과정 속에 위치시키는 작업이 무엇보다도 중요하다고 생각한다. 그 '결여'가 소코의 무지의 소산이 아닌 이상, 그것은 유학사상과 무사도의 결합의 다른 표현일 수도 있으며, 그 자체가 역사적 소산이기 때문이다.

---

3) 山井湧外 편, 『中江藤樹－日本思想大系 29』(岩波書店, 1979), 113쪽.

4) 素行의 저서 중 儒學關係 서적만 예를 들어도, 明歷 2年(1656)에 『修教要錄』 10권, 『武教全書』 8권, 『武教要錄』 6권 등을 저술한 이래, 『治教要錄』 31권, 『山鹿語類』 45권, 『聖教要錄』 3권, 『四書句讀大全』 20책, 『七書諺義』 15권, 『治平要錄』 5권 등을 들 수 있다.

5) 津田左右吉, 「文學に現わたゐ我が國民思想の研究」, 『武士文學の時代』(岩彼文庫, 1977).

6) 石井紫郎, 「近世國制にあける『武家』と『武士』」, 『日本人の國家生活』(東京大出版會, 1986).

이상과 같은 관점에서 무사의 직분 내지는 야마가 소코 '사도론'의 핵심을 이루는 직분론에 관한 선행 연구를 검토해 보면,[7] 사상사의 시점에서 그 사상의 내용을 실증적으로 분석한 완결성 있는 논문은 많으나, 그 사상 성립의 배경과 그 역사적 의의 등에 관하여 구체적으로 추구한 논문은, 관견(管見)에 한하여 거의 없는 실정이다. 직분론이 근세 신분론에 점하는 위치를 생각할 때, 특히 무사 직분이 문제를 구체적으로 조명하는 일은 일본 근세사 연구의 중요한 과제의 하나라고 말하지 않을 수 없다.[8]

이하, 본고에서는 주로 『산록어류(山鹿語類)』 제22권 「사도(士道)」편에 초점을 맞추어, 소코의 직분론 성립의 역사적 배경과 그 성립의 의의를 분명히 하고자 한다. 이때 다음과 같은 방법을 염두에 두고자 한다. 먼저 직분론을 단순히 사상사의 시점에서 구조적으로 해명하는 것이 아니라, 일본 근세 사회 확립 과정에 즉(卽)하여 국가·사회와의 긴장 관계 속에서 조명하려고 한다. 그리고, 중국·조선에 있어서의 '사농공상(士農工商)' 질서와 비교의 관점에서 근세 일본 직분 질서의 특질이 명확히 밝혀질 수 있도록 하고자 한다.

---

7) 山鹿素行의 '士道論'은 和辻哲郎이 '유교적인 인륜의 道'로 규정한 이래, 武士의 위정자적 덕성을 중요시하는 사상이 유교의 이론과 결합되어 성립된 것으로 이해되어 왔는데, 그 동안 素行의 사도론이 근세 사상사에서 차지하는 위치, 성격 등에 관해서 언급한 論說은 많으나 구체적으로 연구되기 시작한 것은 近年에 이르러서이다. 예를 들면, 相良亨, 『武士の思想』(ぺりかん社, 1984)가 있다. 그러나 職分論의 문제를 구체적으로 검토한 논문은, 管見에 한하여, 石井紫郎, 앞의 논문, 1986; 田中光郎, 「職分としての『武』 ―山鹿素行の思想に關する一考察―」, 『論集きんせい』 10, 1987 등이 있다.

8) 필자는 근세 일본 사회의 신분 구조를 직분 질서와 주종의 질서라는 두 개의 개념으로 파악할 수 있다고 생각한다.

2. '사농공상(士農工商)' 형식(形式)의 적용과 '문(文)'의 수용

일본 근세 사회의 성립은 곧 '직능별(職能別) 사회'[9]의 성립이라고 일컬어지는 것에서도 알 수 있듯이 '사농공상'이란 말은 근세 초기부터 널리 사용되고 있었다.[10] 그러나 주지하는 바와 같이 '사농공상' 중, 특히 '사(士)'의 개념은, 일본의 경우, 중국 · 조선과 본질적으로 상이하다.

'사농공상'이라고 할 때, '사'란 중국이나 조선에서는 주로 사대부(士大夫) · 사군자(士君子)로 불리워졌다. 야마가 소코와 동시대의 조선 사상가 유수원(柳壽垣)이 그의 저서 『우서(迂書)』에서

> 士之所以爲士者, 讀書窮理, 徒事師友, 以講其治人之法, 然後方可以出身事君矣.[11]

라고 말하고 있듯이, '사'는 지식인이었다. '사'는 이치를 궁구하고 치기(治己) · 치인(治人)의 학문에 통한 후에, 관리가 되기를 희망하는 관료 후보층까지를 포함하는 개념이다. '사'는 누구나가 다 될 수 있는 것은 물론 아니다. 서민(庶民) 중에서 학문과 덕망이 출중한 사람에 한하여 그 기회가 주어진다. 즉 '민지준수자(民之俊秀者)'[12]라야 '사'가 될 수 있는 것이다. '사'는 학식적인 면뿐만이 아니고, 도덕적인 면에 있어서도 '민지준수자'라야 한다. 『우서』에 또한

---

9) 藤木久志, 『豊臣平和令と戰國社會』(東京大學出版會, 1985), 179쪽.

10) 예를 들면 宮本武藏, 『五輪書』, 渡邊一郎 주 (岩彼文庫, 1985), 15-17쪽; 松永尺五, 『彝倫抄』, 石田一郎외 校注, 『藤原惺窩 林羅山-日本思想大系 28』, 1975, 304쪽; 如儡子, 「可笑記」, 『德川文藝類聚』 2 (國書刊行會, 1914), 38-39쪽 등 참조.

11) 韓永愚, 『朝鮮前期社會思想史研究』(知識産業社, 1983), 280쪽.

12) 『迂書』의 「論救門閥之幣」에 "取凡民子弟之俊秀者而敎之, 則此已選士也"라고 있다(韓永愚, 위의 책, 1983, 381쪽).

夫所謂士大夫者, 乃是士君子之一名也. 高則聖賢, 下則淸脩吉士然後, 方不辱士君子之名矣. (中略) 孤寒處地中, 亦必有心事如氷玉者, 未知此流, 不可喚做士大夫乎.[13)]

라고 있는 것과 같이 '사'는 '심사(心事)'가 '빙옥(氷玉)'과 같이 청결한 사람이어야 한다. '사'에게는 삼민(三民)에 비할 수 없는 높은 수준의 도덕성이 요구되었다. 바로, 그 점이 '사'로 하여금 사민(四民)의 수위(首位)에 위치하게 하는 소이(所以)인 것이다.

이상과 같은 '사'의 관념으로부터 보면, 일본의 무사는 본래적 의미의 '사'라고 할 수 없는 존재였다. 물론 근세 무사가 위정자로서의 성격을 지니고 있었고, 관료제 기구를 배타적으로 전유(專有)하고 있었다는 측면에서 보면, 일본의 무사는 중국 · 조선의 사대부와 공통점을 갖고 있었다고 할 수 있다. 다시 말하면 어느 쪽도, 직접적 혹은 간접적으로 정치적 수장(首長)과 충성 관계를 맺고 있었기 때문이다.

그러나 '사농공상'의 개념은 본래 분업론에서 출발하면서, '사'는 '문' 특히 유교적 교양과 도덕을 갖춘 자였기 때문에 '농공상(農工商)'과 구별되었던 것이다. 다시 말하면 일본의 무사로서 유교적 교양을 갖추지 못하였고, 도덕면에서 '농공상'보다 뛰어나지 못하다면 진정한 의미에서 '사'라고 할 수 없는 것이다. 예를 들면, 흔히 일본 무사를 '상사(上士) · 중사(中士) · 하사(下士)'로 구별하는데,[14)] 특히 그중에서 영주(領主) · 가노급(家老級)에 해당하는 '상사'들 중에는 유교적 교양을 갖추고 인정(仁政)의 실현에 노력한 '명군(名君)'들이 많다. 그들의 경우에는 충분히 중국 · 조선의 '사'와 동일하다고 하여야 할 것이다.

---

13) 韓永愚, 위의 책, 1983, 382쪽.

14) 田中光郎, 앞의 논문, 1987, 8쪽.

그러나 무사의 절대다수를 차지하는 '중사', '하사'는 '문'과는 거리가 먼 존재였다. 특히 병농분리(兵農分離) 이후의 무사는 전문적인 전투원이었다.[15] 중세의 무사는 소령(所領)에 토착하면서 일단 유사시에만 참전하였으나,[16] 전국시대(戰國時代) 이후의 무사는 직접적인 생산 과정에서 분리되어 주군(主君)의 성하(城下)에 거주하면서 오직 전투에만 종사하였다. 요컨대 무사에 있어서 전투는 직업이었으며, 생계의 수단이었다.[17] 무사는 전장(戰場)에서의 '활동'을 통하여 '주군의 어용(御用)'에 충근(忠勤)하였다.[18] 주군을 위해서라면 "처자(妻子)도 돌보지 않고, 한 목숨을 바쳐 시신(屍身)을 토상(土上)에 던져두어 산야(山野)의 짐승에게 물어 뜯길지라도 무엇이 아쉬우랴."[19]는 심정으로 전투에 임하여, 가문의 영예를 드날리고 '공명(功名)'을 얻는 것이 무사에 있어서 최고의 명예였다. 즉 전투는 무사의 모든 것이었다.[20]

이와 같이, 전쟁의 시대에 사(死)의 일상(日常) 속에서 전투만을 생각하며 살아온 일본 무사들이 '문'과는 거의 무연(無緣)하였다는 것은 자명한 일이다. 그럼에도 불구하고 당시 일본 사회에서는 '사농공상'의 개념이 근세 사회의 신분 질서와 결합하면서, 무사가 곧 '사'라고 인식되어 있었으며, 일부 학자들도, 일본 무사를 '사'로서 설명하려고 하였다. 하지만, 많은 유학자들은 본래 전투원인 '중사 · 하사'는 진정한 의미의 '사'가 아니라고 인식하고 있었다. 일본의 유학자 중에서 일본적

15) 渡邊浩, 『近世日本社會と宋學』(東京大學出版部, 1985), 8-9쪽.

16) 石井進, 『鎌倉武士の實像』(平凡社, 1987), 95쪽 이하.

17) 高木昭作, 「亂世－太平の裏に潛むもの」, 『歷史學硏究』 574, 1987 참조.

18) 山本常朝, 「四誓願」, 『三河物語 葉隱－日本思想大系 26』(岩波書店, 1974), 219쪽.

19) 上良亨 외 편, 『三河物語 葉隱－日本思想大系 26』(岩波書店, 1974), 28쪽.

20) 海音寺潮五郎 외, 『戰國亂世－角川選書 23』(角川書店, 1969) 참조.

질서를 특히 긍정하는 사상가라고 평가되고 있는 오규 소라이(荻生徂徠)조차도

> 平士之類는 그 職掌이 軍伍에 편성되어 있는 士卒로서 平生之時도 侍衛·宿衛의 官인 바, 古書에 말하는 士君子라고 하는 존재는 아닌 것이다.[21]

라고 말하여, 무 '직(職)'에 종사하는 '평사지류'는 '사'가 아니라고 하였다.

교호(享保) 2년(1717), 조선 통신사의 자격으로 도일(渡日)했던 신유한(申維翰)은 그의 저서 『해유록(海游錄)』에서 다음과 같이 말하고 있다.

> 나라에 四民이 있다. 말하여 병농공상이 그것이다. 士는 대우하지 않는다.[22]

특히, 조선인의 눈으로 보았을 때, 유교적 교양과는 본래 무연(無緣)한 일본의 무사는 결코 '사'가 아니었다. 그들은 지식인과는 거리가 먼 '병(兵)'이었다.

그러나 도쿠가와 바쿠후(德川幕府)가 성립된 후 통치를 원활하게 하기 위하여 '문'이 적극적으로 수용되면서, 근세 사회는 결코 지식인이 아니었던 일본 무사에게 '문', 즉 유교적 교양을 갖출 것을 요구하였다.

아베 요시오(阿部吉雄)은 일본 주자학(朱子學) 발흥의 정황과 원인으로 도쿠가와 이에야스(德川家康)의 호학(好學), 조선으로부터 대량의

---

21) 石井紫郎, 『日本人の國家生活』(東京大學出版會, 1986), 113-114쪽.

22) 申維翰 저·姜在彦 역, 『海游錄』(平凡社, 1974), 300쪽.

송학(宋學) 관계 서적의 유입을 들고 있으며, 이를 계기로 일본 사회에 유학이 본격적으로 발흥하게 되었다고 말한다.[23] 유학이 도쿠가와 바쿠후 성립 초기부터 발흥되었는지는 재검토의 여지가 있다고 생각되지만, 전국시대의 무장(武將) 중에서 특히 도쿠가와 이에야스가 유학에 관심을 가지고 있었다는 것은 사실이었으며, 그것은 유학자 하야시 라잔(林羅山)을 중용했던 것에서도 알 수 있다.[24] 이에야스가 "내가 즐겨서 서물(書物)을 읽게 하여 듣는 것은, 천하국가(天下國家)를 다스리기 위하여는 사서(四書)를 잘 견문(見聞)하지 않으며 안 되기 때문이다."[25] 라고 말하고 있는 것을 보면, 이에야스가 유학을 중시한 것은 그의 통치의 수단으로서 유용했기 때문이었다.

근세 초기에 이케다 미쓰마사(池田光政), 호시나 마사유키(保科正之), 도쿠가와 미쓰쿠니(德川光國) 등 유교적 교양을 갖춘 명군들이 많았던 것은 이에야스의 유학 중시 태도와 무관하지 않다. 그들은 그 자신이 유학이 심취했을 뿐만 아니라, 그것을 서민에게까지 보급하려고 노력하였다.[26]

바쿠후(幕府)의 '문'의 수용의 자세는 겐나(元和) 원년(1615)에 처음으로 제정된 '무가제법도(武家諸法度)'[27]에도 표현되었다. 그 제1조에 "문무(文武) 궁마(弓馬)의 도(道)를 오로지 서로 즐겨 힘쓸 것"이라고 하여 '무'와 더불어 '문'이 강조되고 있다. 덴나(天和) 3년(1683)의 '무가제법도'에는 위의 조항을 "문무충효(文武忠孝)에 힘써 예의(禮義)를 바

23) 阿部吉雄, 『日本朱子學と朝鮮』(東京大學出版部, 1965), 序章.

24) 丸山眞男, 『日本政治思想史研究』(東京大學出版社, 1952), 11쪽.

25) 奈郎本辰也 교주, 『近世政道論－日本思想大系 38』(岩波書店, 1976), 27쪽.

26) 藤井駿 외 편, 『池田光政日記』(國書刊行會, 1983), 296쪽 이하 참조.

27) 『德川禁令考』前集 제1, 154호.

르게 할 것"(제1조), "인마(人馬) 등은 분한(分限)에 응하여 갖출 것"(제3조)으로 분리시키고 있는데, 특히 제1조에 "유교 덕목의 내용을 두고, '무'에 관한 내용은 제3조로 둔 것은, 도쿠가와 정권이 '무'의 측면을 후퇴시키고, '문'의 측면을 강조하려는 의도를 분명히 한 것이라고 할 수 있다.[28]

이러한 도쿠가와 정권의 정책 기조에 따라서 유학자들은 무사들에게 '문'을 권장하였다. 예를 들면 나카에 도주(中江藤樹)의 유교적 '사도론'이 그것인데, 그는 '유도(儒道)가 즉 사도'[29]라고 단언한다. 그는 '무편(武篇)'만을 강조하는 당시의 무사들에게 "명덕을 밝혀 인의를 행하는 것"[30]을 '사도'라고 하였으며, "무용(武用)에 소용이 되는 자"를 '사'라고 하던 풍조[31]에 반론하여 "충효의 마음 진실한 자가 사"라고 하였다.[32] 충효의 덕목은 유학을 통하여 비로소 완성되는 것임은 두 말할 여지가 없다. 그렇다고 하여 도주(藤樹)는 결코 실태로서 존재하는 무가 정권과, 무사에 있어서 '무'의 의미를 경시하였던 것은 아니다. 그러나 '문무의 일덕(一德)'[33]이라고 하는 그의 주장이 '문'의 진흥을 위한 것임은 부정할 수 없다. 도주는 "학문을 좋아하는 사람은 우유부단하여 무용에 소용이 되지 않는다."[34]라고 유학을 비방하며, 좀처럼 '문'에 접근하려 하지 않는 당시의 무사들에게 유교적 교양을 몸에 익히게 하여, '명덕', '인의', '효충(孝忠)'의 심덕(心德)을 가진 명실상부한 '사'가 되게

---

28) 衣笠安喜, 「武家諸法度のイデオロギ」, 『歴史公論』 5-4, 1976.
29) 山井湧 외 교주, 『中江藤樹－日本思想大系29』 (岩波書店, 1974), 113쪽.
30) 山井湧 외 교주, 위의 책, 1974, 114쪽.
31) 山井湧 외 교주, 위의 책, 1974, 85쪽.
32) 山井湧 외 교주, 위의 책, 1974, 114쪽.
33) 山井湧 외 교주, 위의 책, 1974, 57쪽.
34) 山井湧 외 교주, 위의 책, 1974, 85쪽.

하려고 노력하였다.

도주와 동일한 입장의 사도론자로서 구마자와 반잔(熊澤蕃山), 가이바라 에이켄(貝原益軒), 무로 규소(室鳩巢) 등을 들 수 있다.[35] 그들의 경우에도 무사들에게 '문'을 권장하였다. 그들의 저서를 살펴보면, 무사도는 유학과 일치한다는 주장이 보인다. 그러나 그것은 무사에게 무사도를 권장하기 위해서가 아니라, 어디까지나 무사에게 '문'을 권장하기 위한 수단이었다. 사도론자들은 당시 실태로서 눈앞에 있는 무사도를 인정하지 않을 수 없었으나, 그들은 예외 없이 라고 해도 과언이 아닐 정도로 병학(兵學)을 공격하고 있는 것이 상징적이다.[36] 그러나 그들은 근세사회의 치자(治者)로서의 무사라는 인식을 전제로, 치자에게 없어서는 안 될 도덕(道德) = 명덕, 능력(能力) = 문을 장려함으로써, 일본 무사를 명실상부한 '사'로 탈바꿈시키려고 하였다. 요컨대, 그들은 엄밀한 의미에서 '사'가 아닌 일본 무사에게 바람직한 무사상(武士像)을 제시하여, 일본 무사를 '사'에 조금이라도 접근시키려고 의도하였다.

그러나 '위'로부터의 '문'의 수용과 권장은 '밑'으로부터의 절대적인 호응을 얻지는 못하였다. 일본의 근세 무사는 바쿠후 권력과 유학자들의 '문'의 권장에 대하여 냉담하였다.

'태평(泰平)'의 시대에는 아베 요시오의 말을 빌리자면, 유학은 "신시대에 환영되어 발흥할 수 있는 적성을 가지고 있었"[37]는지 모른다. 도요토미 히데요시(豊臣秀吉)의 사후(死後), 도쿠가와 이에야스가 세키가하라(關ケ原)의 합전(合戰)에서 승리하고, 게이초(慶長) 8년(1603)에는

35) 熊澤蕃山의 『集義和書』, 貝原益軒의 『武訓』, 室鳩巢의 『駿臺雜話』, 『士說』 등을 참조할 것. 이러한 敎訓書類는 『武士道叢書』에 수록되어 있다.

36) 田中光郎, 앞의 논문, 1987, 9쪽.

37) 阿部吉雄, 앞의 논문, 1965, 序章.

에도(江戶)에 도쿠가와 바쿠후를 개설하면서 명실상부한 권력자로 등장하자, '태평' 시대가 도래하였다. 그러나 당시 그것이 그 후 250여 년 계속될 것이라고 믿는 사람은 아무도 없었다. '태평'은 도쿠가와 바쿠후의 강력한 무력이 200이 넘는 다이묘(大名) 권력을 압도하여, 다이묘 상호 간의 전쟁이 잠시 중단된 상태, 즉 휴전 상태로 인식되었다. 다이묘도 무사들도 그 의식을 변화시키려고 하지 않았다. 오히려 "치세(治世)에 거(居)하면서도 난(亂)을 잊지 않는다."[38]는 정신을 견지하며, 닥쳐올 전쟁에 대비하고 있었던 것이다.

이렇게 말하면, 일본 근세는 도쿠가와 바쿠후라는 전제권력(專制權力)을 정점(頂点)으로 하는 강력한 중앙 집권 체제인데, 무슨 전쟁의 위협이 있었겠는가라고 의문을 제기할 수도 있을 것이다. 실제로 막번제(幕藩制) 확립 과정은 소위 쇼군(將軍) 권력의 전제화(專制化) 과정이라는 일관된 흐름으로 이해하는 경우가 많다.[39] 그러나 이러한 이해만으로는 막번제의 특질을 구조적으로 설명할 수 없다. '막번'이라는 말이 상징하듯이, 막번제는 기본적으로 다이묘의 수장(首長)격인 쇼군(將軍)의 통제하에 200이 넘는 다이묘 권력이 대등한 관계를 전제로 하여 독립적 정치 집단으로 존재하는 체제이다.[40] 다이묘 권력은 고유의 독립성을 보유한 채 긴 휴전의 상태를 유지했다.[41] 휴전은 결코 종전(終戰)을 의미하는 것은 아니었으므로, "어떤 변(變)이 있어 호겐(保元) · 헤이지(平治) · 조큐(承久) · 겐코(元弘)와 같은 일"[42]이

---

38) 『武家諸法度』, 注27.

39) 尾藤正英, 「戰國大名と幕藩體制」, 『歷史公論』 115, 1985, 122쪽.

40) 田原嗣郎, 「『仁政』の思想と『御家』の思想」, 『思想』 633, 1977.

41) 근세를 통해서 막번체제를 郡縣制가 아니고, 封建制로 인식하고 있는 경우가 많았다. 그것은 막번체제가 중앙 집권 체제로 보여지지 않았다는 것을 의미한다(衣笠安喜, 「近世人の近世社會觀」, 『日本史研究』 199, 1979, 38쪽).

일어날 경우에 대비하여 적어도 다이묘의 경우에는 '무'를 중시하지 않으면 안 되었다. 이러한 시대적인 분위기는 적어도 도쿠가와 바쿠후가 성립된 후 50여 년이 지날 때까지, 17세기 전반을 통하여 계속되었다고 하여야 할 것이다.

이런 시대의 무사들이, 더구나 혈통에 의하여 신분과 역직(役職)이 보장되었던 그들이, 출세에 직접적인 관련이 없는 유학에 뜻을 두고 '문(文)'적 교양을 쌓는 데 열심이었다고 볼 수는 없다. 대부분의 무사에게 있어서 유학은 관심 밖의 것이었을 뿐만 아니라, 오히려 적대적이었다. 『등수선생년보(藤樹先生年譜)』는 간에이(寬永) 원년(1624), 이요(伊予)의 마쓰야마번(松山藩)에서 교토(京都)의 승려를 초빙하여 무사를 대상으로 하여 『논어(論語)』를 강의하게 했으나, 수강을 원하는 무사는 없었다고 한다.[43] 또 젊은 날의 나카에 도주는 낮에는 종일 제사(諸士)와 어울리고, 깊은 밤에는 사람들의 눈을 피해서 유서(儒書)를 읽지 않으면 안 되었다.[44] 학문하는 무사를 오히려 비방하는 경우가 많았기 때문이다.

무사와 학문과의 '거리'는 17세기 후반이 되어서도 좁혀지지 않았다. 메이레키(明曆) 3년(1657)에 태어난 아라이 하쿠세키(新井白石)는 "어릴 때 본 무사 중에 서책 등에 관하여 아는 자는 겨우 10인에 1인이나 있을까 말까 하였다."[45]고 말하고, 또 5대 쇼군 도쿠가와 쓰나요시(德川綱吉)시대까지는 무사의 유학에는 무지(無知)가 상상 이상이었다고

42) 「圓覺院樣御傳十五箇條」, 『名古屋叢書』 1 (名古屋: 名古屋市教育委員會, 1960), 33쪽.

43) 山井湧 외 교주, 앞의 책, 1974, 286-287쪽.

44) 山井湧 외 교주, 위의 책, 1974, 287쪽.

45) 市島謙吉 편, 『新井白石全集』 (國書刊行會 1907), 270쪽.

회상하고 있다.[46]『대학수가선생강의(大學垂加先生講義)』에도 당시에는 통치를 담당하는 상급 무사, 심지어는 일부 다이묘들까지도 "성현의 도를 몰라도 훌륭히 다스릴 수 있는 것이다. 배우지 않아도 괜찮다."[47]라고 공공연하게 말하고 있었다고 전하고 있다.

이상에서 살펴본 바와 같이, 본래적 의미의 '사'와는 거리가 먼 존재인 일본의 무사에게 '위'에서부터 '문'을 권장하는 데에는 한계가 있었던 것이다.

3. 태평시대의 무사와 '무국(武國)' 일본의 전통

일본 근세라는 시대는 전쟁이 없었던 긴 평화시대였던 것을 특징으로 하는데 도쿠가와 시대도 17세기 후반에 접어들어, 소위 메이레키(明曆)·간분(寬文) 연대가가 되면 평화가 정착된다. 물론 앞에서도 살펴보았듯이 17세기 전기를 통하여, 당시의 '태평'은 어디까지나 휴전으로 인식되었으며, 상시적인 임전 태세가 강조되었다. 그러나 현실적으로 전쟁이 없는 평화가 50여 년 계속되다 보면, 서민은 물론 무사도 임전 태세의 긴장감에서 해방되어, 차츰 '태평'시대의 생활에 길들여지게 되지 않을 수 없었던 것이다. 실제로 메이레키·간분기 연대를 기점으로 하여 무사의 정신적 태도나 생활에도 많은 변화가 있었다. 그 변화는 가히 괄목할 만한 것이어서, 일찍이 후루카와 데쓰시(古川哲史)는 메이레키·간분 연대의 그 변화를 '도덕사적(道德史的)인 대변동'이라고 지적하였다.[48]

---

46) 市島謙吉 편, 위의 책, 1907, 550쪽.

47) 西順藏 외 교주,『山崎闇齋學派－日本思想大系 31』(岩波書店, 1980), 40쪽.

야마가 소코『산록어류』는 소코의 문인(門人)들에 의하여 간분 3년(1663)부터 편집되기 시작하여, 동(同) 5년에 소코의 교정을 거쳐 출판되는데,[49] 특히 이 시기는 전국의 쟁란(爭亂)이 종식되고 '태평'이 유지된 지 60여 년이 경과하여, 전란의 체험자가 거의 없는 시기였다. 즉 도쿠가와 시대도 간분 연대에 이르면, 전국의 용맹했던 무사의 이야기는 이미 전설이 되어버렸고, 대부분의 무사는 '사(死)의 각오'를 상실한 나약한 무사로 변해 있었다.[50]

메이레키 · 간분 연대를 기준으로 하여 그 전시대인 '옛날'과 그 이후의 '풍속'의 변화를 비교한 것으로 유명한 신미 마사노리(新見正朝)는 그의 저서『석석물어(昔昔物語)』에서 다음과 같이 '옛날'을 회상하고 있다.

> 옛날에는 상사나 하사나 모두 모임에서 만났을 때의 이야기는, 옛날의 戰場에서의 이야기, 先祖가 공훈을 세운 것, 또는 당시의 武道 武藝에 관한 이야기가 전부였으며, 가벼운 이야기라고 한다면 茶湯에 관한 이야기 정도가 고작이었고, 이것 이외에는 없었다. 그런데, 지금은 대개는 음식과 遊興 · 損得利勘의 이야기로써 (중략) 立身의 방법의 이야기, 바둑 장기, 茶湯, 俳諧의 이야기 등을 한다.[51]

이와 같이, 메이레키 · 간분기 연대를 기점으로한 '풍속(風俗)'의 변화는 신미 마사노리와 동시대의 유학자인 무로 규소의 눈을 통해 봐도 괄목할 만한 것이었다. 규소는「준대잡화(駿臺雜話)」에서, 자기가 젊었

---

48) 古川哲史,「明暦 · 寛文年代の道德史的意味」,『近世日本思想の研究』(小山書店, 1948).

49) 佐佐木社太郎,『山鹿素行』(明德出版社, 1978).

50) 古川哲史, 앞의 논문, 1948, 254쪽.

51)『日本庶民生活史類集成』8 (三一書房, 1969), 397쪽.

을 때에는 대개는 고전군술(古戰軍術)에 관한 것을 듣고 기뻐하고 군부(君父)에의 봉공(奉公), 무사의 각오 등을 서로 이야기했는데, '지금'의 젊은이들은 대부분이 이해타산의 이야기 또는 여색(女色) · 유흥에 관한 것을 이야기한다고 회고하고 있다.[52]

'옛날'의 무사들은 필사(必死)의 각오로 사(死)의 일상 속에서 살면서 '사풍(士風)'을 잃지 않았다. 그런 시대에는 『석석물어』에 의하면 무사의 대열에 들지 못하는 무가봉공인(武家奉公人)조차도

> 나약한 모습을 보이지 않고, 호색에 관한 것에 쏠리는 기색도 없으며, 도검도 칼날이 선 것을 좋아하며, 武道의 용기를 오로지하고, 다른 사람에게 부탁을 받아, 혹은 다른 사람을 위하여 목숨을 버린다고 해도 개의치 아니하고, 상관을 존경하고, 主人과 노인을 공경하며 (중략) 근무하기 어려움을 아랑곳하지 않고, 한번 敵이라고 생각한 자는 용서하지 않았다.[53]

고 한다. 무가봉공인도 '사풍'의 영향을 받고 있었던 것이다. '사풍'이 살아있던 '옛날'에는 기골 있는 무사들이 많았으며, 아직도 그들은 전국시대를 경험한 부조(父祖)의 무훈을 기리고, 그것에 감격하여 전공(戰功)에 의한 영예만이 진정한 영예라고 생각하고 있었다. 다음과 같은 마쓰다 요베에(松田與兵衛)의 일화는 전형적인 예일 것이다.

> 교코쿠 다키히로(京極高廣)의 家臣 중에 마쓰다 요베에라는 武勇이 출중한 무사가 있었다. 그는 무용이 출중하였을 뿐만 아니라 관리로서의 자질도 겸비했던 인물이었다. 大坂의 陣에서 보급의 총책임자 역할이 부여되었는데, 그 역할을 훌륭하게 수행하였다. 도쿠가와 바쿠후는 요베에의 才腕을 높이 인정하여 직속 관료로 발탁하려고 하였다. 일개 다이묘의 陪

52) 古川哲史, 앞의 논문, 1948, 242쪽.

53) 古川哲史, 위의 논문, 1948, 254쪽, 재인용.

臣의 신분으로 바쿠후 直臣의 신분이 되는 것은 더할 수 없는 출세였을 터인데, 요베에는 전투에서의 공훈에 의하여 바쿠후의 직신으로 발탁된다면 명령에 따르겠으나, 算盤의 공적에 의하여 발탁되는 것은 무사로서의 本意가 아니라고 하여 일언지하에 그 명령을 '거절'하였다.[54)]

이와 같은 이야기는 아직 전국의 여풍(餘風)이 남아있던 17세기 초까지는 흔히 들을 수 있는 이야기였다.[55)] 그러나 세월이 지나, 메이레키·간분 연대 이후가 되면 사정은 많은 달라진다. '태평'시대에 태어나 전쟁을 모르고 성장한 17세기 후반기의 무사에게 전쟁의 이야기는 말 그대로 '옛날'의 이야기가 되어 있었다.

『앵무롱중기(鸚鵡籠中記)』에는 다음과 같은 사건에 관한 기록이 보인다.

고후쿠초(吳服町)에서 오쓰 단지로(大律丹治郎), 하야시 신고자에몬(林甚五左衛門)이 구경을 하던 중, 桑名町의 목수인 治兵衛의 아들과 옥신각신하다 그를 짓밟았다. 그러자 지베에의 아들은 곧 일어나 二人의 신분 높은 무사를 붙잡아서 동쪽의 도랑에 던지고, 衣類도 찢고 大小의 刀劍도 부수는 등 심하게 날뛰어 오쓰 단지로는 입이 조금 찢기고, 流血이 진흙에 범벅이 되고, 머리도 어지럽혀지고 하야시 신고자에몬도 같이 진흙 투성이가 되어, 코 위에 조금 상처를 입고, 엉금엉금 돌아가는 모양이 말할 수 없는 겁쟁이라고 町人까지 웃었다. 다지마 린조(田島林三)와 미야코 치쿠이치지로(都築市二郎) 이 두 사람도 동행하였는데 다투는 것을 보고 뒤도 돌아보지 않고 도망하였다.[56)]

---

54) 『江戶逸話事典』(新人物往來社, 1989), 43쪽.

55) 新井白石도 『折りたく柴の記』에서 父親인 新井正濟를 회상하면서 기골있는 武士들의 일화를 소개하고 있다[小高敏郎 외 교주, 『折りたく柴の記 - 日本古典文學大系 95』(岩波書店, 1964), 154-155쪽].

56) 朝日文左衛門, 『鸚鵡籠中記』 4 (名古屋: 名古屋市敎育委員會, 1969), 231쪽.

여기에는 서민의 무례한 행동이 있으면 즉석에서 목을 베었고,[57] 동료가 위험에 처해있을 경우에는 목숨을 버려서라도 그 어려움을 구하는 의리를 보였던 무사, 그렇기 때문에 서민에게는 공포의 대상이었으며 또한 존경의 대상이었던 일본 무사상과는 정반대의 나약하고 의리 없는 무사가 등장한다. 이 사건은 메이레키·간분 연대 이후에는 무가사회에서도 '사풍'을 발견하기가 어렵게 되었음을 상징하는 것이었다.

앞에서 언급한 바와 같이, '태평'시대에도 다이묘들은 일단 유사시에 대비하여 군사 조직을 유지하고 있었고 많은 수의 무사를 가신으로 거느리고 있었다. 그들 중 일부는 발탁되어 문관직에 보직되기도 하였으나, 대다수는 군제(軍制)에 편성되어 봉지(封地)나 봉록을 받고 있었다.[58] 그러나 태평시대가 계속되자 대다수의 무사들은 일상적으로 담당해야 할 업무다운 업무가 없는 실정이었다. 부서(部署)에 편성은 되어 있었으나 형식적이었으며, 경비(警備)를 설 경우에도, 대부분이 복수월번제(複數月番制)였기 때문에 근무는 매우 한가한 편이었다. 무사의 근무 실태는 『앵무롱중기』의 저자이며, 오와리(尾張) 도쿠가와가의 하급 무사였던 아시히 분자에몬(朝日文左衛門)의 경우를 통하여 살펴보면, 월 3회 정도만 근무하면 별다른 공무(公務)는 없었다.[59] 다시 말하자면 관직에 보직되지 않은 중·하급 무사들은 거의 매일을 집에서 보내고 있었다. 물론 원칙적으로 그들은 집에 있으면서 '불려(不慮)의

---

57) 근세 사회를 통해서 武士들에게는 切捨御免의 특권이 주어져 있었다. 즉 서민이 武士에 대하여 무례한 행위를 하였음이 증인 등의 증언에 의하여 객관적으로 확인되었을 경우, 무례를 당한 武士가 즉석에서 서민을 살해하여도 法에 의하여 처벌되지 않았다. 실제로 위의 사건에서 大律丹治郎 등의 가문에서 가해자를 처벌해 줄 것을 町奉行所에 진정하자 町奉行은 "즉석에서 베어 버렸으면 아무 일도 아닌 것인데"라고 말하고 있다.

58) 脇田修, 『元祿の社會』 (塙書房, 1980), 20쪽.

59) 加賀樹芝郎, 『元祿下級武士の生活』 (雄山閣, 1970), 26쪽.

사태'에 대비하여 끊임없이 무예를 연마하지 않으면 안 되었다. 즉 무예의 수련이 그들의 직분이었다. 그러나 태평시대가 계속되면서, 무사가 점점 그들의 직분에 충실하지 않게 되었음은 상상하고 남음이 있다. 원칙이야 어찌되었든, 점점 마땅히 힘써야 하는 직분에 태만하고, 그렇다고 업무다운 업무도 수행하지 않는 태평시대 무사의 모습이 '농공상'의 눈에는 어떻게 비쳤을까? 현실적으로 마땅한 직업이 없는 유민(遊民)으로밖에 볼 수 없었다. 이런 현상에 대하여 구마자와 반잔도 "무사들 중에도 유민이 있다. (중략) 무도(武道), 무예(武藝)에 힘쓰지 아니하고, 유사시에 아무 소용이 되지 않는 자는 나라의 경고(警固)에도 도움이 되지 않는 바, 이것 또한 유민인 것이다."[60]라고 말하지 않을 수 없었던 것이다.

이상에서 살펴본 바와 같이, 특히 메이레키·간분기 이후, 무사의 '사풍'의 상실과 유민화 현상의 진전은 무사의 신분적 자각을 불러일으켰다. 무사는 먼저 스스로의 직분을 명확히 인식하고, 태평시대에 있어서도 결코 유민이 아니라는 것을 논리적으로 설명할 필요가 있었다. 무사가 유민이 아니라면 당연히 농공상의 유용성에 필적하는 직분이 있어야 하며 또 그것을 구명(究明)할 필요성이 있었던 것이다. 야마가 소코의 '사도론'은 이러한 사회적 요구를 배경으로 하여 성립되었다고 하여야 할 것이다.

야마가 소코의 사도론은 태평시대의 무사가 오랫동안 잊고 있었던 '무'의 가치 발견을 그 출발점으로 한다. 일본 근세 사회를 통하여 "일본은 무국(武國)이다."라는 것이 일반적 인식이었다. 그렇기 때문에 일본을 '인국(仁國)'이라고 주장하는 구마자와 반잔에 대하여 "일본은 무

---

60) 後藤陽一 외 편, 『熊澤蕃山－日本思想大系 30』(岩波書店, 1970), 386쪽.

국이다. 그런데 인국이라고 말하는 것은 무슨 이유인가."라고 반문했던 것이다. 이것에 대하여 반잔은 "용자(勇者)는 반드시 꼭 어질지 아니하다는 말은 참말이 아니다."라고 말하며, '무'를 지키기 위해서는 '인(仁)'이 필요하다는 것을 역설하고 있다.[61] 요컨대 반잔은 일본도 다른 나라인인 조선·중국과 같은 '인국'임을 주장하였던 것이다. 이에 대하여 소코는, 일본은 '무국'이라는 일반적인 인식을 적극적으로 수용하여, '무국'이기 때문에 이야말로 '무'를 지키지 않으면 안 된다고 주장하였다.[62] 소코는 "오늘날 무가(武家)의 정도(政道)는 무를 우선으로 하는 것이, 즉 당연(當然)한 법칙이라고 하여야 할 것이다."[63]라고 말하여 '무'를 원리로 하는 '오늘날'의 정치를 긍정했다.

소코는 또한, 일본은 '다른 나라들'과 다르게 '왕고(往古)'로부터 "무로써 우선하는" 나라였다는 것에 주목한다. 일본에서는 "왕고(往古)로부터 용무(勇武)로써 정벌하지 않으면 인심(人心)이 평온해지지 않는다."라는 말이 있듯이 '무'를 중히 여기는 풍속이 있다. 이러한 '본조(本朝)의 풍의(風義)' 때문에 '무'에 의한 정치가 필요했던 것은 말할 필요가 없다. 물론 '무'와 함께 '문'이 말해져 왔으나, 그것은 '문무의 균형' 때문이었으며, 어디까지나 '용무'가 근본이었다. 이와 같이 '본조의 풍의'는 다른 나라와는 본질적으로 다르기 때문에 "반드시 한(漢)·조(朝)의 예를 가지고 운운할 필요가 없는 것이다."라고 소코는 말한다.[64] 이것은 그가 '문'을 근본으로 하는 중국·조선에 대하여, '무'를 근본으로 하는 일본의 주체적 질서를 명확히 인식하고 있었다는 것을 보여주는

---

61) 後藤陽一 외 편, 위의 책, 1970, 179쪽.

62) 田中光郎, 앞의 논문, 1987, 11쪽.

63) 『山鹿素行集』 6 (国民精神文化研究所, 1940), 448쪽.

64) 『山鹿素行全集』 5 (岩波書店, 1940), 404-406쪽.

것이라고 할 수 있다.

소코가 '무'를 정치의 원리로 하는 무가 통치의 정당성을 용인하려고 하였던 것은 평화시대에 있어서 '무'의 가치를 적극적으로 평가하려고 하는 그의 정신적 태도에서 기인하는 것이다. 그는 "세상이 장구히 승평(承平)에 속하여서는, 사람들은 모두 문사(文事)를 오로지하여 치교(治教)에 무를 태만히 한다."[65]고 말한다. 즉 평화시대에는 '무'의 역할이 경시되고, 그 가치가 약화되는 것이 일반적이다. 중국과 조선에는 '난세(亂世)'에는 '무'의 힘을 용인하면서도 '치세(治世)'에는 '무'에 의한 통치를 받아들이지 아니하는 전통이 있다. 즉 문치(文治)가 정치의 원리였다. 이에 대하여 일본에는 이미 오랫동안 무가 정권시대가 계속되었던 것에서도 알 수 있듯이, '치세'에도 무치(武治)가 정치의 원리였다. 이와 같은 전통을 가진 일본에서는 무를 태만히 하기 쉬운 평화시대일수록 '무'의 가치가 강조될 필요가 있다. 그렇기 때문에 소코는 '치구(治久)의 세(世)'일수록 '무를 오로지 수련'하지 않으면 안 된다고 주장한다.[66] 평화시대에도, 아니, 평화시대이기 때문이야말로 '무'는 가치 있는 것으로 인식되지 않으면 안 되었던 것이다.

4. 무사의 직분(職分)

'무'의 가치의 재발견 작업이라고 할 수 있는 소코의 사도론, 특히 그 사도론의 중핵을 이루는 직분론(職分論)의 상당 부분은 유학이 아니고 병학에, 구체적으로는 그의 스승인 호조 우지나가(北條氏長) 사도론에

65) 위의 책, 1940, 433쪽.

66) 위의 책, 1940, 433쪽.

서 유래하고 있다.

우지나가의 '사감용법(士鑑用法)'에 의하면, '사법(士法)'이란 '사(士)', 즉 무사가 알아두지 않으면 안 되는 작법(作法)을 말하는데, 이때 '사'의 직분이 문제가 된다.

> 農이 그 나라에 盛하면 食이 되며, 工이 그 나라에 성하면 器가 되며, 商이 그 나라에 성하면 寶가 된다. 그렇지만 나라에 守護가 없을 때에는, 경작하지 않고 먹으며, 일하지 않고 집에 居하며, 거래하지 않으면서 보를 빼앗는 三民을 괴롭히는 사악한 자가 나온다. 이것을 盜人이라고 한다. 그 도인을 정벌하여 태평의 세상을 만드는 役人을 士라 한다.[67]

이상에 의하면 "도인(盜人)을 정벌하여 태평의 세상을 만드는"것이 '사(士)'의 역할이다. 무력에 의한 평화의 유지가 무사의 직분이라는 인식이다. 다시 말하자면 우지나가의 직분론은 '무'의 가치에 기반을 두고 있다고 말할 수 있다.

이미 이시이 시로도 지적한 바와 같이, 소코가 『산록어류(山鹿語類)』의 「사담(士談)」편, '지기직분(知己職分)'의 장(章)에서 "무적(武的)인 것뿐만" 예로 들면서 "오로지 '무'에 대하여 언급하고 있는" 것은[68] 소코의 직분론이 병학자(兵學者)인 스승 호조 우지나가(北條氏長)의 사상을 충분히 계승하고 있다는 것을 보여주는 것이다. 예를 들면 『무교요록(武教要錄)』에서 "삼민(三民)은 본래 어리석다. 고(故)로 사는 이들의 장(長)이 되어 교화무육(教化撫育)하고, 사(邪)를 제압하고 정(正)을 드날리어, 삼민(三民)으로 하여금 그 가업(家業)에 힘쓰게 한다."[69]고

---

67) 『日本兵法全集』 3 (人物往來社, 1967), 180쪽.

68) 石井紫郎, 앞의 논문, 1986, 注6.

69) 『山鹿素行集』 2 (國民精神文化研究所, 1940), 345쪽.

말하고 있는 경우에도, '사'의 사회적 역할은, 단순히 도덕적인 '교화무육(教化撫育)'에만 있는 것이 아니고, 군사적인 수단에 의하여 '사(邪)를 제압하고 정(正)을 드날리는' 데 보다 적극적인 의미를 부여했다고 할 수 있다. 『산록어류』「사도」편의 직분론이 병학의 설명을 목적으로 한 것은 물론 아니나, 소코는 무사의 직분을 '무'의 측면에서 '구명'[70]하려고 하였던 것이다.

> 대저 士의 職이란 그 몸을 생각해 보건대 主人을 얻어 奉公의 忠을 다하고, 朋輩와 어울려 신(信)을 두텁게 하고 홀로 있을 때 삼가서 義를 오로지 함에 있는 것이다. 그리고 내 몸에 父子, 兄弟, 夫婦의 부득이한 교접이 있다. 이것은 또한 천하 만민이 각기 없어서는 안 될 인륜이라 할 수 있지만, 農工商은 그 직업에 여가가 없음으로 하여 常住 相從으로 그 도를 다 할 수 없다. 사는 농공상의 업을 젖혀 두고 이 길을 오로지 힘써 삼민의 속에 조금이라도 인륜을 어지럽히는 무리들을 신속히 벌함으로써 천하에 天倫이 올바르길 기대한다.[71]

---

70) 『山鹿語類』의 제22권 「士道」篇은 다음과 같이 시작되고 있다. "사람은 혹은 경작하여 食을 영위하고, 혹은 궁리하여 器物을 만들며, 혹은 서로 交易하여 이윤을 얻으며 天下의 필요에 응한다. 이리하여 農工商이 不得已 相起하였다. 그런데 士는 경작하지 아니하고 살며, 만들지 않고 사용하며, 매매하지 않고 利를 취하니 그 까닭은 무엇인가. 내가 금일 이 몸을 돌아보건대 父祖 代代 弓馬의 家門에 태어나 朝廷奉公의 몸이 되니 不耕不造不沽의 士인 것이다. 士로써 그 職分이 없을 수 없다. 職分이 없이 食用이 충족하다면 遊民이라 할 것이니, 오로지 이 몸에 대하여 상세히 성찰하여 생각할 일이다. (中略) 士가 만약에 힘쓰지 아니하고 온전히 일생을 마친다면, 하늘의 賊民이라 할 것이다. 그렇다면 士에게 어찌 職業이 없으랴 自省하여 士의 직분을 究明하다면 士의 職業이 비로소 드러날 것이다."
여기에서 素行은 먼저 '農工商'의 職分과 그 기원을 언급하고, '農工商'과는 달리 '不耕不造不沽'하는 '士의 직분을 究明'하려고 하였다. 이때 素行이 또한 "職分이 없이 食用이 충족하다면 遊民이라고 해야 마땅하다."라고 말하고 있음을 보건대, '農工商'의 '職分'에 필적하는 '士'의 유용성을 '究明'하려고 하였다고 할 수 있다. 그런데 前章에서 살펴보았듯이 素行의 職分論은 어디까지나 '武'의 발견을 그 출발점으로 하고 있는 것이다.

이 글은 소코의 사상을 연구하는 연구자들에 의하여, 소코가 '사'의 직분을 인륜 도덕의 실현에 두었다고 이해되고 있는 부분이다. 그러나 이것을 주의 깊게 분석해보면, 내용의 중심이 문장의 후반 부분에 있음을 알 수 있다. 즉 충효, 신의의 인륜 도덕은 "천하 만민이 각기 없어서는 안 되는" 덕목인 것이며, '사'의 독자적인 직분이라고 할 수 없는 것이다. 다만, 삼민은 생업에 바빠 충분히 실행할 수 없지만 '사'는 오로지 그것의 실천에 전념할 수 있다는 차이가 있을 뿐이다. 그렇다면 위 글에서 '사'의 독자적인 직분을 표현한 부분으로써 주목해야 하는 것은 "삼민의 속에 조금이라도 인륜을 어지럽히는 무리들을 신속히 벌함으로써 천하에 천륜이 올바르길 기대한다."라는 부분이 아닐까? 이러한 소코의 관점에서 바라보았을 때 '사'의 '직업'은 '무'라고 할 수 있다. 소코는 『산록어류』 권22 「사담」편에서 다음과 같이 말하고 있다.

> 세상이 承平에 속하여 세월이 이미 오래로써, 사의 직업이 겉으로 드러나지 않게 되어가니, 뜻이 있는 무리도 단지 慈愛의 뜻을 오로지 하고, 대장부의 몸가짐이 적어지기 때문에, 문은 두루 배우고 廣才를 말하며 道理를 높인다고 하여도 무에 힘쓰는 것을 알지 못함으로써 그 직업을 결국에는 게을리 하게 된다. 文武는 兩輪이니 어느 한쪽도 버릴 수는 없으나, 今日의 職分 이것은 무인 바 그 업을 기필코 힘쓰지 않는다면 그 직을 상실하게 될 것이다.[72]

소코는 태평시대가 되어 전쟁이 없어지자 "사의 직업이 겉으로 드러나지 않게" 되어서, '뜻 있는' 무사들도 "무에 힘쓰는 것을 알지 못함"을 지적하고, '문'도 결코 경시할 수 없지만 무사의 본래적 '직업'이 무엇인

71) 田原嗣郎 외 편, 『山鹿素行－日本思想大系 32』(岩波書店, 1970), 32쪽.

72) 『山鹿語類』 2 (國書刊行會, 1910), 440쪽.

지를 분명히 인식하여 "그 업을 기필코 힘쓰지 아니하면" 안 된다고 하며, 무사의 "금일(今日)의 직분 이것은 무"라고 단언한다. 태평시대 무사의 직분을 구명하는 것이 소코의 목적이었는데, 그것은 결국 '무'에 귀결되고 있는 것이다. 그것은 어쩌면 당연한 귀결이었는지도 모른다. "승평에 속하여 세월이 이미 오래"되어서 무사가 "무에 힘쓰는 것을 알지 못함으로써 그 직업을 결국에는 게을리 하게" 되었다고 하여도, 무사가 '무'를 '직업'으로 한다는 것은 어떤 의미에서 상식에 속하는 것이었으며, 소코는 바로 그 상식을 전제로 하여 논의를 전개시켰다고 볼 수 있기 때문이다.

그러면 무사의 직분으로서의 '무'란 구체적으로 무엇을 의미하는가? 소코는 "인륜을 어지럽히는 무리들을 신속히 벌"[73]하는 것이라고 말하고 있는데, 그것은 곧 사회 치안 담당자로서의 무사의 역할을 말하는 것이다.

직분이란 사회 속에서 개인 혹은 신분계층이 담당하는 역할과 그 역할에 수반되는 책임을 동시에 포함하는 의미로 사용되는 관념이라고 말한다면, 역할에 수반되는 책임은 '사농공상' 모두에게 요구된다고 해야 할 것이다.[74]

'농공상'은 의 · 식 · 주의 생산과 유통이라는 역할을 담당함으로, 사회의 재생산에 공헌해야 한다는 책임이 있다. 그에 대하여 '사'는 '농공상'을 '경고'하는 역할을 담당하여 치안과 질서를 보존함으로써, '농공상'으로 하여금 안심하고 맡은 바 직업에 종사할 수 있도록 해야 하는 책임이 있는 것이다. 요컨대, 치안 유지의 책임, 그것이 무사의 직분으로써 '무'인 것이다.

---

73) 위의 책, 1910, 440쪽.

74) '職分'의 개념에 대해서는 石井紫郎, 앞의 논문, 1986, 181쪽 참조.

여기에서 주의해야 할 것은 필자가 소코의 직분론에 있어서 '무'적인 것을 강조한 것은, 곧 필자가 소코의 사상에서 '문'적인 것은 무사에게 있어서 의미 없는 것이라고 주장하고자 함이 아니라는 점이다. 앞의 글에서 소코가 "문무는 양륜(兩輪)이니 어느 한 쪽도 버릴 수는 없으나, 금일의 직분 이것은 무"[75]라고 말한 부분을 상기한다면, 소코도 결코 '문'을 무시한 것은 아니다. 다만 문맥상에서 살펴볼 때, 소코는 '무'의 가치를 '문'의 가치에 우선 시켜, 무사에 있어서 '무'의 의미를 특히 강조하고 있는 점은 분명하다. 소코의 이러한 태도는 소코가 "무가는 무를 우(右)에 두고 문을 좌(左)에 둔다. 고로 관위(官位)도 정이대장군(征夷大將軍)을 으뜸으로 한다."[76]고 말하고 있는 것에서도 확인할 수 있다. 여기에서 '우무좌문(右武左文)'은 단순한 병렬(竝列)이 아니다. '무'를 숭상하고 '문'을 비하한다는 의미이다. 이것은 소코의 사상이 일반적으로 '문'을 숭상하고, '무'를 비하하는 정통적인 유학에 뿌리를 두고 있지 않음을 보여주는 것이다. 소코가 유학자이기 이전에 병학자였다는 사실은 그 시사하는 바가 크다고 말하지 않을 수 없다.[77] 주지하는 바와 같이 유가와 병가는 그 계통을 달리하며, 유학과 병학은 이질적인 것이 많다. 유학은 '문'으로 상징되며, 병학은 '무'로 상징되기 때문이다.[78] 그렇다면 특히 '무'를 강조한 소코를 정통적인 유학자의 계열에서 분리시켜 병학자의 계열로 파악하고, 그 사상도 정통적인 유학 사상에 뿌리를 두고 있지 않고, 일본 전통적인 무사도에 뿌리를 두고 있다고 보아야 할 것이다.

---

75) 『山鹿語類』 2 (國書刊行會, 1910), 440쪽.

76) 『山鹿素行集』 6 (國民精神文化研究所, 1940), 447쪽.

77) 石岡久夫, 『山鹿素行兵法學の史的研究』 (玉川大學出版部, 1980) 참조.

78) 藤堂明保, 『'文'の漢字 '武'の漢字』 (德間書店, 1977), 194쪽.

무사도라고 하면, 일반적으로 무사의 도덕으로 규정되어 오직 정신적인 면만 강조되는 경우가 많다. 그러나 일본에서는 무가 사회를 통해서, 무사도란 전투자의 능력, 자질 등 다분히 기술적인 것을 의미하는 경우가 많으며, 무사 도덕 일반을 의미하는 것만은 아니라는 점을 지적해 두지 않을 수 없다. 그것은 일본의 경우, '도'가 갖는 의미가 중국과 조선의 경우보다 다분히 기술적으로 이해되어 왔기 때문일 것이다. 예를 들어보면, 중세의 '직인'을 '道々の者'라고 하는 경우, 그들이 보유하고 있는 직능을, 즉 '도'라고 표현하고 있는 점에 주목해야 한다.[79] 일본 중세에서는 무사 또한 '직인'으로 분류되었으며, 그 무사가 가진 직능, 곧 '무예'를 '도'라 표현하였던 것이다.[80]

여기서 잠시 야마가 소코 등이 무사의 직분을 어떻게 설명하였던가를 상기해 보자. '도인(盜人)을 정벌'하는 것, '인륜을 어지럽히는 무리들을 신속히 벌하는 것', '천하를 경고하는 것' 등으로 표현하고 있다. 이와 같이 무사의 직분을 도덕적인 면보다는 주로 기술적인 면에 초점을 맞추어 설명하려고 한 것은 소코의 직분론이 일본 전통의 무사도에 뿌리를 두고 있다는 것을 보여주는 것이다.

그러나 소코의 직분론은 무사도의 기술적인 면에 전적으로 규제되지 않고 '무'의 정신, 즉 '의'를 강조하는 것을 잊지 않고 있다.

> 武義에 관하여는, 내 몸을 버려 다른 사람을 위하는 일을 한다면 後難이 적을 것이다. 몸을 세워 다른 사람을 위하여 힘쓰지 아니하고, 도망해서는 안 되는 경우에 도망한다면, 不義인 것이며, 사람의 道가 아니다.[81]

---

79) 網野善彦,『日本中世の民衆像』(岩波書店, 1980), 109쪽.

80) 石井進,『中世武士團－日本の歷史 12』(小學館, 1974), 235쪽.

81)『山鹿素行全集』8 (岩波書店, 1940), 298쪽.

무사는 다른 사람의 딱한 사정을 보면 목숨을 걸고 도와야 하며, 그것이 곧 '의'인 것이다. 비록 사투(私鬪)가 법에 의하여 금지되었다고 하더라도, 시정(市井)에서 불의에 사투가 발생하였을 때 자기 목숨만을 위하여 "도망해서는 안 되는 경우에 도망한다"면, 그것은 무사 사회의 불문율이 용서하지 못하는 '불의'인 것이다.[82] 요컨대, '무'는 전투자로써 능력과 자질만으로는 완전하다고 할 수 없는 것이다. '무'는 그것의 기술적인 면에 '의'의 정신이 내재함으로써 비로소 완성되는 것이다.

무사 직분의 형식으로서의 '무'와 더불어 내용으로서의 '의'를 강조하는 소코의 사상은 17세기 말부터 유행하는 무사가훈의 중요 내용으로 성립하여 적어도 무사 사회에서는 보편적인 사상으로 뿌리내리게 된다.[83] 『주정가교령(酒井家教令)』은 '무'의 역행과 더불어, "무사된 자의 직분은 의에 힘쓰는 것"임을 강조하고 있다.[84] 또한 『정장가훈(貞丈家訓)』은 무사의 직분에 대하여 언급하면서, "무예는 여러 가지 몸에 익혔다고 해도 무사의 마음을 갖지 못하고, 무사의 몸가짐을 갖지 못한 자는 정인(町人) 백성이 무예를 몸에 익힌 것과 같을 뿐이다."[85] 라고 말하고 있는데, 무사됨을 외면적인 것에서 보다 내면적인 것에서 구하려고 하고 있는 것이 주목된다. 여기서 '무사의 마음', '무사의 몸가짐'이란 곧 '의'를 의미한다고 말 할 수 있겠다. 『우태가훈(羽太家訓)』에서도 무사의 직분에 관하여 "무사(武事)를 오로지 힘써야 함은 제일의 직분인 것이다."라고 하면서, "사는 무엇을 도세(渡世)로 하는가 하고 생

---

82) 水林彪, 「近世の法と國制研究序說(五) 一紀世州を素材として一」, 『國家學會雜誌』 94-9 · 10, 1981, 668쪽 이하 참조.

83) 佐藤仁美, 「近世武家訓における武士の職分」, 『立命館史學』 5, 1984.

84) 石井紫郎 편, 『近世武家思想 - 日本思想大系 27』 (岩波書店, 1974), 52쪽.

85) 石井紫郎 편, 위의 책, 1974, 94쪽.

각해 보면, 의를 팔고 그 의로서 하삼민(下三民)을 교도(敎導)하는 직분인 바"[86] 라고 하며 무사 정신에 있어서 '의'의 중요성을 강조하고 있다. 18세기 초기 성립된 것으로 보이는 『武士としては』에는

> 士로써 義理를 저버려 법을 범하지 말라. 이 법을 어겼을 때에는 農工商의 三民에게는 매우 악랄한 자, 大惡人인 바 주야로 방심하지 말고 의리에 따르는 것이 사의 책무라고 깊이깊이 생각하여 힘쓸 일이다.[87]

라고 하여, '의리'는 특히 '농공상'에 대한, 무사의 자기 규제를 위한 '법'임을 강조하여 그것을 지킬 것을 요구하고 있다. '의리'를 저버리는 자는 '대악인'이라고 단언하고 있는 것에서 '의리'를 얼마나 강조하고 있는가를 엿볼 수 있다. 여기서 '법'이란 무사 사회 내부의 불문율을 의미하는 것으로, 그것을 저버렸을 때 무사 사회 내부에서 가해지는 규제는 상상 이상의 것이었다고 생각된다.[88]

그리고 무로 규소(室鳩巢)가 무사의 도의를 설명한 것이라고 하는 『명군가훈(明君家訓)』에도 '사의 직'으로써 '의리'를 들고 있다.

> 예로부터 四民으로서 천하의 사람을 士農工商의 四色으로 나누어 놓고 각기 주된 바의 職을 붙여 부르게 되었다. (중략) 義理라고 하는 것 하나는 사의 직으로 정하여 놓았던 것이다. 이 의리라고 하는 것은 색도 없고 냄새도 없는 것인 고로 저 삼민의 所作과는 다른 것이니 (중략) 사라고 하는 것을 세워 의리를 지키게 하여 저 삼민 위에 두게 되었다.[89]

---

86) 近藤齊,『近世以降武家家訓の研究』, (風間書房, 1975), 230쪽.

87) 『武士としては』, 國立筑波大學所藏.

88) 水林彪,「近世の法と國制硏究序說(三)」,『國家學會雜誌』91-5 · 6, 1978, 353쪽 이하 참조.

89) 石井紫郎 편, 앞의 책, 1974, 80-81쪽.

이 『명군가훈』은 18세기 초에, 무사라면 누구나 품에 넣고 다녔다고 일컬어질 만큼 대유행하였는데, 이 가훈의 유행과 더불어, 무사의 직분은 형식으로서의 '무'와 내용으로서의 '의리'라는 사상이 일본 사회에 정착하게 되는 것이다.

5. 맺음말

근세 전기에 있어서 '사농공상'이라는 개념, 특히 '사'의 개념이, 일본 역사의 실태를 반영한 것이 아니고, 중국 · 조선 사회의 구조를 설명하는 데 적합한 개념이었다고 보는 것이 타당하다면, 본래, '문'으로 상징되는 '사'의 개념을 '무'로 상징되는 일본 무사에게 적용하는 것은 처음부터 무리였을지도 모른다. 근세 무사는 그 본질에 있어서 유교적 '사농공상'의 질서 성립의 전제 조건 그것에 대한 적대자였던 것이다. 결국 바쿠후 권력과 유교적 '사도론자'들은 본질적으로 전혀 용인될 수 없는 실태로서의 근세 무사와 '수입'된 개념인 '사'와의 사이에서 17세기를 통하여 방황했다고 말할 수 있다.

근세 무사를 직분 질서에 참여시키기 위해서는, 위에서부터 일방적으로 '문'을 권장하기보다는 전투자로서의 무사의 본질과 그 존재의 의의를 인정하여 무사를 정점으로 하는 직분의 질서를 재구성하는 것이 타당하였을 것이다. 다시 말하자면 당시 사회의 실태적 질서를 적극적으로 반영하여, 내용에 적합한 '틀'을 구성하지 않으면 안 되었던 것이다. 이런 관점에서 보았을 때, 당시의 상식에 입각하여 무사의 직분을 논리적으로 설명하려고 한 소코의 시각은 탁월한 것이었으며, 그렇기 때문에 설득력을 갖고 있었던 것이다.

직분론은 '사농공상'의 분업론에 의하여 현실의 사회 구조를 설명하는 것이다. 다시 말하자면 사회 속에서 '사농공상'의 각 신분 계층이 담당하여야 할 역할과 그 유동성을 이론적으로 설명한 것이다. 사회적 동물인 인간은 상부상조함으로써 비로소 공존할 수 있는 것이기 때문에 특히 사회적 유용성이 강조되는 것이다. 야마가 소코가 무사의 직분을 구명하려고 하였던 것도 '농공상'의 유용성에 필적하는 '사'의 유용성을 발견하기 위해서였다.

야마가 소코의 직분론은 중국·조선의 그것을 전용한 것이 아니고 근세 일본의 현실에서 형성된 논리였다는 것에 주목하지 않으면 안 된다. 일본 근세를 통하여, 무사의 속성은 전투자라는 것이 본질이었다는 것을 생각하면, 소코가 무가 정권시대에 있어서의 '무'의 가치를 적극적으로 평가하고, 그것은 평화시대에 있어서도 여전히 무사의 직분임을 구명함으로써 비로소 근세적 직분 질서가 형성되었다고 할 것이다.

제2부

근대 전환기의 사회변동과 근대적 질서의 모색

18세기 후반~19세기 전반 주자학적 지식체계의 균열과 그 의미

조성산

1. 머리말

18세기 후반에서 19세기 전반기는 청(淸) 제국 중심의 동아시아 질서가 최극점에 이르면서 사고전서(四庫全書, 1782) 등의 문화적 성과들이 나오고, 그로 인해 지식정보들이 난만(爛漫)히 발전해가던 시기였다. 영·정조대를 거치면서 청나라로부터 많은 서적들이 들어오고 자체 문물의 정비를 통하여 조선 또한 다양한 지식들을 정리하고 만들어갔다. 당대 많은 장서가(藏書家)들의 출현과 다양한 서적들의 유통은 이를 잘 말해준다.[1] 이러한 상황에서 동아시아 질서의 변화를 예민하게 인지한 일부 지식인들은 조선의 전통적 지식체계에 대해서 회의하기 시작하였다.

그들은 주자학의 지식체계에 대해서 문제를 제기한 것이다. 이 부분

---

1) 강명관, 「조선후기 서적의 수입·유통과 장서가의 출현」, 『조선시대 문학예술의 생성공간』(소명출판, 1999); 김영진, 「朝鮮後期 明淸小品 수용과 小品文의 전개 양상」, 고려대 박사학위논문, 2003, 25-35쪽; 김영진, 「조선후기 실학파의 총서편찬과 그 의미」, 『한국한문학연구의 새지평』(소명출판, 2005); 안대회, 「『패림』과 조선후기 야사총서의 발달」, 『남명학연구』 20, 2005.

에 대한 연구는 정약용(丁若鏞, 1762~1836)과 최한기(崔漢綺, 1803~1877)를 중심으로 이미 적지 않은 인물들을 통하여 조명된 바 있다. 하지만 본 글에서 주로 다루고자 하는 풍산(豊山) 홍씨(洪氏), 대구(大邱) 서씨(徐氏) 인물들은 정권에서 소외된 인물들이 아니라 오히려 문화와 정치 영역의 중심에 있었던 이들이었다.[2] 주변부가 아닌 중심에 위치해 있었던 사람들에게서 발견되는 그러한 변화들은 주자학적 질서의 균열이 중심에서 어떠한 방식으로 전개되어 나타났는가를 살피는 데 유효한 시각을 줄 수 있다.

본 글에서 주로 살필 풍산 홍씨와 대구 서씨 인물들은 박지원(朴趾源, 1737~1805)과 긴밀한 관련성을 가졌던 인물들로서 연암그룹의 후속 세대라고 부를 수 있을 정도로 상당한 교류가 있었다.[3] 뿐만 아니라

---

2) 본 글에서 주로 다룬 인물들은 풍산 홍씨 洪吉周, 洪翰周 등과 대구 서씨 徐命膺, 徐瀅修, 徐浩修, 徐有榘, 徐有本 등이다. 당시 풍산 홍씨 洪奭周, 洪吉周, 洪顯周는 당대 손꼽히는 문벌로서 알려졌다. 7대조 洪柱元(1606~1672)이 宣祖의 부마였으며, 조부 洪樂性(1718~1798)은 영의정을, 증조부 洪象漢(1701~1769)은 판서를 역임하였다. 홍석주는 대제학을 거쳐 좌의정에까지 올랐다. 아버지 洪仁謨(1755~1812)는 令壽閤 徐氏(1753~1823)와 결혼하여 이들 형제들을 낳았는데, 서씨는 徐迥修의 딸로서 대구 서씨 서유구 가문과도 일족이었다. 영수합 서씨는 『令壽閤稿』를 남겼다. 홍석주는 『淵泉集』을, 홍길주는 『峴首甲稿』·『縹礱乙幟』·『沆瀣丙函』·『孰遂念』을 남겼고, 홍현주는 正祖의 사위로서 『海居齋詩文集』을, 누이 洪原周(1791~?) 또한 『幽閑堂詩集』을 남겼다. 이처럼 모든 가족들이 문집을 남길 정도로 文翰에 뛰어났다. 대구 서씨 가문은 徐命善(1728~1791)이 正祖의 즉위에 기여한 이래로 현달할 수 있었다. 서명선은 영의정에까지 올랐으며 서명선의 형 徐命膺은 대제학에 임명되었다. 특히 서명응은 상수학과 천문역법에 밝았고 이러한 능력으로 정조대 관료로서 활약하였다. 그의 후손들도 이 분야의 학문에 두각을 나타내었고 이를 기반으로 농학과 명물도수지학에도 커다란 재능을 보였다. 상수학과 천문역법은 그 집안의 家學으로 정립되었다. 서유구의 『林園經濟志』도 이러한 가학 속에서 나올 수 있었다. 풍산 홍씨와 대구 서씨 가문은 많은 서적들을 가지고 있었으며 새로운 지식에도 민감하게 대응했다는 점에서 19세기 전반을 대표하는 京華士族이었다. 이 두 가문을 통하여 당시 경화사족의 지적 동향과 사상적 움직임들을 효과적으로 살펴볼 수 있으리라고 생각한다.

정약용과 그의 제자그룹이었던 다산학단(茶山學團) 인물들과도 일정한 교유가 있었다.[4] 19세기 전반 북학파 · 다산학단과 동시에 관련 맺었다는 점에서 볼 때, 그들은 사상적으로 독특한 위치를 점하였다고 말할 수 있다. 또한 그들이 각각 당대 노론과 소론 학맥의 대표적인 인물들이었고, 소옹(邵雍, 1011~1077) 상수학(象數學) 연구와 서학(西學) 수용에 예민하게 반응했던 점도 그들의 사유가 이 시기를 일정 정도 대표하고 있음을 말해준다. 곧 그들은 19세기 전반 조선 사상사의 한 특성을 파악할 만한 학문적 위치에 있었던 것이다. 본 글은 그들의 주자학과 서학 논의의 일단을 살펴보고, 이를 통하여 그들에게서 특징적으로 나타났던 지식정보의 유통과 변주가 어떠한 사상적 기반에 근거하였는가를 조망하고자 한다. 또한 이것이 19세기 전반 특징적으로 일어난 불교와 도교에 대한 포용 등과 어떻게 유기적으로 연관되었는지를 살펴보고자 한다.

그간 이 부분에 대해서는 정약용을 중심으로 주자학적 질서의 해체 문제가 꾸준히 논의되어 왔고, 또한 이 시기 지식정보의 보급 및 확산에 대해서도 최근 들어 점차 연구가 확산되고 있다.[5] 하지만 주자학적

---

3) 가령, 洪吉周와 徐有榘는 朴趾源에게서 깊은 영향을 받았다. 다음 자료는 이를 잘 보여준다. 洪吉周, 『縹礱乙幟』 卷5, 「讀燕巖集」, "今余取鏡而觀今之吾 披卷而讀其人之文 其人之文 卽今之吾也"; 洪吉周, 『沆瀣丙函』 卷9, 「睡餘瀾筆續」 下, "楓石徐奉朝賀 酷好燕巖文"

4) 洪吉周와 丁若鏞의 교유가 확인되며(洪吉周, 『沆瀣丙函』 卷2, 「丁茶山承旨回巹壽序」), 洪翰周는 당색을 의식하지 않고 丁若鏞을 높이 평가하여 金正喜보다 나으며 중국에 갖다 놓아도 손색이 없을 것이라고 극찬하였다[洪翰周, 『智水拈筆』 卷8 (아세아문화사, 1984), 431쪽, "丁洌水若鏞午人也 … 此比之秋史高才實學 不啻過之 不但我國 近世一人 雖置之中國 當在紀曉嵐阮雲臺脚下有餘矣"]. 또한 대구서씨 가문 徐有榘의 庶子 徐八輔(1825?~1854)는 李晴과의 교류 속에서 『井觀編』을 지었다(문중양, 「19세기의 호남실학자 이청의 『井觀編』 저술과 서양 천문학 이해」, 『韓國文化』 37, 2006, 136쪽).

질서의 해체와 지식정보 보급과의 유기적 관련성을 집중적으로 다룬 연구는 미진한 실정이다. 18세기 후반 급격하게 늘어가는 서적의 양과 지식정보의 보급이 그 사회를 어떻게 변화시키고, 새로운 사유를 가능케 하였는가를 중심으로 본 연구를 진행하고자 한다.[6] 이를 통하여 19세기 전반 문화사의 한 특징과 단면을 조망하고자 한다.

2. 주자학의 이(理) 개념 비판

18세기 들어 청나라로부터 많은 지식정보들이 들어오면서 조선은

5) 김문용, 「조선후기 독서궁리론과 지식의 변화」, 『동양고전연구』 32, 2008; 진재교, 「李朝 後期 劄記體 筆記 研究－지식의 생성과 유통의 관점에서」, 『韓國漢文學研究』 39, 2007; 진재교, 「19세기 京華世族의 讀書文化－洪奭周 家門을 중심으로」, 『漢文學報』 16, 2007; 진재교, 「『智水拈筆』 연구의 一端－작가 홍한주의 가문과 그의 삶」, 『漢文學報』 12, 2005; 진재교, 「19세기 劄記體 필기의 글쓰기 양상－智水拈筆를 통해 본 지식의 생성과 유통」, 『韓國漢文學研究』 36, 2005; 김영진, 앞의 논문, 2005; 안대회, 앞의 논문, 2005.

6) 조선후기 마련된 주자학적 질서의 해체는 오랜 기간을 두고 이루어졌다. 본 글에서 집중적으로 다루고자 하는 18세기 후반에서 19세기 전반의 시기는 그러한 장기간의 과정이 일단락되고 새로운 비약을 위해 준비되는 때라고 할 수 있다. 이와 같이 추론하는 데에는 당시 지식의 소통과 교류가 이전 시기와는 비교할 수 없을 정도로 활발하였다는 점을 근거로 들 수 있다. 단적인 예로 서적의 유통을 보면, 洪顯周는 "서적의 번성이 지금과 같았던 적은 없었다."[洪顯周, 『智水拈筆』 卷1 (아세아문화사, 1984), 3쪽, "有歸於無 物極則反 亦理也 天下書籍之繁富莫今日如"]고 표현하기도 하였다. 그러한 점에서 볼 때, 19세기 이후 丁若鏞과 崔漢綺의 등장은 18세기 후반 이래 가속화된 주자학적 사유의 해체와 깊은 관련성을 가졌다고 할 수 있다. 본 글은 18세기 후반~19세기 전반 주자학적 질서 해체의 一樣相을 살펴봄으로써 이후 전개되는 주자학 질서의 해체 국면들을 이해하는 단서와 전제들을 찾아보고자 한다. 특히 풍산 홍씨와 대구 서씨라는 경화사족들에게서 모순되게도 주자학 해체의 단서들이 보인다는 사실은 주자학이 그 중심에서부터 어떠한 균열을 일으키고 있었는가를 살펴본다는 점에서 중요하다고 할 수 있다.

장서가들이 출현하고 많은 서적들이 유통되었다. 이러한 과정을 통하여 형성된 지식정보는 조선의 학계를 자극하면서 이에 상응하는 다양한 움직임들이 발생하였다. 그러한 가운데 기존에 지식을 통합하고 관리하는 방식, 즉 의리명분을 위주로 하는 주자학적 지식체계에 대한 비판이 일어났다. 수많은 상위(相違)하는 정보들을 통합하고 분류하는데 주자학의 이(理) 개념은 많은 한계를 보일 수밖에 없기 때문이었다. 지식의 축적이 비로소 그 지식을 분류하고 관리하는 방식에까지 문제제기를 하게 된 것이다.

하지만 주자학에 대한 문제제기와 비판은 학파와 당파에 따라 일률적이지 않았다. 이미 서인과 남인은 주자학을 이해하는 방식을 달리하고 있던 터라, 그 비판과 해체의 방식 또한 일률적이지 않았다. 본 글은 서인적 전통에 서있었던 노·소론 인물들의 주자학 균열 과정을 살펴보고자 한다. 그들은 이기불상리(理氣不相離)를 강조하면서 주자학의 이(理)를 '존재'의 문제로 파악하려는 성향이 강했고, 그 해체의 방향도 그러한 측면에서 전개되는 모습을 보였다. 주자학의 '소이연적(所以然的) 질서(秩序)'에 대한 회의와 대안의 모색이라는 측면에서 그 균열의 방향성을 살펴볼 수 있는 것이다.

본 글에서 집중적으로 다루고자 하는 일부 소론(少論)과 노론(老論) 지식인들은 주자학의 세계이해 방식인 이기론(理氣論)에 대해서 문제점을 지적하였다.[7] 이는 이광사(李匡師, 1705~1777)에게서 그 단초를 볼 수 있다. 그는 주희(朱熹)와 이이(李珥)가 이(理)를 '텅텅 비고 반신불수 같은 것[空空偏枯底物]'으로 간주했다고 비판했다.[8] 그러면서 이

---

7) 본 글은 李匡師, 朴趾源, 洪吉周를 중심으로 이 문제를 다루고자 한다. 그들은 비교적 명확하게 주자학의 理 개념에 대해서 비판하였고, 그 비판의 근거 또한 본 글에서 주목하고자 한 *所以然*의 측면에서 이루어졌다.

(理)가 갖는 소이연(所以然)으로서의 의미를 가장 우선시하였다.[9] 이와 동시에 그는 기(氣)는 선(善)한 것이라는 점을 강조하였다. 이(理)의 소이연으로서의 의미와 기의 선함을 강조하고 '이기불상잡(理氣不相雜)'보다는 '이기불상리'의 의미를 강조하는 것이 이광사 이기론의 요체라고 할 수 있다.[10] 이러한 이기론을 바탕으로 그는 자신의 세계관을 구축하고 인간에 대한 이해를 넓혀나갔다.

이러한 이광사의 입장은 이(理)의 소이연적 의미를 극단적으로 강조하고 당위적인 의미들을 탈각시켰다는 점에서 중요한 의의가 있다. 이는 이(理)를 규정적인 법칙으로 보지 않고 보편적이고 포괄적인 것으로 보았다는 점에서 이후 다양한 사유들과 결합할 수 있는 여지를 마련했다. 이광사가 서학을 활발히 받아들이면서 주자학의 이(理) 개념을 비판하는 것은 이러한 사유가 작용한 결과였다. 그렇다고 그에게 있어서 이(理)가 단순히 사물의 조리(條理)에 머무르는 무력한 존재는 아니었다. 오히려 강력한 힘을 갖는 사실의 체계였다.[11] 여기에 이광사 이기론의 본질이 있었고 이는 편견 없는 서학의 탐구로 연결되는 기반이 되었다. 서학의 언설이 의심할 수 없는 '사실'이라면 이를 통해서 새로운 소이연의 질서를 구축할 수도 있기 때문이다.[12] 이러한 이

---

8) 심경호, 『江華學派의 文學과 思想(3)』(한국정신문화연구원, 1995), 13쪽.

9) 李匡臣, 『先藁』, 「答道甫書」[심경호 · 길진숙 · 유동환 공편, 『신편 이광사 문집』(시간의 물레, 2005), 418쪽], "性卽理 卽太極 卽所以然者 而朱子以寂然不動者謂性 未發爲性 栗谷又以中與寂爲性爲理 而所謂寂然 所謂未發之中 是靜 靜卽陰 陰卽氣 氣卽旣然者 則中寂字 只合用於氣之陰一邊 而於性分上着中寂字不得 才着中寂字時 性便墮了陰靜一邊 而對待陽動一邊 是已然之氣 非所以然之理"

10) 이에 대해서는 조성산, 「圓嶠 李匡師(1705~1777)의 이기심성론과 자연학」, 『韓國人物史硏究』 10, 2008, 6-19쪽 참조.

11) 조성산, 위의 논문, 2008, 33쪽.

12) 청나라 학자 梅文鼎(1633~1721)이 중국의 역법이 所當然之運에 기초한다면, 서양의 역법은 所以然之原에 기초한다고 말한 것과 비교해 볼 수 있다(梅文鼎,

광사의 사유가 등장할 수 있었던 데에는 이제 주자학의 이(理) 개념을 가지고는 이 세상을 정합적으로 설명하기 어렵다는 현실인식이 전제되어 있었다.

이후 이러한 모습을 잘 보여준 것은 박지원의 「상기(象記)」라는 저작이었다. 박지원은 「상기」라는 글에서 코끼리를 통하여 사람들의 협애한 이(理) 이해에 대하여 다음과 같이 비판하였다.

> 이는 생각이 미치는 바가 오직 소 · 말 · 닭 · 개에만 있고, 용 · 봉황 · 거북 · 기린에는 미치지 못하기 때문이다. 코끼리는 범을 만나면 코로 때려눕히니, 그 코는 천하에 무적이다. 하지만 쥐를 만나면 코를 둘 곳이 없어 하늘을 쳐다보고 서있다. 장차 쥐가 호랑이보다 무섭다고 말한다면 이것은 예전에 말한 바의 이치는 아니다. 대저 코끼리는 오히려 눈으로 볼 수 있는 것인데도 그 이치의 알 수 없는 것이 이와 같으니 또한 하물며 천하의 사물 가운데 코끼리보다도 만 배나 복잡한 것에 있어서랴! 그러므로 성인이 『易經』을 지을 때 '코끼리 象字'를 취하여 지은 것은 만물의 변화를 窮究하기 위함이었다.[13]

박지원이 보기에, 코끼리라는 생경한 사물을 설명할 때 기존의 주자학적 이(理) 인식으로는 정확한 설명이 어려웠다. 그는 중국 연경(燕京)에서 목도한 코끼리를 통해서 더 이상 주자학의 이기론으로 복잡하고 다양한 세계에 대한 정합적인 설명이 불가능함을 이야기하고자 했던 것이다. 그러할 때 좀더 현실적이고 정교한 설명의 방법이 필요했

『梅氏叢書輯要』卷46, 「歷學疑問」1, 論中西二法之同, "是則中曆所著者 當然之運而西曆所推者 其所以然之原").

13) 朴趾源, 『熱河日記』卷14, 「別集」, 山莊雜記, 象記, "是情量所及 惟在乎馬牛鷄犬而不及於龍鳳龜麟也 象遇虎則鼻擊而斃之 其鼻也天下無敵也 遇鼠則置鼻無地 仰天而立 將謂鼠嚴於虎 則非向所謂理也 夫象猶目見而其理之不可知者如此 則又況天下之物萬倍於象者乎 故聖人作易 取象而著之者 所以窮萬物之變也歟"

다. 박지원의 「상기」는 당대에도 널리 읽혀 유득공(柳得恭, 1748~1807)은 천하지기(天下至奇)의 문장이라고 하면서 『고운당필기(高芸堂筆記)』에 「상기」를 전재하기도 하였다.[14] 「상기」는 『열하일기(熱河日記)』 가운데에서 가장 인기 있는 대목 가운데 하나였다고 한다. 이는 박지원의 이러한 인식에 공감하는 이들이 그만큼 많았음을 의미한다.[15]

이렇게 사물을 달리 파악하고 기존의 이해를 흔들어놓는 방식은 박지원이 까마귀의 색깔이 검은색뿐만이 아니라고 주장한 대목에서도 살펴볼 수 있다. 그는 「능양시집서(菱洋詩集序)」(『연암집(燕巖集)』 권6, 「별집」)를 통해서 까마귀의 색깔이 반드시 검은색뿐만이 아니라는 것을 통해서 고정적인 사물인식에서 벗어나고자 하였다. 이곳에서 박지원은 다문(多聞)을 강조하였다. 이른바 '본 것이 적으면 괴이하게 여기는 것이 많다.'라는 대목이 그것이다. 그러면서 '본 것이 적은 사람들이 해오라기를 기준으로 까마귀를 비웃고 오리를 기준으로 학을 위태롭다고 여기니, 그 사물 자체는 본디 괴이할 것이 없는데 자기 혼자 화를 내고 한 가지 일이라도 자기 생각과 같지 않으면 만물을 모조리 모함하려 든다.'고 하였다.[16] 이러한 인식은 몇 가지 주변적인 지식만을 가지고 서둘러 결론을 내려고 하는 것을 비판한 「상기」의 주제와 통한다.

---

14) 柳得恭, 『高芸堂筆記』 卷4, 「象記」[이우성 편, 『雪岫外史 外二種』 (아세아문화사, 1986), 395쪽], "朴燕巖熱河日記中象記一篇 余曾評以天下至奇之文 今錄全篇 以爲下酒一讀"

15) 박지원이 문인들에게 끼친 영향관계에 대해서는 김윤조, 「연암 문학의 계승 양상에 대한 한 고찰」, 『漢文學硏究』 10, 1995; 김윤조, 「實學派文學의 繼承樣相에 관한 硏究」, 『大東漢文學』 8, 1996 참조.

16) 朴趾源, 『燕巖集』 卷7, 「別集」, 菱洋詩集序, "達士無所怪 俗人多所疑 所謂少所見多所怪也 夫豈達士者 逐物而目覩哉 聞一則形十於目 見十則設百於心 千怪萬奇還寄於物 而己無與焉 故心閒有餘 應酬無窮 所見少者 以鷺嗤烏 以鳧危鶴 物自無怪 己迺生嗔 一事不同 都誣萬物"

박지원의 「홍범우익서(洪範羽翼序)」에서는 이러한 문제의식을 좀더 발전시켜 주자학의 이(理) 개념에 대한 비판과 대안을 제시하였다. 그는 오행으로 단순화하여 세상을 설명하는 것이 다양하고 구체적인 실제현상에 부합하지 못함을, 이제 그것을 설명하는 데 상당한 무리가 있음을 인지하였다.[17] 그는 '황극(皇極)을 세운다.'[건극(建極)]의 의미를 설명하면서 다음과 같이 말했다.

> 대저 皇極을 세운다는 것은 반드시 마땅히 이르러야 할 곳에 이르러 이치에 적중하기를 기약한다는 뜻이다. 후세의 학자들은 그렇지 않아서 명백하고 알기 쉬운 彝倫과 政事는 버려두고 반드시 어렴풋하고 고원한 圖像을 취하여 논설하고 쟁변하였으며 견강부회하여 먼저 스스로 어지러운 의견을 늘여놓았다. 이것이 학문이 공교해질수록 더욱 바름을 잃게 되는 이유인 것이다.[18]

박지원은 기존의 이론들이 명백한 인륜(人倫)과 정사(政事)를 도외시하고 고원한 형이상학적 이치를 추구하다보니 점점 더 현실에서 벗어나 버렸다고 지적하였다. 하지만 그렇다고 그가 이치를 전혀 무시한 것은 아니었다. 그는 건극(建極)을 '당연히 이르러야 할 곳에 반드시 이르며 이치에 맞기를 기약하는 것'이라고 정의하였다. 이로 보아 그는 고원한 형이상학을 추구하는 주자학과는 달리 일상에서 명백하고 쉬운 이치를 추구할 것을 제안했음을 알 수 있다.

---

17) 朴趾源,『燕巖集』卷1,「洪範羽翼序」, "萬物莫不出於土 何獨母於金乎 金之堅也 待火而流 非金之性也 江海之浸 河漢之潤 皆金之所滋乎石乳而鐵液 萬物無津則枯 奚獨於木而水所孕乎 萬物歸土 地不增厚 乾坤配體 化育萬物 曾謂一竈之薪 能肥大壤乎 金石相薄 油水相蕩 皆能生火 雷擊而燒 蝗瘞而焰 火之不專出於木 亦明矣"

18) 朴趾源,『燕巖集』卷1,「洪範羽翼序」, "夫建極者 必至其所當至 而期中於理也 後之學者不然 舍其明白易知之彝倫政事 而必就依俙高遠之圖像 論說之爭辨之 牽合傅會 先自汨陳 此其學彌工而彌失也"

위의 몇 가지 사례에서 보듯이 박지원이 존재 규명에 대해서 문제를 제기한 것은 이제 주자학적 인식체계로는 천하를 온전히 설명할 수 없다는 의식이 마련되었기 때문이다. 다음 홍길주(洪吉周, 1786~1841)는 더욱 적극적으로 주자학의 이(理) 이해에 대해서 비판하였다.

> 학자들은 이치를 말할 때면 반드시 太極에 이른 후라야 그친다. 이치를 궁구함에 있어서 귀하게 여기는 것은 善을 밝혀 행하고, 일을 처리함에 마땅한 원칙을 잃지 않는 데 있다. 만일 어떤 사람이 하나의 일을 만나서 두려워하여 말하기를, "이 일의 근본은 太極이다"라고 하고, 또 한 가지 사물을 대할 때, 근심스러운 듯 말하기를, "이 물건의 근본은 太極이다"라고 말하면서 마땅히 행해야 할 善은 구하지 않고, 그 일을 들어 茫茫한 태극으로만 돌려버린다면 이것을 일러 '이치를 잘 탐구한다(能窮理)'고 말할 수 있겠는가! 또한 이른바 이치란 무엇인가? 잡을 수 있는 形體와 方所도 없고 말할 수 있는 名狀과 條目도 없으며 단지 일과 물건마다 當然과 所以然의 연고가 없지 않을 뿐이다. 하늘에는 하늘의 이치가 있고 사람에게는 사람의 이치가 있으며, 곤충과 초목에게는 곤충과 초목의 이치가 있고 물과 불과 흙과 돌에는 물과 불과 흙과 돌의 이치가 있다. 이러한 이치는 모두 하늘에 근본하지 아니한 것이 없다. 그러나 하늘은 그저 크고도 푸르며, 지극히 높이 아래에 덮고 있을 뿐이니 어찌 일찍이 主宰按排의 자취를 보인 적이 있는가? 그러므로 이치를 일러 하늘이라고 한 것도 또한 정말 그러한지 감히 모르겠다.[19]

홍길주는 모든 사물의 원리 질서를 태극으로만 설명하려고 하는 성

---

19) 洪吉周, 『縹礱乙幟』 卷16, 「明理」, "學者說理 必推以至于太極而后已 所貴乎窮理者 欲其明乎善而行已 處事無失其宜然之則也 如有人焉 遇一事而惕然曰 是事之本 太極也 遇一物而愀然曰 是物之本 太極也 不求其當行之善 而擧以歸之于太極之茫茫 則是可謂之能窮理耶 且所謂理者 何也 無形體方所之可執 無名狀條目之可言 特卽事卽物而無不有其當然所以然之故而已 在天而有天之理 在人而有人之理 在昆蟲草木而有昆蟲草木之理 在水火土石而有水火土石之理 是其理莫不本乎天 然天固穹穹蒼蒼 至高而覆下而已 又曷嘗見主宰按排之迹哉 故謂理爲天 亦未敢知其信然也"

리학자들에 대해서 비판하였다. 그러한 행위는 오히려 사물의 진정한 이해와는 거리가 있기 때문이다. 그는 하늘에는 하늘의 이치가 있고 사람에게는 사람의 이치가 있으며 곤충과 초목에는 곤충과 초목의 이치가 있다고 하였다. 그는 각각의 이치는 개별적으로 존재하는 것으로 여겼다. 그는 초월적이고 선험적인 태극을 설정하기보다는 개별 사물에 들어가 이치를 찾아야 함을 주장했다. 그에게 이치란 '사정시비(邪正是非)의 분변'이었다.

> 내가 말하는 바의 이치란 '邪正是非의 分辨'일 뿐이다. 어버이를 섬기는데 어떻게 하면 孝가 되고 어떻게 하면 不孝가 되는가? 임금을 섬기는데 어떻게 하면 忠이 되고 어떻게 하면 不忠이 되는가? 어떤 일을 만나서 어떻게 하면 善이 되고 이에 반하면 不善이 되는가? '邪正是非의 분변'은 마치 흑백이 나뉘어지는 것과도 같아서 쪼개면 둘이 되어 그 경계가 서로 침범되지 않고 분명하다. 단지 그 경계를 나누어 쪼개기가 어려울 뿐이다. 한번 정해지는 것이 있으면 무릇 천하만사가 이것을 벗어나지 않는다. 비록 전에 한 번도 듣지도 보지도 못한 일이라고 하더라도 진실로 여기에 포함되지 않는 것이 없다. 유형의 물건의 경우, 그 모양을 보기만 해도 이치가 드러난다. 또한 옛 사람이 그것을 만들었는지 만들지 않았는지를 어찌 논하겠는가! 지금 만약 이 이치가 하나에 근본한다고 말한다면, 이치를 탐구하는 자는 아마도 장차 已發·未發의 이치를 모두 따져서 천백 억세의 후까지도 예상 밖으로 벗어나지 않게 해야 한단 말인가? 아니면 장차 단지 이른바 하나를 연구하고서 스스로 천하의 이치를 다 궁구했다고 말해야 한단 말인가? 더욱이 이른바 하나라는 것이 무엇인가? 텅 비고 아득한 하나의 태극이다! 이미 그것을 하나라고 했다면, 또한 장차 무슨 방법으로써 그것을 궁구하려 하는 것인가? 종이에다 하나의 원을 그려놓고 말하기를, "이것이 태극이다", "태극은 본래 무극이다"고 말하고서 논설을 장황하게 늘어놓고 뜻을 오묘하게 만들어 천 마디 만 마디 말을 하면서 허황망상한 가운데, "이것이 곧 이치를 탐구하는 학문"이라고 말한다. 아! 孝悌·忠信과 같은 실제 행실과 邪正是非의 분변에서 또한 너무 멀리 떨어졌다! 그러므로 말하노니, 이치가 없는 일은 없고 이치 없는 사물은 없으며 일찍이

> 하나에 근본했던 적도 없다. 일마다 그 시비를 궁구하면 일의 이치가 드러나고 사물마다 그것의 功用을 보면 사물의 이치가 밝혀진다. 그러니 일일이 이치를 미리 구할 수는 없는 것이다.[20]

그는 구체적인 일에 당하여 그 시비를 궁구(窮究)하면 사(事)의 이치가 드러나고 사물(事物)에 즉(卽)하여 그것의 쓰임새를 보면 물(物)의 이치가 밝혀질 것이라고 하였다. 그리고 천하의 기이한 일에 대해서 태극을 가지고 억지로 설명해서는 안 된다고 하였다. 그러면서 이치는 다 궁구할 수 없음을 다시 알 수 있고 이에 이치는 하나, 즉 태극(太極)에 근본한 적이 없다는 것을 확신할 수 있다고 마무리했다. 이는 결국 태극으로 표현되는 주자학의 형이상학 체계를 비판하고 그 대안을 찾는 것이었다. 그러한 이유로 그는 이기심성론에 대해서 부정적인 견해를 가져 성리설에 대해서는 진지실득(眞知實得)이 없으면 따로 저술해서는 안 된다고 하였고,[21] 심성설을 정주학(程朱學)의 공로 뒤편에 두었다.[22] 홍길주는 주자학의 심성론에 대해서도 다음과

20) 洪吉周,『縹礱乙幟』卷16,「明理」, "吾之所謂理者 邪正是非之辨而已 事親則何以而爲孝 何以而爲不孝 事君則何以而爲忠 何以而爲不忠 遇某事何以則爲善 反是則爲不善 夫邪正是非之辨 若白黑之分焉 劈之爲兩 其界不相犯 特分其界而劈之爲難耳 一有所定 而凡天下萬事 無外乎是焉 雖有昔之所無聞覩者 固未嘗不囿乎此也 至若有形之器 覩其形而理著焉 又何論古人之造不造也 今若曰此理本乎一 則窮理者豈將盡詰其已發未發之理 使千百億世之后 無出於豫知之外乎 抑將秪究其所謂一者 而自謂盡窮天下之理耶 且所謂一者 何也 豈虛空冥窅之一太極耶 旣謂之一 又將何法以窮之也 畫一圈於紙曰 是太極也 太極本無極也 張皇其說 窈窅其旨 千言而萬辭 出入於虛荒罔象之中而曰 此窮理之學也 嗚呼 其於孝悌忠信之實 邪正是非之分 亦遯乎遠矣 故曰 理無事而不在 無物而不在 未嘗本乎一也 卽事而究其是非 則事之理見矣 卽物而覩其功用 則物之理察矣 又不可一一而豫求也"

21) 洪吉周,『孰遂念』第13觀,「壬居業念」仲, "唯說性說理 非有眞知實得 發前未發 不宜筆之于紙 以貽支離加疊之譏"

22) 洪吉周,『沆瀣丙函』卷7,「睡餘瀾筆」下, "后儒口稱程朱 而實不知程朱 余嘗謂 … 至若心性理氣之辨 發前人所未發者 只算做第三功"

같이 반기를 들었다.

> 후세의 儒者는 孟子의 說에 빠져 그 뜻을 깊이 탐구하지 못하고, "사람의 性 중에 같지 않은 것은 氣質이며 本然에 이르러서는 순수하게 선하여 악이 섞여있지 않으니 모든 사람이 동일하다"고 말하였다. 아! 본연의 성은 기질에 깃드는 것이고, 기질이 없으면 사람도 없다. 사람이 없으면 이에 性도 없다. 사람이 어찌 일찍이 두 개의 性을 가진 적이 있었던가! 근세이래 性을 말하는 경우 어지럽고 혼란스러워 마침내 학자들이 서로 논쟁을 벌이는 빌미가 되었지만 사람의 성은 하나도 같은 것이 없다는 사실을 알지는 못했다. 지나치게 관대한 자도 있고 지나치게 엄격한 자도 있으며, 지나치게 돈후한 자도 있고 지나치게 야박한 자도 있으며 지나치게 강건한 자도 있고 지나치게 유약한 자도 있다. 이것이 곧 기질이다. 곧 또한 하늘로부터 부여받은 것이다. 학자는 오직 마땅히 선을 행할 수 있는 것에 나아가 그것을 확충해야 한다.[23]

앞서 태극을 부정하고 사물에 즉하여 이치를 궁구하려고 한 것처럼 그는 본연과 기질의 성을 나누는 것에 반대하여 하나의 성(性) 속에서 선을 확충할 것을 주장하였다. 이러한 그의 주장은 성을 기호(嗜好)로 보고 복잡한 형이상학을 제거하고자 한 정약용과도 유사한 것이었다.

이렇게 주자학의 이(理)에 대해서 비판적이었지만, 그렇다고 그들이 사물의 이(理) 개념을 전면적으로 부정하는 것으로 볼 수는 없다. 그들이 비판하는 데 주력했던 것은 속류 주자학자의 협애한 이(理) 이해였다. 그들이 궁극적으로 의도했던 것은 사물 사물 각각의 정확한 이해

---

23) 洪吉周,『縹礱乙幟』卷16,「明性」上, "后之儒者泥乎孟子之說 而不能深求其意 迺曰 人性之不同者 氣質也 至於本然 則純乎善而無惡之雜 千萬人同也 嗚呼 本然之性 寓乎氣質 無氣質 則無人也 無人 斯無性矣 人何嘗有二性乎 近世以來 說性者棼然淆亂 遂爲學者爭訟之階 不知人之性有萬不同 或過於寬 或過於猛 或過於厚 或過於薄 或過於剛 或過於柔 此氣質也 卽亦天所命也 學者唯當自就其可以爲善者而擴充之"

를 바탕으로 새로운 이(理) 개념을 다시 구현하는 일이었다. 박지원의 다음과 같은 말은 그러한 단서를 준다.

> 대저 達士라고 해서 어찌 모든 사물을 눈으로 보았겠는가! 한 가지를 들으면 열 가지를 눈앞에 그려보고, 열 가지를 보면 백 가지를 마음속에 설정해 보니, 천만가지 괴기한 것들이 도리어 사물에 잠시 깃든 것이며 자기 자신과는 아무런 상관이 없다. 그러므로 마음이 한가롭게 여유가 있고 사물에 응수함이 무궁하다.[24]

박지원은 달사(達士)라고 해서 모든 사물들을 관찰하고 그것에서 이치를 찾을 수는 없다고 하였다. 그들도 한 가지를 들으면 열 가지를 눈앞에 그려보고, 열 가지를 보면 백 가지를 마음속에 설정하는 추론의 과정을 거친다. 이것은 주자학의 활연관통(豁然貫通)과는 구별되나, 이치로써 추론한다는 점에서는 일정한 공유점도 가지고 있었다. 그러할 때 박지원·홍길주가 공격한 대상은 태극으로 모든 것을 설명할 수 있다고 자부하는 속류 주자학자들이었음을 알 수 있다. 더욱이 대구 서씨가의 천문역산학은 일관된 소이연의 이치를 전제로 하였고, 풍산 홍씨 가문의 수학(數學) 연구도 나름의 정합성을 갖는 수학의 공식(公式)이 있어야 했다. 문제는 그것이 주자학과는 구별되는 새로운 소이연의 질서를 찾고자 했다는 점이다. 그리고 그것은 일단 구체적인 사물 속으로 다시 들어가 찾아야 하는 것이었다.

만약 개별사물에서 개별적인 이(理)만이 존재하여 서로 소통하지 못한다면, 그리고 이에 따른 개별적인 지식정보만이 존재한다면 사물과 사물을 가로질러 통합하는 사유가 탄생하지 못한다. 이럴 경우 대단위

---

24) 朴趾源, 『燕巖集』 卷7, 「別集」, 菱洋詩集序, "夫豈達士者 逐物而目覩哉 聞一則形十於目 見十則設百於心 千怪萬奇 還寄於物 而己無與焉 故心閒有餘 應酬無窮"

공동체의 보편적인 이념이 되기는 어렵다. 각기 다른 상식체계를 인정한다면 큰 단위의 공동체를 어떠한 방식으로 일관되게 운영할 것인가 하는 문제에 직면하기 때문이다. 하지만 당시 조선 사회의 가장 커다란 문제는 변화된 현상을 설명하지 못하고, 이에 따라 공동체 운영에도 한계를 보이는 초월적인 태극 개념에 있었다. 그들은 바로 이점을 집요하게 비판하고 나섰던 것이다. 그러한 점에서 이 시기는 새로운 패러다임이 생성되기 전 단계로 볼 수 있으며, 그 같은 이유로 '과도기'로 부를 수도 있다.

그렇다면 그들은 어떠한 방식으로 이러한 과도기적 위기를 넘어서고자 했는가. 홍길주가 자신이 의도하는 이(理)는 '사정시비의 분변'일 뿐이라고 한 것은 결국 이러저러한 형이상학적 논의들을 제거하고 유자(儒者)라면 누구나 수긍할 수 있는 최소한의 정의로서 새롭게 이(理)를 규정하고자 한 것이었다. 유자라면, 혹은 설사 유자가 아니더라도 '사물의 사정시비를 밝혀야 한다는 것'을 부정할 수는 없기 때문이다. 주자학에서의 태극 개념과 같이 증명되지 않는 불분명한 형이상학적 요소들을 이(理) 개념에서 제거하고 최소한의 구체적인 정의만을 그곳에 남겨두는 것은 새로운 가치체계를 그 위에 채우기 위한 설정으로 볼 수 있다. 곧, 이(理)를 '사정시비의 분변'으로 최소화 · 단순화함으로써 오히려 그만큼 새로운 개념을 채울 수 있는 여분의 공간을 확보할 수 있는 것이다.

결국 홍길주는 이(理)를 '사정시비의 분변'이라는 최소한의 도덕이념으로 단순화시킴으로써 불필요한 형이상학적 논쟁을 줄일 수 있었고, 이와 더불어 '사정시비'라는 측면에서 사물을 판단함으로써 사물 사물 사이의 도덕적 공유점도 마련하였다. 이는 두 가지 점에서 중요하다.

첫째 이처럼 이(理)의 개념을 최소화·단순화함으로써 그것을 인정하는 혹은 공유하는 다른 사조들에 대해서 개방성을 가질 수 있었고, 그러할 때 자연히 과거에 소홀했던 것들에 대한 새로운 관심이 생겨날 수 있었다. 사물에 대한 관심이 어떠한 규정성을 갖지 않고 자유롭게 확장될 수 있었던 것이다. 둘째, 사물 사물 사이의 도덕적 공유점을 확보함으로써 공동체 운영에 필수적인 공통된 상식의 틀도 마련할 수 있었다. 그리고 그 상식의 틀은 최소한의 당위적 도덕성 위에서 형성되어, 주자학이 소이연과 소당연(所當然)을 함께 염두에 둔 나머지 소당연 질서에 어긋나는 소이연 질서를 은폐하려고 했던 그러한 행위를 하지 않을 수 있었다. 이 또한 바로 앞서 언급했듯이 사물에 대한 자유로운 탐구로 이어질 수 있었다.

이상에서 이광사, 박지원, 홍길주의 경우를 통하여 18세기 중반부터 주자학의 이(理)에 대한 구체적인 비판과 지적이 있었음을 확인할 수 있었다. 이(理)를 통하여 모든 것을 설명한다고 하면서 결국 아무 것도 설명하지 못하는 당대 풍조에 대하여 그들은 비판하였다. 박지원은 이를 두고 "오늘 학자들의 학문은 하늘과 인간을 꿰뚫고 있지마는 한 고을조차 다스릴 줄 모르고 그들의 이학(理學)은 솔개가 날고 물고기가 뛰는 것은 살피고 있지마는 한 가지 일도 제대로 판단하지 못한다."[25] 고 지적하였다. 홍길주 또한 같은 맥락에서 당대의 지식인들이 "오직 고원하고 오묘하며 텅 비고 아득하여 궁구할 방법이 없는 것들에만 나아가 부지런히 천 마디 만 마디의 말을 싫증내지 않고 떠들어대지만 일을 처리하고 사람을 다스리는 문제에 미쳐서는 망연히 어찌할 바를

25) 朴趾源, 『燕巖集』 卷13, 「別集」, 熱河日記, 黃教問答, "今之學者 學貫天人而不能治一郡 理察鳶魚而莫能辨一事"

모른다."[26]고 비판하였다.

이렇게 주자학의 이(理) 개념을 비판하는 것은 주자학의 가장 핵심 개념을 문제 삼는다는 점에서 주자학 질서의 균열과 깊은 관련성을 갖는다. 격물치지(格物致知)에서부터 치국평천하(治國平天下)까지 일관된 구조를 가졌던 주자학으로서는 격물치지에서 문제가 발생한다는 것은 결국 상위의 치국평천하라는 국가통치의 이념조차 연쇄적으로 붕괴될 수 있음을 의미하기 때문이다.[27] 홍길주는 주자학적 이(理) 개념의 대안으로서 '사정시비의 분변'이라는 이(理)가 갖는 최소한의 정의만을 그 자리에 남겨두었다. 이를 통해 주자학의 형이상학을 걷어내고 그 자리에 새로운 이념을 채울 수 있는 여백과 공간을 마련하였다. 뒤에서 살펴보겠지만 서학, 유학 내에서의 이단 사상, 불교와 도교에 대해서 포용적인 사유가 나올 수 있었던 것에는 이러한 인식이 배경으로 작용하고 있었다. 이(理) 개념의 단순화·최소화를 통하여 다양한 사유의 가능성을 열어놓았던 것은 그들이 수행한 주자학적 이(理) 비판의 핵심적인 사안이었다.

3. 주자학 비판의 사상적 기반: 서학(西學)과의 관련성

그렇다면 그들은 어떠한 이유로 이러한 사유체계를 갖게 된 것일까. 그것에는 한학(漢學), 명청소품(明淸小品), 서양의 수학과 천문역법(天

26) 洪吉周,『峴首甲稿』卷2,「實事求是齋記」, "唯今之所謂讀書者 判不與古昔侔 凡其平易切近 有裨乎心与身 可以推諸日用施爲之間者 一截棄不詰 唯就夫高妙虛遠糾紛錯互不可方而究者 矻矻至千萬言不斁 及其處一事理一人 茫然不知所嚮負"

27) 마루야마 마사오 著·김석근 譯,『日本政治思想史硏究』(통나무, 1995), 123-137쪽.

文曆法) 등 다양한 사상적 요소들이 존재하므로 일률적으로 말하기 어려운 부분들이 있다. 하지만 그들이 사물에 입각한 '존재[소이연(所以然)]의 리'를 추구하고 억지로 이(理)로써 설명하고자 하는 방식을 지양했다는 측면에서 서양의 수학과 천문역법과의 관련성을 우선적으로 지적해 볼 수 있다. 한학이 주자학의 경전적 근거들이 가졌던 신뢰성을 떨어뜨리고 명청소품이 다면적 사유와 인간의 본원적인 정(情)을 강조함으로써 주자학의 엄숙성을 흔들었다면, 서양의 수학과 천문역법은 주자학이 궁극적으로 지향하는 이(理)의 체계를 내부에서 허물고 있었다. 한학, 명청소품, 서양의 수학과 천문역법이 매우 유사한 비중으로 주자학의 외적 · 내적 질서에 문제를 일으켰다는 것에는 재론의 여지가 없을 것이다. 하지만 한학과 명청소품은 이론적으로 반박이 가능한 영역이었다. 집권층에 의해서 한학의 병폐에 대한 끊임없는 지적과 명청소품류 글들에 대한 지속적인 비판은 이러한 모습을 잘 보여준다.

반면에 서양의 수학과 천문역법의 체계는 '사실'이라는 차원에서 반박이 어려운 부분이었다. 이는 현재 실제로 벌어지는 일과 관련이 있었기 때문이다. 그러한 점에서 볼 때 수학과 천문역법은 주자학이 기초하는 '존재와 사실[소이연(所以然)]'의 문제를 건드렸다는 점에서 앞서 두 가지 측면보다 더욱 중요하게 고려해야 한다. 서학은 주자학을 사실에 기초한 학문이 아니게 만들어갔다. 이는 주자학을 주자학이 그토록 경멸해 마지않았던 허학(虛學)으로 만드는 것이었다. 특히, 본 글에서 중점적으로 살펴보고자 하는 풍산 홍씨와 대구 서씨 인물들은 서양의 수학과 천문역법에 깊은 조예가 있었다. 그러한 점에서 본 글은 18세기 후반~19세기 전반 주자학을 균열시켰던 수많은 요소 중에서 서양의 수학과 천문역법 부분에 주목하고자 한다.[28] 왜냐하면 그것은 주자학을 지탱하는 가장 중요한 요소인 소이연 질서와 관련 있었기 때문이다.

이광사는 서양 천문학을 적극 받아들이면서 주자학적 우주관을 비판하는 논거를 마련했다.[29] 그는 주자학의 이(理) 이해를 비판했지만 이(理) 개념 자체를 부인하지는 않았다. 오히려 더욱 강하게 소이연의 질서를 희구하였다. 그러하기에 소이연의 이치를 정확히 말해주던 서학의 수용에 적극적일 수 있었다. 홍대용(洪大容, 1731~1783)이 소옹의 학설과 분야설(分野說) 등을 비판한 것도 그것이 기초한 과학적 사실이 잘못되었다는 각성에서 비롯되었다.[30] 특히 19세기 초 지식인들 사이에서 서양의 천문역산학에 대한 관심은 이전과 비교해 볼 때 광범위하게 증가하고 있었다.[31] 이것은 이미 18세기 후반부터 본격화된 현상으로서 예컨대, 황윤석(黃胤錫, 1729~1791)의 『이재난고(頤齋亂藁)』에 의하면 홍계희(洪啓禧, 1703~1771), 홍계능(洪啓能, ?~1776), 박신원(朴新源), 문광도(文光道) 등 수 많은 수학자들이 활약하는 양상이 보이고 황윤석 자신도 『역상고성(曆象考成)』, 『기하원본(幾何原本)』, 『수리정온(數理精蘊)』 등을 탐독하였다.[32] 또한 홍석주 · 홍길주 형제

---

28) 漢學과 明淸小品은 西學과 함께 주자학적 세계관을 균열 · 해체시키는 중요한 요소들이었다. 이 세 가지는 동시적으로 상호 영향을 끼치면서 주자학에 영향을 끼쳤다. 따라서 어느 것이 더욱 중요하다고 말하기에는 사실상 어려운 부분이 있다. 본 글은 이 가운데 주자학이 자신을 實學이라고 인식하면서 중시했던 '사실(所以然)'의 영역과 관련한 西學의 문제를 중점적으로 다루고자 한다.

29) 이광사의 자연학에 대해서는 심경호, 앞의 책, 1995, 136-155쪽; 구만옥, 『조선후기 과학사상사 연구 I』(혜안, 2004), 401-411쪽; 조성산, 앞의 논문, 2008, 19-34쪽 참조.

30) 洪大容, 『湛軒書』內集 卷3, 補遺 「醫山問答」 참조.

31) 이 점에 대해서는 전용훈, 「19세기 조선 수학의 지적 풍토: 홍길주(1786~1841)의 수학과 그 연원」, 『한국과학사학회지』 26-2, 2004, 305-313쪽 참조.

32) 이에 관해서는 정성희, 「頤齋 黃胤錫의 科學思想」, 『淸溪史學』 9, 1992 참조.

가 만든 『홍씨독서록(洪氏讀書錄)』을 보면 천문역산에 관련한 서적들이 나오고 있었다.[33] 이는 사대부 지식인의 독서 범주 안에 수학과 천문역법이 들어온 것을 의미하는 것으로서 당시 변화된 세태를 잘 보여준다.

홍길주는 수학에 상당한 조예가 있었다. 홍길주는 어유봉(魚有鳳, 1672~1744)과 박지원으로 이어지는 낙론(洛論) 학맥에 있었고, 수학에 능통했던 어머니 영수합(令壽閤) 서씨(1753~1823)를 통하여 대구 서씨와도 혈연 관계를 맺고 있었다.[34] 그는 또한 천문 · 주수(籌數)에 조예가 깊던 상득용(尙得容)과도 긴밀하게 교유했다.[35] 당시 대구 서씨의 서명응(徐命膺, 1716~1787), 서호수(徐浩修, 1736~1799), 서형수(徐瀅修, 1749~1824), 서유구(徐有榘, 1764~1845), 서유본(徐有本, 1762~1822) 등은 모두 서양의 수학과 천문역법에 밝은 인물들이었다. 홍길주의 수학

---

33) 『洪氏讀書錄』에 나와 있는 수학과 천문학 관련 서적들을 나열하면 다음과 같다. 『周髀算經』, 『九章籌術』, 『同文籌指』, 『幾何原本』, 『數理精蘊』, 『步天歌』, 『新法籌書』, 『曆象考成』, 『曆象考成後編』, 『儀象考成』, 『曆籌全書』.

34) 풍산 홍씨 홍길주 가문이 낙론 학맥 안에서 차지하는 위상을 살펴보면 다음과 같다. 일반적으로 낙론 학맥 안에서 金昌協 · 金昌翕의 학풍은 李縡(1680~1746)에게 계승된 것으로 알려져 있지만 사실 직접적으로 김창협과 김창흡의 영향을 받았던 이들은 魚有鳳(1672~1744)과 朴弼周(1680~1748)였다. 어유봉은 동생 魚有龜(1675~1740)가 景宗의 장인이 되고 소론과 교감한다는 혐의를 받으면서 낙론 학맥 안에서 점차 소외되어갔다. 어유봉은 그의 사위였던 洪象漢(1701~1769, 洪奭周 · 洪吉周 형제의 증조부)을 통하여 豊山 洪氏와 관계를 맺게 되고, 다시 어유봉 가문은 후손 魚用霖(1721~1774)이 朴趾源의 고모부가 됨으로써 연암그룹과도 관련을 맺는다. 이를 보면 홍길주와 그의 가문은 어유봉 학풍과 가까웠으며, 낙론 전체 학맥 안에서는 다소 주변부에 있었다고 할 수 있다[이에 관해서는 조성산, 『조선후기 낙론계 학풍의 형성과 전개』(지식산업사, 2007), 292-294쪽 참조]. 한편, 영수합 서씨가 수학에 능통했다는 것에 대해서는 다음을 참조할 수 있다[洪翰周, 『智水拈筆』 卷3 (아세아문화사, 1984), 164-165쪽, "余仲從叔足睡公夫人近世卓然之才也 … 且淹通筭數 諳習曆學幾何開方之法 皆瞭然 故淵泉沆瀣傳授有自矣 婦人之能知筭數 古亦無聞 此其所以有名德文章之三子者耶"].

35) 이에 대해서는 洪吉周, 『峴首甲稿』 卷2, 「尙氏四世術」 참조.

에 대한 관심도 그들과의 관련성 속에서 유추해 볼 수 있다.[36] 홍길주는 수학에 정통하여 『기하잡쇄보(幾何雜碎補)』, 「기하신설(幾何新說)」, 「호각연례(弧角演例)」를 지었다. 홍길주는 적극적으로 자신의 문집에 수학적 업적을 기록하였다. 그는 육예(六藝)의 하나인 수학의 성과들을 당당히 문집에 둠으로써 그 중요성을 알리고자 하였다.[37] 이것 또한 당시로서는 예외적인 일이었다.[38]

특히, 「기하신설」이 실려 있는 『숙수념(孰遂念)』의 "거업념(居業念)" 항목은 가장 신비롭고 철학적인 공간으로 『숙수념』의 질서를 대변해 줄 수 있는 구체적인 보물이 모여 있는 서재였다.[39] 기하학적 지식을 여기에 배치했음은 그가 수학을 얼마나 중요하게 인식했는지를 말해준다.[40] 수학에 몰두해 『주해수용(籌解需用)』을 저술한 홍대용과 수학의 중요성을 인지했던 박지원 이후 '존재 이(理)'에 대한 탐구가 구체화되어가던 증거라고 할 수 있다.[41] 그는 기하학(幾何學)을 유자들이 배울 만한 학문으로 여겼으며 재주가 깊지 않으면 연구할 수 없다고 하여 기하학의 의의에 대해서 인지하고 있었다.[42] 그러한 홍길주는 앞서 언급했듯이 실제 사물에 기초하지 않는 주자학

---

36) 전용훈, 앞의 논문, 2004, 302쪽.

37) 洪吉周, 『峴首甲稿』, 「峴首甲稿輯次」, "幾何新說一部 非文章也 或曰 不宜置之藁中 … 是亦六藝之一 其与文詞混也 奚不可 況其用心之勞且苦若是者乎"

38) 徐有榘 또한 『林園經濟志』의 「遊藝志」 안에 數學 관련 저술을 실었다.

39) 최원경, 「『孰遂念』연구의 한 시각」, 『한국어문학연구』 49, 2007, 57쪽.

40) 전용훈, 앞의 논문, 2004, 297쪽 참조.

41) 박지원도 수학의 중요성을 언급하였다. 박지원은 위항인 李驥得에게 通變의 능력을 심어주고자 算數를 권하였다[박종채 저 · 김윤조 역주, 『역주 과정록』 (태학사, 1997), 271쪽].

42) 洪吉周, 『孰遂念』 第14觀, 「壬居業念」 叔, "幾何之術 最近儒可學 才不逮者亦不必深究 只通常筭加減法可也"

의 이(理) 개념이 갖는 모호성에 대해서 비판적이었고, 성리설(性理說)에 대해서도 분명한 입장을 가지지 않는다면 언급조차 하지 말아야 한다고 하였다.

이렇게 수학과 천문학이 그들의 이(理) 이해와 관련이 있는 것은 수학과 천문학이 소이연의 질서를 지향한다는 점에 있었다. 그들은 소이연의 질서를 찾는 과정에서 주자학의 이(理) 개념이 갖는 한계성과 만나게 된 것이 아닌가 생각된다. 주자학 이(理) 개념의 근거가 되었던 중세적 과학지식이 서학으로 인해서 위협받자 그 이(理) 개념 위에 쌓아올린 형이상학적 세계에도 불가피하게 균열이 일어나지 않을 수 없었던 것이다. 수학과 천문학에 조예가 깊던 이들이 이를 먼저 감지하는 것은 당연한 것이었다.

가령, 홍길주는 "한나라 당나라 이래로 역산(曆算)은 언제나 수백 년이 지나면 맞지 않는데 맞지 않게 되면 산술(算術)에 능한 자가 나와 이를 고쳐 바로 잡아 또 수백 년에 이르게 한다. 서양의 역법이 행해진 뒤에는 천여 년을 고치지 않고 보전할 수 있게 되었다."[43]고 하면서 서양역법을 칭찬하였다. 사실 당시 유행했던 서양 천문역산학의 중국원류설도 잠시 서학에 대한 방어논리가 될 수는 있었지만 결국 중화문화를 중화보다 서양이 더욱 잘 보존하고 발전시켰다는 이러한 논리는 현재 중국문화의 초라한 현실을 그대로 드러내는 것이었고, 오히려 지식인들로 하여금 서학의 학습을 합법적으로 보장해 주는 것이 될 수도 있었다.[44] 그러할 때 서학 학습을 통한 기존 가치

43) 洪吉周, 『沆瀣丙函』 卷9, 「睡餘瀾筆續」 下, "余曰 漢唐以來 曆算恒數百年而忒 忒則輒有精於述者 出而更定之 又能至數百年 至西法行而後 可保千餘年無改"

44) 노대환, 「조선후기 西學中國源流說의 전개와 그 성격」, 『歷史學報』 178, 2003, 117쪽. 이 점은 徐瀅修가 柳琴에게 써준 「幾何室記」에도 잘 나타나 있다. 서형수는 유금에게 幾何術을 통하여 요 · 순 · 우 · 탕의 가르침에 도달할 수 있다고

체계의 균열은 더욱 가속화될 수 있었다.

이광사, 박지원, 홍길주처럼 직접 주자학의 이(理) 개념에 의문을 표시하지는 않았지만, 소옹 상수학과 서학의 영향을 통하여 기를 통해서 이(理)를 알 수 있다는 주장을 펼치는 인물들도 있었다. 이러한 대표적인 경우로 서명응, 서호수, 서형수, 서유구, 서유본을 들 수 있다. 서명응을 통하여 가학(家學)으로 전승된 대구 서씨 가문의 천문역산학 연구는 처음에는 소옹 상수학을 학문적 기초로 하였다.[45] 하지만 이후에는 서호수를 통하여 서학으로 경도되는 양상을 보였다. 소옹 상수학 자체가 소이연의 질서를 강하게 지향하고 있었고,[46] 이러한 학문경향은 결국 더욱 사실에 가까운 소이연의 질서를 보여준 서학으로 나아가는 데 중요한 원인이 되었다고 할 수 있다.[47]

서명응, 서호수, 서유본으로 이어지는 서학 수용 양상의 변화를 간략하게 살펴보면 다음과 같다. 서명응은 주지하듯이 18세기 후반 유

격려하였던 것이다(徐瀅修, 『明皐全集』 卷8, 「幾何室記」, "柳琴彈素 又從伯氏學者也 扁其室曰幾何 徵余爲記 余謂朝鮮之去泰西 其遠不知幾何也 今世之後 利氏其遠又不知幾何也 然子得以名其室 書之無遠也 書者 心之跡也 故曰 地相去千里 世相後亦千載 若合符節者 心也 子之於幾何 夫旣得其術矣 又能善推所爲 使心之爲本者 無遠於堯舜禹湯之傳 則吾道之與幾何 高下又幾何也 吾以是卞幾何之說而進吾子之志 子其勉之").

45) 이들 家學에 대해서는 조창록, 「조선조 개성의 학풍과 서명응가의 학문」, 『대동문화연구』 47, 2004 참조.

46) 조성산, 앞의 책, 2007, 58-62쪽.

47) 소옹 상수학이 가졌던 경세학적 의미에 대해서 살펴볼 필요가 있다. 소옹 상수학은 성리학 내에서 경세학과 깊은 관련성을 갖고 전개되었고 이기심성론과 대비되는 측면에서 이해되었다는 점을 염두에 둘 필요가 있다. 소옹 상수학은 數를 다룬다는 측면에서 이기론이 다루는 理의 현실적 작용이라는 차원에서 인식되었던 것이다. 따라서 名物度數之學을 포함한 경세학과 깊은 관련성을 가졌다. 이에 대해서는 조성산, 위의 책, 2007, 98-106쪽 참조.

명한 천문학자이자 경세가였다. 그는 서양 천문학을 전통적인 상수학 체계에 포섭한 것으로 평가받는다.[48] 소옹 상수학은 소이연의 질서를 찾는다는 측면에서 원래 이기불상리적 측면이 강했고 서경덕(徐敬德)이 기일원론자(氣一元論者)로까지 불리는 것도 이 때문이었다. 소옹 상수학 연구자들은 수는 이(理)에 근원한다는 사유를 통하여 수를 통하여 이(理)를 파악할 수 있다고 생각했다.[49] 그들은 구체적인 수를 다룬다는 측면에서, 그리고 그 수를 통하여 이(理)를 알고자 했다는 측면에서 소이연의 질서를 지향하던 서학의 수용에 좀 더 민감하게 반응할 수 있었다. 이러한 이유 때문에 서명응의 경우 전통적인 상수학에 영향을 받았지만, 이후 서호수와 서형수 단계에 오면 양상이 사뭇 달라졌다.[50]

서호수는 『수리정온』이 그 운용의 방법뿐만 아니라 반드시 그 소이연의 연고까지 밝혔으니 '실용의 서'이자 '제사(濟事)의 도구'라고 극찬하였다.[51] 또한 법과 수를 말한 것은 중국과 서양이 동일하지만 서양의 역법이 수를 말함에 반드시 이(理)를 말했으니 중국의 역법에 비해 더욱 뛰어나다고 해서 서력의 우수성을 주장하였다.[52] 그는

---

48) 박권수, 「徐命膺(1716~1787)의 易學的 天文觀」, 『한국과학사학회지』 20-1, 1998.

49) 蔡沈, 『洪範皇極』, 「內篇」 中, "聖人因理以著數 天下因數以明理"; 申最, 『春沼子集』 卷4, 「皇極經世圖說」, "天地萬物之有形器者 無能逃乎此數也 故曰雖或大或小或鉅或細之數 不濟而其終則一也 然則人亦物也 萬物亦天地也 天地亦理數也 理數卽一道也"

50) 徐瀅修는 마테오리치의 幾何說에 대해서 충분히 인지하고 있었다. 그는 기하설이 명나라 때 조선에 들어오고, 이를 文光道와 徐浩修가 학습하면서 비로소 이해하게 되었으며 柳琴이 서호수를 좇아 배워 자신의 방을 幾何室이라고 하였다고 했다. 이에 대해서는 徐瀅修, 『明皐全集』 卷8, 「幾何室記」 참조.

51) 徐浩修, 『私稿』, 「數理精蘊補解序」, "數理精蘊 四十五篇 旁羅線面體之全 而曲盡度量衡之用 自九章八線 以至對數比例 比例規非徒言其法 必明其所以然之故 絕無子雲之奇僻堯夫之鋪敍 而見者易知 聞者易能 此正實用之書 而濟事之具也"

서양의 역법에 경도되어 있었던 것이다. 이는 기수(氣數)를 통해서 이를 규명한다는 입장과도 상통하였다. 서호수는 아버지 서명응이 소옹의 선천역(先天易)에 입각해서 모든 자연의 원리를 설명하려는 방식을 취했던 데 비해, 이를 비판하고 서양의 천문역산에 입각한 존재의 법칙[소이연지고(所以然之故)]를 새롭게 구성하려고 하였던 것이다.

서호수는 양웅(揚雄, B.C.53~A.D.18)과 소옹이 수를 알았지만 견강부회하여 사물의 실정에 맞지 않았다고 비판하면서 사물에서 벗어나 수를 말하면 허수가 되고 사물에 입각하여 수를 말해야 진수가 된다고 하였다. 이는 실제에 맞아야 한다는 것으로 기존 천문역산 체계에 대한 비판의 의미를 담고 있었다.

> 옛날에 揚子雲이 數를 알았다고 칭해지지만 『太玄經』은 物事를 이루지 못했고 邵堯夫가 數를 알았다고 하지만 加倍法은 마침내 實用이 결여되어 대저 卦蓍와 氣運을 견강부회하였다. 그 말이 굉활하고 그 이치는 황홀하니 이는 내가 말하는 數가 아니다. 사물에는 多少·輕重·大小가 있으니 數는 이것으로써 운행하니 사물을 벗어나 數를 말하면 이는 虛數가 되고 사물에 卽하여 數를 말해야 이것이 眞數가 된다.[53]

그러한 입장에 설 때 그가 주자학적 이(理) 개념, 즉 사물과 유리된 초월적 이(理)를 상정하는 것에 회의하게 되리라는 것은 자명했다. 그

52) 徐浩修, 『私稿』, 「曆象考成補解引」, "夫言法言數 中西之所同 而西曆之勝於中曆者 卽言數而必明其理也"

53) 徐浩修, 『私稿』, 「數理精蘊補解序」, "古稱揚子雲知數而太玄不成物事 邵堯夫知數而加倍竟沒實用 大抵牽合卦蓍傅會氣運 其言宏濶 其理恍惚 非吾所謂數也 物有多少輕重大小 而數以之行 離物而言數 是爲虛數 卽物而言數 是爲眞數"

와 깊은 교유를 가졌던 중인 천문역산학자 김영(金泳, 1749~1817)이 주희, 소옹을 비롯한 제유(諸儒)의 학설들에 대해서 지극히 비판적이었던 것도 그들 사이의 학문 분위기를 보여준다.[54] 김영은 『기하원본(幾何原本)』을 '삼대의 일전(逸典)'이라고 극찬하였고, 천문학 저술을 권유받았을 때에는 서양인들이 이미 다 밝혀놓아 췌설(贅說)할 필요가 없다고 거절했다. 이것은 그의 사상적 정체성을 잘 보여주는 대목이 아닐 수 없다.[55]

이러한 입장은 기하학에 능통했던 유금(柳琴, 1741~1788)의 제자이기도 하였던 서유본에게서도 발견되었다.[56] 그는 이(理)에도 항상된 것이 있고 변칙적인 것이 있다고 전제하면서 이(理)가 불분명한 경우 기수(氣數)에서 밝혀야 한다고 말했다.[57] 항상적이고 고정적으로 인식되던 이(理)를 항(恒)과 변(變)으로 나눈 것은 이(理)의 다층성을 염두에

---

54) 徐有本, 『左蘇山人文集』 卷3, 「答金生泳書」, "愚於足下之後一說 不能無惑 足下枚擧先儒先賢之言 輒加訾議 不少難愼 噫過矣 愚請歷辨之 而明者聽之 足下引邵子之說 以星對土 以歷紀對井地爲牽强處 又推而及於鄭孔之註疏 槩曰註疏太半有此失 所以後學沿襲 學無其實 又引朱子之說 曰五十相乘之說 沒却根源也 曰再扐後掛之文 與啓蒙不合也 曰前十卦主貞後十卦主悔之說 未詳所受也 惜乎足下之言 駟不及舌也" 김영에 관한 傳은 홍길주도 남겼다. 洪吉周, 『縹礱乙幟』 卷2, 「金泳傳」 참조. 여기에서 홍길주는 김영과 자신의 집안과의 인연을 기록하였다(始泳之得與修曆也 吾祖考孝安公領雲觀爲上力奏成之 由是泳於吾家甚善 余少嗜筭術 嘗從泳辨句股一二說 旣余益致力斯術 有所論述 盖將以示泳 未果而泳死 遂爲之著其事而悲之).

55) 徐有本, 『左蘇山人文集』 卷8, 「金引儀泳家傳」, "君嘗勸余 讀幾何原本 曰此非子之家學耶之書也 九數之淵海 萬象之範圍 辭約而理該 其殆三代之逸典乎 … 數學至西人而大備 無毫髮憾 又安用贅說爲哉"

56) 徐有本, 『左蘇山人文集』 卷7, 「雲龍山人小照記」, "余從故人柳彈素琴 得閱於幾何室 … 彈素工詩 多才藝 尤精象數之學 … 彈素故余塾士也" 柳琴은 柳得恭의 작은아버지였으며 뿐만 아니라 朴齊家, 李德懋와도 긴밀한 교유가 있었다. 같은 곳, "李德懋懋官朴齊家次修 皆彈素石交也"

57) 徐有本, 『左蘇山人文集』 卷5, 「曆數說」, "理有常有變 理有不明 則不得不因氣數而明之也"

둔 표현으로서 세상의 복잡다변한 상황을 설명하기 위한 설정이었다. 또한 이(理)가 불명확할 경우에는 기수를 통하여 밝혀야 한다는 것은 기수라는 눈에 보이는 실제에 기초하여 이(理)에 접근해야 한다는 의미였다. 이는 앞서 서호수가 사물에서 벗어나 수를 언급해서는 안 된다는, 즉 실제에 입각해야 한다는 것과 같은 맥락의 말이었다.

그는 기수를 통하여 이(理)를 이해하는 방식을 취함으로써 논의의 우선 순위를 기수에 두고자 하였다.[58] 그는 주자학을 직접적으로 배척하지 않았고, 또한 서학에 많은 관심을 가졌지만 서호수와 달리 서학에 일방적으로 경도되지는 않았다.[59] 하지만 수학과 천문학을 통하여 존재하는 사물을 우선시하고 그 배후에 이(理)를 두는 방식으로 사유를 형성하였다. 서형수가 도(道)는 무형(無形)하여 쉽게 현혹되는데, 기예(技藝)는 상(象)이 있어 거짓되기 어렵다고 한 것도 구체적인 사물에 집중하고자 한 학문태도를 보여준다.[60] 덧붙여 서유구 또한 『수리정온』에는 한 마디 췌언이 없고 천백 년 동안 말해지지 않은 것을 말했다고 이 책을 극찬하였다.[61] 이러한 부분들은 당대 조선에

---

58) 다음의 것은 이러한 측면을 잘 보여준다. 徐有本, 『左蘇山人文集』 卷5, 「曆數說」, "莫之爲而爲者天也 莫之致而至者命也 氣數之謂也 氣數者天道流行之迹而陰陽屈伸之機也 … 曆是天道之紀也 小而一歲之周 大而一元之運 其理一也 蔀首以定之 章統以推之 參伍綜錯 觸類引伸 由數以知氣 由氣以明理 則雖千百歲之遠 消長進退之故 可以瞭如指掌矣 大哉曆也 以授民時 以前民用 萬化由是而施焉 百度由是而得焉"

59) 徐有本, 『左蘇山人文集』 卷4, 「與河生慶禹書」, "論者以爲象數之學 中西異法 而愚則以爲中西之法 特有詳略之不同 要不出於古人之範圍也"

60) 徐瀅修, 『明皐全集』 卷8, 「幾何室記」, "夫道無形而易眩 藝有象而難假 吾非不好道也 所惡明好道而實不道 并與所謂藝者 而無得焉爾"

61) 徐有榘, 『楓石全集』 『金華知非集』 卷3, 「數理精蘊補解序」, "累萬言而無一言贅者 唯數理精蘊爲然 其書所言三角八線互乘齊分對數借根方諸法 皆千百年不言之言 而凡考度諧律測量推度 匪是莫明 故準諸古而古人無此言 垂諸後而後世不可無此言 斯其言之無贅也 不亦至矣乎"

서 서양 천문역산학에 가장 밝았던 이들이 가졌던 학문적 정체성을 보여주었다.

이상의 사실들을 통해서 볼 때, 그들에게 주자학의 이기론은 더 이상 감응을 주기 어려웠을 것이다. 주자학의 공로와 대의에 대해서는 여전히 존중하는 모습을 보였지만, 이미 그것이 근거하고 있었던 이기론 체계에 대해서는 적지 않은 회의가 싹트고 있었던 것이다.[62] 김정희(金正喜, 1786~1856)가 호락설(湖洛說)을 보고 웃음을 터뜨릴 뻔했다고 한 것은 이러한 19세기 전반 지식인 사회의 일부 분위기를 보여주는 것이라고 할 수 있다.[63] 또한 홍길주는 『주자집주(朱子集註)』에 대한 비판도 서슴지 않았으며,[64] 사서 중심의 공부에도 비판적이었다.[65]

한편, 흥미로운 것은 그들의 주자학 비판과 새로운 대안 모색이 남인의 경우처럼 천주교로 연결되지는 않았다는 점이다. 물론 이것은 그들이 집권층이라는 것에 중요한 원인이 있겠지만 그들의 사유 속에도 그 단서를 찾아볼 수 있다. 다음 박지원의 언급은 이를 잘 말해준다.

---

62) 洪吉周, 『沆瀣丙函』 卷7, 「睡餘瀾筆」 下, "后儒口稱程朱 而實不知程朱 余嘗謂 程朱之功 其明義理植倫常 使後世知有父子君臣 當屬第一件 雖謂之不在禹下 可也 其表章爲學功夫次第 立涵養克己持敬等名目 俾後之學者 得有着手處 這便是第二功 至若心性理氣之辨 發前人所未發者 只算做第三功"

63) 金正喜, 『阮堂全集』 卷5, 「與人」, "心性之四分間架 曾於湖洛是非等文字中 記得一見之 而不記爲何人論矣 其時亦不覺噴飯 淸山又何以掇拾其唾餘耶"

64) 洪吉周, 『縹礱乙幟』 卷12, 「睡餘放筆」 上, "恥其言而過其行 當釋之曰 言過其行 君子恥之 夫子自道也 當釋之曰 三者 夫子雖自稱未能 而非夫子莫有能者 正夫子之自言其所能也 是兩章 皆甚明且近 非有奧義 集註捨平易之解而別爲之說 反滋弟子之惑"

65) 洪吉周, 『沆瀣丙函』 卷8, 「睡餘瀾筆續」 上, "近世儒林之自謂窮經者 終其身研鑽四書 而往往不屑治詩書 甚或以爲無益於治心修身 嗚呼 何孔曾思孟之用力於無益之書 刪之述之 矻矻以敎人爲哉"

> 어리석은 사람은 무너질 듯한 높은 담장 밑에서 운명을 기다리며, 멍청하게 하늘을 보면서 곡식이 내리지 않나 바란다. 조급한 사람은 오늘 한 가지 착한 일을 행하면 하늘에 좋은 운명이 내리기를 구하고 내일 한 가지 착한 말을 하면 상대방에게서도 반드시 그러한 응답이 있기를 취하고자 한다. 그렇다면 하늘도 장차 그 수고로움을 다하지 못할 것이며, 착한 일을 하는 자도 진실로 또한 장차 지쳐서 물러나고 말 것이다. 하늘은 진실로 아득하여 형체가 없고 자연에 맡겨두지만 四時는 이를 받들어서 그 순서를 잃지 않는다. 만물은 이를 받아서 그 분수를 어기지 않을 따름이다. 하늘이 어찌 일찍이 立信에 뜻이 있어서 자질구레하게 사물마다 비교하고 따지겠는가![66]

그의 이러한 주자학 비판은 근기남인의 경우처럼 천주교 수용으로 연결되기는 힘들었다. 왜냐하면 박지원은 '인격천(人格天)'이 아닌 존재, 즉 소이연의 문제를 규명하는 '자연천(自然天)'적인 입장을 고수했기 때문이다. 홍길주가 천에서 주재안배(主宰按排)가 있었던 자취가 있었는지 모르겠다고 말하는 대목도 이러한 상황을 잘 보여준다.[67] 이는 그들이 인격천을 강조하는 천주교와 거리를 두게 되는 이유가 될 수 있었다. 그들은 주자학의 위기를 서양의 수학과 천문역법을 통하여 채우려 했고, 이는 결국 기존 주자학의 '존재 이(理)'를 해체하고 다시 구성해 보려는 방향으로 전개되었다. 이는 앞서 말했듯이 서인 계통의 인물들이 가졌던 주자학 이해 방식, 즉 존재의 이(理)를 중시하는 방식과 관련된 것으로 해체의 방향 또한 그러한 측면에서 형성되었다. 그리고 그러한 방식은 일부 근기남인들의 종교 차원

---

66) 朴趾源, 『燕巖集』 卷1, 「澹然亭記」, "有愚人焉 俟命于巖墻之間 而視天瞢瞢 望其雨粟 有躁人焉 今日行一善事 而責命于天 明日出一善言 而取必於物 則天將不勝其勞擾 而爲善者固亦將惓然退沮矣 天固沖漠無眹 任其自然 四時奉之而不失其序 萬物受之而不違其分而已 天何嘗有意於立信 而屑屑然逐物而較挈也哉"

67) 洪吉周, 『縹礱乙幟』 卷16, 「明理」, "是其理莫不本乎天 然天固穹穹蒼蒼 至高而覆下而已 又曷嘗見主宰按排之迹哉 故謂理爲天 亦未敢知其信然也"

방식과는 대조되는 것이었다.[68]

4. 새로운 지식체계와 사유의 모색

주자학적 세계관의 균열은 다양한 사유의 양상들을 보여주었다. 우선 그들에게 공통적으로 주목되는 문화현상 가운데 하나가 대단위 총서(叢書)의 기획이나 백과사전류의 서적 편찬이었다. 물론 여기에는 『미공비급(眉公秘笈)』[진계유(陳繼儒)], 『한위총서(漢魏叢書)』[하당(何鏜)], 『소대총서(昭代叢書)』[장호(張潮)], 『단궤총서(檀几叢書)』[왕탁(王晫)] 등 중국의 문화적 영향과 자극을 먼저 들어야 하겠지만, 그와 함께 새로운 지식체계의 분류와 이해라는 것도 있었다. 박지원은 『삼한총서(三韓叢書)』를, 서형수 · 서유구는 『소화총서(小華叢書)』를, 유만주(兪晩柱, 1755~1788)는 『해내총서(海內叢書)』와 『해외총서(海外叢書)』를 기획하였다. 이는 지식을 집대성하고자 하는 의식의 소산이라고 볼 수 있다. 또한 각종 지식들을 다룬 백과사전류의 서적들이 편찬되었다. 홍길주는 『숙수념(孰遂念)』이라는 저작을 통하여 이상적인 지식의 공간을 기획하였다.[69] 이덕무(李德懋, 1741~1793)는 『청장관전서(青莊館

---

[68] 흥미로운 것은 천문역산학과 관련된 연구는 대부분 노론과 소론 지식인들에 의해서 주도되었고, 남인에게서는 찾아보기 힘들다는 점이다(문중양, 앞의 논문, 2006, 127쪽 각주5 참조). 남인들은 정약용의 제자 이청의 『井觀編』을 제외하고는 천문역산학 저서가 거의 발견되지 않고 있다. 이 『정관편』도 徐有榘의 서자 徐八輔의 도움을 크게 받은 저작이다. 노론과 소론이 주로 존재론의 문제, 즉 所以然의 문제에 집중해 있었음을 알 수 있다.

[69] 『孰遂念』에 대해서는 최근 들어 연구가 활발히 진행되고 있으며 다음 논문들을 참조할 수 있다. 김철범, 「홍길주 숙수념의 세계－사대부적 교양의 상상력」, 『열상고전연구』 17, 2003; 최원경, 「『孰遂念』, 그 공간의 미학」, 『한문학보』 11, 2004; 박무영, 「『孰遂念』의 공간 설계와 문학적 사유」, 『동방한문학』 33, 2007; 최원경,

全書)』를 통하여 다양한 지식들을 나열하였고, 서유구는 『임원경제지(林園經濟志)』를 통하여 농업 등 일상생활에 관련된 지식들을 총정리하고자 하였다. 서유본의 부인 빙허각(憑虛閣) 이씨(1759~1824)는 부녀자들의 생활을 정리한 『규합총서(閨閤叢書)』를 남겼다. 그 밖에도 이규경(李圭景, 1788~?)의 『오주연문장전산고(五洲衍文長箋散稿)』, 정약전(丁若銓, 1758~1816)의 『자산어보(玆山魚譜)』 등이 나왔다.

객관적인 지식의 나열로 보이는 이러한 서적들이 이 시기 집중적으로 등장하는 것은 기존 주자학적 의리 중심의 편집관행과는 구별되는 하나의 경향으로 이해할 수 있다. 더욱이 그것에 쏟아 붓는 노력의 방대함을 생각해본다면 이러한 서적 편찬 자체가 기존과는 다른 하나의 '의리'를 양산해내고 있었다. 이는 앞서 주자학의 이(理) 개념 비판에서 살펴보았듯이 구체적 사실에 입각하여 현실을 재해석하고 구성하고자 하는 의식의 소산으로 볼 수 있다. 그렇게 볼 때 건조하지만 객관적인 사실의 나열이야말로 그들의 의도를 가장 잘 알 수 있는 대목이 아닐 수 없었다.

당시 자유롭게 자신이 아는 지식정보나 의견들을 적는 필기류(筆記類) 저작들, 예를 들면 『주영편(晝永篇)』[정동유(鄭東愈)], 『청성잡기(青城雜記)』[성대중(成大中)], 『고운당필기』(유득공), 『수여방필(睡餘放筆)』·『수여연필(睡餘演筆)』·『수여난필(睡餘瀾筆)』(홍길주), 『지수염필(智水拈筆)』[홍현주(洪顯周)], 『궐여산필(闕餘散筆)』[김매순(金邁淳)], 『학강산필(鶴岡散筆)』[홍석주(洪奭周)], 『매산잡지(梅山雜識)』[홍직필(洪直弼)], 『임하필기(林下筆記)』[이유원(李裕元)] 등이 다수 등장하는 것 또한 지식의 체계화와 분류가 과거와는 다른 방식으로 전개되고 있었음을 보

앞의 논문, 2007; 최원경, 「기호로 읽는 『孰遂念』」, 『한문학보』 19, 2008; 하지영, 「숙수념 공간에서의 '틈'과 홍길주의 念」, 『한국고전연구』 17, 2008.

여주는 사례라고 할 수 있다.[70] 특히 필기류 저작에는 당시 대표적인 경화사족이었던 풍산 홍씨가의 저작들이 중요한 비중을 차지했다. 필기류 저작은 전체가 어떠한 확고한 기준에 의해서 배열된 것이라기보다는 한 조목 한 조목이 독립성을 가지고 짧은 주제와 내용을 담고 있었다. 이를 앞서 살핀 이기론 문제와 관련해서 생각해보면 초목에는 초목의 이치가 있고 곤충에는 곤충의 이치가 있다는 방식, 즉 각 사물마다 나름의 내재적 정합성을 갖는다는 것으로 이해할 수 있다.

필기류 저작에는 소소한 지식정보들이 배치되고 나열되었는데, 이는 기존에 주자학의 의리론적 지식체계 속에서는 소홀히 취급되는 것들이 많았다. 실제 이 시기에는 『녹앵무경(綠鸚鵡經)』[이서구(李書九)], 『발합경(鵓鴿經)』(유득공), 『연경(烟經)』[이옥(李鈺)] 등 소소한 생활의 지식들이 '경'의 이름으로 새롭게 등장하였다.[71] 앞서 언급하였듯이 홍길주가 자신의 수학적 성과들을 문집에 넣을지 말지를 고민한 것도 이러한 맥락이다. 하지만 이 시기 그것들이 연구되는 것은 지식이 어떠한 우열적 질서에 의해서 배열되지 않고 동시적이고 균등적으로 존재하기 시작했음을, 최소한 그러한 단서들이 마련되고 있었음을 보여준다. 홍길주가 「수여방필」과 「수여연필」을 초록할 때의 감회를 통하여 이 시기 주자학적 지식체계가 어떻게 균열되고 있었는지를 볼 수 있다.

> 나는 「睡餘放筆」과 「睡餘演筆」을 초록할 때 모든 일상 속에서 귀와 눈으로 접한 것과 사람들과 함께 이야기한 것은 반드시 한두 단락이라도 얻

---

70) 여기에는 金邁淳의 『闕餘散筆』이나 洪直弼의 『梅山雜識』 등 전통적인 주자학자들의 저작들도 있었다. 그러한 점에서 필기류 저작의 성행을 당시 하나의 유행으로 인식할 수도 있지 않나 생각되며, 또한 이를 통해 전통적인 주자학자들조차 새로운 글쓰기 방식에 포섭되어 있었음을 추론할 수 있다.

71) 정민, 『18세기 조선지식인의 발견』 (휴머니스트, 2007), 221-251쪽.

으면 그것을 기록했다. 생각건대, 듣고 본 것이 어찌 모두 채록할 만한 것이겠는가! 하지만 한 번 뒤집어 부연해 놓으면 모두 기묘한 말이 되기 때문이었다.[72]

즉 소소한 대화와 견문들도 돌이켜 보면 소중한 기록의 재료가 될 수 있다는 사유는 시대의 변화를 가늠해 볼 수 있는 중요한 언급이다. 곧 기존에 중요하게 생각되던 것들이 해체되면서 새로운 가치를 모색하는 시대로 당시가 나아가고 있었음을 보여주는 것이다. 이것과 관련하여 그는 당대 책의 번성에 대해서도 부정적으로 생각하지 않았다.

세상에서는 항상 천하의 서적은 매우 많아 두루 읽을 겨를이 없는데 문장과 도는 침체되어 옛날만 못하니, 모름지기 事理를 잘 아는 진시황이 출현하여 不經하거나 급하지 않은 것을 가려내어 불사른 연후에야 비로소 책을 읽고 공부할 수 있을 것이라고 말한다. 하지만 이것은 通論은 아니다. 또 한 종류의 설이 있다. 이는 천하에 책이라고 이름한 것은 모두 읽을 만하고 볼 만하다고 여기는 것인데, 이것 역시 행할 수 없다. 나는 곧 다음과 같이 말한다. “경전과 역사서 등 좋은 책은 진실로 읽지 않을 수 없다. 나머지 책은 얻는 대로 읽어보고, 혹 읽어보거나 읽지 않아도 불가할 것이 없다. 이를 불경하고 무익하다고 말해버린다면 전국시대 제자백가 이하 책들도 마땅히 모두 불살라야 할 것이다. 小道라도 볼만한 것이 있다고 말한다면 근세의 자질구레하고 잡다한 책들도 모두 식견과 깨달음을 일으키는 데 도움이 될 만한 곳이 있다.”[73]

---

72) 洪吉周, 『縹礱乙巘』 卷15, 「睡餘演筆」 下, “余艸此二筆 凡日用耳目之所接 及與人言 必得一二段而錄之 盖其所見聞 豈皆可採 而一翻演 則俱成奇言故爾”

73) 洪吉周, 『沆瀣丙函』 卷7, 「睡餘瀾筆」 下, “世恒言 天下書籍綦多 無暇徧閱 而文章道術浸不如古 須有知事之秦始皇出 擇其非經不急者而焚之然後 方可讀書而爲學 此非通論也 又有一種之說 以爲天下之凡以書名者 皆可讀 皆可觀 斯亦行不得 余則曰 經史等好書 固不可不讀 餘書隨得隨觀 或觀或否 都無不可 以言乎非經無益 則戰國諸子以下俱屬當燒 以言乎小道可觀 則近世叢瑣雜纂 皆有助發識悟處耳”

> 자질구레하고 잡다하여 좋지 않은 책을 보거나 편벽되어 공평하지 않는 의론을 듣는다고 하더라도 모두 나의 깨달음의 구멍을 열 수 있다. 그것들이 불선하다고 하더라도 어찌 나의 좋은 점을 막을 수 있겠는가![74]

홍길주는 보잘 것 없는 조그만 도라도 있으면 근세의 자질구레한 잡다한 책들도 모두 식견과 깨달음을 일으키는 데 도움이 되고 지혜의 구멍을 열게 할 수 있을 것이라고 하였다. 이러한 태도는 문장을 접할 때에도 나타났다. 그는 소품문, 전기문, 세속적인 공문서에서부터 거리의 이야기나 배우들의 우스갯소리까지 모두 오묘한 것이 있다고 하였다.[75] 그러한 점에서 이 시기는 산삭(刪削)과 정독(精讀)보다는 일단 모으고 다독(多讀)하는 것에 주력했던 시대라고 할 수 있다.

이러한 학문 경향은 어디에 어떠한 중요성이 있는지에 대한 분명한 사회적 기준점이 당시 마련되지 않았음을 의미하는 동시에, 그 만큼 사물 이해에 대한 개방성이 확장되고 있었음을 말해준다. 이는 앞서 살펴보았듯이 홍길주가 이(理)를 '사정시비의 분변'으로 최소화 · 단순화함으로써 과도기적 면모를 보여주는 동시에 오히려 그것이 사물 이해의 개방성을 증진시키는 역할을 했던 것과 흡사하다. 이(理) 개념의 최소화 · 단순화가 새로운 의미들을 확충할 수 있는 여분의 공간들을 만들어내었다면 개개 사물들에 대한 탐구는 바로 새로 채워질 구체적인 내용이 될 수 있었다.

여기에는 물론 실사구시적(實事求是的) 입장이 전제되어 있었다.[76]

---

74) 洪吉周, 『沆瀣丙函』 卷7, 「睡餘瀾筆」 下, "觀冗雜不善著之書 聽乖僻不平正之論 皆可啓發我悟竇 彼自不善 安能沮我好處"

75) 洪吉周, 『沆瀣丙函』 卷5, 「睡餘瀾筆」 上, "文章亦然 雖小品之文 傳奇之文 俗下簿牒之文 以至衖謠俳詼 無不有極妙處 遇之 未嘗不欲亟棄舊學以倣之也"

하지만 주의해야 할 것은, 구체적 사물 이해와 관심이라는 측면에서 긍정적인 의미에서의 실용도 나올 수 있었지만 그것과 함께 단순한 사물에 대한 호기심으로 바라볼 수도 있는 '벽(癖)'도 나왔다는 점이다.[77] 실사에 대한 탐구에는 이러한 중층적 측면이 내재되어 있었다. 하지만 사실 그들에게는 실용학과 단순한 벽이 구분이 되지 않는 것일 수도 있었다. 예컨대, 서호수는 자신이 역상(曆象)에 벽이 있었다고 하였다.[78] 역상에 대한 관심을 경세학 속에서 파악하지 않고 벽으로 치부하는 것은 겸손의 표현일 수도 있지만 그 만큼 변화된 가치관을 보여주는 것이기도 했다.[79]

구체적인 사실과 사물에서 이(理)의 질서를 새롭게 탐구하고자 하는 입장에서 볼 때, 소소한 사물들과 지식들은 새로운 이(理) 개념을 구성하는 데 좋은 재료가 될 수 있었다. 이는 초현실적인, 어떤 의미에서는 초사물적인 태극과 같은 원리가 아니라 구체적인 사물 속에서 존재하는 개별적인 이(理)를 궁구하는 것이었다. 그럴 때 모든 사물은 각자의 정합성을 가졌던 터라 전체를 알기 위해서는 자연스럽게 어느 한 사물

---

76) 洪吉周, 『峴首甲稿』 卷2, 「實事求是齋記」, "若夫理之求諸內者 則不然 毉卜歷算一技也 苟不讀本艸易林周髀之書 則湯液之涼溫 陰陽之耦奇 日月五星經緯之度 無從以知之 況士之求道以讀書爲本者乎 獻王之事 今雖不可攷 史稱王好古書 所致書与漢朝埒 王之所以求實事之是者 顧不在書乎 西京之儒 專一經以爲學 用之治郡 則爲良牧守 用之治獄則爲良獄吏 用之治財賦則爲良有司 用之治天下國家則爲良宰相 實事之是 又豈在方策外哉"

77) 이 문제와 관련해서 일상생활에서의 총서 또는 호사취 강한 저작으로서의 총서 수용은 궁극적으로는 국가의 掌故·制度에 보익을 위한 것이라는 지적(김영진, 앞의 논문, 2003, 65쪽)과 경세제민·이용후생의 실학담론과 사치성 소비문화는 18세기 조선 지식인의 세계화 체험 과정에서 빚어진 현상으로서 다른 뿌리에서 나온 것이 아니었음(정민, 앞의 책, 2007, 62쪽)을 지적한 연구가 있었다.

78) 徐浩修, 『私稿』, 「曆象考成補解引」, "愚於曆象 有元凱之癖 而尤好考成"

79) 이 시기 조선 지식인의 癖과 癡 추구 경향에 대해서는 정민, 앞의 책, 2007, 85-109쪽 참조.

도 소홀히 할 수 없다는 사유가 형성될 수 있었다. 초사물적인 태극을 궁구하는 것이 아닌 각 사물에 편재되어 있는 소이연의 질서를 총합하는 것이 그들의 학문적 과제였던 것이다. 그들의 다양한 영역에서의 지적 호기심은 이러한 가운데 마련되었다. 또한 이것은 어떤 의미에서는 격물치지를 실현하는 일이라는 점에서, 주자학의 원래 의도와도 일정 부분 겹칠 수 있었다. 따라서 주자학의 이(理) 개념이 갖는 한계성을 지적하면서도 반드시 표면적으로는 '반주자학적'일 필요는 없었다. 기존의 가치체계를 극복하고 새로운 가치체계를 마련하고자 하는 모색으로서 당시의 박학(博學)과 다독, 총서 편찬을 이해해 볼 수 있다. 그것은 또한 주지주의적 입장을 견지한다는 측면에서 주자학과 노선을 같이했다.

물론 이러한 지식정보에 대한 태도와 구별되는 입장도 있었다. 정조(正祖)는 "학문이 正道에 無益하면 학문이 없는 것만 못하다."[80]고 하였다. 곧 정조에게 학문은 정도에 관련된 것이어야 했다. 김매순(1776~1840)은 다양한 지식의 유통에 대하여 의문을 표시하면서 주자학자의 입장에서 바라보는 지식정보의 관념을 잘 보여주었다. 장유(張維, 1587~1638)는 조선의 학문이 다양하지 못함을 비판한 적이 있었는데,[81] 이에 대해서 김매순은 많은 사상들이 등장하는 것이 과연 좋은 것인가 오히려 반문하였던 것이다.[82] 이 밖에도 이유원(李裕元,

80) 正祖,『弘齋全書』卷163,「日得錄」3, 文學 3, "學無益於正道 不如無學"

81) 張維,『谿谷先生漫筆』卷1,「我國學風硬直」, "中國學術多岐 有正學焉 有禪學焉 有丹學焉 有學程朱者 學陸氏者 門徑不一 而我國則無論有識無識 挾筴讀書者 皆稱誦程朱 未聞有他學焉 豈我國士習果賢於中國耶 曰非然也 中國有學者 我國無學者 蓋中國人材志趣 頗不碌碌 時有有志之士 以實心向學 故隨其所好而所學不同 然往往各有實得 我國則不然 齷齪拘束 都無志氣 但聞程朱之學世所貴重 口道而貌尊之而已 不唯無所謂雜學者 亦何嘗有得於正學也 譬猶墾土播種 有秀有實而後五穀與稊稗可別也 茫然赤地之上 孰爲五穀 孰爲稊稗者哉"

1814~1888)은 고증학(考證學)의 유행으로 인하여 평생 경사(經史)만을 공부해 온 문사(文士)가 하루아침에 일자무식(一字無識)이 되어버린 세태를 언급하기도 하였다.[83] 이처럼 한편에서는 주자학적 의리에 맞는 것이 진정한 의미에서의 지식이며, 그러한 이유로 고증학 등 지식의 다양성에 대하여 경계하는 사유도 있었다.

한편, 흥미로운 것은 기존에 '완물상지(玩物喪志)'라고 배척했던 것들이 '경'이라는 이름으로 새롭게 등장하였듯이 기존에 무시되거나 버려지던 사조(思潮)들에 대해서도 새로운 관심이 싹텄다는 점이다. 가령, 기존의 이단(異端)으로 여기던 사유들에 대하여 일정한 관용이 생겨났다. 홍길주는 유(儒)라는 이름을 버림으로써 유학의 대통합(大統合)을 이룰 수 있다고 다음과 같이 주장하였다.

> 공자의 문하도 그 말이 다 같지는 않았다. 순자와 양웅의 학설은 맹자·정주와 달랐다. 경전을 주석하는 경우에도 가끔 크게 서로 어긋나는 곳이 있었다. 육구연과 왕수인은 그 학문이 은미하게 불교에 가까웠으나 그들이 大儒가 되는 것에 해가 되지는 않았다. 대저 학자는 자신의 所見에 따

---

82) 金邁淳, 『臺山集』 卷17, 「闕餘散筆」, "愚亦曰非然也 以其世所貴重 口道而貌尊之者 十居七八耳 然而蘇張申韓之時 天下之禍何如 而自漢以降 治化風俗 雖不及三代 人倫粗明 民生粗安 弑父與君 亡失國家之患 比之春秋二百四十年間 猶爲稀闊者無他 尊孔氏黜百家之效也 然則拘而就正 猶勝於放而從邪 無益徒亂 又惡用志趣爲哉 譬之農焉 無論民之勤惰巧拙 授之穀而敎之種 然後粒米握粟 可得而食也 若任其所爲 或稊或穀而漫不訾省焉 則及秋而穫 稊穀相半 民猶患饑 畢竟遍地青黃 都是稊稗 一穀不可得見 則其將曰彼靑黃者 猶賢於赤耶 然則程朱者 今之孔孟也 四書集註者 今之五穀也 俛首刳心而已 碌碌不碌碌 係其人品高下耳 外是而求志氣 不流於猖狂妄作也者寡矣"

83) 李裕元, 『林下筆記』 卷35, 「薜荔新志」, "崔公國輔文士也 嘗語余曰 我今日謁某相公 方與一時宰對話 皆書册題也 古人名也 一場聞之 不知爲何書何人 君或知之否 我粗解文字 平生用工 不離於經史 而今於是作一字無識之人 何故也 此固無他 近日考據之學盛行 所道者 無非稗官叢書 明季淸初人而然也 後生之學 可以病矣 此言未嘗非警語也"

> 라 학설을 세우니, 또한 어찌 마음에 얻은 것이 없는데 억지로 그 설을 따를 수 있겠는가? 지금 儒家의 학문을 하는 것은 같은데도 학설에 같지 않은 곳이 있으면 곧 번번이 배척하기를 맹자가 양주와 묵적을 막는 것보다 더 심하다. … 진실로 나의 말처럼 儒의 이름을 버리고 천하와 함께 공공의 것으로 할 수 없다면 言說同異의 禁制를 모두 푸는 것만 같은 것이 없다. 독서하고 몸을 성실히 할 수 있으며 스스로 요순과 공자의 도에 설 수 있다면, 그 말의 가부를 불문하고 모두 儒者의 이름을 붙여주어 서로 방해하지 않고 나란히 가게 해야 한다.[84]

그는 유의 이름을 버리고 이를 천하공공의 것으로 하여 육구연과 왕수인의 학문까지 포섭하면서 학설 간의 소소한 금제를 풀자고 제안하였다. 이러한 유의 대통합 제안은 그 동안 중시되었던 유학 안의 갈등들을 홍길주가 더 이상 중요하게 생각하지 않았다는 점에서 중요하다. 이는 앞서 지식분류 체계의 변화에서도 보았듯이, 지식 안에서 어떠한 우열적 질서도 부과하지 않고자 하는 의식과 상통한다. 이는 모든 사물과 이념 안에는 각기 개별적이고 정합적인 질서가 내재되어 있다는 논리였다. 인용문에서 "학자는 그가 깨달은 것에 의거하여 학설을 세운다."는 말은 이와 같은 의미를 갖는다. 다음의 논의도 그가 이단설에 유보적인 입장을 취했음을 보여준다.

> 아아! 聖人이 나오지 않는다면 偉異한 논의를 세울 수 없다. 성인이 나오지 않는다면 여러 儒者들의 설이 분분하되 다르고 같은 것을 모두 두어 폐할 수 없다. 내가 대하는 자는 聖人이다. 마침내 성인이 나오지 않아

---

84) 洪吉周,『縹礱乙幟』卷16,「名敎」下, "孔子之門 其言未嘗盡同也 荀卿揚雄之說 異於孟氏程朱 釋經往往有大相牴牾者 陸子靜王伯安 其學微近乎釋氏 而不害其爲宏儒 夫學者因其所見而建言 又何可不得於心 而彊從之說乎 今也其爲儒之學同 而言說有所未齊 則輒麾折之 甚於孟氏之距楊墨 … 苟不能如吾之說 去儒之名而與天下公共之 不如盡弛言說同異之禁 其能讀書誠身 自列乎堯舜孔氏之道者 無問其言之可否 咸加之以儒之名 使之并行而不相礙"

천하의 군자로 하여금 헛되이 수고스럽게 해도 성인을 보지 못하는 것은 결단코 또한 운명이니 나 또한 어찌하겠는가![85]

그는 성인이 나오기 전까지는 심지어 이단의 설들도 '가능성'으로 사유하자고 하였다. 이를 통해서도 그가 이단의 설에 대해서 가졌던 포용적인 태도를 짐작할 수 있으며, 이는 앞서 패관소품 등 윤리적이지 않은 글에까지 관심을 가지려 했던 태도와 연결된다.

홍길주는 유학 내 이단의 설뿐만 아니라 삼교(三敎)에 대해서도 관대한 입장을 보였다. 우선 그는 유·불·도 삼교가 가르침은 다르지만 마음 다스리는 것을 근본으로 삼는다는 점에서 같다는 말이 비록 미진한 점은 있지만 대체로는 맞는다며 동조하였다.[86] 사실 이와 같은 말은 비슷한 시기 김조순(金祖淳, 1765~1832)도 흡사한 언급을 한 적이 있었다.[87] 이러한 생각들은 천주교를 견제하고자 19세기 전반 조선의 지식인 사회에서 불교에 대한 관대한 입장이 생겨나고 삼교일치의 이념이 형성되는 것과 관련하여 이해할 필요가 있다.[88]

홍길주는 앞서 유의 이름을 버리고 유학 이념에 동조하는 자들을 모두 포섭할 것을 주장하였다. 그 말을 확대해서 해석해 보면, 비록 불교와 도교라고 하더라도 유교의 이념에 동조하고 이를 배격하지 않는다

---

85) 洪吉周, 『孰遂念』 第13觀, 「壬居業念」 仲, 東國性理大全序, "嗚呼 聖人不作 則不可以立偉異之論 聖人不作 則諸儒之說紛紜 而異同者姑皆并存而不可廢也 吾之所待者聖人也 其竟不作 而使天下之君子徒勞 而不見決亦命也 吾又奈何"

86) 洪吉周, 『縹礱乙幟』 卷15, 「睡餘演筆」 下, "太初嘗云 三敎不同道 其以治心爲本則同 不唯异端爲然 雖盜賊 苟其心不樂作賊 則必不作賊 心不安 則雖豐衣足食 不可耐過一日 此說 雖於心學 有所未盡 却說得大家暢快 非有見識 亦不得如此說"

87) 金祖淳, 『楓皐集』 卷10, "佛氏之明心見性 雖與吾儒之存心盡性不同 其自治之法實與吾儒無異"

88) 이에 대해서는 조성산, 「19세기 전반 노론계 佛敎認識의 정치적 성격」, 『韓國思想史學』 13, 1999, 333-334쪽 참조.

면 수용할 수도 있다는 말로 이해할 수 있다. 물론 그가 자신은 이단을 포섭하자는 것이 아니라 유 안에서의 작은 다름을 포용하자는 것임을 분명히 했지만, 그럼에도 불구하고 이러한 개연성은 존재한다. 그가 노자의 도를 청정(淸淨)과 현허(玄虛)로 파악하고, 석가(釋迦)의 도를 적멸(寂滅)과 자비(慈悲)로 파악하여[89] 무조건 배격하지 않은 것도 이러한 가능성을 말해준다. 『홍씨독서록』에도 「노가(老家)」 항목에 『노자(老子)』, 『장자(莊子)』, 『열자(列子)』 등의 서적이, 「석사(釋家)」 항목에는 『사십이장경(四十二章經)』을 포함하여 『능가경(楞伽經)』, 『원각경(圓閣經)』, 『능엄경(楞嚴經)』, 『불조통재(佛祖通載)』 등이 들어 있었다.[90] 균등적인 입장에서 모든 지식들이 재배열되는 상황에서 이단의 사상에 대해서도 일정한 포용이 싹텄던 것이다. 이는 다른 지식인들에게서도 보였다.

성대중(成大中, 1732~1812)은 유도의 장점은 권선(勸善)에 있고 노불의 장점은 금사(禁邪)에 있음을 언급하였으며,[91] 승려들이 극심하게 피폐해진 것도 백성들의 입장에서는 이로운 일이 아니라고 하였다.[92] 또한 『장자』의 제물론(齊物論)에 대해서도 유·묵의 논리를 하나로 하기 위함이라고 하였고,[93] 노자는 거대한 산·큰 바다와 같아서 공리(功利)를 모두 내면에 간직하였다고 하였다.[94] 서명응의 경우 『도덕지귀

89) 洪吉周, 『縹礱乙幟』 卷16, 「明敎」 上, "老氏之道 以淸淨玄虛爲本 … 釋氏主於寂滅 其用爲慈悲"

90) 洪奭周, 『淵泉全書』 6, 「洪氏讀書錄」(旿晟社, 1984), 80쪽, "四十二章經 一卷 後漢所譯也 釋氏之書 入中國自此始 其言簡易 猶有古人遺意 其旨亦淺近 無不可曉者 蓋釋氏設敎之宗旨 固如是而已 及其後世能言之士 厭其卑近 而文之以微巧 於是乎荒唐幽幻放誕 惑衆之辭始紛然 而不可禁矣 是亦其釋氏之意哉"

91) 成大中, 『靑城雜記』 卷2, "儒道長於勸善 老佛長於禁邪"

92) 成大中, 『靑城雜記』 卷4, "僧之甚敝 亦非吾民之利也"

93) 成大中, 『靑城雜記』 卷4, "莊子齊物論 爲齊儒墨之論也"

94) 成大中, 『靑城雜記』 卷5, 「醒言」, "獨老子如巨嶽洪溟 功利總內蘊也"

(道德指歸)』를 통하여 『노자』 주석서를 남겼다. 특히 이규경은 도교와 불교를 유교 안에서 통합하려는 사유도 보여주었다.[95] 이러한 사유는 불교나 도교가 주장한 삼교일치와는 다르게 유학 지식인이 주도하는 삼교통합이라는 측면에서 주의 깊게 살펴볼 필요가 있다. 이 밖에도 남병철(南秉哲, 1817~1863)은 중인 최성환(崔瑆煥, 1813~1891)이 편집한 도교류 권선서인 『도수부증손공과격(陶水部增損功過格)』에 발(跋)을 쓰고 있었으며,[96] 박규수(朴珪壽, 1807~1876)와 이건창(李建昌, 1852~1898)도 도교서에 발문을 썼다.[97]

이처럼 유의 외연을 확대하여 유의 대통합을 이루는 동시에 도교와 불교까지 포섭할 여지를 만들어놓음으로써 홍길주는 새로운 세계관을 모색하였다. 이는 기존에 주자학이 보여주었던 협소한 이념 체계에서 벗어나 새로운 질서를 구축하고자 함이었다. 이러한 사유와 함께 그는 고전을 대하는 자세에 대해서도 새로운 배치를 시도하였다.

> 예전에 글을 짓지 못했던 것은 옛것 중에 배울 것이 많았기 때문이었다. 지금 글을 짓지 못하는 것은 옛것 중에 배울 만한 것이 없기 때문이다. 예전에는 六經을 읽으면 六經을 배우고 싶었고, 좌구명을 읽으면 좌구명을 배우고 싶었다. 굴원의 「離騷」를 읽으면 굴원의 「이소」를, 『荀子』와 『莊子』를 읽으면 순자와 장자를 배우고 싶었다. … 그들을 접할 때마다 사모하는

---

95) 李圭景, 『五洲衍文長箋散稿』上 卷29, 「三教諸論辨證說」, 825쪽, "惟吾夫子之敎 君君臣臣父父子子夫夫婦婦 各安其分 率其性 古往今來無斷續 即此長生 間往間來無粘着 即此眞空 此二氏之所以羽翼吾儒"; 『五洲衍文長箋散稿』下 卷39 「釋敎梵書佛經辨證說」, 243쪽, "雖闢異敎宜然 而欲攷歷代事實 則似不然矣 愚今論次道釋二氏者 世之稱儒道釋三敎者 殆如鼎足 厥有久矣"

96) 南秉哲, 『圭齋遺稿』 卷5, 「重刊陶水部增損功過格跋」.

97) 1867년에 간행된 『關帝聖蹟圖誌』의 서문은 朴珪壽가, 발문은 金昌熙(1844~1890)가 쓰고 있으며, 『南宮珪籍』의 서문은 李建昌이 쓰고 있었다. 이에 대해서는 조성산, 앞의 논문, 1999, 333쪽 참조.

> 마음이 옮겨지지 않은 적이 없어 결국에는 갈림길에서 방황하여 거처를 정하지 못했다. 그러므로 예전에 글을 짓지 못했던 것은 옛것 중에 배울 것이 많았기 때문이라고 말한 것이다. 지금 옛날에 읽었던 책을 취해서 거듭 살펴보니 육경은 그저 육경일 뿐 나의 육경이 아니다. 좌구명도 그저 좌구명일 뿐 나의 좌구명이 아니다. 굴원의 「이소」도 굴원의 「이소」일 뿐 나의 이소는 아니다. 순자 · 장자도 순자 · 장자일 뿐 나의 순자 · 장자가 아니다. 태사공 이하 그렇지 않은 것이 없었다. 그 사람에게 있어서는 천하의 참된 문장이지만 만약 내가 그것을 본뜨면 비록 원래의 것과 하나가 되어 분별할 수 없을 지경이 되어도 천하의 참된 문장은 아닌 것이다.[98]

그는 처음에는 육경을 읽고 육경을 배우고 싶었고, 좌구명을 읽으면 좌구명을 배우고 싶어했지만 시간이 지나 다시 고전을 보니 고전은 고전일 뿐 자신의 글이 아님을 알았다고 말하였다. 이는 고전과 자신의 관계에 많은 변화가 있었음을 의미한다. 그는 고전에 자신을 종속시키지 않고 고전을 객관화하면서 고전과 자신을 균등하게 배치하였다. 고전과의 거리 두기를 시도한 것이다. 이러한 인식은 단지 고전에만 한정된 것이 아니었다. 동언(東諺)에 대한 새로운 인식에서도 볼 수 있듯이,[99] 그는 많은 영역에서 기존에 차등적인 것으로 인식되던 개념과 지

---

98) 洪吉周, 『沆瀣丙函』 卷1, 「釋夢」, "昔者不能爲文 由古之多可學也 今者不能爲文 由古之無可學也 昔者讀六經 則欲學六經 讀左邱 則欲學左邱 讀屈騷則欲學屈騷 讀荀莊則欲學荀莊 … 莫不遇之而徙其慕 卒之彷徨岐路 而莫奠夫厥居 故曰 昔者不能爲文 由古之多可學也 今者取嚮之所讀重閱之 六經自六經 非吾之六經也 左邱自左邱 非吾之左邱也 屈騷自屈騷 非吾之屈騷也 荀莊自荀莊 非吾之荀莊也 太史公已下無不然 在其人 固天下之眞文章也 使余而效之 雖與之爲一而不可辨 非天下之眞文章也"

99) 洪吉周, 『孰遂念』 第15觀, 「擧業念界」, "諺鄙俚又多轉訛 博識者病之 然國必有諺 自其國視之則鄙俚 自異邦視之則奇雅 且承用旣久 烏得無轉訛 中國言語亦多轉訛者 如伯叔爲兄弟之序 而后世沿伯父叔父之稱 遂稱諸父曰伯曰叔 此類寔多 嘗謂古人無文字俗言之別 秦漢時言語稱謂 必非唐虞殷周之舊 則此亦秦漢時俗諺也 秦漢人皆用之於文章 推而上之 夏殷之以我爲台 必不自蒼頡時已然 其亦夏殷之俗諺也 唐虞之以事爲采 必不自虔戲時已然 其亦唐虞之俗諺也 乃典謨誥訓用之 而不

식들을 균등하게 배치하고자 노력하였다. 이러한 그의 시도들은 19세기 전반 지식 배치의 중요한 경향 가운데 하나였다.[100]

요컨대, 이(理)를 '시비사정의 분변'으로 최소화 · 단순화하고 개개의 사물에서 이치를 궁구히 해야 한다는 사유를 통하여 그 동안 갇혀져 있었던 사물에 대한 다양한 생각들이 발현될 수 있었다. 그것은 한편에서는 실학적인 형태로 나타나기도 했지만, 또 한편에서는 호사가적인 취향으로 나타나기도 하였다. 18세기 후반에서 19세기 전반 실용적인 저작들과 완물상지의 문화형태가 같은 사람들에게서 동시에 등장하는 것은 이러한 이유 때문이었다. 당시에는 많은 지식정보들을 다룬 저작들이 등장하였다. 또한 유의 정의를 단순화함으로써 그 안에서 이단을 수용할 공간들을 만들어내었고, 나아가 삼교에 대한 관용적 태도로 발전할 여지도 마련했다.

5. 맺음말

18세기 후반 들어 중국으로부터 수많은 지식정보들이 조선에 전래되었다. 새로운 지식정보들은 그것을 분류하고 일관되게 이해할 수 있는 사유가 마련되지 않을 때 혼란을 초래할 수밖에 없었다. 그 혼란은

以爲俚 由是論之 則今之以黃豆爲太 以棉布爲木 以準爲丁 以梃爲乭 田畓之畓 有頉之頉 娚妹之娚 媤家之媤 以至于右謹陳所志矣段 使道分付內辭緣等語 俱用之於高文大册碑碣序記 何不可之有"

100) 홍길주의 이러한 사유는 대구 서씨 서유구 및 당대 인물들에게도 공감하는 바 컸으리라고 생각한다. 그러한 단서는 徐有榘가 『東國叢書』를 기획하면서 홍길주의 필기류 저작을 이 총서에 수록하려고 하는 데에서도 찾아볼 수 있다(洪吉周, 『沆瀣丙函』 卷7, 「睡餘瀾筆」 下, "楓石聞徐有放演兩筆 求見之 袖而去 將錄入於所蒐東國叢書 孰遂念亦爲此丈所覰見 余平生自秘之苦心 未免壞破了 可恨").

불가피하게 기존의 가치관을 곤경에 처하게 하였다. 지식인들은 태극(太極)으로 대표되는 주자학의 이(理) 개념에 회의하기 시작했다. 이광사, 박지원, 홍길주는 태극이 세상의 다양한 현상들을 효과적으로 설명할 수 없음을 인지했다. 태극으로 모든 것을 설명하는 듯 보이지만 결국 아무 것도 설명하지 못함에 대해서 깨닫기 시작한 것이다. 그러한 인지는 새로운 세계관과 사유를 모색하는 것으로 나아갔다. 그렇다면 어떠한 계기로 이러한 자각이 가능했는가.

그것의 학문 배경에는 자신들의 유학적 학문 전통, 즉 낙학, 강화학을 포함해서 중국으로부터 전래된 한학, 명청소품, 서양 수학과 천문역산학 등 많은 새로운 지식정보들이 있었다. 그것들이 상호 작용하면서 그들은 주자학적 세계관에 회의하게 되었던 것이다. 특히 중국으로부터 전래된 새로운 지식들은 주자학의 세계관을 균열시키는 데 커다란 기능을 하였다. 한학이 주자학의 경전적 근거들을 허물었다면 명청소품에 담긴 양명학적 사유는 주자학의 엄숙한 심성체계를 교란시켰다. 서양 수학과 천문역법은 주자학이 근거하는 소이연의 과학적 질서들을 무너뜨렸다. 이 세 가지는 어느 것에 더 중요성을 둘 수 없을 정도로 서로 결합하면서 주자학의 세계관을 아래로부터 붕괴시키고 있었다.

하지만 앞의 두 가지는 주자학 내에서도 나름대로 대응책을 마련하고 반박의 논리들을 만들어낼 수 있었다. 반면에 서양의 수학과 천문역법은 현재 벌어지고 있는 사실[소이연(所以然)]의 문제들을 다룬다는 측면에서 적절한 대응책을 찾기 힘들었다. 서학이 중국에서 시작되었다는 서학의 중국원류설은 잠시나마 위안을 줄 수 있었을지 몰라도 궁극적으로는 서양이 오히려 중화를 더 잘 발전시켰다는 논리로 전개될 수 있었고, 또한 서학의 중화적 속성을 부각시킴으로써 서학 수용을 오히려 합법화시켜주는 결과도 초래할 수 있었다. 즉 서학의 중국원류설이 오히려 주자학적 세계관의 균열을 가속화시키는 매개가 될 수도 있었던 것이다.

태극이라는 초월적 원리가 존재한다는 것을 회의한 그들은 이제 사물의 개별적 진리를 밝히는 일에 집중하고자 했다. 그 과정에서 이(理)의 개념을 형이상학적 태극 관념에서 '사정시비의 분변'으로 최소화·단순화시키는 작업을 병행하였다. 그래야만 태극 관념에서 덜어진 그만큼 새로운 가치가 채워지고 창출될 수 있었기 때문이다. 물론 그들이 모든 사물을 지루하게 살펴야 한다는 것을 주장한 것은 아니었지만, 다문과 박학을 강조함으로써 좀 더 많은 경우의 수를 확보하고자 하였다. 그래야만 사물의 정확한 이해와 인식이 가능하다고 생각했기 때문이다. 그러한 점에서 그들은 과거에 버려지고 소홀하게 여겨지던 지식정보들에 대해서 관심을 가졌다. 자연스럽게 실사에서 진리를 구한다는 실사구시적 태도를 가질 수밖에 없었다. 이치는 총체적으로 존재하는 것이 아니라 개별적인 사물에 편재되어 있었기 때문이다. 이 시기 총서의 편찬, 다양한 필기류 저작들이 등장하는 데에는 이러한 변화된 인식이 중요한 하나의 배경이 되었다.

이렇게 이치가 독존적이고 총체적으로 존재하는 것이 아니라 개별 사물 속에 존재한다는 언설은 유학 체계 안의 구구한 논쟁들을 무화시키는 데 중요한 역할을 하였다. 가령, 홍길주는 양명학과 상산학을 유학의 이름 안에 포섭해야 한다고 생각했다. 왜냐하면 양명학과 상산학도 각각 개별적인 나름의 진리를 가지고 있기 때문이다. 그러므로 유학으로서의 대체를 벗어나지 않는다면 포용해야 한다고 주장하였다. 그는 비록 불교와 도교를 포섭하자고 하지는 않았지만, 유학적 가치를 벗어나는 것이 아니라면 포용할 수도 있다는 개연성을 보였다. 19세기 전반 불교에 대한 포용 논의가 활발히 일어나고 서학에 대항하는 삼교회통적 사유가 지식인 사회에 점차 확산되는 것을 고려해 보면 이러한 점은 더욱 분명해진다. 이것은 그의 새로운 세계관과 사유가 유교적 가치관을 전제로 하면서도 기존과는 다른 새로운 사유의 가능성을 열어놓았음을 보여준다.

새로운 지식정보의 전래와 유통, 그리고 이를 수용하지 않을 수밖에 없었던 상황과 새롭게 전래된 지식정보들의 이해와 정리, 다시 그 과정에서 주자학적 세계관에 대한 회의가 싹트고, 그 회의 속에 선험적이고 초월적 태극 관념에 대한 부정과 개별적 사실들에 대한 탐구가 싹텄다. 그것은 각종 총서, 필기류 저작의 출현으로 이어졌고 다시 유학 안에서의 이단 수용과 불교와 도교에 대한 포용 논의로까지 발전하였다. 이것은 다시 새로운 지식정보들을 이해하고 수용하는 기초를 마련해놓을 수 있었다. 이것이 19세기 전반 벌어진 지식정보 체계의 변화가 가졌던 사유 구조였다.

3 · 1운동 전후 한국 민족주의의 변화

임경석

1. 머리말

이 글의 과제는 3 · 1운동이 한국 민족주의에 끼친 영향을 해명하는 데에 있다. 달리 말하면 민족주의 운동과 사상이 3 · 1운동을 거치면서 어떤 변화를 겪는가, 그 변화를 가져온 원인은 무엇인가? 이에 답하는 것이 이 글의 과제다. 이 과제를 효과적으로 수행하기 위해 다음 두 가지 점에 유의하고자 한다.

먼저 3 · 1운동을 전후한 시기 민족주의 세력의 행동 양상을 정세 변동과의 관련성 속에서 고찰하는 데에 역점을 두고자 한다. 정치 세력의 행동은 구성원들의 의도와 정책에도 관련을 맺지만, 또한 객관적 조건에 따라서도 굴절하기 때문이다. 국제 정세의 변동은 식민지 한국의 지위에 영향을 줄 수 있으며, 국내 각 사회 집단 사이의 상호 역관계는 정치세력의 행동을 제약하거나 촉진하기 마련이다. 따라서 우리는 민족주의 세력의 동향을 정태적인 관점이 아니라 동태적인 관점에서 보고자 한다. 보기를 들어서 이런 의문을 제기하는 것도 유용하다. 한번 '민족주의 우파'에 속한 사람들은 식민지시대 전 시기에 걸쳐서 줄곧

'우파'에 가담했던가? 그렇지 않았다. 그에 걸맞은 보기를 찾아낼 수 있는 연구자는 아마 없을 것이다. 민족주의 각 세력의 정치적 행동이 조성된 정세와 어떤 연관을 갖고서 변화해 갔는지를 추적하는 까닭은 바로 여기에 있다.

둘째로 민족주의 세력을 민중의 동향과 연관지어 살펴보는 데에 또 하나의 역점을 두고자 한다. 민중의 사회적 심리 상태는 정세에 따라 변모하지만, 그와 동시에 그들의 역동성이 정세를 변화시키는 한 요인이 되기 때문이다. 정치세력의 운신의 폭과 행동 방향은 민심의 향방에 따라서 제약받아 왔다. 3 · 1운동 시기에 분출되어 나온 민중의 정치적 열망은 민족주의 세력의 행동 양상과 어떤 내적 관련을 맺고 있는가? 우리의 관심은 이 물음에 답하는 데에 있다. 이 질문은 연구사의 현 단계에서 충분히 해명되지 않은 미개척의 문제라고 생각한다.

이 두 가지 측면에 유의할 때 3 · 1운동 전후 민족주의 연구에 관한 새로운 논점을 개척할 수 있으리라고 본다. 국제질서 변동에 의해 식민지 한국의 국제적 지위가 변동될 가능성이 열리고, 독립에 대한 열망이 광범한 군중의 정치적 진출로 표출되는 특수한 정황 속에서 한국 민족주의를 관찰할 때, 우리는 종래 해명되지 않았던 문제를 이해할 수 있게 되고, 당연시되어 오던 착오를 정정할 수 있다고 믿는다.

2. 정세 변동의 영향

3 · 1운동 때 발표된 선언문들 속에는 낙관적인 정세관이 표명되어 있다. 기미독립선언서에는 '세계개조의 대기운'이 일고 있으며, 인류와 시대 양심이 '정의'와 '인도'를 추구하고 있다고 쓰여 있다. 이러한 추세

는 '시대의 대세'로 간주됐다. 그에 반대되는 경향은 '침략주의, 강권주의'이며, 이것은 '구시대의 유물'로 규정됐다. 다음 표현은 이러한 시대인식을 전형적으로 보여준다. "아아, 신천지가 안전(眼前)에 전개되도다. 위력의 시대가 거(去)하고 도의의 시대가 래(來)하도다."라는 문장이나, "인도적 정신이 바야흐로 신문명의 서광을 인류의 역사에 투사(投射)"하기 시작했다는 구절이 그것이다.[1)]

1919년 3월 17일 연해주 니꼴스크우수리스크에서 대한국민의회가 채택한 「독립선언서」도 예외가 아니었다. 그 선언서는 "인도(人道) 문제의 새로운 의의가 지금처럼 장엄하게 선포된 적은 일찌기 없었다."는 구절로 시작된다. 그에 뒤이어 세계 개조의 필연성에 대한 굳은 신념이 표명됐다. "세계는 파멸로부터 구원되어야 하며, 세계 개조의 기초위에는 자유, 평등, 박애, 민족자결의 확고한 원칙이 자리잡아야 한다."는 것이다.[2)] 프랑스혁명에서 천명된 3대 이상과 민족자결주의가 세계개조의 원칙으로 간주되고 있었다. 세계개조론은 3·1운동 당시 일종의 시대정신이었던 것이다.

이런 사례는 그밖에도 많다. 3·1운동기에 국내외 각처에서 발표된 선언서·팜플렛 속에서 낙관적인 정세관을 읽어내는 것은 손바닥 뒤집는 일보다도 쉽다. 이광수가 지은 「2·8독립선언서」나 한용운이 옥중에서 쓴 「조선독립의 서」, 박은식의 『조선독립운동지혈사』는 잘 알려진 사례들이다.

만세 시위운동의 소용돌이에서 살포된 전단들 속에서도 보기를 볼 수 있다. '국민대표본부' 명의로 1919년 3~4월에 살포된 한 전단에 따르

---

1) 朝鮮民族代表 33人, 「宣言書」 朝鮮建國 4292년(1919) 3월.

2) Декларация независимости Кореи(조선독립선언서), 1919. 3. 17, с.1, РГАСПИ Ф.495 оп.135 д.5

면, 그때는 "정의와 인도로 세계를 개조하는 때"였다. 이 전단은 2천만 한국 민족이 지향해야 할 목표를 "자유와 평화의 광명한 극락"이라고 표현했으며, '동서고금 미증유의 큰 힘과 큰 뜻을 가진 열국(列國) 강화회의'가 한국 문제를 주목하고 있다고 썼다.[3)]

이러한 낙관적인 정세관을 낳은 근거는 무엇이었을까? 독립을 희구하는 주관적 열망이 그것을 낳았다고 보는 견해도 있을 수 있겠다. 하지만 그렇게 보기에는 두 가지 난점이 있다. 첫째, 독립에 대한 열망은 식민지 시대 전시기에 걸쳐서 존재했지만, 낙관적인 정세관은 그렇지 않았기 때문이다. 낙관적인 정세인식은 일제 식민지 치하에서는 오히려 극히 예외적인 상황에서만 나타났다. 세계대공황기, 2차대전 종결 직전 시기가 그 대표적인 보기다. 우리가 주목하는 3·1운동 전후 시기도 마찬가지였다.

둘째, 한두 사람이 아니라 수많은 사람들이 그처럼 인식했다는 점이다. 몇몇 사람은 더러 자기의 주관적인 희망을 객관 상황과 동일시하기도 했을 것이다. 하지만 이는 몇몇 개인의 병리적 현상일 뿐이다. 3·1운동기의 낙관적인 정세관은 몇몇 사람의 사고방식에서만 관찰되는 사적 현상이 아니었다. 그것은 광범한 사회적인 현상이었다.

이 시기 정세인식을 낳은 것은 제1차 세계대전이 종결될 즈음에 조성된 국제정세 자체였다. 1917년에 미국이 전쟁에 참전하고, 러시아에 두 차례의 혁명이 발발했다. 이러한 정세의 전개가 식민지 한국의 신지식층에게 용기를 주었다. 구체적으로 살펴보자.

승전국 열강의 참전 명분은 전후 세계 개조의 기대감을 불러 일으켰던 요인 가운데 하나였다. 대한국민의회가 발표한 「선언서」에 이 점이

---

3) 國民代表本部, 「同胞의 覺悟를 促하노라」, 날짜미상, 『梨花莊所藏雩南李承晩文書,東文篇』 제4권 (중앙일보사·연세대학교 현대한국학연구소, 1998), 62-63쪽.

선명히 표현되어 있다. 대한국민의회는 연합국 열강이 '전 세계의 항구적 평화와 정의를 보장'한다는 '엄숙한 약속'을 표명했음을 상기하고, 그것이 속히 실행되어야 한다고 촉구했다.[4)]

제1차 대전 말기에 유럽에서 발흥한 국제적 규모의 혁명 운동도 세계개조의 확신을 가져다주었다. '민족대표' 33인 중 한 사람인 한용운이 쓴 글에 이 점이 명백히 표현되어 있다. 그에 따르면 "평화의 신은 독일 인민의 손을 빌려서 세계의 군국주의를 타파함이니, 곧 전쟁 중 독일혁명이 그것이라."는 것이다.[5)] 즉 연합국의 군사력에 의해서가 아니라 독일 인민의 힘에 의해 정의, 인도, 평화가 달성됐다고 보았던 것이다.

박은식은 1917년 러시아혁명을 가리켜 '세계개조의 최초의 신호탄'이라고 지칭한 바 있다. 러시아혁명이 승리함으로써 여러 민족의 자유와 자결이 약속됐으며, 민중에게 자유와 평등이 주어졌다는 것이다.[6)]

낙관적인 정세관은 식민지 한국의 국제적 지위가 변모될 가능성이 높아졌다는 인식을 낳았다. 한국의 식민지적 지위를 공인한 1905년의 일련의 국제조약은 이제 재확인되거나, 다른 조약에 의해 대체되어야 하는 것으로 간주됐던 것이다. 한국의 국제적 지위가 변모될 가능성이 있다는 판단은 한국의 여러 사회 계층에게 희망을 주었다. 심지어 국제정세 변동에 대해 가장 둔감할 것으로 보이는 유생층도 그런 희망을 품었다. 유생 137인이 서명한 「파리장서」의 관련 구절을 보자. "여러분이 평화회의를 개최한다는 소식을 듣고 난 뒤 우리나라 인민은 모두 기뻐 날뛰며 흥분했으며, 「이제 만국이 참으로 평화롭게 된다면, 우리 한국도 만국의 하나이니 어찌 우리에게만 평화가 없겠는가」라고 여겼

---

4) 國民代表本部, 위의 글, 1998, 62-63쪽.

5) 「조선독립에 대한 감상의 대요」 1919. 7. 10(『독립신문』 1919. 11. 4).

6) 박은식, 『韓國獨立運動之血史』 (서울신문사 출판국, 1946).

다."는 표현이 그것이다.[7] 3 · 1운동기에 나타난 광범한 대중의 정치적 진출은 이러한 희망이 얼마나 많은 사람들에게 정열과 헌신성을 고취시켰는지를 웅변해 준다.

정세인식의 낙관성은 국제 질서 재편을 위해 연이어 소집된 국제회의에 대해 한인들로 하여금 능동적으로 대응케 했다. 베르사유회의는 승전국 사이의 국제질서 재편을 논의하기 위한 최초의 회합이었다. 독립을 열망하는 한인들은 승전국 열강이 한국문제에 개입해 주기를 기대했다. 베르사유회의에 대한 한국대표단 파견 전술이 채택된 것은 바로 이 때문이었다. 또한 대표단의 외교적 교섭력을 극대화하기 위해 필요한 모든 조치가 강구됐다. 임시정부 수립론이나, 대중적 평화시위 전술은 그 대표적인 것이었다.

1919년 6월, 독일이 강화조약에 조인함으로써 베르사유회의가 종결됐다. 한국 대표단이 제출한 안건은 토의 대상에 오르지 못했다. 대표파견 전술은 실패한 듯이 보였다. 그러나 민족주의 운동의 지도자들은 희망을 버리지 않았다. 대한민국임시정부 국무총리 대리 안창호는 임시의정원에서 행한 연설에서, '한국문제'는 교전 당사자가 아니기 때문에 베르사유회의에서는 취급되지 않고 국제연맹으로 이관됐다고 발언했다.[8] 대한국민의회 의장 문창범도 "강화회의에서는 참전국 관계만 해결하고, 독립문제는 다시 국제연맹회에 보류하여 토론하기로 결정"되었다고 이해했다.[9]

---

7) 「儒林代表一百三十七人의 送巴里平和會書」, 『한국독립운동사』 3 (국사편찬위원회, 1968), 481쪽.

8) 『독립신문』 1919. 9. 16, 2면.

9) 대한국민의회장 文昌範, 대한국민의회 琿春 지회장 李明淳, 「指明書」 대한민국 원년 8월; 국회도서관, 『한국민족운동사료(3 · 1운동편)』 2 (국회도서관, 1978), 315쪽.

그러나 국제연맹회의도 한국의 국제적 지위에 아무런 변동도 가져다주지 못했다. 1919년 하반기 상해임시정부의 역점 사업이었던 국제연맹 대표단 파견 전술은 아무런 실효도 거두지 못했다. 국제연맹은 지연에 지연을 거듭하다가 1920년 11월 15일 제네바에서 개최됐으며, 12월 18일에 종결됐다. 그 회의에는 41개국의 대표가 출석했으나, 미국은 불참했다. 미국 의회는 이미 전년도 11월에 정부가 제출한 국제연맹 참여 안건을 부결시켰던 것이다.

워싱턴회의도 앞선 두개의 국제회의와 마찬가지로 한인들의 주목을 끌었다. 워싱턴회의에 대하여 한국의 민족주의자들이 기대를 걸었던 배경 중의 하나는 1920년 11월 미국 대통령 선거에서 하아딩이 당선된 사실이었다. 그는 태평양의 미국 이익을 적극적으로 옹호했으며, 해군력 확충을 표방했다. 그에 힘입어 캘리포니아주에서는 배일법안이 동과됐으며, 전 미국에서 반일 정서가 고조됐다. 한인들은 일본과 미국 사이의 모순의 격화에 다시 한 번 기대를 걸었다. 임시정부의 주미대사이자 구미위원장 직위에 있던 현순(玄楯)은 이러한 정세를 지목하여, "미국 신대통령 하아딩씨 취임 후 미 · 일 관계가 점점 험악하게 되어, 그 추세가 결국 간과(干戈)에 소(訴)하려는" 형세에 이르렀다고 평가했다.[10)]

태평양 문제를 둘러싼 미일 간의 모순의 격화는 워싱턴회의에 대한 한인의 기대감을 고조시켰다. 태평양 연안의 거의 모든 국가들은 이 회의의 귀추에 주목했다. 그 당시 "중국 · 일본 또는 기타 태평양 연안에 있는 신문지는 모두 이 회의에 대하여 특필 · 대서로 논란"했다고 한다.[11)] 한인들도 마찬가지였다. 임시정부가 발표한 포고문에는 워싱턴

10) 주미대사 · 歐米위원장 玄楯, 「대한민국대사관공보」 제2호, 1921. 5. 12.

11) 김단야, 「레닌 회견 회상기」, 『조선일보』 1925. 1. 23.

회의에서 한국문제가 반드시 일대 중요 의제가 될 것이라고 쓰여 있었다. 박은식은 한국 민족의 사활이 저 워싱턴회의에 달렸다는 표현을 썼다.[12)]

그러나 워싱턴회의도 한인들에게 깊은 좌절감을 주었다. 워싱턴회의를 취재한 동아일보 조사부장 김동성은 귀국 후 사석에서 가까운 지인들에게 속마음을 털어 놓았다고 한다.[13)] 그는 출발 당시 마음속에 큰 희망을 품었는데, 회의 결과는 "조선인의 기대를 배반"했다고 말했다. 미국은 자국의 이익을 도모하는 데 급급했으며, 한국문제를 위해 일본의 감정을 해치는 일 따위는 결코 하지 않았다는 것이다. 워싱턴회의의 목적은 "일 · 영 · 미 3대국이 서로 충돌 없이 영원히 평화의 복리를 향수하고자 하는데 있으므로, 약소민족 문제는 그 내용에 포함되지 않았"다는 것이다. 그는 또한 일본의 지위가 강대함에 대해 새삼 실감을 갖게 되었다고 한다. 그에 따르면 "일본은 오히려 세계 5대 강국의 반열을 뛰어 넘어, 3대 강국의 하나에 포함되는 상태"였다. 따라서 한국독립은 당분간 절망적이라는 것이 김동성의 판단이었다.[14)] 김동성의 술회는 제1차 대전 이후 국제질서 재편과정에 기대감을 걸었던 한인들의 실망감을 잘 대변하고 있다.

한국 문제에 외국의 개입을 유도하고자 기울였던 일련의 노력들은 모두 실패로 끝났다. 1918년 11월 독일 항복과 더불어 시작되고 1922년 초엽 워싱턴회의까지 계속된 국제질서 재편 과정은 한인들에게 깊은 좌절감을 안겨다 주었다. 어떤 열강도 한국독립을 지원하지 않는

---

12) 『독립신문』 1921. 10. 14, 1면.

13) 김동성은 귀국 후 취재기를 신문에 연재한 바 있다. 金東成, 「記者大會에서 華盛頓會議에」 1-11, 『동아일보』 1922. 2. 6-2. 17.

14) 1922년 1월 27일자 경무국 문서, 『조선민족운동사(미정고)』 2, 180쪽.

국제정세하에서는 한국 독립은 사실상 불가능한 것으로 간주됐다. 앞으로 국제정세의 변동이 없다면 한국 독립은 영영 바랄 수 없게 된 것이다. 이런 조건하에서 민족주의 정치 세력은 새로운 노선을 수립해야만 했다.

어느 길로 나아갈 것인가? 앞서 인용한 김동성의 소감을 다시 들여다 보자. 그는 한인 앞에 놓인 길은 두 가지밖에 없다고 판단했다. 하나는 실력양성론에 입각한 '문화운동론'이었다. 즉 "우리 조선인은 마땅히 교육, 산업과 같은 문화적 시설에 열중하여 실력양성에 진력해야 한다."는 것이다. 다른 하나는 대 서방 외교론을 포기하고 연소 · 용공의 길로 나아가는 것이었다. 그는 일부 지인들에게 "장래에는 미국인과 같은 야심가에게 기대하지 말고 차라리 많은 군비(軍費)와 무기 공급에 인색하지 않은 러시아 공산당과 결합하는 것이 좋겠다."고 말하기도 했다.[15]

김동성의 결론은 개인적인 판단의 소산이 아니었다. 민족주의자들이 겪었던 공통된 소감이었다. '문화운동'으로 나아갈 것인가, 연소 · 용공 · 독립 노선으로 나아갈 것인가? 한인 민족주의자들 앞에는 양자 선택의 갈림길이 놓였던 것이다. 이광수의 행적은 바로 전자의 전형적인 보기였다. 국제연맹회의가 소득 없이 지연되고 북간도의 무장투쟁 근거지가 일본군의 대토벌로 인해 초토화되던 시점인 1921년 3월에 그는 한국 국내로 귀국했다.[16] 총독부 당국의 양해를 받아 무사히 입국한 그는 이후 문화운동의 이데올로그로서 국내 언론 지상에 빈번히 등장하게 되었다.

그에 반해 김규식의 행적은 후자의 보기였다. 그는 극동민족대회 한

15) 위의 글, 180-181쪽.

16) 김윤식, 『이광수와 그의 시대』 2 (한길사, 1986), 675-677쪽.

국 대표단의 단장으로서 모스크바로 향했다. 1922년 1월 21일 모스크바 크레믈린 궁전에서 극동민족대회가 개막되던 날, 한인 참석자들을 대표하여 등단한 김규식은 미국과 러시아를 날카롭게 대비시키는 격한 연설을 토해 냈다. 과거에 워싱턴은 민주주의와 번영의 중심지였고, 모스크바는 짜르의 전제와 제국주의적 팽창의 표상으로 간주되어 왔다는 것이다. 그러나 이제 상황은 역전되었다고, 그는 힘주어 강조했다. 모스크바는 '세계 프롤레타리아트 혁명 운동의 중심지'로서 극동 피압박 민족의 대표자를 환영하고 있는데, 워싱턴은 '세계의 자본주의적 착취와 제국주의적 팽창의 중심'으로서 존재하게 되었다는 것이다.[17]

3. 민중의 사회적 심리 상태

3 · 1운동은 어느 누구도 예견할 수 없었던, 거대한 군중의 혁명적 궐기의 소산이었다. 1919년 3월~4월 기간 동안에 만세 시위운동과 동맹철시, 동맹휴학, 동맹파업이 전국을 뒤엎었다. 이 대중운동은 한국 독립이라는 정치적 요구를 내걸고 진행됐다. 두 달 동안에 만세 시위운동이 발발한 곳은 일본 경찰의 집계만으로도 848회에 달했다.[18]

위 숫자는 과소집계된 것이었다. 일본 헌병 · 경찰이 자인한 바와 같이 그중에는 242회의 실제 발발한 시위와, 조짐은 있었으나 탄압으로 인해 실행에 옮기지 못한 357회는 반영되지 않았다. 누락된 것을 합하

17) Речь от Ким－Гюсек[Пак－Киен] (김규식[박경]의 연설) РГАСПИ ф.495 оп.154 д.159, 18쪽.

18) 朝鮮憲兵隊司令部 · 朝鮮總督府警務總監部, 「조선소요사건일람표」, 大正 8年 4月末日 作成, 일본외무성 편, 『극비 한국독립운동사료총서(3 · 1운동편)』 제2권 (한국출판문화원, 1989), 1579-1678쪽.

면, 실행에 옮겨졌거나 탄압 때문에 불발된 시위운동의 횟수는 도합 1,447회에 달했음을 알 수 있다.[19]

만세 시위운동이 잦아 든 이후에도 민중의 혁명적 열정은 식지 않았다. 신임 총독 사이토 마코토(齋藤實)가 부임 직후인 1919년 9월에 일본 중앙 정부에 제출한 보고서에 따르면, 한국 민중의 인심은 예상 밖으로 '험악'하며 통치 정책의 완화에도 불구하고 수그러들 조짐이 보이지 않았다고 한다. "귀천빈부 남녀노소의 구별 없이 모두 독립을 꿈"꾸고 있다는 것이다. 그 때문에 친일 한인과 한국 거주 일본인은 "대단한 근심에 사로잡혀 제 몸 사리기에 조바심을 하고" 있는 등, 정세가 몹시 '다급'하다는 것이 사이토 총독의 판단이었다.[20]

같은 시기에 국내의 비밀 단체가 작성한 문서를 보더라도 사정은 마찬가지였다. 1919년 11월에 '조선13도총간부' 명의로 작성되어 해외로 반출된 「8부·지방행정기구 설치에 관한 성명서」에 주목해 보자. 임시정부 대통령 이승만 앞으로 제출된 이 문서는 '유산 계급과 사환계(仕宦界)'를 제외한 일반 민중의 반일 열기가 11월 현재도 매우 뜨겁다고 자부하고 있다.[21] 결국 만세 시위운동이 잦아들었음에도 불구하고, 1919년 하반기에도 여전히 저변의 민심이 마그마처럼 끓어오르고 있었음이 명백하다.

특히 학생층의 사회적 심리 상태가 격정적이었다. 만세 시위운동이

---

19) 임경석, 「3·1운동과 일제의 조선지배정책의 변화—만세시위운동에 대한 일제의 대응방식을 중심으로」, 한국정신문화연구원 편, 『일제식민통치연구 1: 1905-1919』 (백산서당, 1999), 221쪽.

20) 齋藤實, 「最近の朝鮮の情勢」, 1919. 9. 10[강동진, 『일제의 한국침략정책사』 (한길사, 1980), 21쪽에서 재인용].

21) 朝鮮13道總幹部 일동, 「8부·지방행정기구 설치에 관한 성명서」, 대한민국 원년(1919) 11월 1일, 우남이승만문서편찬위원회 편, 『梨花莊所藏雩南李承晩文書,東文篇』 제4권 (중앙일보사·연세대학교 현대한국학연구소, 1998), 30쪽.

진행되던 당시 서울 소재 중등 이상 교육기관은 학생들의 동맹 휴학으로 인해 수업을 진행할 수 없었다. 경성 고등보통학교를 비롯한 10개의 학교가 휴교 상태에 빠졌고, 수업을 강행한 학교도 출석률이 극히 저조했다. 보기를 들면, 1919년 3월 20일경에 경성의학전문학교는 199명 재적에 6명이, 공업전문학교는 131명 재적에 1명만이 출석한 형편이었다.[22] 심지어 졸업식조차도 거행할 수 없었다. 그해 3월 15일에 예정됐던 배재고등보통학교 졸업식에는 재학생은 물론 졸업생들도 결석하는 탓에 무산됐다고 한다.[23]

시위운동이 잦아들게 된 뒤에도 학생층의 기풍은 여전히 혁명적이었다. 그들은 "일어 산술책은 집어던지고 천하대세를 통론"하기를 일삼았다. 중등학교 재학생 및 졸업생은 "대개 학식보다는 말이 능하며, 매사에 대담민활한 것이 한가지 특점"이었다고 한다. 여학생들도 예외는 아니었다. "수틀과 골무를 뿌리치고 여자해방을 부르짖는 등 별별가지 현상"이 만연했다.[24]

노동자층의 동향도 다르지 않았다. 1920년 4월 서울 본정(本町)경찰서는 6명의 노동자를 체포했다. 그들은 모두 왼팔에 문신을 새기고 있었다. 태극기를 교차시키고 그 아래에 일심(一心)이라는 글자를 새기거나, 혹은 자기 이름을 새겨 넣었다. 그래서 비밀결사 단원이라는 혐의를 받았던 것이다. 음식점 고용인, 담배공장 직공 등의 직업을 가진, 21~25세의 연령층에 속한 이 피의자들은 비밀단체 가입 사실을 한사코 부인했다. 그들의 주장에 따르면, "작년(1919년 – 인용자) 3월에 우리 조선이 독립운동을 시작하였는데, 우리도 같은 국민으로 그저 있을

22) 「各學校의 現狀」, 『매일신보』 1919. 3. 21.
23) 「흐지부지된 培材校 졸업식, 학생이 한명도 없어」, 『매일신보』 1919. 3. 19.
24) 「변하여 가는 학생 기풍」, 『동아일보』 1920. 4. 1.

수 없어서 국기를 그려 독립운동자에게 동정을 표하기 위하여 새긴 것"이라고 한다.[25] 그들이 비밀단체에 가입했는지 여부는 확인할 수 없다. 하지만 당시 노동자층의 정치의식의 일단을 보여주는 사례임은 틀림없다.

농민층의 사회적 심리 상태는 3·1운동 당시 지방 시위의 전개 양상에서 잘 읽을 수 있다. 1919년 3~4월의 만세 시위가 주로 장날에 장터에서 발발했음은 잘 알려진 사실이다. 장터는 경제적 매매행위뿐만 아니라 정보와 의사소통이 이뤄지는 곳이었으며, 농민 대중의 정치적 행동의 무대이기도 했다. 장터의 시위 대열에 참가한 농민 대중이 사전에 조직적으로 동원됐다고 보기는 어렵다. 그들은 통상적인 생활양식에 따라 장을 보러 모였다. 그런데도 그들은 시위를 미리 준비한 사람들의 호소에 기꺼이 호응했다. 보기를 들어 보자. 1919년 4월 2일 경북 성주 시위 때였다. 시위 주동자 세 사람이 장터 어느 건물 지붕에 올라가 태극기를 휘두르며 만세를 부르기 시작했다. 이에 호응하는 양상을 보자.

> 어떤 자들은 동쪽 끝에서 일어나고, 어떤 자들은 서쪽에서 만세를 불렀다. 아무데서나 채찍과 몽둥이를 휘두르고 체포했으나, 인산인해의 군중을 금지시킬 수가 없었다. …… 탑거리에서 3~400명이 구름떼처럼 몰려들어 만세를 소리쳐 부르며 행진했다. 또한 수백 명이 3개 그룹으로 나뉘어 산에 올라가 만세를 부르니, 앞에서 부르면 뒤에서 응원하고, 왼쪽에서 외치면 오른쪽에서 화답했다.[26]

만세 시위운동에 이처럼 격정적으로 참여한 사람들이 대부분 농민

25) 『동아일보』 1920. 4. 28.

26) 宋仁根, 「獄中實記」, 『儒林團獨立運動實記』(석판본, 1960년대 중반경).

층이라는 점에 주목해야 할 것이다. 목격자의 표현에 따르면, 시위 대중의 기세가 "장대하고 용약 분격하여, 죽음이 다가와도 피하지 않을 정도"였다고 한다.[27] 이런 양상은 거의 전국적인 현상이었다. 예컨대 서울을 제외한 경기도 지방의 3·1운동 관련 피기소자 가운데 농업 종사자가 점하는 비중은 75%였다.[28] 이 중에는 지주와 양반 유생층이 일부 포함되어 있겠지만 대다수는 농민층이었을 것이다.

민중의 정치적 열정은 독립운동 자금의 수합을 손쉽게 했다. 일본 경찰의 정보 문서에 따르면, "1919년 3월 만세 소요 이래 조선 내지는 물론 해외 조선인이 모두 독립 사업의 가능성이 있음에 심취하고 있었기 때문에, 예(例)의 군자금 모집의 경우 조선 내지의 자산계급이 자진하여 거액의 기부금을 증여하겠다고 신청"하곤 했다는 것이다.[29] 그 때문에 '불령선인(不逞鮮人)'의 독립운동 자금이 뜻밖에 윤택하다는 것이 일본 경찰의 판단이었다.

이 시기 민중의 혁명적 심리 상태는 출판계에도 반영됐다. 서울의 한 서점의 집계에 따르면, 1920년 봄에 이르기까지 "사회문제에 관한 논문이나 작품을 기재한 서적이 많이 팔렸다." 또한 잡지 중에는 일본에서 간행되는 사회주의 잡지 『해방』이 가장 많이 팔렸다고 한다.[30]

출감한 3·1운동 관련자들은 일반 사회인들로부터 범죄인 취급을 당하기는커녕 영웅적인 환대를 받았다. 보기를 들어 보자. 2·8독립선언 관련으로 수감 중이던 최팔용(崔八鏞)은 1920년 3월에 만기 출감했다.

---

27) 宋仁根, 위의 글(석판본, 1960년대 중반경).

28) 정연태·이지원·이윤상, 「3·1운동의 전개양상과 참가계층」, 한국역사연구회·역사문제연구소 편, 『3·1민족해방운동연구』(청년사, 1989), 250쪽.

29) 金正明 편, 『朝鮮獨立運動－共産主義運動篇』 5 (東京, 原書房, 1967a), 318-319쪽.

30) 『동아일보』 1920. 5. 13.

그는 고향인 함남 홍원으로 귀향하는 길에 열차 편으로 함흥에 도착했다. 함흥역에는 50~60명의 '신사·학생'이 출영 나왔고, '유지 10여 인'은 호화로운 만찬에 그를 초대했다. 다음날 자동차를 이용해 고향으로 출발할 때에도 수많은 인사들이 전송 나왔다고 한다.[31]

최팔용과 같이 장래가 촉망되는 동경 유학생 출신자만 환대를 받은 것은 아니었다. 향촌의 덜 알려진 인사들도 마찬가지였다. 정평군 만세운동 관련자로 투옥됐다가 1920년 4월에 석방된, 장예학(張禮學), 윤화락(尹和洛), 노용빈(盧龍斌) 세 사람도 극진한 환영을 받았다. 이들은 정평군(定平郡) 부내면(府內面)의 풍양리(豊陽里)와 풍천리(豊川里)에 거주지를 두고 있었다. 지명도가 높지 않은 이 평범한 사람들을 환영하기 위해, 정평 사람들 100여 명이 3대의 자동차에 나눠 타고 석방 장소인 함흥 감옥의 문 앞에까지 출영 나왔다. 자동차 3대를 동원한다는 것은 당시 정황에서는 보기 드문 이벤트가 아닐 수 없다. 1920년에도 여전히 대중의 사회적 심리 상태는 혁명적 양상을 띠고 있었던 것이다. 이러한 양상은 1921년에도 지속됐다. 그 해에도 만세운동 때문에 투옥됐다가 석방된 사람들이 많았는데, 이들은 마치 개선장군과 같은 환대를 받았다고 한다.[32]

광범한 군중의 혁명적 심리 상태는 3·1운동기 대중적 정치 운동의 내적 동인이 되었다. 만세 시위운동과 동맹 파업, 동맹 휴학, 동맹 철시를 가능하게 한 원동력은 바로 대중들 내부에 존재해 있었던 것이다.

그뿐만이 아니다. 대중의 고조된 정치적 열망은 식민지하 한국 국내의 정치적 활동 공간을 확장시켰다. 3·1운동기에 헤아리기 어려울 정도로 많은 수의 비밀단체가 조직됐다. 앞서 언급한 바 있는 '조선13도

31) 「崔八鏞씨 迎送」, 『동아일보』 1920. 5. 2.

32) 1922년 1월 조선군참모부 문서, 金正明 편, 앞의 책, 1967a, 10쪽.

총간부'의 비밀문서에는 1919년 3월~10월 시기에 국내에서 결성된 비밀결사 9개의 명칭과 활동상이 기재되어 있다.[33] 이 단체들은 시위운동을 주동하거나, 각 지방에서 반일 선전활동에 종사했다. 또한 지하신문 7종과 지하 잡지 2종을 간행해 왔다고 한다. 물론 위 단체들은 전체의 일부에 지나지 않는다. 조동걸의 조사에 따르면 1920년 현재 적어도 31개의 비밀 단체가 국내에서 활동하고 있었다.[34]

이러한 비밀 지하 운동이 가능했던 원인도 대중의 혁명적 정서에서 찾는 것이 온당하다. 일본 경찰의 정보문서에 의하면, 일반 민중은 "불령선인(不逞鮮人)의 행동을 원조하고 우리 관헌의 불령선인 단속을 곤란하게" 만들기 일쑤였다고 한다.[35] 관료 조직과 경찰 · 헌병 조직이 그물망처럼 깔려 있는 식민지 한국에서는, 반일 심리가 전 사회적으로 넘쳐흐르는 조건이 아니고서는, 그처럼 많은 비밀 결사가 지하에서 과감한 반일 정치 운동을 벌이는 게 불가능했던 것이다.

대중 속에 형성된 혁명적 정서는 그 후 어떻게 되었는가? 혁명적 열기가 퇴조하고 지배체제가 안정화함에 따라 사람들의 심리 상태도 변모해 갔다. 민심 동향을 민감히 추적하던 일본 경찰 관헌의 기록을 보자. 1922년에 작성된 정보 문서에 따르면, 이제 민심이 점차 평온해지고 있다고 한다. "워싱턴회의 종료를 계기로 하여 민심이 안정되었고, 무력 수단이나 시위운동 등의 방법으로, 또는 외국에 의뢰하는 방법으로는 도저히 독립의 목적을 급속히 달성할 수 없다는 것을 일반적으로 자각하기에 이르렀다."는 것이다.[36] 이 기록은 두 가지를 시사한다.

---

33) 단체의 명칭은 다음과 같다. 獨立團, 大同團, 革新團, 自由團, 國民團, 愛國團, 中央青年團, 青年外交團, 新×人團(朝鮮13道總幹部 일동, 앞의 글, 1919).

34) 조동걸, 「3 · 1운동 전후의 민족지성」, 제33회 전국역사학대회 발표요지, 1990; 『한국민족주의의 발전과 독립운동사 연구』(지식산업사, 1993), 174쪽.

35) 金正明 편, 앞의 책, 1967a, 319쪽.

3 · 1운동기에 고조된 광범한 혁명적 정서는 1922년에는 이미 안정화되었으며, 그 계기는 1921년 11월에서 이듬해 2월까지 계속된 워싱턴회의였다는 점이다.

워싱턴회의의 종료는 제1차 세계대전 이후 국제질서 재편 과정이 사실상 완료됐음을 뜻했다. 국제정치사에서 워싱턴체제라고 부르는 한 시대가 개막됐고, 한국의 국제적 지위가 변모될 가능성은 극히 희박하게 된 것이다. 이제 한국의 사회 구성원들도 급격한 정치적 변화의 가능성을 신뢰하지 않게 되었다. 정의에 대한 호소는 더 이상 사람들의 행동을 이끌어내지 못했다. 그 대신에 개인의 지위 향상, 가족의 안전과 행복을 추구하는 심리 상태가 지배적인 지위를 점했다. 일본 경찰은 변모된 한국인의 심성을 이렇게 표현했다. "실업가와 농민의 대다수는 자기 가족생활의 향상에 전념하고 있으며, 독립운동의 장래에 다소 희망을 걸고 있던 자도 이제 그를 돌아보지 않게 되었다."는 것이다.[37]

이제 광범한 대중이 아니라, 사상적인 신념을 가진 소수의 사람들만이 운동에 참여했다. 그들 앞에는 험난한 과제가 제기됐다. 지배체제의 안정화에 조응하는 새 정책을 수립해야 했으며, 궁극적 승리에 대한 희망을 찾아내야만 했다.

4. 3 · 1운동과 한국 민족주의

3 · 1운동은 제1차 세계대전 이후 국제 질서 재편 과정의 한 소산이었다. 승전국 열강의 주도 아래 세계 질서의 재편이 논의되는 과정에

36) 朝鮮總督府 警務局,『大正11年朝鮮治安狀況』1 [고려서림(영인), 1989], 11쪽.

37) 朝鮮總督府 警務局, 위의 책, 1989, 11쪽.

서 식민지 한국의 국제적 지위가 변모될 가능성이 나타났던 것이다. 3·1운동은 그 가능성을 현실화하려는 한국 민족의 염원의 표현이었다. 새로운 국제정세는 한국 내 각계각층의 대중에게 전에 볼 수 없었던 사회적 심리 상태를 조성했다. 한인들은 한국 문제에 외국이 개입할 가능성이 증대됐다고 이해했다. 독립에 대한 기대감과 낙관적 전망이 폭넓게 확산됐다. 이러한 사회적 심리 상태는 민족해방운동의 혁명적 고조기를 가져 온 내적 근거가 되었다.

이러한 내적, 외적 계기가 1919~21년 시기에 식민지 한국에 특수한 성질을 갖는 정세를 조성했다. 혁명적 정세가 출현했던 것이다. 광범한 군중들은 식민지 지배체제에 대한 반항을 행동으로 표시하고 나섰으며, 식민지 통치 당국은 기존 방식으로는 지배를 지속시킬 수 없는 위기에 처했다.

이제 혁명적 정세하에서 한국 민족주의가 어떤 특성을 드러냈는지를 살펴보기로 한다. 이전과 이후의 체제 안정기에서는 보기 어려웠던, 이 시기에만 고유하게 나타나는 특징들에 특히 우리의 관심을 기울이자.

무엇보다도 먼저 민족주의의 영향력이 확대되고 그 역동성이 증대된 점을 들어야 하겠다. 독립에 대한 열정이 온 사회를 휩쓸고 정치적 행동에 참여하는 사람이 늘어난 탓에, 민족주의 단체의 숫자가 폭발적으로 증대했다. 국내외에 걸쳐서 다종다양한 조직 형태가 나타났다. 국내에서는 비밀결사가 급증했고, 망명지에서는 직업적 혁명가들의 혁명당들이 많이 나타났다. 해외 이주민 사회를 근거로 하는 대중적 정치단체가 다수 조직됐으며, 심지어 정부 형태의 조직도 여러 군데에서 설립됐다.

민족주의 세력의 규모가 커지고 그에 대한 사람들의 지지도도 높았다. 사고와 행동 양상도 매우 다양했다. 정치적 이념이 복벽론, 공화주의, 사회주의에 걸쳐 다채롭게 나타났다. 전술과 정책도 마찬가지였다. 대중시위, 파업, 동맹휴학, 동맹철시, 공개적인 선전 · 선동, 군중봉기, 테러, 유격전 등의 투쟁 형태가 고루 실험됐다.

민족주의 세력의 분화와 재편성이 급격히 진행된 점도 3 · 1운동기 혁명적 정세 속에서 표출된 주요한 특징 가운데 하나였다. 이 현상은 정세가 역동적이기 때문에 나타나는 것이었다. 체제 안정기의 정치 정세 변화는 긴 시간에 걸쳐 서서히 이뤄졌지만, 혁명적 시기의 그것은 짧은 시간에 급격히, 복잡하게 이뤄졌다. 정세의 역동성이 증대할수록, 사람들 사이의 아이덴티티를 공유하는 과정이 점차 곤란하게 되었다. 한 정치 세력의 내부 구성원들은 물론이고, 정치세력 상호 간의 협의를 이끌어내는 데에도 곤란성이 점차 증대했다. 이러한 사정은 정치세력의 분화와 재편성을 촉진했다.

정치 세력의 분화와 재편성은 정세 변동의 구체적 계기들과 관련이 깊었다. 1919~21년의 정세를 더 구체적으로 드려다 보자. 정치적 활력이 정세 변화의 각 계기와 맞물려 민감하게 부침했음을 확인할 수 있다. 이 시기에는 정치적 활력이 2개의 상승 국면과 2개의 하강 국면을 그리면서 변동했다. 상승 국면은 1919년 3~4월, 1920년 1~10월에 각각 나타났다. 이것을 편의상 제1국면(대중 정치 운동 국면), 제2국면(무장투쟁 국면)으로 명명하자.

제1국면의 운동을 통상 3 · 1운동이라고 부른다. 이 시기 주된 투쟁 형태는 대중 정치 운동이었다. 만세 시위운동, 동맹 파업, 동맹 휴학, 동맹 철시가 그것인데, 여기에는 광범한 군중이 참가했다. 이 상승국면은 곧 좌절됐다. 광범한 군중의 뜨거운 투쟁열을 가라앉게 만든 요인은 두 가지였다. 하나는 베르사유회의가 1919년 6월에 한국 문제에 관한 아무런 성과도 보여주지 않은 채 종결된 점이다. 또 하나는 전 한국에 촘촘히 분산 배치된 일본군의 군사력이었다. 원래 3 · 1운동 발발 이전의 한국 주둔 일본군의 배치는 러시아를 제1의 가상 적으로 삼는 것이었다. 즉 '대(對) 러시아 작전을 위주로 하여 북방에 치우쳐' 있었던 것이다.[38] 그런데 일본군 수뇌부는 3 · 1운동이 터지자 작전 개념을 전환하여, 한국 주둔군을 전국 각지에 '분산배치'하도록 결정했던 것이다. 이는 한인 시위군중을 제1의 적으로 간주한 데에서 나온 작전이었다.[39]

제1국면의 하강기에 한국 민족주의 운동에 커다란 영향을 끼친 정치적 분화가 첨예화됐다. 상해임시정부와 대한국민의회 사이에 진행된 통합 협상이 실패로 끝나고, 대한국민의회 내에서 민족주의 세력과 사회주의 세력이 결렬한 것은 그 대표적인 보기다. 이 분열은 이후 야기된 대 사건의 원인이 되었다. 1921년 6월에 터진 자유시 사변, 초기 사회주의자들 속에서 전개된 이르꾸츠끄파와 상해파의 분쟁 등이 그것이다.

제2국면의 주된 투쟁 형태는 무장 투쟁이었다. 한 · 중, 한 · 러 국경지대의 3대 한인 이주지인 북간도, 서간도, 연해주가 그 근거지였다. 그곳에는 북로(北路), 서로(西路), 동로(東路)라고 부르는 군관구가 각각 설치됐으며, 반일 무장부대의 국내 진공작전이 빈번해졌다.

일본 제국주의는 국경지대의 무장 투쟁을 식민지 치안에 대한 중대한 위협으로 간주했다. 무장투쟁이 점차 고조되자 한국 주둔 일본군은

---

38) 朝鮮軍參謀部, 「騷擾ノ原因及朝鮮統治ニ注意スベキ件竝軍備ニ就テ」, 朝特報第26號 大正 8年 7月 14日; 姜德相 편, 『現代史資料』 26 (東京: みすず書房, 1967), 654쪽.

39) 임경석, 앞의 논문, 1999, 230쪽.

다시 한 번 작전 개념을 전환시켰다. 일본군 참모부는 1919년 9월 12일자로 예하부대에 내린 훈령에서, 빈번해지고 있는 반일 무장부대의 국내 진공 작전을 저지하기 위해 군대 배치를 전환하라고 지시했다. 훈령 내용을 보자. "8월 하순부터 불령선인의 조선 내지 침습에 관한 정보가 점점 많아짐에 따라 …… 그에 관한 작전 준비를 정비해 둘 필요가 있다."고 전제했다. 이어서 "조선 밖에서 무력 진입을 기도하는 불령선인단(不逞鮮人團)에 대해서는 섬멸적 타격을 가할 것"이며, "추격할 필요가 있으면 조선 밖으로 진출할 수 있다."고 명령했다.[40] 즉 1919년 9월 이후 한국 주둔 일본군의 작전 계획의 초점은 국내 소요 진압으로부터 독립군의 국내 진공 작전에 대비한 국경수비로 옮겨갔던 것이다.

이듬해 제2국면의 반일 무장 투쟁이 활성화되자, 일본군은 국경지대의 반일 무장역량에 대한 대규모 군사적 토벌에 착수했다. 1920년 4월 연해주에서 발발한 4월 참변은 그곳을 더 이상 반일 군사활동의 근거지가 되기 어렵게 만들었다. 그해 10월부터 이듬해 봄까지에는 북간도 '토벌'이 이뤄졌다. 이 군사작전에는 대규모 민간인 학살이 수반됐다. 북간도 한인들이 '경신참변'이라고 부른 이 사건 때문에, 북간도도 이제 더 이상 반일 활동의 기지가 될 수 없었다. 1921년 봄부터 국면은 일변했다. 반일 무장투쟁은 하강세로 접어들었다.

제2국면의 하강기에도 정치세력의 분화·재편성이 격화됐다. 상해임시정부를 구성하던 3대 정치세력의 결렬이 그 대표적인 보기다. 1921년 1월에 상해임시정부를 지탱하던 주요한 3대 세력 사이에 내분이 증폭됐으며, 급기야 이동휘를 필두로 하는 한인사회당 세력이 탈퇴했다.[41] 그뿐만이 아니다. 그해 5월에는 안창호 세력도 임시정부에서

40) 朝鮮軍參謀部, 「朝特報第57號大正8年10月9日 自9月1日至30日 鮮內外一般の情況」; 姜德相 편, 앞의 책, 1967, 280쪽.

이탈했으며, 국민대표회 소집을 제창하고 나섰다.[42] 바로 이때부터 상해임시정부가 지녔던 권위와 대중적 신망이 현저히 약화되기 시작했던 것이다.

물론 정치 세력의 분화·재편성이 고조된 운동의 하강기에만 이뤄진 것은 아니다. 이런 현상은 운동의 상승 국면에서도, 지배체제가 안정화된 시기에도 나타났다. 그러나 우리가 주목하는 것은 하강기의 그것이 규모도 더 컸고, 영향력 파급 범위도 더 넓었다는 점이다.

대중의 정치적 열정이 고조된 이 시기의 한국 민족주의는 혁명적 성격을 띠었다. 거의 모든 민족주의 세력이 한국의 절대 독립을 목표로 세웠으며, 투쟁 방법도 비타협적이었다. 그들이 혁명적 태도를 취할 수 있었던 근거는 식민지 한국의 국제적 지위가 변모될 가능성이 존재했고, 광범한 대중이 독립을 위한 정치적 행동에 헌신적으로 참여하고 있었다는 점이다.

3·1운동기 민족대표의 운동론도 이런 차원에서 재검토될 필요가 있다. 민족대표 33인이 재판 도중에서 행한 이런 저런 타협적 발언을 근거로 해서, 그들이 절대독립을 추구하지 않았다거나 식민지 지배체제와 타협하려 했다고 평가하는 견해는 부적절한 것으로 보인다. 왜냐하면 재판 기록에 표명된 '피고인'들의 진술에 대한 사료 비판이 충분히 이뤄지지 않은 것으로 보이기 때문이다. '민족대표 33인' 재판은 '보안법 및 출판법 위반' 사건이냐, 아니면 '내란죄'에 해당하는 사건이냐는 문제를 놓고 법리상의 논란이 거듭되면서 진행됐다. 사형이나 무기징

---

41) 이동휘는 1921년 1월 24일 자신의 국무총리직 사직 경위를 밝힌 「宣佈文」을 발표했다[『朝鮮民族運動年鑑』, 金正明 편, 『朝鮮獨立運動』 2 (東京: 原書房, 1967b), 266쪽].

42) 「高警第17233號 上海情報」, 大正 10年 5月 27日; 金正明 편, 위의 책, 1967b, 147쪽.

역 형에 처할 수도 있는, 내란죄 관련 혐의로부터 벗어나는 것이 '피고인'들에게는 사활적으로 중요한 문제였다. 이런 상황에서 이뤄진 진술은 피고인의 사상과 의식을 온전히 반영한 것이라고 보기 어렵지 않겠는가?

주요 민족주의 세력이 타협적, 개량주의적 성격을 갖게 되는 것은 1919~21년의 혁명적 정세하에서가 아니라 그 이후의 시기였다. 한국의 국제적 지위가 변모될 가능성이 소멸된 상태에서 민족주의 세력의 성격이 변모됐던 것이다. 식민지 지배체제가 안정화하고 혁명적 정세가 퇴조한 조건 속에서, 한국 민족주의 세력의 정치적 속성은 점차 달라졌다. 지배체제 안정기에 민족주의 세력이 보여준 속성을 그 이전의 혁명적 앙양기까지 소급해서 적용하는 것은 부적절하다.

1919~21년에 나타난 한국 민족주의의 혁명성은 그 기반이 취약했다는 점에서 또 하나의 특징을 갖는다. 자본주의 세계체제 내에서 일본의 영향력이 축소되고 그에 따라 식민지 한국의 지위가 변모될 가능성이 존재하는 조건 속에서만, 한국 민족주의는 혁명적으로 진출했던 것이다. 그와 반대되는 조건 속에서는 한국 민족주의의 정치적 성격이 다른 것으로 변모할 가능성을 갖고 있었다.

광범한 군중의 정치적 열망은 민족주의자들에게는 종속적인 변수였다. 3 · 1운동기 민족주의 세력의 주된 전술은 국제회의에 한국 대표단을 파견하는 것이었다. 재상해 신한청년당은 김규식을 베르사유강화회의에 파견했고, 재노령 대한국민의회는 윤해와 고창일을, 재미 대한인국민회는 이승만과 정한경을 각각 파견했다. 그뿐만이 아니었다. 국제연맹회의에 대해서도 한국 대표단을 파견하려는 움직임이 있었고, 워싱턴회의에 대해서도 한국 대표단이 파견됐다. 이 전술은 국제질서 재편과정에서 미국 · 일본 사이의 모순의 격화가 한국의 국제적 지위를 변모시킬 가능성을 낳는다는 예견에 입각한 것이었다.

한국 대표단의 외교적 영향력을 강화할 목적으로 하위 전술이 배치되었다. 평화적인 대중 정치 시위 전술과 국경지대 무장부대의 국내 진공작전은 그 대표적인 것이었다. 대중 정치 시위 전술의 지위는 1918년 말 1919년 초에 북간도 장동에서 열린 '지사계의 비밀회의' 참석자들의 논의에서도 확인된다. 회의 참석자들은 한국 독립 운동의 진행 방법을 모색했다. 베르사유강화회의에 한국 대표를 파견하되, "민족 전체가 떠들고 일어나 시위운동을 격렬하게 하여, 대표의 뒤를 성원하여야 하겠다."는 것이 그들의 생각이었다.[43] 달리 말하면 만세 시위운동은 베르사유 한국 대표단의 외교적 교섭력을 강화하기 위한 압력 수단으로 간주됐던 것이다.

무장부대의 국내 진공 전술도 다르지 않았다. 3·1운동 직후에 노령과 북간도에서 무장부대 조직에 참여한 사람들은 무장 투쟁의 효용을 강화회의와 연결 지어 생각했다. 국내에 무장대를 진공시켜 '병란지'로 만드는 행위의 목적은 '열강의 주의를 환기'시키는 데에 있었다.[44] 국경지대 무장 투쟁의 지위는 베르사유강화회의와 국제연맹회의에 한국 독립 문제를 상정시키기 위한 압력 수단으로 설정됐던 것이다.

당시 민족주의 정치세력의 사고에 따르면, 민중의 혁명적 에네르기 자체가 한국 독립을 성취할 수 있는 것은 아니었다. 그것은 한국 대표단의 외교적 영향력을 강화하기 위한 하위 전술로 간주됐다. 일본 제국주의와 이해관계를 달리하는 열강이 한국 문제에 개입하는 것, 그것만이 독립을 현실화시킬 수 있는 유일한 힘으로 인식됐던 것이다. 민

43) 김규찬, 「북간도 고려인 혁명운동 약사」, 『동아공산』 14, 1921. 5. 10, 4면.

44) 박찬승, 「3·1운동의 사상적 기반」, 한국역사연구회·역사문제연구소 편, 『3·1 민족해방운동연구』 (청년사, 1989), 420쪽.

족주의 지도자들과 민중의 혁명적 에네르기 사이의 간격, 바로 이것이 이 시기 한국 민족주의의 내적 약점 가운데 하나였다.

5. 맺음말

이상에서 3 · 1운동이 한국 민족주의에 어떤 영향을 끼쳤는지를 살펴보았다. 이를 통해 우리는 3 · 1운동기 한국 민족주의에 몇 가지 두드러진 특징이 나타나고 있음을 확인할 수 있었다.

첫째, 민족주의 세력의 조직 역량이 증대되고 사회적 영향력이 급격히 높아졌다. 민족주의 단체의 숫자가 늘고, 규모도 커졌다. 민중의 지지도 열정적이었으며, 그 대열에 합류하는 사람들이 줄을 이었다.

둘째, 민족주의 세력의 분화와 재편성이 급격히 진행됐다. 그것은 정세 변동의 구체적 계기들과 밀접한 관련이 있었다. 특히 만세 시위운동의 열기가 한풀 꺾이고, 국경지대 무장투쟁이 약화되는 시기에, 분화와 재편성이 격렬하게 전개됐다.

셋째, 이 시기의 한국 민족주의는 혁명적 성격을 띠었다. 거의 모든 민족주의 세력이 한국의 절대 독립을 목표로 세웠으며, 투쟁 방법도 비타협적이었다. 주요 민족주의 세력이 타협적, 개량주의적 성격을 갖게 되는 것은 1919~21년의 혁명적 정세하에서가 아니라 그 이후의 시기였다.

넷째, 3 · 1운동기 한국 민족주의의 혁명성은 그 기반이 취약했다. 이 시기에 표출된 광범한 군중의 정치적 열망은 민족주의자들에게는 종속적인 변수였다. 민족주의 세력은 국제회의에 한국 대표단을 파견하는 것을 주된 전술로 삼았다. 아울러 대표단의 외교적 영향력을 강화할 목적으로 하위 전술이 배치되었다. 평화적인 대중 정치 시위 전술과 국경지대 무장부대의 국내 진공작전은 그 대표적인 것이었다. 민족주의 지도자들과 민중의 혁명적 에네르기 사이에는 건너기 어려운 간격이 개재되어 있었다. 이것이 곧 3·1운동기 한국 민족주의에 내재했던 취약성 가운데 하나였다.

이들 특징은 일정한 역사적 조건 속에서 형성됐다. 즉 1919~21년의 혁명적 정세가 그러한 특징을 낳은 산모였던 것이다. 이 시기에는 광범한 군중이 식민지 지배체제에 대한 반항을 행동으로 표시하고 나섰으며, 식민지 통치 당국은 기존 방식으로는 지배를 지속시킬 수 없는 위기에 처했다.

혁명적 정세를 낳은 요인 가운데 하나는 제1차 대전 종결이후 국제질서 재편과정에서 식민지 한국의 지위가 변동될 가능성이 조성됐다는 점이다. 제1차 대전 말기에 유럽에서 발흥한 국제적 규모의 혁명 운동이 한인들에게 세계 개조의 확신을 가져다주었다. 또한 미국과 일본 사이의 모순의 격화가 한국의 지위 변화의 가능성을 현실화시킬 수도 있다는 기대감을 널리 확산시켰다.

혁명적 정세를 낳은 또 하나의 요인은 이 시기 한국 민중의 사회적 심리 상태가 혁명적으로 고양됐다는 점이다. 한국의 독립을 갈망하는 강렬한 정치적 열정이 학생, 노동자, 농민층을 휩쓸었다. 독립과 정의에 대한 호소는 수많은 사람들의 열광적인 호응을 이끌어 냈다. 민심의 저변에 열화와 같은 정치적 격정이 흐르고 있었다는 점, 바로 이것이 3·1운동기 혁명적 정세를 현실화시킨 내재적 원동력이었던 것이다.

청 말 광주(廣州)의 생사·비단 제품 수출에 대한 기초적 연구

박기수

1. 머리말

중국 하면 머릿속에 떠오르는 단어가 여러 가지가 있지만, 상품과 관련해서는 비단, 차, 도자기가 대표적일 것이다. 모두 외국으로 수출되어 좋은 상품이라는 평가를 받고 중국을 상징하는 용어로 정착한 단어라고 할 것이다. 우리는 흔히 '비단장수 왕서방'이란 말을 어려서부터 들어왔다. 이 역시 중국 비단의 해외 수출을 상징하는 어귀라고 할 것이다. 필자는 수년 전 청대(淸代) 광동(廣東)지역의 상품작물 재배 특히 양잠업을 분석하면서 청 말(아편전쟁 이후)에 나타난 양잠업의 놀라운 발전이 생사(生絲)의 대외수출에 기인한 것을 밝힌 바 있다.[1] 아편전쟁 이전 광동의 대외무역을 다루면서 생사의 대외무역을 취급한[2] 적은 있었지만 아편전쟁 이후의 상황에 대해서

---

1) 박기수, 「淸代 廣東 廣州府의 經濟作物 栽培와 農村市場의 發展」, 『明淸史硏究』 13, 2000, 1-36쪽. 이 글은 구태훈·박기수, 『전통사회의 사회질서와 경제발전; 17-19세기 일본과 중국』(선인, 2007)에 제2부 제2장으로 재수록되었다.

2) 박기수, 「淸代 廣東의 對外貿易과 廣東商人」, 『明淸史硏究』 9, 1998, 55-110쪽. 이 글은 일부 내용이 수정되어 하원수·박기수 외, 『전근대 동아시아 국제관계와

는 본격적으로 다루지 않았기에 그 실상에 대해서는 의문부호로 남겨 두고 있었다. 이제 그러한 의문부호를 밝히는 작업을 본고에서 시작하고자 한다.

물론 청 말 광동지역의 무역에 대해서는 수많은 연구가 있다. 그 많은 연구를 하나하나 평가하는 데는 지면이 많이 소요되어 전문적 연구사논문을 하나 써야 될 정도이다.[3] 대부분의 논자의 주장은 아편전쟁 이후 5항의 개항 특히 상해의 개항으로 무역의 중심이 상해로 이동하면서 광주지역의 대외무역은 쇠락하였고,[4] 19세기 후반 광주에서는 차(茶)의 수출이 쇠퇴하는 대신 생사의 수출이 신장되었으며,[5] 아울러 광주의 대외무역이 양무운동(洋務運動) 이후 시기 회복세에 들어가,[6] 전중국의 대외무역은 적자를 보이는 반면 광동지역의 대외무역은 흑자를 보인다는[7] 것이다. 특히 아편전쟁 이후 광동의 생사 대외무역에 대해서는 2003년 박사학위논문[『근대광동대외사주무역사연구(近代廣東對外絲綢貿易史研究)』]가 세상의 빛을 보았고,[8] 2006년에는 단행본[『근

대외무역』(선인, 2008), 329-395쪽에 「阿片戰爭 이전 廣東의 대외무역과 廣東 사회경제의 변화」로 재수록되었다.

3) 필자는 「최근 中國에서의 明淸時代 地域史硏究－淸代 廣東地域 經濟史硏究를 중심으로」, 『中國學報』 39, 1999, 325-351쪽에 아편전쟁 이전 광동의 대외무역에 대해서 연구사를 정리한 적이 있다.

4) 戴鞍鋼, 「五口通商後中國外貿中心的轉移」, 『史學月刊』 1984-1; 程浩, 「試論鴉片戰爭後廣州港外貿地位的變化及其原因」, 陳柏堅 주편, 『廣州外貿兩千年』(廣州文化出版社, 1989); 趙立人, 「兩次鴉片戰爭對廣州外貿的影響」, 廣州市社會科學硏究所 편, 『近代廣州外貿硏究』(科學普及出版社廣州分社, 1987).

5) 廖偉章, 「鴉片戰後至甲午戰爭前廣東的對外貿易」, 『廣東社會科學』 1992-6; 陳柏堅·黃啓臣, 第3章 「廣州對外貿易商品結構的變異」, 『廣州外貿史』(廣州出版社, 1995), 223-257쪽.

6) 陳柏堅·黃啓臣, 第1章 「廣州對外貿易의 曲折的 發展과 衰退」의 第2節 「洋務運動에서 辛亥革命시기까지의 대외무역의 회복」, 위의 책, 1995, 38-75쪽.

7) 陳華新, 「甲午戰爭到五四運動前廣州的對外貿易」, 『近代廣州外貿硏究』 수록.

대광동대외사주무역연구(近代廣東對外絲綢貿易研究)』으로 출간되기까지[9] 하였다. 더 이상 연구가 필요 없을 듯싶었다. 그러나 그 박사학위논문과 연구서를 읽고, 최근 영인된 『중국구해관사료(中國舊海關史料)』 170책을 뒤적이다 보니 그게 아니었다. 놀랍게도 일반 논문은 말할 것도 없고 유영련(劉永連)의 박사학위논문이나 연구서도 대외무역사 연구의 가장 기초적인 사료인 해관무역통계자료를 거의 이용하지 않았던 것이다. 일부 이용했다 해도 전반적 무역 상황을 제시하는 자료에 불과하거나 「월해관십년보고(粵海關十年報告)」(소위 Decennial Reports)였다. 물론 「월해관십년보고」도 기본적인 사료이고 유용한 사료이지만 10년간의 동향을 분석한 것이므로 이를테면 숲을 보는 사료인 셈이다. 나무에 해당하는 사료는 아닌 것이다. 그래서 매년도 해관무역통계사료와 부분적으로 충돌하는 내용도 없지 않다.

유영련이 무역통계를 만들기 위해 이용한 주요 사료는 광주시지방지편찬위원회판공실(廣州市地方志編纂委員會辦公室), 광주해관지편찬위원회(廣州海關志編纂委員會)가 편역한 『근대광주구안경제사회개황(近代廣州口岸經濟社會概況)』－「월해관보고회집(粵海關報告匯集)(1860-1949)」[기남대학출판사(暨南大學出版社), 1995]이다. 월해관세무사(粵海關稅務司)가 해관총세무사(海關總稅務司)에게 매년도의 광주항의 무역상황을 보고한 내용을 모아 중국어로 번역한 것이다. 문제는 그 사료에 구체적인 매년 무역통계자료가 결락되어 있다는 점이다. 따라서 이 사료를 이용할 때 일종의 착오가 발생할 가능성이 크다. 예컨대 「1871-1872년광주구안무역보고(年廣州口岸貿易報告)」에는 1864년부터 1872년까지의 수입총액과 수출총액이 제시되어 있다.[10] 이것을

---

8) 劉永連, 「近代廣東對外絲綢貿易史研究」, 暨南大學 博士學位論文, 2003.

9) 劉永連, 『近代廣東對外絲綢貿易研究』(北京: 中華書局, 2006).

외국에서의 수입과 외국으로의 수출로 이해하기 십상인데 그렇게 생각한다면 이는 오산이다. 1871년의 수입합계를 보면 15,661,889 멕시코 달러[이하 달러. 중국어번역은 원(元)]로 되어 있다. 실제 1871년의 무역 통계 자료인 "Returns of Trade at the treaty Ports in China, For the year 1871", Part Ⅱ(Shanghai, the Inspector General of Customs, 1872)[11](이하 이러한 영문 무역통계는 "Returns of Trade 1871"라는 식으로 약칭한다)를 보면 〈표 1〉「외국상품교역: 수입과 재수출」에서 외국에서 수입한 상품총액은 17,875달러, 홍콩이나 중국항구에서 수입한 외국상품 총액은 8,804,554달러 합계 8,822,429달러로 되어있다. 〈표 2〉「중국제품 수입과 재수출」에서 중국에서 수입한 상품총액은 6,375,290달러, 홍콩에서 수입한 중국상품 총액은 464,170달러, 합계 6,839,460달러이다. 이 두 표의 수입액수를 합쳐야 15,661,889달러(원)가 된다. 결국「1871-1872년광주구안무역보고」의 수입총액은 외국 · 홍콩 · 중국항구에서 수입한 외국상품과 중국항구 · 홍콩에서 수입한 중국상품의 합산임을 알 수 있다. 1871년의 수출총액도「1871-1872년 광주구안무역보고」에는 23,612,439달러로 되어 있는데 "Returns of Trade 1871"의 〈표 3〉「광동에서의 중국제품의 수출과 재수출」[12]에서 보듯이 외국 · 홍콩으로의 수출 18,399,808달러와 중국항구로의 수출 5,212,631달러를 합산해야 23,612,439달러가 된다. 여기서도 수출은 외국으로의 수출만이 아니라 중국항구로의 수출도 포함되고 있음을 알 수 있다.

---

10) 廣州市地方志編纂委員會辦公室 · 廣州海關志編纂委員會 편역,『近代廣州口岸經濟社會概況』-「粤海關報告匯集(1860-1949)」(暨南大學出版社, 1995), 74쪽(이하 이 자료는『광주구안』으로 약칭한다).

11) 中國第二歷史檔案館 中國海關總署辦公廳 편,『中國舊海關史料(1859-1948)』 제4책 (北京: 京華出版社, 2001), 606-609쪽(이하 이 자료는『해관사료』로 약칭한다).

12)『해관사료』 제4책, 612쪽.

이러한 사정은 상품 전체의 수출총액, 수입총액에만 국한된 것이 아니라 단일 상품 예컨대 생사제품의 경우도 마찬가지이다. 「1871-1872년 광주구안무역보고」[13]에는 생사와 비단제품 7종의 1870년에서 1872년까지의 수출량과 수출액(멕시코달러)을 제시하고 있는데 예컨대 1871년의 주단(綢緞)[Silk, Piece Goods] 수출량 4,978담(擔)(3,569,461달러)은 사실 "Returns of Trade 1871"[14]의 〈표 3〉에서 외국·홍콩으로의 주단 수출 4,257.86담(3,065,659달러)과 중국항구로의 수출 719.45담(503,615달러)의 합계인 4,977.31담(3,569,461달러)을 표현하고 있다.[15] 결국 이 자료에서 수출이라고 하는 것은 외국으로의 수출과 중국 다른 지역으로의 수출도 포함하고 있는 것이다.[16]

따라서 본고에서는 무역통계의 정확성을 기하기 위해 매년도 월해관 무역통계자료를 이용하기로 했다. 다행히 2001년 중국제이역사당안관

13) 『광주구안』, 74-75쪽.

14) 『해관사료』 제4책, 612쪽.

15) 劉永連, 앞의 책, 2006, 72쪽을 보면 그는 『광주구안』, 18-64쪽의 자료에 근거하여 만든 「표 1-4 1861-1872년 廣州 絲織品과 蠶繭 등 수출정황」에서 1871년의 綢緞 수출이 4,978擔이라 하고 있다. 그는 이 표 1-4에 대한 각주에서 1861-1866년 絲綢匹頭(綢緞을 의미하는 듯; 표 1-4에는 綢緞匹頭로 되어 있다), 野蠶絲 및 絲帶와 腰帶 등 세 가지 항목의 수출수량에는 중국북방항구로 수출되는 부분이 포함되어 있다고 밝히고 있다. 그러나 1867-1872년의 수출수량에 대해서는 아무런 지적이 없다. 그렇다면 그는 1871년에 綢緞 4,978擔이 외국으로 수출되었다고 보는 셈이다.

16) 劉永連, 앞의 책, 2006, 67쪽에서도 그는 『광주구안』, 18-64쪽의 자료에 근거하여 「표 1-3 1861-1872년 廣州蠶絲 수출정황」에서 그 기간의 生絲와 絲經, 野蠶絲, 廢絲 등의 수출정황을 보여주고 있다. 이는 분명 그의 책명과 표의 명칭이 의미하듯 외국으로의 생사수출을 말하는 것이다. 그러나 이 표에 제시된 수치는 중국항구로의 수출이 포함되고 있다. 예컨대 劉永連의 표에서는 1864년 生絲와 絲經이 2,859담이 수출되었다고 하였다. 그러나 "Returns of Trade 1864"(『해관사료』 제1책, 751-789쪽), 「표 3 외국으로 수출되는 생사제품」에는 生絲와 絲經이 2840.02擔 수출되었다고 하였고, 「표 4 광주항에서 중국기타항구로 생사수출상황」에는 生絲와 絲經이 18.61擔 수출되었다고 하여 이를 합산하면 2,858.63담이 되고 擔 이하를 사사오입하여 2,859담이 되는 것이다.

중국해관총서판공청(中國海關總署辦公廳)이 각종 무역통계자료를 수집하여 『중국구해관사료(中國舊海關史料)(1859-1948)』 170책(이하 본고에서 이 사료집은 『해관사료』로 약칭)을 영인 출판하였다. 이 사료집은 1859년에서 1948년까지 중국 구해관(舊海關)의 각 분관(分關)과 해관총세무사조책처(海關總稅務司造册處) 그리고 만주국 재정부·경제부가 편집한 각종 무역관계 자료와 보고서를 모아서 출판한 대형 사료집이다. 예컨대 『수출입무역보고』, 『무역통계보고』, 『중국각조약구안무역통계보고(中國各條約口岸貿易統計報告)』, 『조약에 근거하여 외국에 무역을 개방한 중국 각 항구의 무역통계보고』, 『각 항구 무역통계 보고』, 『각 항구의 무역통계보고와 조사보고』, 『통상각관화양무역총책(通商各關華洋貿易總册)』, 『통상각관화양무역논략(通商各關華洋貿易論略)』, 『통상각관화양무역청책(通商各關華洋貿易清册)』, 『통상해관화양무역총책(通商海關華洋貿易總册)』, 『해관중외무역통계년간(海關中外貿易統計年刊)』, 『최근십년각부해관보고(最近十年各埠海關報告)』, 『만주국외국무역통계년보(滿洲國外國貿易統計年報)』, 『만주국외국무역통계월보(滿洲國外國貿易統計月報)』 등으로 된 자료들을 집성한 것이다.[17] 1859년부터 상해에 소재한 강해관(江海關)과 광주에 소재한 월해관은 각자의 무역 데이터와 통계를 휘편하고 책을 만들어 중국과 외국에 공포하였다. 19세기 후반 여러 지역에 해관이 설립됨에 따라서 무역통계보고에 수록된 내용도 점차 증가하였다. 해관총세무사서(海關總稅務司署)는 1873년 상해에 조책처(造册處)[the Inspectorate General of Customs, Statistical Department]를[18] 설립하고 통일적으로 무역통계 연간을 편제하였다. 1932년에는 통계과(統計科)라 개칭하여 1948년까지 계속되었다.[19]

---

17) 『해관사료』 제1책의 凡例부분.

18) 孫修福 편, 『近代中國華洋機構譯名手册』 (北京: 團結出版社, 1992), 101쪽.

종래 이 자료의 이용이 활발하지 않았던 이유는 자료의 소장처가 극히 제한적이었다는 점에 더하여 분량이 많아 일일이 읽고 분석하기에는 너무 작업량이 많다는 점에 기인하는 것 같다. 1년 내에 정해진 연구업적을 내야하는 요즘의 세태에서 지리한 작업에 매달리는 것은 비생산적인 연구활동이라 치부될 법도 하다.

그런데 통계자료에 대해 한 가지 문제점을 지적하고자 한다. 필자가 이용하려는『해관사료』도 완벽하지는 않다는 점이다. 해관에 출입하는 기선의 수출입량은 통계자료에 포착이 되지만 그 이외에 상관(常關)에 출입하는 중국인의 민선(民船)이 진행하는 수출입무역량은 통계에 잡히지 않는다는[20] 점이다. 이 점에 대해서는「광주구안무역보고」에서 누차 지적하고 있다.[21] 화물주인이 민선을 이용하는 이유는 서양 기선보다 운송비가 저렴하고, 민선운수가 편리하기도 하지만[22] 무엇보다도 중요한 이유는 해관에서 수출입하는 것보다 세율이 낮기 때문이다.[23]

---

19)『해관사료』제1책의 前言부분 1-4쪽.

20) 常關의 무역정황을 알기 어려운 이유 중의 하나는 상관에서 심지어 습관적으로 매일 저녁 홍콩 민선의 적하목록과 그 完稅 증명까지도 모두 소각시킴으로써, 실제 稅收 수자에 대해서는 비밀을 유지하고 있기 때문이다(「1874年廣州口岸貿易報告」,『광주구안』, 114쪽).

21)「1865年廣州口岸貿易報告」,『광주구안』, 13쪽;「1866年廣州口岸貿易報告」,『광주구안』, 19쪽.

22) China, Imperial Maritime Customs, *Decennial Reports on the Trade, Navigation, Industries, etc., of the Ports open to foreign Commerce in China, and on the Condition and Development of the Treaty Port Provinces, 1892-1901*, Vol.2 (Shanghai: the Inspector General of Customs, 1906) (『해관사료』제154책, 189쪽). 이 책의 겉표지는 1902-1911로 잘못되어 있다(이하 이 책은 *Decennial Reports 1892-1901*로 약칭한다).

23)「1871-1872年廣州口岸貿易報告」,『광주구안』, 66쪽. 또한「粤海關十年報告」3, 1902-1911,『광주구안』, 960쪽. *Decennial Reports 1892-1901*(『해관사료』제155책, 590쪽)에도 같은 내용이 있다.

이렇게 민선으로 운반되는 수출품 중에는 사직품(絲織品, woven silk)도[24] 포함되어 있었고, 심지어 1899년에는 민선에 의해 수출된 폐사(廢絲)가 해관에 신고된 폐사 수출량의 13배에 달하였다고[25] 한다. 그러나 다른 주장도 있다. 1887년 4월, 홍콩의 구룡(九龍)과 마카오의 공북(拱北) 2관(關)이 동시에 설립되어 연안의 범선무역을 관리하면서, "상관(常關)의 비교적 낮은 세율의 특혜는 모두 취소되었다. 이에 과거에 범선을 빌려 구일(舊日)의 경로를 경유하여 운수하였었던 화물은 지금 대부분 기선에 적재 · 운반하여 통상항에 왕래(해관에 신고한다는 의미 —필자 주)하는 것으로 바뀌었다."[26]고 한다. 어느 상황이 사실인지는 연구가 더 진척되어야 하지만, 하여간 『해관사료』보다 더 많은 수량의 제품이 수출되었을 가능성은 존재한다. 제품에 따라서는 해관에 보고된 무역량보다 민선무역량이 더 많을 수도 있다.[27] 그러나 구체적 민선 무역량을 모르는 상황에서 전체 수출량을 어림짐작으로 추정할 수도 없다. 현재로서는 『해관사료』의 수치에 의거하여 광주에서의 생사

---

24) 「粵海關十年報告」 3, 1902-1911, 『광주구안』, 959쪽; *Decennial Reports 1892-1901* (『해관사료』 제155책, 590쪽).

25) 「光緖25年廣州口華洋貿易情形論略」, 『광주구안』, 386쪽. 실제로 『해관사료』 제30책, 580쪽, 표5에는 廢絲(Silk, Refuse 즉 Refuse Silk)가 홍콩으로 2,672담 수출되었다고 기록되어 있는데 「光緖26年廣州口華洋貿易情形論略」, 『광주구안』, 396쪽에는 민선에 의해 36,971담 수출되었다고 한다. "이외에 각종 잡화의 수출 예컨대 地席, 桂皮, 五倍子, 猪鬃 및 각종 毛에 대해 본 월해관 책 내에 기록된 것은 겨우 일부분일 뿐이고 그 大部分은 이미 나룻배(渡船)에 적재하여 수출된 것으로 본 월해관 관할에 들어가지 않는다. 월해관 수출책 내에 기재된 것은 계피 1,184담, 五倍子 165담이지만 필경 5만 2천 담의 계피, 1,200담의 五倍子가 이미 나룻배를 이용해 홍콩으로 운반된 것을 어찌 알겠는가!"(『광주구안』, 386쪽)

26) 班思德 편, 『最近百年中國對外貿易史』, 215-219쪽. 이 자료는 姚賢鎬 편, 『中國近代對外貿易史資料』 第2冊 (北京: 中華書局, 1962b), 1045쪽에 재수록.

27) "Commercial Reports", 1866, 廣州, pp.109-110(姚賢鎬 편, 위의 책, 1962b, 1077쪽에 수록).

와 비단의 수출량과 수출액을 계산할 수밖에 없다. 그것은 최소한 생사와 비단 수출의 경향성을 분명히 보여줄 것이다.

본고에서는 청 말, 즉 1840년 아편전쟁 이후 1911년 신해혁명까지, 『해관사료』에 나타난 광주항에서의 생사와 비단의 외국으로의 수출량과 수출액을 산출하여 제시하고자 한다. 아울러 생사와 비단을 생사류 제품, 비단류 제품, 양잠산물 등 세 부분으로 나누어 제품별 수출량과 수출액도 분석·검토하고자 한다. 이러한 수출량·수출액의 산출과 제품에 따른 분석은 청 말 광주에서의 생사와 비단 수출의 상품구조를 밝히는 기초적 연구가 될 것이다. 이러한 가장 기초적인 연구조차도 아직 이루어져 있지 않기에 기초적인 연구임에도 불구하고 본고의 내용은 의미가 있다고 생각한다. 본고의 제목을 기초적 연구라 한 것은 이러한 사정에 기인한다. 이러한 기초적 연구가 이루어진 이후에야 비로소 청 말 광주 생사와 비단 수출의 비중과 지위, 그 특징과 성격에 대해서,[28] 나아가 청 말 광주지역 대외무역의 구조와 성격에 대해서도 성찰할 수 있으리라 생각한다.

2. 생사·비단 제품의 수출량과 수출액

1) 아편전쟁 이후 1860년까지

아편전쟁의 결과 체결된 남경조약[원명은 강녕조약(江寧條約)[29]]으

---

[28] 2009년 본인은 「淸末 廣州港에서 生絲·비단 수출무역의 위상과 특징」, 『東洋史學硏究』 107, 2009, 271-329쪽에서 이상의 문제를 논급하였다. 이 논문은 후에 박기수 외, 『중국 전통상인과 근현대적 전개』(한국학술정보, 2010)의 제2부 3. 「청 말 광동상인의 형성배경」으로 재수록되었다.

로 5개의 항구가 개항되었고, 그중 여러 가지 유리한 대외무역 조건을 지닌 상해항이 광주항을 대신하여 중국 대외무역의 중심으로 대두하였음은[30] 널리 알려진 사실이다. 대체로 1853년경 상해는 당시 중국의 최대 무역상대국이었던 영국과의 무역에서 광주를 추월하여[31] 중국 제1의 항구로 부상하였다. 중국의 가장 중요한 수출품이었던 차는 1852년 상해의 수출량(5,767만여 파운드)이 광주의 그것(3,561만여 파운드)을 이미 초과하였다.[32] 그러나 생사는 더욱 이른 1846년부터 상해가 광주의 수출량을 추월하였다. 이는 생사나 견직물 생산지가 절강성 호주(湖州) · 항주(杭州), 강소성 소주 · 남경 등으로 상해에 근접한 반면, 차의 주요 산지는 안휘성, 복건성, 호남성, 절강성 등으로 생사 생산지에 비해 상해에서 상대적으로 멀었기 때문이라고 생각된다.[33]

1859년 10월에 광주에 월해관[洋關]이 창설되어[34] 본격적으로 업무

---

29) 田濤 주편, 『清朝條約全集』(黑龍江省人民出版社, 1999)는 1913년 中華民國 外交部가 청대 조약문을 조약문 正文 등에 의거하여 정리 출판한 乙種本을 저본으로 하여 여기에 『光緒朝通商條約』 등을 보충 정리하여 영인한 것이다. 乙種本은 조약 正文 이외에도 청 정부 관련인물의 의견, 보고, 처리결정을 수록하였다. 『清朝條約全集』 第1卷, 39쪽에는 「道光條約第一」로서 道光 22년(1842)체결된 中英江寧條約(소위 南京條約)의 제목이 있고, 56-57쪽에는 同조약 正文이 실려 있다.

30) 戴鞍鋼, 「五口通商后中國外貿中心的轉移」, 『史學月刊』 1984-1; 程浩, 「試論鴉片戰爭後廣州港外貿地位的變化及其原因」, 陳柏堅 주편, 『廣州外貿兩千年』(廣州文化出版社, 1989).

31) 戴鞍鋼, 위의 논문, 1984, 49쪽.

32) 陳柏堅 · 黃啓臣, 앞의 책, 1995, 18-19쪽.

33) H. B. 모스는 상해 근교의 생사는 자연히 상해로 집중될 것이고, 武夷茶와 절강, 안휘의 차는 모두 비교적 가까운 상해시장을 찾을 것이지만, 강서차 또는 호북과 호남차는 일정 시기 동안 계속해서 折嶺關과 梅嶺關을 통해 과거의 광동시장을 찾을 것이라고 지적하고 있다(H. B. Morse, *The International Relations of the Chinese Empire, Vol.I The Period of Conflict 1834-1860* (London: Longmans, Green, and Co., 1910), pp.363-364).

를 보고 통계자료를 보고하고 있으므로 1860년 이후에야 비교적 정확한 광주항의 무역통계자료를 알 수 있을 뿐이다. 아편전쟁 이후 1859년까지의 광주의 생사무역 통계수치에 대해서는 별로 알려진 자료가 없고 가장 많이 이용되는 자료가 1910년 출간된 모스(H.B. Morse)의 저서[The International Relations of the Chinese Empire][35]에 나오는 수치이다. 이 자료는 팽택익(彭澤益)에 의하여 『중국근대수공업사자료(中國近代手工業史資料)』에 도표로 정리되어 소개되었고[36] 많은 중국학자는 이 자료를 이용하여 자신의 논지를 전개하고 있다. 다음 〈표 1〉은 팽택익에 의해 정리된 광주와 상해의 생사수출량 비교표이다.

〈표 1〉 광주와 상해의 생사수출량 비교(1843~1859)

연도	총수[包]	廣州		上海		연도	총수[包]	廣州		上海	
		수량	비중	수량	비중			수량	비중	수량	비중
1843	1,787	1,787	100.0			1852	*44,842	3,549	7.9	41,293	92.1
1844	2,604	2,604	100.0			1853	62,896	4,577	7.3	58,319	92.7
1845	13,220	6,787	51.3	6,433	48.7	1854	54,233			54,233	100.0
1846	18,746	3,554	19.0	15,192	81.0	1855	56,211			56,211	100.0
1847	22,376	1,200	5.4	21,176	94.6	1856	79,196			79,196	100.0
1848	18,134	-	-	18,134	100.0	1857	59,986			59,986	100.0
1849	16,298	1,061	6.5	15,237	93.5	1858	85,970			85,970	100.0
1850	21,548	4,305	20.0	17,243	80.0	1859	67,874			67,874	100.0
1851	23,040	2,409	10.5	20,631	89.5						

34) 張耀華 주편, 『舊中國海關歷史圖說』(北京: 中國海關出版社, 2005), 63쪽에 의하면 兩江總督兼 五口通商大臣 何桂淸(1816-1862)은 영국인 李泰國(Horatio Nelson Lay 1832-1898)을 海關總稅務司로 임명하고, 李泰國은 임명된 후 1859년 5월 영불연합군이 점령한 광주에 가서 동년 10월 廣州洋關을 창설하고, 赫德(Robert Hart 1835-1911)으로 하여금 粤海關副稅務司를 담당케 하였다. 岡本隆司, 『近代中國と海關』(名古屋: 名古屋大學出版會, 1999), 176쪽에도 1859년 10월 廣州港에 洋關이 설립되어 24일부터 업무를 개시했다고 한다.

35) H. B. Morse, op. cit., 1910, p.366.

36) 彭澤益 편, 『中國近代手工業史資料(1840-1949)』 第1卷 (北京: 中華書局, 1962), 489쪽.

H. B. 모스의 책에는 1852년 생사수출합계가 31,925포(包)로 합산이 틀려있다. 팽택익은 광주와 상해의 생사수출량을 합산하여 44,842 포로 고쳤다. 그런데 팽택익이 고친 것은 그것만이 아니었다. 〈표 1〉을 보면 1854년부터 1859년까지의 생사수출은 오로지 상해에서만 진행되었고 광주에서는 전혀 없는 것으로 표현되어 있다. 그리고 상해에서 수출된 수량이 당시 중국의 전체 생사수출량으로 계산되고 있다. 그러나 실제 모스의 저서에는 다르게 되어 있다. 모스의 저서에 있는 표에서 생사 부분만을 보이면 다음과 같다.[37]

〈표 2〉 1843~1860 광주와 상해의 생사수출량

연도	총수[包]	廣州*	上海	연도	총수[包]	廣州*	上海
1843	1,787	1,787		1852	31,925	3,549	41,293
1844	2,604	2,604		1853	62,896	4,577	58,319
1845	13,220	6,787	6,433	1854	-	+	54,233
1846	18,746	3,554	15,192	1855	-	+	56,211
1847	22,376	1,200	21,176	1856	-	+	79,196
1848	(18,228)	-	18,134	1857	-	+	59,986
1849	16,298	1,061	15,237	1858	-	+	85,970
1850	21,548	4,305	17,243	1859	-	+	67,874
1851	23,040	2,409	20,631	1860	-	+	-

그리고 표 밑에는 설명이 주(注)의 형태로 부가되어 있는데 첫째, ( ) 안의 숫자는 근사값이거나 불완전한 요소, 혹은 불충분하거나 불만족스러운 자료에 근거한 것이다. 둘째, * 표시는 홍콩(香港)에서 수출한 화물 중 광주 산품도 포함한다. 셋째, + 표시는 홍콩에서 수출한 화

37) H. B. Morse, op. cit., 1910, p.366. 모스의 표에는 1830-1833, 1834-1837, 1838-1842년의 연평균 수출량도 제시되어 있지만(1838-1842년의 경우 광주에서 3,190包 수출), 1838-1839년의 수출량과 아편전쟁이 전개되던 1840-1842의 수출량에는 현격한 차이가 있을 것이므로 취하지 않았다.

물로 광주나 상해의 출처가 뒤섞여 있다.(Shipments from Hongkong of Canton and of Shanghai provenance inextricably mixed) 셋째 주 내용에 따르면 광주에서도 얼마인지는 알 수 없지만 일정량의 생사가 홍콩을 통하여 수출되었다. 광주에서 전혀 수출이 없었던 것은 아니라는 증명인 셈이다. 『해관사료』의 1859년 부분에서도 이 점을 증명할 수 있다. 앞에서도 말한 것처럼 광주항의 양관(洋關) 월해관이 1859년 10월에 설립되고, 10월 24일부터 12월 31일까지의 무역통계자료가 보고되어 있다.[38] 그에 따르면 생사(Raw Silk, 원문에는 Silk, Raw로 되어 있다)가 659.53담(해관신고액 250,621멕시코달러[39]), 사경(絲經)[Thrown Silk, 원문: Silk, Thrown]이 45.75담(22,875멕시코달러, 이하 달러로 표시), 조사(粗絲)[Coarse Silk]가 348.47담(31,362달러), 폐사(廢絲)[Refuse Silk]가 25.05담(4,008달러), 잠견(蠶繭)[Silk, Cocoons]이 5.00담(1,000달러), 명주솜[Silk, Floss] 9.86담(2,465달러), 사대(絲帶)[Silk, Ribbons]가 62.37담(28,066달러), 사직품(絲織品)[Silk, Piece Goods, Crape Shawls 등]이 936.19담(561,714달러), 사수(絲綬)[장식 술: Silk, Tassels] 1.63담(1,141달러), 사선(絲線)[명

---

38) "Returns of the Import and Export Trade, at the Port of Canton, From the 24th October to the 31st December 1859", Shanghae, 『해관사료』 제1책, 37-38쪽.

39) 『해관사료』에는 달러로만 되어 있다. "Returns of the Import and Export Trade, at the Port of Ningpo, from 4th June to 31st December 1862", 『해관사료』 제1책, 173쪽의 무역통계에는 Mex. Dollars로 제시하고 있다. 한편 "Returns of the Import and Export Trade, at the Port of Ningpo, For the year 1863", 『해관사료』 제1책, 285쪽부터 시작되는 무역통계액수는 Dollars로 되어 있다. 290쪽에도 영파의 수입액 합계를 $16,073,285 즉 Dollars로 제시하였는데, 같은 영파 무역통계자료의 맨 끝 페이지 299쪽에서는 수입액 합계를 Mex. $ 16,073,285라고 표기하였다. 즉 멕시코 Dollars이다. "Returns of the Import and Export Trade, at the Port of Swatow, For the year 1863", 『해관사료』 제1책, 337쪽에서는 汕頭의 수입총액을 $ 3,335,077라 제시하였고, 338쪽의 Summary에서는 Mex. Dollars로 제시하고 있는데 수입총액이 같다. 이를 볼 때 당시 Dollars로 표기한 것은 대체로 Mex. Dollars를 의미하였다고 생각된다.

주실: Silk, Thread]이 4.22담(1,688달러), 사면혼방품(絲棉混紡品)[Silk, and Cotton Mixtures]이 92.79담(18,556달러), 비단 우산이 1,903개(2,379달러)로 도합 2,190.86담과 1,903개, 수출액 합계로는 925,875달러이다. 여러 종류의 생사와 여러 종류의 비단 제품 그리고 양잠의 산물들이 망라되어 있다. 1담은 100근이고 1포는 구미로 수출할 때는 80근[40]짜리로 만드는 것이 하나의 관례였으므로 2,190담은 2,738포에 해당한다. 1859년의 2개월여에 이 정도가 수출되었으니 1859년도 전체 수출액은 분명히 이보다 훨씬 많을 것이다. 아울러 1854~1858년 사이에도 통계자료가 없을 뿐 분명히 광주에서 생사나 비단제품이 수출되었을 것이다.[41]

『중국근대수공업사자료』에 제시된 생사수출통계표를 인용한 대부분의 연구자들은[42] 1854년부터 1859년까지는 광주에서 전혀 생사수출이 없었고 상해에서 완전히 100%가 수출된 것으로 설명하고 있다. 이러한 견해는 이제 수정되어야 할 것이다.

앞으로 제시할 1860년 이후의 생사와 비단 수출량은 주로 담으로 표현되므로 모스의 자료를 다른 시기와 비교하기 위해서는 포의 단위를 담으로 환산할 필요가 있다. 그래서 〈표 3〉을 작성하였다.

---

40) 劉永連, 앞의 논문, 2003, 6쪽.

41) 班思德은 다음과 같이 주장하고 있다. "期內(1858-1871) 광주의 수출수량을 조사하면 초기 겨우 전국 총액의 8%를 점하였으나, 그 후 광동성의 蠶桑事業은 갈수록 발달하여 수출수량도 증가를 보았다. 同治 9, 10양년(1870-1871)에 이르러 수출 생사는 약 수출총액의 4분의 1을 점하였다."[班思德 편, 『最近百年中國對外貿易史』, pp.118-125(姚賢鎬 편, 앞의 책, 1962b, 1040쪽)]. 그렇다면 1858년이나 1859년 무렵 광주에서도 전국의 8% 정도의 생사를 수출하였다고 볼 수 있다.

42) 예를 들면, 戴鞍鋼, 앞의 논문, 1984, 49쪽; 陳柏堅·黃啓臣, 앞의 책, 1995, 23-25쪽; 程浩, 앞의 논문, 1989, 303-304쪽(程浩, 「試論鴉片戰爭後廣州港外貿地位變化的原因」, 『廣州研究』 1983-2는 같은 글이다). 程浩 편저, 『廣州港史(近代部分)-中國水運史叢書』(北京: 海洋出版社, 1985), 50-51쪽 등이 그러하다.

〈표 3〉 1843~1860 생사수출량

연도	총수[擔]	廣州*	上海	연도	총수[擔]	廣州*	上海
1843	1,430	1,430		1852	35,874	2,839	33,034
1844	2,083	2,083		1853	50,317	3,662	46,655
1845	10,576	5,430	5,146	1854	-	+	43,386
1846	14,997	2,843	12,154	1855	-	+	44,969
1847	17,901	960	16,941	1856	-	+	63,357
1848	(14,582)	-	14,507	1857	-	+	47,989
1849	13,038	849	12,190	1858	-	+	68,776
1850	17,238	3,444	13,794	1859	-	+	54,299
1851	18,432	1,927	16,505	1860	-	+	-

한편 1846년, 1847년, 1848년 광주에서의 생사나 비단 수출에 대해서는 영국의회문서나 영사상무보고(領事商務報告)에 부분적으로 자료가 제시되어 있다. 1848년 3월 14일 영국 주광주(駐廣州) 영사가 보고한 바에 따르면 광주에서 수출한 생사의 수량과 가액(價額)이 1846년 3,427cwt, 956,726원(元: 달러를 의미)이고, 1847년에는 5,362cwt, 1,405,712원이라 한다.[43] cwt는 hundred weight의 약칭으로 영국에서는 112파운드 즉 약 50.8kg에 상당한다. 따라서 1846년에는 약 2,878담, 1847년에는 4,504담이 광주에서 수출된 것이다. 모스의 통계와 비교하면 1846년의 생사수출량은 단위 환산시의 오차를 염두에 둘 경우 대체로 일치하는 수출량이라 하겠다. 그러나 1847년의 경우는 모스가 960담, 영국 주광주 영사가 4,504담이라 하여 현격한 차이가 있다. 모스가 이 저술을 출간한 것이 1910년이고 영사의 보고는 1848년에 이루어진 것이므로 영사의 보고가 보다 더 실상을 반영한 것이라 생각하여 1847년에 4,504담이 수출된 것으로 판단한다.

43) B.P.P., "Returns of the Trade of the Various Ports of China, for the Year 1847 and 1848", pp.12-19[姚賢鎬 편, 『中國近代對外貿易史資料』 제1책 (北京: 中華書局, 1962a), 645쪽(1848년 3월 14일 英國駐廣州領事馬額莪致德庇時的報告)].

그런데 보통 연구자들이 중국 생사의 수출에만 주의하지만 1846년의 경우 생사 이외에 여러 비단 제품들에 대한 수출 자료도 있어 그 수출 상황을 엿볼 수 있다. 1846년 광주에서 수출한 생사와 비단제품에 대한 영국의회문서에 따르면,[44] 생사가 2,750담(1,024,990스페인달러, 이하 달러로 약칭), 조사, 난사두(亂絲頭)가 4,084담(387,560달러), 주단이 153,846담(1,243,056달러), 사선, 사대가 20,140근(즉 201.4담 110,584달러)이라 한다. 영국의회문서에서는 생사가 2,750담이 수출되었다고 했는데, 이는 앞의 모스나 영국 주광주 영사의 수치보다 약 100담 정도가 적은 것이다. 이러한 차이는 포(Bales)나 cwt의 단위를 담(Piculs)으로 환산하는 과정에서 오차가 발생한 때문인 듯하다.[45] 따라서 사실상 같은 수치를 보여준다고 생각된다. 다음으로는 생사의 수출액이다. 모스는 1846년 모든 나라의 선박이 광주에서 행한 무역에서 생사 1,412,550달러,[46] 사직품 1,353,640달러가 광주로부터 수출되었다고 하였다. 위의 영국의회문서에 나타난 생사수출액은 1,024,990스페인달러이다. 아마도 이 수출액은 영국으로 수출되는 것에만 국한되었기에 모스의 통계와 차이가 나는 것이 아닌가 한다.

생사 이외에도 품질이 열악한 조사, 생사로서의 가치가 없는 폐사인 난사두가 상당량 수출되고, 명주실[絲線]이나 실크리본인 사대가 약간 수출되는 외에 우리의 주목을 끄는 것은 주단의 수출량이다. 무려 15만

---

44) B.P.P., "Returns of the Trade at Canton and Hongkong, in Continuation of the Returns laid before Parliament in 1847", p.12(姚賢鎬 편, 위의 책, 1962a, 553-554쪽에 수록). B.P.P.는 *British Parliamentary Papers*의 약칭이다.

45) 모스는 1담을 60.453kg으로 환산하였는데(H. B. Morse, op. cit., 1910, p. xxxix) 필자는 계산의 편의를 위해 60.5kg으로 계산하였고, 영국의회문서에서는 어떤 환산율로 계산하였는지 알 수 없기 때문이다.

46) 모스 저서에서의 달러는 스페인달러(Spanish dollar; Carolus dollar)를 의미한다(H. B. Morse, op. cit., 1910).

여 담으로 수량상 생사의 56배에 이른다. 영어로 Silk, Piece Goods는 사직품 또는 주단으로 번역되는데[47] 앞에 제시한 1859년의 자료에서는 2개월여에 사직품, 즉 주단이 936.19담(561,714멕시코달러) 수출되었고 생사는 659.53담(250,621멕시코달러)이 수출되었다. 주단수출량이 생사의 불과 1.4배이다. 그렇다면 아무래도 1846년의 주단의 수출량에 오류가 있는 듯하다. 더욱이 주단은 생사를 가공한 제품이므로 통상 생사보다 단가가 비싸다. 상호 비교를 위해 화폐단위를 먼저 검토할 필요가 있다. 모스나 영국의회문서에서는 스페인달러로 표시되어 있고『해관사료』에서는 멕시코달러로 표시되어 있다. 스페인은 멕시코를 식민지배하면서 멕시코에서 생산된 은을 이용하여 많은 은화를 주조하였는데 이를 스페인달러라고 불렀다. 이것이 동아시아 시장에 흘러 들어와 동아시아의 주요한 국제통화로 기능하였다. 특히 영국은 자국화폐로 중국 상품을 사는 것을 금지하였으므로 더욱더 스페인 달러가 유통되었다. 중국에서는 이를 보통 은원(銀元)이라 하고 본양(本洋), 불두(佛頭)라고도 하였다. 1821년 멕시코가 스페인의 통치로부터 독립되면서 1823년 이후 멕시코에서 주조한 은화를 멕시코달러라 하였고 중국에서는 이를 응양(鷹洋)이라 불렀다. 은화의 뒷면에 뱀을 물고 있는 독수리가 조각되어 있기 때문이었다. 그런데 스페인 1달러나 멕시코 1달러는 은화의 무게가 모두 29그램이고 은의 순도도 90%라고 하는[48] 기본적으로 같은 화폐라 할 수 있다. 다만 멕시코의

---

47) China, Imperial Maritime Customs, "Returns of Trade and Trade Reports, For the year 1905", Part Ⅲ (Shanghai: the Inspector General of Customs, 1906)과『光緖31年通商各關華洋貿易總册』의 대비를 통해 綢緞이 Silk, Piece Goods로 번역되었음을 알 수 있다. 이들 자료는 모두『해관사료』제42책에 수록되어 있다. 한편 *Decennial Reports, 1892-1901*, Vol.2의 粵海關 부분을 번역한『近代廣州口岸經濟社會概況』-「粵海關報告匯集」(1860-1949)의「粵海關十年報告(二) 1892-1901」, 918쪽에서는 Silk, Piece Goods를 絲織品으로 번역하고 있다.

독립에 따라 은화의 명칭이 바뀌었을 뿐이다. 1846년 영국의회문서로부터 생사가 1담당 372.7달러, 주단이 1담당 8.08달러로 계산된다. 1859년의 경우 생사가 1담당 380달러, 주단이 1담당 600달러에 달한다. 그렇다면, 1846년의 자료에서 주단의 수출량이 잘못 기재되었거나 수출액이 잘못 기재된 것이다. 필자는 수출량이 153,846근 즉 1,538.46담일 것이라고 추정한다. 그렇다면 주단 1담당 가격도 808달러가 되어 좋은 가격으로 수출한 셈이다.

1849년 2월 10일 영국 주광주 대리영사의 보고에 따르면 광주의 대영국(對英國), 대인도(對印度) 생사수출은 1847년 8,387담(2,007,670원), 1848년 3,506담(444,220원)[49]이라 한다. 1847년의 수출액은 1848년 3월 14일 영국 주광주 영사의 보고에서 알 수 있는 4,504담보다 3,883담이 많다. 이는 인도로의 수출이 추가되었기 때문이다. 그리고 모스의 통계에서 알 수 없었던 1848년의 수출액도 확인되었다. 영국의회문서나 영사상무보고 그리고 1859년과 1860년의 월해관 무역통계자료[50]에 기초하여 1843년에서 1860년까지의 광주에서의 생사수출액을 보정하면 다음 〈표 4〉[51]와 같다.

---

48) Man-houng Lin, *China Upside Down: Currency, Society, and Ideologies, 1808-1856* (Cambridge: Harvard University Press, 2006), Explanatory Notes.

49) B.P.P., "Returns of the Trade of the Various Ports of China, for the Year 1847 and 1848", pp.78-82[姚賢鎬 편, 앞의 책, 1962a, 646쪽(1849년 2월 10일 英國駐廣州代理領事埃耳姆斯利致文翰的報告)].

50) 1859년 통계는 앞에 이미 제시되었고, 1860년의 자료는 "Returns of the Import and Export Trade, at the Port of Canton, For the Half-year ended 31st December 1860", 『해관사료』 제1책, 788쪽, 1860~1864년간의 주요수출상품비교표로부터 1년간의 수출량 자료를 얻었다.

51) 〈표 4〉에서 1859년의 자료는 2개월여의 수치이다.

〈표 4〉 1843~1860 광주의 생사수출량

연도	수출량[擔]	연도	수출량[擔]
1843	1,430	1852	2,839
1844	2,083	1853	3,662
1845	5,430	1854	?
1846	2,878	1855	?
1847	8,387	1856	?
1848	3,506	1857	?
1849	849	1858	?
1850	3,444	1859	659.53*
1851	1,927	1860	5,704

이들 자료가 완벽한 것은 아니지만 이 기간의 생사수출량의 대강을 엿볼 수 있다. 아편전쟁에 의한 혼란, 상해에서의 생사수출 개시, 1854년의 천지회반란에 의한 정치적 혼란, 1856년 제2차 아편전쟁의 개전 등으로 이 시기 광주항에서의 생사수출은 크게 쇠퇴하였다는 것이 정설이다. 아편전쟁 이전 광주에서의 생사수출은 1825년에 7,530담,[52] 1828년에 7,576담, 1831년에 8,560담, 1833년에 9,920담으로[53] 증가하여 거의 1만 담에 육박하는 수준으로 증가하였다. 이러한 상황에서 아편전쟁 이후에는 최저 1천 담대의 수준으로 하락하였으니 그런 평가가 나오는 것도 당연할 것이다. 그러나 1845년에 5,430담을 수출하였고

52) H. B. Morse, *The Chronicles of the East India Company Trading to China, 1635-1834*, Vol.4 (Oxford, 1926-1929), p.103. 최근 2003년 暨南大學에서 석사학위를 받은 周鵬은 「明代與淸代前期廣東的海上絲綢貿易」이란 논문의 「표 3 1700-1833年廣州出口生絲數量一覽表」(38-39쪽)에서 1825년에 생사수출량이 무려 32만 5,171담이라는 수치를 제시하였는데, 이는 명백한 오류이다. 그가 인용한 모스 저서의 중역본 中國海關史硏究中心 組譯, 『東印度公司對華貿易編年史(1635-1834年)』 3책 5권 (廣州: 中山大學出版社, 1991)의 제4권, 109쪽에 잘못 번역되어 있다. 원서에는 차엽수출이 32만 5,171담으로 되어 있는데 번역시 한 줄씩 밀려서 다음 항목인 생사가 32만 5,171담 수출된 것으로 잘못 되어 있다.

53) H. B. Morse, Ibid., 1926-1929, p.162, p.253, p.343.

1847년에는 8천 담 이상을 수출한 것을 보면 기본적으로는 하락하였지만 때로는 저력을 보여 과거의 상황을 회복하기도 했다고 할 것이다.

이상에서는 주로 생사에 대해 언급했지만 주단 등 비단제품의 수출도 적지 않았다. 앞에서 보았듯이 1846년에 광주항에서 사직품(주단)의 수출액수는 1,353,640달러로 생사의 수출액수 1,412,550달러에 그다지 뒤지지 않는다. 2개월여의 무역통계에 불과하지만 1859년의 경우에는 생사 수출이 659.53담(250,621달러)인데 비해 사직품 수출은 936.19담(561,714달러)으로 오히려 생사수출액의 2배 이상이었다. 생사나 비단의 수출에는 계절성이 있으므로[54] 1859년의 자료에 비단류 제품이 다소 많을 가능성이 있다. 1860년의 자료는 기본적으로 후반년(1860.7.1에서 12.31까지)의 자료이지만[55] 1864년 무역통계자료에 1860~1864년의 주요 생사, 비단 제품 통계가 1년치로 제시되어 있다.[56] 여기서 1860년의 자료를 취하면 생사와 사경[Silk, Raw and Thrown] 5,704담, 2,268,400달러, 야잠사[Raw Silk, Wild 원문은 Silk, Wild Raw] 4,528담, 368,406달러, 사직품[주단: Silk, Piece Goods] 3,334담, 2,261,800달러, 사대와 요대[Silk, Ribbons and Sashes] 150담, 75,100달러, 사면혼방품 543담, 91,400달러로 이 중 생사와 사경,

---

54) 광동에서는 6월 第四造(네 번째 양잠으로 正造라고 한다)의 생사가 질과 양이 가장 우수하여 수출무역의 고조를 형성한다. 전후하여 제5造, 제6造의 잠사가 이어서 시장에 나오면 교역 성수기가 10월까지 지속된다. 매년 11월부터 絲繭 생산량이 감소하고 교역도 한산해지며 수출량도 명확히 감소하고 점차 低谷에 이른다. 劉永連, 「論近代粵絲出口的市場規律和特征」, 『暨南學報』 2004-6(總第 113期) 참조.

55) "Returns of the Import and Export Trade, at the Port of Canton, For the Half-year ended 31st December 1860", 『해관사료』 제1책, 69쪽. 참고로 반년치의 수출량과 액수를 제시하면 粗絲(絲結 Silk, Coarse, Punjum)가 3,226.75담, 264,194달러, 蠶繭이 23.62담, 2,843달러, 비단 의복(Silk, Clothing)이 80.90담, 48,540달러, 명주솜이 24.91담, 14,259달러, 비단 손수건(Silk, Handkerchiefs)이 22.77담, 13,622달러, 廢絲가 132.71담, 6,636달러, 명주실이 79.98담, 44,020달러, 비단부채(Silk, Fans) 1.04담, 191달러, 낚시줄(Silk, Fish Lines) 5.08담, 3,048달러, 실크우산 3,101개, 1,536달러였다.

56) 『해관사료』 제1책, 788쪽.

그리고 야잠사 등 생사류 제품을 합하면 2,636,806달러, 사직품과 사대와 요대, 사면혼방품 등 비단류 제품을 합하면 2,428,300달러에 달하여 양자 사이에 커다란 차이가 없음을 알 수 있다. 1860년의 반년치 자료와 1년치 자료를 합산하여 계산하더라도 생사류 제품의 합계가 2,907,636달러로 전체의 53.2%, 비단류 제품의 합계는 2,539,257달러로 전체의 46.5%에 달하여 생사류가 많기는 하나 커다란 격차를 보이는 것은 아니다.

2) 1861년부터 1911년까지

여기서는 월해관에서 작성하여 보고한 무역통계자료를 이용하여 청 말 광주항에서 수출된 생사·비단 제품 수량이나 액수를 추적하려 한다. 1861년부터 한 해 전체의 수출량이나 수출액을 집계할 수 있으므로 1861년부터 1911년까지의 상황을 다음과 같이 〈표 5〉로 제시한다.

〈표 5〉 1861–1911년 광주항 생사·비단 제품의 대외 수출량 증감 추이

연도	수출량 [擔]	지수	수출액	근거자료	연도	수출량 [擔]	지수	수출액	근거자료
1861	11,561.31		3,676,714	1:155,163	1888	40,090.58	372	10,150,867	14:434-437
1864	10,776.46	100	4,439,731	1:759-766	1889	47,438.09	440	12,091,566	15:454-457
1865	18,404.50	171	7,597,689	2:306-313	1890	44,064.77	409	10,504,595	16:468-471
1866	21,063.18	195	8,929,544	2:862-869	1891	46,816.82	434	11,539,511	17:489-492
1867	20,406.76	189	8,912,957	3:56-61	1892	44,135.69	410	11,806,718	18:489-492
1868	26,042.24	242	9,833,469	3:536-539	1893	45,165.61	419	11,460,592	20:499-503
1869	23,962.24	222	9,701,290	4:54-56	1894	46,741.54	434	11,995,914	22:511-515
1870	27,170.30	252	10,964,313	4:334-336	1895	51,633.54	479	13,761,042	23:497-501
1871	31,440.10	292	12,162,781	4:610-612	1896	49,179	456	13,056,131	24:503-507
1872	30,553.60	284	9,873,398	5:64-66	1897	53,473	496	15,768,576	26:21-25
1873	33,473.39	311	8,512,908	5:344-346	1898	52,158	484	16,499,082	27:529-534
1874	29,828.49	277	8,337,776	5:664-666	1899	45,744	424	19,745,904	30:93-98
1875	35,030.39	325	8,512,567	6:74-76	1900	40,808	379	14,247,890	32:67-72
1876	29,816.36	277	9,149,946	6:396-398	1901	53,305	495	16,909,214	34:21-26
1877	27,544.95	256	8,250,925	7:354-356	1902	77,906	723	28,827,117	36:51-56

1878	29,007.12	269	8,184,452	7:764-766	1903	82,627	767	34,313,506	38:56-61
1879	35,669.97	331	9,239,074	8:387-391	1904	76,681	712	28,930,814	40:56-61
1880	27,085.06	251	8,457,785	8:823-827	1905	78,361	727	26,769,293	41:625-630
1881	34,382.13	319	9,369,156	9:405-409	1906	68,808	638	28,104,566	43:623-628
1882	33,974.86	315	7,942,605	9:835-839	1907	85,964	798	38,145,365	45:658-664
1883	41,139.45	382	9,360,470	10:385-388	1908	82,575	766	31,137,801	47:709-714
1884	30,481.53	283	7,545,118	10:807-811	1909	81,251	754	30,863,816	50:67-73
1885	28,056.11	260	6,893,303	11:387-391	1910	94,424	876	37,804,917	53:134-140
1886	46,108.86	428	12,625,887	12:400-404	1911	88,439	821	33,201,640	56:141-147
1887	46,702.87	433	11,910,559	13:426-429					

이 표의 근거자료는 중국의 월해관세무사가 작성한 1861년에서 1911년까지의 매년 광주항의 수출입통계자료이다.[57] 이 자료에서 생사 · 비단 제품의 해외 수출부분만[58] 적출하여 합산하였다. 표내의 근거자료 항목 예컨대 1870년 항목 4: 334-336라는 표시는 1870년의 광주항 수출입무역통계자료인 "Returns of Trade at the treaty Ports in China, For the year 1870", Part Ⅱ(Shanghai, the Inspector General of Customs, 1871) 중의 수출품목 부분이 『해관사료』 제4책, 334-336쪽에 수록되어 있음을 표시한 것이다. 이 표와 관련하여 설명이 필요한 내용은 1) 1861년의

57) 1861년과 1911년의 구체적 자료명칭만 제시하면 다음과 같다. "Returns of the Import and Export Trade carried on under foreign flags at the Port of Canton, For the year 1861", 『해관사료』 제1책, 148-170쪽; China, Imperial Maritime Customs, "Returns of Trade and Trade Reports, For the year 1911", Part Ⅱ. "Port Trade statistics and reports" (Shanghai: the Inspector General of Customs, 1912), 『해관사료』 제56책, 124-156쪽.

58) 매년 무역통계자료 중 수출부분의 수출지는 외국, 홍콩, 중국항구로 분류되어 있다. 이 중 외국과 홍콩을 합산하였다. 홍콩으로 수출되는 부분 중 2~3%는 홍콩에서 소비되거나 홍콩을 경유하여 중국항구로 중계되는 것이라 한다(「1871-1872年廣州口岸貿易報告」, 『광주구안』, 76쪽, 주2). 이 중 얼마가 홍콩에서 소비되고, 얼마가 다시 중국항구로 반출되는지는 알 수 없다. 홍콩은 당시 영국식민지였으므로 외국으로 보아도 무방하고, 문제는 다시 중국항구로 반출되는 부분인데, 별도로 중국항구로 수출되는 부분의 통계가 있으므로 무시해도 좋을 정도라고 생각한다. 전체의 수출동향을 아는 데는 문제가 되지 않는 수치라고 생각되어 수출수치를 그냥 취하였다.

수치는 생사·비단 제품수출량과 수출액에 외국으로의 수출만이 아니라 중국항구로의 수출도 포함되어 있다. 1864년 이후는 모두 외국과 홍콩으로의 수출액이다. 2) 1862년과 1863년의 무역통계자료는 존재하지 않으나 생사와 비단 제품 중 주요 품목에 대해서는 1864년의 자료에 부분적으로 제시되어 있다. 전체 규모를 알 수 없기에 이 표에서는 제외하였다. 3) 지수는 수출량[擔]의 증감 상황을 표현한 것인데 1864년이 정확한 대외수출량을 보여주므로 기준점 = 100으로 정하였다. 4) 1871년까지의 수출액은 단위가 멕시코달러이고, 1872년은 냥(兩), 1873~1874년은 상해냥(上海兩), 1875년 이후는 모두 해관냥(海關兩)이다. 5) 생사·비단 제품에는 여러 종류의 생사, 여러 종류의 비단 제품, 누에고치나 고치솜 등 양잠산물이 포함되어 있다. 6) 수출량은 생사·비단 제품의 수출량 중 담으로 계산된 것만 합산하였다. 비단 우산이나 비단 모자, 비단 부채, 자수품 등은 단위가 개수(pieces)였고, 사면(絲棉) 신발[Shoes and Boots, Silk and Cotton]은 단위가 켤레(pairs)였으므로 담으로 환산하기 어려워 합산에서 제외하였다. 따라서 수출량은 제시된 수자보다 더 많다. 한편, catties라는 단위가 나오는데 catties를 근으로 번역하였으므로[59] 100catties = 1담으로 계산하였다.

위 표를 보면 생사·비단 제품의 수출량이 1864년에는 1만여 담에 불과하였지만 1866년에 벌써 2만 담을 돌파하였고 1871년에는 3만 담을 넘겼으며, 1883년에 4만 담, 1895년에 5만 담, 1902년에는 7만 담을 훌쩍 초월했으며 다음 해인 1903년에는 8만 담을 넘겼다. 1910년에는 9만 4천여 담에 이르러 최고치를 기록하였다. 수량상 생사·비단 제

---

59) "Returns of Trade 1905", Part Ⅲ와 그 중국어 원문인『光緒31年通商各關華洋貿易總冊』의 대비를 통해 catties가 斤을 의미함을 알 수 있다. 이들 자료는 모두『해관사료』제42책에 수록되어 있다.

품의 증가는 1864년에서 1910년까지 8.7배에 달하였다. 46년 만에 이 정도의 신장을 이룩하였으니 중간에 약간의 등락을 반복하였다고는 하나 전체적으로 보아 상당히 가파르게 수출량이 증대하였다고 할 수 있다.

수출액의 경우 1861~1871년의 화폐단위가 멕시코달러이므로 비교를 위해 이를 해관냥으로 바꿀 필요가 있다. 임만홍(林滿紅)에 의하면 1860~1887년 사이에는 1해관냥이 1.45멕시코달러로 환산된다고[60] 한다. 이러한 비율에 따라 1864년의 수출액을 계산하면 3,061,883해관냥에 해당하고 이를 100으로 잡을 경우 1910년의 수출액 37,804,917해관냥은 지수 1,235가 된다. 수출량에 비해 수출액의 증가가 더욱 더 가파르게 증대하였다고 평가할 수 있을 지도 모른다. 말하자면 생사와 비단 수출로 광동지역이 더 큰 이익을 본 셈이다. 그러나 그렇게 간단하지만은 않다. 두 가지 방면에서 수출액 문제를 보정해야 한다. 첫째, 수출액의 재산정 문제이다. 연호옥(連浩鋈)의 연구에 따르면[61] 1904년 이전 수입액의 경우는 화물의 원가·운송비와 함께 화물이 상륙한 이후 시장판매 이전까지의 각종 비용, 예를 들면 수입세액·출하비·보관비·판매할 때의 수수료 등도 포함되었으므로 수입액이 부풀려 있다는 것이다. 이를 정상화시키려면 화물이 배를 떠난 후의 모든 세액과 비용을 뺀 C.I.F(상륙가격)으로[62] 계산해야 한다. 해관조책처(海關造册處)의 계산에 따르면 관세 5%와 기타비용 7% 도합 12%를 감액해야 한다.

---

60) Man-houng Lin, *China Upside Down: Currency, Society, and Ideologies, 1808-1856* (Cambridge: Harvard University Press, 2006), Explanatory Notes.

61) 連浩鋈, 「晩淸時期廣東省的對外貿易及其對農村社會經濟的影響」, 葉顯恩 주편, 『淸代區域社會經濟硏究』 下 (北京: 中華書局, 1992), 1165-1192쪽.

62) 운임보험료포함가격이라고도 한다. 즉 원가[Cost]+보험료[Insurance]+운임[Freight]를 합한 매매계약 가격이다.

반면 1904년 이전 수출액의 경우는 화물의 시장가격이외에, 이 화물에 본선인도 전의 포장비·저장비·수출세 및 구입 시의 수수료 등은 일체 포함되지 않았다. 수출화물의 가격이 필연적으로 너무 낮게 산정되어 있다는 것이다. 이를 보정하기 위해서는 F.O.B(Free on Board: 선적가격, 본선인도가격) 계산을 채용해야 한다. 즉 화물을 선적할 때에 부가된 모든 세액과 비용을 더해야 한다. 해관조책처의 계산에 의하면, 관세 5%와 기타 비용 8% 도합 13%를 추가해야 한다.[63] 이 계산법을 이용하면 1864년의 수출액은 3,459,928해관냥이 되고 이를 100으로 잡으면 1910년의 수출액 37,804,917해관냥은 지수 1,093이 된다.

둘째 후술하듯이 해관냥은 은(銀)에 기초한 화폐단위이기에 그 가치가 19세기 후반 상당히 하락한다. 1864년 1해관냥이 영국 파운드화 7실링 5펜스로 교환되었고 1910년에는 1해관냥이 2실링 8과 5/16펜스로 교환되었다고[64] 하니 해관냥의 대(對)파운드화(貨) 환산지수는 1864년을 100으로 할 경우 1910년에는 36.3이 되므로 1해관냥의 가치가 46년 만에 원래의 36.3% 수준으로 하락한 것이다. 따라서 1910년의 지수 1,093

---

63) 連浩鋈, 앞의 논문, 1992, 1167-1168쪽. 한편 濱下武志는 다음과 같이 설명하고 있다. 1864년에 개시된 무역통계는 수출입 모두 시장가격에 의해서 계산되었고, 그것은 국제관행과는 달랐는데, 수입이 과다하게, 수출이 과소하게 계산되어 있다. 따라서 여기에서 무역통계의 '수정문제'가 등장한다. 정식화된 수정의 공식은 다음과 같은 계산식이다. 「수정수입총액 = 기존의 수입총액 − (수입세 + 아편세) − 7%수수료」(C.I.F)이고, 「수정수출총액 = 기존의 수출총액 + 수출세 + 8% 수수료」(F.O.B)이다. 이렇게 되면 중국 무역액의 차액은 종래의 시장가격계산에 기초한 차액의 1/2에서 1/5까지 감소하게 된다[濱下武志, 『中國近代經濟史研究』(東京: 東京大學東洋文化研究所, 1989), 133쪽]. 이러한 통계적 수정으로 朴赫淳은 중국의 무역액은 수출에서는 14.5%가 많아지고, 수입에서는 12%가 적어지는 효과를 보여 적자로 기록되어 왔던 중국의 대외무역은 흑자로 전환되게 된다고 하였다(朴赫淳, 「19世紀後半 中國 大地域圈의 經濟的 動向」, 『近代中國研究』 1, 2000, 113쪽).

64) Hsiao Liang-lin, *China's Foreign Trade Statistics, 1864-1949* (Cambridge: Harvard University Press, 1974) (中國國際貿易統計手册), pp.190-191. 참고로 1971년까지 1파운드(£)는 20실링(s.)이고 1실링은 12펜스(d.)이다.

도 실제로는 397이 된다. 수출량은 8.7배 늘었는데 수출액으로는 4배가량 늘었으니 이는 생사와 비단제품의 가격이 사실은 그만큼 하락한 것이고 그 만큼 중국농민이나 수공업자, 상인, 자본가가 손실을 보았다고 할 수 있을 것이다.[65]

이러한 전반적 수출량의 증대 원인은 크게 세 가지 측면에서 설명될 수 있다. 첫째는 국제간 무역을 위한 조건과 환경의 개선이라는 측면이고, 둘째는 해외에서 생사 및 비단에 대한 수요의 증가이며, 셋째는 광동에서의 생사 및 비단제품의 공급능력의 확대이다.

15세기 서양에 의한 소위 지리상의 대발견 이후 유럽인은 중국에 도달하기 위해 아프리카 남단 희망봉을 돌아 인도양을 건너는 멀고 먼 항로를 이용해야 했다. 1869년 11월 정식으로 개통된 수에즈 운하는 광주에서 런던까지 과거의 항로를 25.6%나 단축시켰다. 그만큼 광주와 런던 사이의 교역은 편리해졌고 운수비용은 저렴해졌다. 아울러 1871년 6월 상해에서 런던을 경과하여 샌프란시스코에 연계되는 전보통신이 건립되었다. 그리고 싱가포르에서 홍콩으로 연결되는 해저케이블도 개통되었다. 1883년에는 광주에 전보국이 설립되고 홍콩과 마카오로 케이블이 연결되었다.[66] 이러한 교통과 통신의 발전이라는 국제무역 조건의 변화는 무역방식의 변화를 초래하였을 뿐 아니라 무역량을 확대시키는 결과도 가져왔다. 운반비를 낮추어 운수비용을 절약하였을 뿐만 아니라 공급지와 수요지의 상황을 신속히 파악함으로써 교역을 한층 유리하게 하였기 때문이었다.

---

65) 당시 중국인들이 국내에서 멕시코달러, 海關兩 등 銀貨, 銀兩을 주로 사용하였으므로 제품가격의 하락을 심각하게 느끼지 않았을 수도 있다. 손실을 본 것이 아니라 이익을 보았다고 느낄 수도 있다. 이 문제는 당시 중국 내에서의 銀價 변화에 대한 고찰이 진행되어야 보다 분명히 설명될 수 있을 것이다. 추후의 과제로 한다.

66) 陳柏堅 · 黃啓臣, 앞의 책, 1995, 72-75쪽.

해외수요의 증가는 두 가지 측면에서 설명할 수 있다. 하나는 프랑스나 이탈리아, 그리고 미국에서의 견직업의 발달로 생사에 대한 수요가 증대되었다는 점이다. 특히 프랑스는 19세기 말까지 최대의 생사소비국으로 국내의 생사를 이용하기도 했지만 1850~1860년대 누에병의 만연으로 누에고치 및 생사의 생산이 급감하였다.[67] 이러한 고치생산액 급감에 의한 국내산 생사의 부족을 보충하기 위해 프랑스는 아시아의 잠종이나 생사의 수입에 나섰다. 일단 중국 등 아시아 생사가 수입되자 누에병이 극복된 뒤에도 아시아 생사에 대한 수요가 지속되었다. 비교적 저렴한 아시아 생사의 수입에 의해 프랑스 국내산 생사의 가격도 저하되고 이에 따라 양잠업도 커다란 타격을 받았기 때문이었다. 신흥 견직업국가인 미국에서는 19세기 말 20세기 초 생사소비량이 현저히 신장되었지만 국내의 양잠업과 잠사업이 별로 발전하지 않았기 때문에 처음부터 중국, 일본 등 아시아생사에 대한 수요가 증대되었다.[68] 한편 1860년경부터 프랑스의 고급견직물에 비해 가격이 저렴한 견직물이 유행하게 되었는데 이 점도 구미 여러 나라 견직업으로 하여금 가격이 저렴한 아시아 생사를 수요하게 하였다. 광동생사의 경우 1차대전 이전 유럽으로 수출되는 수량이 광동 수출생사의 60~70%를 차지하여 가장 많았다. 1909년 이후로는 미국으로의 수출도 급성장하게 되었다.[69] 미국시장에서는 일본생사가 수출의 주도적 지위를 지니고

---

67) 19세기 말까지 구미제국 중 최대의 생사소비국은 프랑스였다. 1874년 세계 생사소비량 중 프랑스의 소비량 비중은 30.9%. 구미제국의 소비량 중에서는 60.7%를 점하였다. 그러한 프랑스에 누에병이 발생하여 1853년에 2600만 kg이었던 프랑스 고치생산량은 1856년에 750만 kg, 1865년에는 550만 kg으로 급감하였다(曾田三郎, 『中國近代製糸業史の研究』(東京: 汲古書院, 1994), 43쪽).

68) 曾田三郎, 위의 책, 1994, 44-45쪽.

69) 曾田三郎, 위의 책, 1994, 69쪽에서는 표 9를 제시하여 광동생사의 수출지역별 수출량을 보여 주고 있다. 1898년 미국으로의 수출(42,181섬俵)이 유럽으로의 수출

있었지만, 하등사 부분은 광동생사가 분점하고 있었다.[70]

다른 하나는 은가(銀價)하락에 따른 생사가격의 하락이 외국상인의 중국생사 구입을 촉진시켰다는 점이다. 영국은 1816년 이래 금본위제를 유지하였고 1873년 은가하락을 계기로 금본위제가 세계적으로 확산되었지만, 중국은 여전히 고평은(庫平銀), 관평은(關平銀)[海關兩] 등 은냥(銀兩)체제를 고수하였다. 다음 〈표 6〉[71]는 해관냥이 영국 파운드, 미국 달러, 프랑스 프랑으로 환산되는 비율을 표시한 것이다.

〈표 6〉 1872~1911년 海關兩과 영국 파운드, 미국 달러, 프랑스 프랑 간의 교환률

연도	파운드	달러	프랑	연도	파운드	달러	프랑	연도	파운드	달러	프랑
1872	6s 7 3/4d	1.60	8.43	1886	5s 0 1/8d	1.22	6.34	1900	3s 1 1/4d	0.75	3.90
1873	6s 5d	1.56	8.09	1887	4s 10 1/4	1.20	6.18	1901	2s11 9/16	0.72	3.73
1874	6s 4 1/8d	1.54	8.01	1888	4s 8 3/8d	1.15	5.93	1902	2s 7 1/5d	0.63	3.28
1875	6s 2 1/5d	1.50	7.82	1889	4s 8 3/4d	1.15	5.95	1903	2s 7 2/3d	0.64	3.34
1876	5s 11 2/5	1.45	7.51	1890	5s 2 1/4	1.27	6.47	1904	2s 10 2/5	0.66	3.60
1877	6s 0	1.47	7.60	1891	4s 11d	1.20	6.20	1905	3s 0 1/10	0.73	3.78
1878	5s 11 1/2	1.45	7.52	1892	4s 4 1/4d	1.07	5.49	1906	3s 3 1/2d	0.80	4.12
1879	5s 7 1/3d	1.35	7.10	1893	3s 11 1/4	0.96	4.97	1907	3s 3d	0.79	4.09
1880	5s 9 5/8d	1.38	7.24	1894	3s 2 3/8d	0.77	4.02	1908	2s 8d	0.65	3.37
1881	5s 6 1/2d	1.365	7.15	1895	3s 3 1/4d	0.80	4.11	1909	2s 7 3/16	0.63	3.28
1882	5s 8 1/2d	1.38	7.13	1896	3s 4d	0.81	4.20	1910	2s 8 5/16	0.66	3.40
1883	5s 7 1/4d	1.355	7.05	1897	2s 11 3/4	0.72	3.73	1911	2s 8 1/4d	0.65	3.40
1884	5s 7d	1.35	7.06	1898	2s 10 5/8	0.70	3.76				
1885	5s 3 1/2d	1.28	6.64	1899	3s 0 1/8d	0.73	3.79				

1872년 1해관냥이 6실링 7과 3/4펜스로 환산되던 것이 30년 뒤인 1902

(34,308俵)을 초과한 적도 있었지만 대체로 유럽으로의 수출이 압도적이었다. 1909년부터는 미국으로의 수출이 급증하여 전보다 1만 俵 이상 증가하고 있다(1908년 8,492俵→1909년 18,591俵).

70) 金子晉右, 「生絲をめぐる日中地域間競爭と世界市場」, 川勝平太 편, 『アジア太平洋經濟圈史 1500-2000』(東京: 藤原書店, 2003), 71쪽, 83쪽.

71) Hsiao Liang-lin, op. cit., 1974, pp.190-191에서 재작성.

년에는 2실링 7과 1/5펜스로 환산되었으니, 1872년을 100으로 할 때 1902년 해관냥의 파운드 환산율은 39.1로 하락한 셈이다. 미국 달러의 경우 1872년 1달러 60센트가 1902년에 63센트로 하락하였으니, 1872년을 100으로 할 때 1902년 해관냥의 달러 환산율은 39.4로 하락하여 그 하락정도가 파운드와 유사하였다. 프랑스 프랑의 경우는 1872년 8.43프랑에서 1902년 3.28프랑으로 하락하였으니, 1872년을 100으로 할 때 1902년 해관냥의 프랑 환산율은 38.9로 하락하여 미세하지만 세 화폐 중에서 환산율 하락폭이 가장 컸다. 이는 프랑이나 미국 달러, 파운드 등으로 중국생사를 구매할 때 30년 전보다 거의 3분의 1가격으로 값싸게 구매할 수 있다는 것을 의미한다. 당연히 광동생사의 판매, 수출에 유리하였다.

광동에서의 생사 및 비단제품 공급능력의 확대는 해외 수요의 증대에 기인한 것이지만, 동시에 주강삼각주(珠江三角洲) 일대의 양잠업의 발전, 1872년 처음 건립된 계창륭소사창(繼昌隆繅絲廠)을 비롯한 근대적 제사공장의 설립 붐에 의해 가능하였다. 1872년 화교상인 진계원(陳啓源)이 남해현(南海縣) 간촌(簡村)에 최초의 근대적 제사공장 계창륭소사창을 세운 후[72] 순덕현(順德縣)에 근대적 제사공장의 설립 풍조가 만연하였다. 순덕현은 종래 양잠업과 전통적 수공업으로서의 소사업(繅絲業)[제사업]이 발전한 지역이었고, 하운(河運)을 통한 교통운수가 편리하다는 등의 조건으로 인하여 1870년대 중반이후 근대적 제사공장이 우후죽순처럼 설립되었다. 정요명(程耀明)의 연구에 따르면 1874년 순덕현 사람이 용산향(龍山鄉)에 처음으로 근대적 소사창[제사공장]을 세운이후 순덕현에는 1911년까지 142개의 공장이 설립되었고, 1912년 중국농상부 조사에 따르면 당시 84개의 순덕현 제사공장이 생산한 생

---

72) 徐新吾 주편, 『中國近代繅絲工業史』(上海人民出版社, 1990), 113쪽에서는 공장의 창설년은 1872년이 아니고 조업을 개시한 1874년에 두어야 한다고 지적한다.

사가 34,949담에 이르렀다[73] 한다. 1887년 당시 순덕현에는 42개 공장이 있었는데 이는 당시 광동 전체의 90%에 해당되는 것이라 하니 순덕현은 광동의 근대적 제사업의 중심이었던 것이다.[74] 이처럼 제사공장이 널리 건설되자 제사공장에 원료로서의 누에고치를 공급하기 위해 순덕현만이 아니라 남해현, 향산현(香山縣), 반우현(番禺縣), 신회현(新會縣) 등지에서 양잠업이 널리 성행하게 되었으며[75] 이들 주강삼각주 지역에는 독특한 농법으로서 상기어당(桑基魚塘)[76] 방식이 정착하게 되었다. 그리하여 주강삼각주의 상기어당 면적은 순덕이 665,000무(畝), 중산(中山)[향산현]이 328,800무, 남해가 300,000무, 신회가 60,000무, 삼수(三水)가 30,000무, 반우가 10,000무에 달하게 되었다.[77]

3. 품목별 수출량과 수출액

종래에는 광주의 생사수출에만 주목하여 연구가 진행되어 왔다. 생사 이외에 비단제품을 언급한 경우도 있었지만 개괄적인 설명에 그칠 뿐이었다. 여기서는 생사와 비단제품을 세 종류로 나누어 대외수출상

---

73) 程耀明, 「清末順德機器繅絲業的産生,發展及其影響」, 『明清廣東社會經濟形態研究』(廣州: 廣東人民出版社, 1985), 237-278쪽.

74) 박기수, 앞의 논문, 2000, 28-29쪽.

75) 박기수, 위의 논문, 2000, 29-31쪽.

76) 明初에 낮은 곳을 파서 연못을 만들어 양어를 하고, 연못 둑에 과일나무를 심는 果基魚塘 방식이 개발되었으나 萬曆年間(1573~1619)이후 養蠶業이 발전함에 따라 桑基魚塘의 방식으로 바뀌기 시작하였다. 이는 果基魚塘 방식에서 과일나무 대신 뽕나무를 심는 것이다. 뽕나무로 누에를 치고 양잠의 부산물인 누에똥이나 번데기를 물고기의 사료로 삼으며 연못에 쌓인 진흙을 퍼올려 뽕나무에 거름을 주는 효율 높은 다각적 農業經營方式이었다(박기수, 앞의 논문, 1998, 80쪽).

77) 楊瑞貞, 「清末廣州外貿與地區經濟」, 『歷史研究』 1993-6, 111쪽.

황을 검토하고자 한다. 누에고치로부터 명주실을 켜내어 생산된 각종 생사류 제품, 그리고 생사를 이용하여 비단 등 견직물을 직조하거나 생사를 가공한 각종 제품, 양잠의 결과 생산된 누에고치나 명주솜 등의 산물 세 종류이다.

1) 생사류 제품

먼저 월해관세무사가 보고한 무역통계자료 중 생사류 제품의 수출 상황을 제시하고 각 제품에 대한 소개와 분석을 진행하겠다. 1846년 영국의회문서에서 일부 제품별 수출량을 제시하고 있기는 하나, 제품 종류 전체를 포괄하지 않으므로 제외하고, 1859년부터 1911년까지 진행된 생사류 제품 수출의 통계자료를 제시하겠다. 이하 제시하는 통계표의 근거사료는 〈표 5〉「1861~1911년 광주항 생사·비단 제품의 대외 수출량 증감 추이」에 하나의 항목으로 제시된 매년의 근거자료와 기본적으로 동일하다. 따라서 이후로는 근거자료를 언급치 않는다.

〈표 5〉 1859~1911 광주항에서의 대외수출량 추이: 생사류 제품(단위: 擔)

연도	생사 [白絲]	絲經	기계사 [機器繅絲]	野蠶絲, 粗絲	黃絲			小計	廢絲
					四川産	山東産	黃絲		
1859	659.53	45.75		348.47				1,053.75	25.05
1860	5,704*			4,528*				10,232	132.71
1861	3,417.58			4,618.64				8,036.22	464.06
1862	6,091			5,206				11,297	
1863	5,684			3,912				9,596	
1864	2,840.02			3,400.83				6,240.85	844.33
1865	8,662.17	161.64		5,019.50				13,843.31	828.40
1866	9,162	95		5,681.18				14,938.18	1,623.89
1867	9,158.30	109.72		5,343.43				14,611.45	993.84
1868	11,591.51	91.81		6,535.68				18,219	2,287.96
1869	12,686.38	80.57		4,650.26				17,417.21	1,656.78

1870	15,418.24	108.87		3,021.65				18,548.76	2,858.69
1871	16,613.58	129.96		3,174.97				19,918.51	4,739.88
1872	18,312.63			1,154.23				19,466.86	3,589.75
1873	13,550.13	167.76		7,165.78	30.51			20,914.18	5,514.95
1874	12,649.02	168.86		6,389.35				19,207.23	4,304.14
1875	18,154.29	225.61		5,515.22	0.85			23,895.97	4,103.76
1876	16,773.48	207.52		1,747.58	25.84			18,754.42	4,554.46
1877	14,473.25	145.10		2,363.61	5.80			16,987.76	4,244.15
1878	12,546.53	133.91		3,200.04	1.74			15,882.22	5,891.10
1879	16,232.42	128.33		3,531.11				19,891.86	7,660.32
1880	10,311.88	230.36		1,852.45				12,394.69	7,136.41
1881	15,031.51	302.56		2,962.98	10.31			18,307.36	7,888.19
1882	16,231.56	273.07		2,347.20				18,851.83	7,805.32
1883	17,785.67	319.57		3,461.25				21,566.49	11,389.69
1884	11,866.32	245.08		1,516.35				13,627.75	8,715.44
1885	11,348.89	141.63		1,694.90	20.50			13,205.92	8,016.00
1886	19,327.80	78.34		3,778.13	115.14			23,299.41	11,220.50
1887	22,829.16	121.15		779.28	0.20			23,729.79	12,324.57
1888	14,161.19	110.08		1,106.85				15,378.12	14,343.81
1889	19,383.09	174.32		2,847.05				22,404.46	12,664.91
1890	17,533.69	81.00		2,550.68				20,165.37	15,082.98
1891	19,806.95	112.26		2,968.53				22,887.74	16,099.90
1892	20,786.71	103.37		1,600.52				22,490.6	13,308.79
1893	20,277.17	70.53		1,566.80				21,914.5	16,032.03
1894	20,463.94	65.43		585.05	915.92	37.50		22,067.84	17,552.75
1895	3,538.54	57.36	20,779.55	487.26		64.82		24,927.53	18,126.90
1896	1,475	62	21,748	419	18	36		23,758	17,683
1897	718	33	29,965	520			10	31,246	14,823
1898	814	1	33,038	125			22	34,000	9,330
1899	646.42		36,526	491			483	38,146.42	2,672
1900	583	15	27,623	307			619	29,147	4,774
1901	1,230	19	35,200	303			164	36,916	9,447
1902	1,038	8	36,466	917			204	38,633	27,843
1903	1,408		33,301	1,094			24	35,827	33,762
1904	2,915		34,521	1,083			2	38,521	26,091
1905	1,853		32,378	846				35,077	31,049
1906	1,127		33,622	323			4	35,076	23,969
1907	1,342		36,746	211			98	38,397	35,558
1908	1,964		34,558	649			21	37,192	31,297
1909	1,416		34,590	303			4	36,313	31,128
1910	1,600		42,453	585			37	44,675	34,664
1911	2,250		34,178	211				36,639	36,556

먼저 표에 대해 설명하면, 1) 1859년의 기간은 2개월 여, 1860년은 후반년의 수출량(그중 * 표시는 1년의 수출량, 다른 표도 마찬가지)이고 나머지 연도는 모두 1년의 수출량이다. 2) 1859, 1860, 1861 3개년은 생사제품수출량에 외국으로의 수출만이 아니라 중국항구로의 수출도 포함되어 있다. 1864년 이후는 모두 외국과 홍콩으로의 수출량이다. 3) 1865년 생사와 사경의 수치는 "Returns of Trade 1865",『해관사료』제2책 319쪽에 의거하였다. 311쪽에는 양자의 합산이 나와 있는데 319쪽 수치와 조금 차이가 있다. 4) 1862, 1863년의 자료는 1864년 무역통계 보고 자료에 나타난 주요수출상품비교표(『해관사료』제1책, 788쪽)로부터 취하였다. 수출대상지역이 순수하게 외국과 홍콩에 국한되는지, 중국항구도 포함하는지는 확인하기 어렵다.

대표적 제품인 생사는 무역통계자료에 1859년~1867년 그리고 1869년~1871년 사이는 Silk, Raw로 표기되어 있고, 1868년, 1872년~1886년은 Silk, Fine, Raw[세생사(細生絲)로 보통 번역]로 표기되어 있으며, 1887년 이후는 Silk, Raw, White[白絲]로 표기되어 있다. 세 가지는 사실상 동일한 제품으로 인식되어 함께 취급하였다. 1년치의 생사수출량을 정확히 알 수 있는 것은 1865년부터인데 이미 8천 담을 초과하여 아편전쟁 이전 수준을 회복하고 있다. 그 후 1868년에는 1만 담을 초과하였고 1870년에는 1만 5천 담을 초과하는 신장세를 보여주고 있다. 1881년까지는 최저 10,311담에서 최고 18,312담까지 등락을 거듭하고 있다. 1882년 이후 1894년까지는 생사 수량 속에 기계사(機械絲)[기계제 생사: 중국어로는 기기소사(機器繅絲), 창사(廠絲)]의 수출량이 포함되어 있으므로 제시된 숫자에서 차감해야 한다. 다음 〈표 8〉[78]은 토

78) 근거자료: *Decennial Reports, 1882-1891*,『해관사료』제152책, 566쪽과 *Decennial Reports, 1892-1901*,『해관사료』제154책, 191쪽의 내용을 합쳐서 작성. 이는

제사(土製絲)[수공업에 의해 생산된 생사]와 기계사[機器繅絲]의 비중을 보여주고 있다.

〈표 8〉 1881~1882년도에서 1900~1901년도의 광주 生絲수출 중 기계사의 비중(단위: 擔)

연도	土製絲	기계사	기계사 비중	총계
1881~1882	11,526	-		11,526
1882~1883	8,302	1,254	13.1%	9,556
1883~1884	8,978	2,857	24.1%	11,835
1884~1885	3,116	3,437	52.4%	6,553
1885~1886	2,567	4,457	63.5%	7,024
1886~1887	8,462	7,158	45.8%	15,620
1887~1888	4,207	8,720	67.5%	12,927
1888~1889	1,760	5,123	74.4%	6,883
1889~1890	4,928	10,219	67.5%	15,147
1890~1891	3,278	10,317	75.9%	13,595
1891~1892	4,659	12,146	72.3%	16,805
1892~1893	4,171	18,687	81.8%	22,858
1893~1894	1,951	16,438	89.4%	18,389
1894~1895	2,159	18,179	89.4%	20,338
1895~1896	2,474	20,629	89.3%	23,103
1896~1897	2,411	22,210	90.2%	24,621
1897~1898	1,933	22,727	92.2%	24,660
1898~1899	2,655	34,055	92.8%	36,710
1899~1900	2,375	34,612	93.6%	36,987
1900~1901	1,037	31,038	96.8%	32,075

연도계산방식이 〈표 7〉과 다르고 수출량도 달라 〈표 7〉의 해당 연도 생사수출량에서 〈표 8〉의 기계사(기기소사) 부분을 차감하기가 곤란하지만, 수공업 생사의 수출량이 1882년, 1883년에는 1만 5천 담 이하, 1884년에는 9천 담 이하로 하락하고 1893년도에는 3~4천 담대로 감소

粵海關稅務司, 「粵海關十年報告 1(1882-1891) · 2(1892-1901)」, 『광주구안』, 862쪽, 915쪽에 중국어로 번역되어 있다.

하였다고 추정할 수 있다. 1895년 이후에는 매년 무역통계자료에 기계사가 별도 항목으로 출현하므로 그 상황을 정확히 알 수 있다. 결국 기계사가 수출되는 대신 수공업에 기초한 생사 수출은 대폭 감소했던 것이다. 심지어 1900년에는 5백여 담 수준으로까지 하락하고 있다. 그 후 1911년까지 1천 담 대를 유지하면서 가끔 2천 담을 초과하고 있다. 더 이상 수공업에 기초한 생사는 수출의 주종이 아니고 이제 기계사[機器繅絲, 廠絲]에 자리를 물려 준 것이다.

사경은 수동식 연사기로 꼰 모사(毋絲)를 말하는데, 영어로는 Thrown Silk라 하니 꼰 명주실이라는 의미이다. 경사(經絲)라고도 하여 직조시에 중요한 역할을 하는 견사(絹絲)이다. 사경의 수출량은 많을 때가 300담 이상(1883년 319담, 1881년 302담)이지만 보통 100담 전후이고 가끔 200여 담의 수출을 보이기도 했다. 1898년 이후 수출이 격감하다가 1903년 이후에는 수출이 더 이상 진행되지 않았다. 생사와 합산되어 계산되기도 하였고 비교적 고급 생사에 속한다고 판단된다.

기계사[機器繅絲: Silk, Raw, Steam Filature]는 〈표 8〉에서 보듯이 1882년경부터 수출되기 시작하여 순식간에 생사 제품 중 가장 중요한 수출품목이 되었다. 1882~1883년경 1,254담 수출되더니 1889~1890년에 1만 담을 넘고, 1895년에는 2만 담을, 1898년에는 3만 담을 넘었다. 1910년에는 무려 42,453담을 기록하였다. 〈표 8〉에서 보듯이 1892~1893년에는 광동에서 수출되는 생사 중에서 80% 이상의 비중을 보였고, 1896~1897년에는 90%를 넘겼다. 1895년 이후에는 매년 무역통계자료에 기계사가 출현하므로 〈표 7〉을 토대로 다시 그 액수와 전체 생사 중의 비중을 다음과 같이 계산해 보았다.

〈표 9〉 1895~1911년 기계사(창사, 기기소사)의 수출량과 전체 생사 중의 비중

연도	廠絲	창사의 비중(%)	생사 [白絲]	絲經	野蠶絲	각종 黃絲	소계 (창사 제외)	합계
1895	20,779.55	83.4	3,538.54	57.36	487.26	64.82	4,147.98	24,927.53
1896	21,748	91.5	1,475	62	419	54	2,010	23,758
1897	29,965	95.9	718	33	520	10	1,281	31,246
1898	33,038	97.2	814	1	125	22	962	34,000
1899	36,526	95.8	646.42		491	483	1,620.42	38,146.42
1900	27,623	93.5	583	15	307	619	1,524	29,147
1901	35,200	95.4	1,230	19	303	164	1,716	36,916
1902	36,466	94.4	1,038	8	917	204	2,167	38,633
1903	33,301	92.9	1,408		1,094	24	2,526	35,827
1904	34,521	89.6	2,915		1,083	2	4,000	38,521
1905	32,378	92.3	1,853		846		2,699	35,077
1906	33,622	95.9	1,127		323	4	1,454	35,076
1907	36,746	95.7	1,342		211	98	1,651	38,397
1908	34,558	92.9	1,964		649	21	2,634	37,192
1909	34,590	95.3	1,416		303	4	1,723	36,313
1910	42,453	95.0	1,600		585	37	2,222	44,675
1911	34,178	93.3	2,250		211		2,461	36,639

1896년 이래 전체 생사 수출품 중에서 기계사의 비중이 90%를 초과하기 시작하여, 1904년에 89.6%인 것을 제외하면, 1911년까지 모두 90% 이상이다. 〈표 8〉과 〈표 9〉를 통해 1890년대 이후 광주의 생사수출 증가는 기계사가 주도하였음을 알 수 있다.

Silk, Raw, Wild로 표기된 야잠사(野蠶絲)는 야생누에고치를 켜서 뽑아낸 명주실이다. Silk, Coarse로 표기된 조사(粗絲)는 올이 성긴 생사를 말한다. 야잠사는 올이 성기고 우툴두툴하므로 조사와 같은 종류라고 생각된다. 『해관사료』의 매년 수출입무역통계에는 조사가 야잠사와 함께 합산되어 수출량이 제시되고 있으므로 한 항목으로 처리하였다. 야잠사는 "주로 중국 북방에서 생산되는 것으로 생사품질이 정결하지 않

아서 제사(製絲)할 때 허모(虛耗)가 아주 많다. 이 때문에 제사하는 사람은 고가를 내고서라도 토사를 구매하려 한다"고 하였다.[79] 야잠사의 수출 수량은 적지 않아 1868년에는 6,535담, 1874년에 6,389담에 달하였고 1873년에는 무려 7,165담에 달하였다. 5천 담 이상 수출한 해는 1862년, 1865, 1866, 1867, 1875년 등 모두 5개 년도이다. 1894년 이후 1천 담 이하로 줄어들었고, 1911년에는 211담에 불과하였다. 갈수록 쇠퇴하는 모습을 보여주었다.

Silk, Raw, Yellow로 표기된 황사(黃絲)는 일반 생사가 흰색[白絲]임에 비해 황색이므로 황사라 불렸다. 백사에 비해 품질이 나빠서 가격도 싼 편이었다. 예컨대 1897년 황사 10담이 수출되었는데 2,650해관냥에 팔렸으므로 1담당 가격은 265해관냥이다. 반면 사경은 1담당 442해관냥, 창사는 374.9해관냥, 백사(白絲)는 338해관냥으로 계산된다.[80] 사천산(四川産) 황사로 명기된 것도 있었고, 산동산(山東産)의 황사도 있었다. 지역명이 없는 황사도 있어 세 가지로 구분하였다. 사천산 황사는 1894년에 약 916담이 수출된 것을 제외하면 수출량이 많지 않았고, 11개 연도에 걸쳐 수출실적이 기록되어 있을 뿐이다. 사천에서 광동으로 운반된 후 일부는 광동에서 소비되고 일부가 수출되었을 것이다. 산동산 황사는 단 3개 연도에 기록이 보인다. 수량도 모두 100담 이하로 소규모이다. 단순히 황사로 기록된 것은 13개 연도로 모두 1897년 이후이다. 1900년의 619담 수출이 최고였는데 수출량이 많지는 않다.

이상에서 언급한 백사, 사경, 창사, 야잠사, 황사 등 여러 생사 제품의 합계를 5년 단위로 평균을 내어 증가상황을 고찰하면 다음 〈표 10〉과 같다.

---

79) 「宣統2年廣州口華洋貿易情形論略」, 『광주구안』, 502쪽.

80) "Returns of Trade 1897", Part Ⅱ "Statistics of the trade at each port", 『해관사료』 第26책, 21-25쪽.

〈표 10〉 1864~1911년 광주항 생사류 제품 수출량의 추이(5년 평균. 단위: 擔)

年平均	생사류 합계	지수	年平均	생사류 합계	지수
1864~1866년	11,674.11	100	1887~1891년	20,913.10	179
1867~1871년	17,742.99	152	1892~1896년	23,031.69	197
1872~1876년	20,447.73	175	1897~1901년	33,891.08	291
1877~1881년	16,692.78	143	1902~1906년	36,626.80	314
1882~1886년	18,110.28	155	1907~1911년	38,643.20	331

1864~1866년에는 평균 11,674담이 수출되었는데 1907~1911년에는 38,643담이 수출되어 약 3.3배로 증가하였다. 창사를 제외한 여러 생사 제품이 갈수록 감소하는 데 비해 오로지 창사의 수출량이 증가하여 전체적으로 3.3배로 증가한 것이다.

한편, 생사라고는 할 수 없으나 제사과정에서 나온 찌꺼기에 해당하는 부산물로 폐사(Silk, Refuse로 표기)가 있다. 난사두라고도 하는데 세 가지 용도로 이용된다. 폐사는 사융(絲絨)[벨벳velvet, 비로드veludo]을 제조하는 주요 원재료이며,[81] 견사를 제조하는 데 사용되기도 하고, 공장용으로 공급되어 사면혼방직품(絲棉混紡織品)을 생산하는데 쓰이기도 한다.[82] 따라서 폐사에 대한 수요가[83] 늘어나 수출량도 적지 않았다. 〈표 7〉을 보면 1865년까지는 1천 담 미만이었으나, 1870년대에는 4~5천 담 수준으로 상승하였고, 1883년에는 1만 담을 돌파하였다. 1902년에 27,843담, 1903년에 33,762담이 되었고 1905년, 1907년~1911년에는 모두 3만 담 이상이었다. 그런데 이 폐사는 서양의 기선에 의해 운반되

81) 「1887年廣州口岸貿易報告」, 『광주구안』, 301쪽.

82) 「1880年廣州口岸貿易報告」, 『광주구안』, 249쪽.

83) "근년래 수출량이 크게 증가한 廢絲(Refuse or Waste Silk)는 광범위하게 絲絨을 방직하는 용도에 사용된다."(「粤海關十年報告」 1, 1882-1891, 『광주구안』, 863쪽; *Decennial Reports 1882-1891*, 『해관사료』 제152책, 567쪽)

어 해관에 신고되기 보다는 중국인 민간선박에 의해 운반되어 해관에 신고되지 않았다. 「월해관십년보고」에는 1892년부터 1901년까지 민선에 의해 적재 · 운반되어 수출된 폐사의 수량을 제시하고 있다.[84] 그 수량을 『해관사료』의 무역통계자료와 비교하면 다음 〈표 11〉과 같다.

〈표 11〉 1892~1901년 廢絲 수출량 자료(단위: 擔)

연도	민선운반량	해관사료수량	연도	민선운반량	해관사료수량
1892년	21,064	13,308.79	1897년	26,332	14,823
1893년	19,862	16,032.03	1898년	32,138	9,330
1894년	19,908	17,552.75	1899년	34,070	2,672
1895년	23,358	18,126.90	1900년	22,137	4,774
1896년	20,401	17,683	1901년	27,980	9,447

1893년부터 1896년까지는 해관이 파악한 폐사 수출량과 민선으로 운반된 폐사의 수량에 커다란 차이가 없는 편이나 1897년부터 그 차이가 벌어져 1899년에는 해관이 파악한 수량의 약 13배나 되는 폐사가 수출되고 있었다. 〈표 7〉의 1902년 이후의 폐사 수출량은 1892~1901년 사이의 민선 운반량과 비슷하거나 더 많다. 아마도 1902년 이후에는 해관에서 실제 수출량을 파악한 때문이 아닌가 한다. 아울러 다른 품목에 대해서는 언급이 없고 유독 폐사에 대해서만 민선운반을 언급하고 있는 것으로 보아 다른 품목의 경우는 민선의 운반이 거의 없거나 있더라도 주목할 만한 수준이 아니었기 때문은 아닐까.

다음으로는 광주항에서 수출된 생사류 제품의 수출액을 검토한다. 『해관사료』의 생사류 제품의 수출액을 모아 다음의 〈표 12〉를 작성하였다.

---

84) 「粤海關十年報告」 2, 1892-1901, 『광주구안』, 915쪽; *Decennial Reports, 1892-1901,* 『해관사료』 제154책, 191쪽.

〈표 12〉 1859~1911 광주항의 대외수출액 추이: 생사류 제품(단위: 멕시코달러/해관냥)

연도	생사(白絲)	絲經	기계사(機器繅絲)	野蠶絲, 粗絲	黃絲			廢絲	합계
					四川産	山東産	黃絲		
1859	250,621	22,875		31,362				4,008	308,866
1860	2,268,400*			368,406*				6,636	2,643,442
1861	1,439,779			407,960				18,875	1,866,614
1862	2,583,400			494,600					3,078,000
1863	2,415,700			377,600					2,793,300
1864	1,207,008			329,880				37,994	1,574,882
1865	4,389,105			501,950				74,556	4,965,611
1866	5,102,583			568,118				138,031	5,808,732
1867	4,890,799	58,590		678,616				64,599	5,692,604
1868	5,795,755	49,577		914,995				148,717	6,909,044
1869	6,387,504			660,337				102,720	7,150,561
1870	7,569,199			389,792				157,228	8,116,219
1871	7,980,842			301,622				331,792	8,614,256
1872	6,775,674			57,712				186,667	7,020,053
1873	5,420,052	67,104		501,604	6,865			330,897	6,326,522
1874	5,059,608	67,544		447,255				258,248	5,832,655
1875	3,666,333	66,934		594,248	160			207,324	4,534,999
1876	5,054,593	72,584		205,073	6,661			233,201	5,572,112
1877	3,438,669	41,713		305,182	1,025			137,671	3,924,260
1878	3,264,747	41,441		283,020	319			188,434	3,777,961
1879	4,233,829	43,155		299,763				277,301	4,854,048
1880	2,846,534	78,523		141,052				361,179	3,427,288
1881	4,243,046	117,386		252,072	2,597			485,802	5,100,903
1882	3,926,018	99,824		181,169				501,876	4,708,887
1883	4,391,626	124,411		261,354				749,947	5,527,338
1884	2,873,622	89,321		106,609				547,368	3,616,920
1885	2,840,428	50,772		113,020	4,759			480,978	3,489,957
1886	5,437,693	28,579		272,905	30,205			727,577	6,496,959
1887	6,591,969	46,435		66,905	53			868,446	7,573,808
1888	4,373,924	41,488		98,510				1,026,803	5,540,725
1889	6,304,139	69,940		252,288				907,542	7,533,909
1890	5,620,179	32,562		226,923				1,066,593	6,946,257
1891	6,572,125	45,075		260,364				1,125,354	8,002,918
1892	6,953,533	45,613		103,083				926,667	8,028,896
1893	6,870,135	31,309		134,555				1,143,011	8,179,010
1894	7,089,925	29,303		45,219	79,287	12,000		1,277,526	8,533,260
1895	1,234,397	25,747	7,569,884	42,441		19,569		1,306,193	10,198,231

1896	498,078	27,874	8,056,163	35,067	3,840	9,221		871,144	9,501,387
1897	242,626	14,589	11,233,257	46,135			2,650	778,324	12,317,581
1898	287,374	474	12,894,554	11,750			6,086	535,587	13,735,825
1899	244,905		16,653,530	48,065			158,527	155,634	17,260,661
1900	181,001	6,023	10,797,073	29,693			173,042	249,870	11,436,702
1901	390,490	7,542	12,964,820	27,691			42,275	530,949	13,963,767
1902	622,500	4,500	21,879,600	78,736			55,098	1,949,010	24,589,444
1903	861,451		21,838,478	254,405			10,590	2,437,558	25,402,482
1904	1,432,491		19,137,988	201,141			964	1,454,570	22,227,154
1905	885,917		17,848,318	187,911				1,849,469	20,771,615
1906	568,040		20,336,761	73,459			1,960	1,413,412	22,393,632
1907	858,938		27,192,402	64,007			54,433	2,702,396	30,872,176
1908	946,576		20,458,229	147,221			9,354	1,940,426	23,501,806
1909	687,992		20,200,746	36,378			1,284	2,147,827	23,074,227
1910	831,902		25,824,184	69,615			12,869	2,447,270	29,185,840
1911	1,183,305		20,814,438	24,706				2,632,057	24,654,506

생사류 제품의 대외수출액을 보여주는 이 표에 대한 설명은 앞의 〈표 7〉과 기본적으로 동일하다. 다만 1871년까지의 수출액은 단위가 멕시코달러이고, 1872년은 냥, 1873~1874년은 상해냥, 1875년 이후는 모두 해관냥이다.[85]

생사의 수출액은 기본적으로 생사의 수출량에 비례하여 증감될 것이다. 다만 연도에 따라 생사의 가격이 변화했으므로 그러한 가격 변화가 반영된다. 다음 〈표 13〉은[86] 1862년에서 1890년까지 상해와 광주의 재래사(在來絲)[표의 생사 부분에 해당] 1담당 가격 변동 상황을 보여준다.

85) 앞의 連浩鋈의 연구결과를 반영하여 1903년까지의 수출액에 13%를 가산해야 할 것이지만, 계산의 복잡성으로 인하여 표에는 반영하지 않았다. 1904년 이후의 수출액과 비교를 행할 경우에 한하여 반영하기로 한다.

86) 曾田三郎, 앞의 책, 1994, 49쪽.

〈표 13〉 재래사의 가격변동(1담의 가격: 단위 兩)

연도	상해사	광동사	연도	상해사	광동사	연도	상해사	광동사
1861			1871	503	317	1881	350	282
1862	350	266	1872	490	370	1882	307	242
1863	350	283	1873	500	400	1883	320	247
1864	409	272	1874	300	400	1884	273	242
1865	419	333	1875	285	241	1885	272	250
1866	500	368	1876	443	297	1886	300	281
1867	485	320	1877	340	237	1887	320	288
1868	517	375	1878	329	260	1888	306	308
1869	465	333	1879	321	261	1889	315	325
1870	515	351	1880	300	276	1890	340	320

전반적으로 상해사(上海絲)의 가격이 광동사(廣東絲)에 비해 높은 가격으로 평가되고 있다. 상해생사가 광동생사에 비해 고급품이라는 것을 말해 준다. 그러나 모두 1870년대 중반을 계기로 가격이 하락하는 추세를 보이고 있다. 유영련의 연구에 의하면, 1840~1870년대 광동의 생사수출은 수량상 감소했지만 수출가격은 하락하지 않았다. 오히려 아편전쟁 이전 호사(湖絲)가격보다 높았다. 그러나 1870~80년대 이후 1930년대까지는 생사가격의 변화가 복잡하게 전개되었는데 거시적으로 보면 시종 하락의 추세를 드러냈고, 미시적으로는 파동이 무상하였다고 한다. 기계사의 수출로 1920년대까지 광동생사의 가격은 상승의 여지가 있었으나 1920년대 말 이후 급격하게 하락하기 시작했다고[87] 한다.

이처럼 매년 생사가격이 변할 뿐만 아니라 1년 내에서도 변화가 심하였다. 「1876년광주구안무역보고」[88]에서는 1876년의 생사가격변동

87) 劉永連, 앞의 논문, 2004.

88) 『광주구안』, 158-159쪽.

상황을 잘 보여주고 있다. "1월, 4호 창사(기계사)는 매 담 330元(1원 = 4실링 0.5펜스)이다. … 2월에는 4호 창사가 매 담 330－340원(1원 = 3실링 11.5펜스)이 되었다. … 5월 말 4호 창사는 매 담 340원(1원 = 3실링 11.25펜스)이었고, … 6월에는 4호 창사의 가격이 325－335원(1원 = 3실링 11.5펜스 혹은 3실링 10.5펜스)인데, 본 계절 최저가격으로 교역이 진행되었다. 7월에는 4호 창사가격이 1일에 매 담당 340원(1원 = 3실링 10.5펜스), 7월 5일에는 370원(1원 = 3실링 9.25펜스), 7월 12일에는 410원(1원 = 3실링 7.5펜스), 7월 19일에는 425원(1원 = 3실링 8.5펜스), 7월 26일에는 425원(1원 = 3실링 9.5펜스)으로 교역되었다. … 8월 1일에 4호 창사가 매 담 450－460원(1원 = 3실링 9.5펜스), 2일에 460원(1원 = 3실링 11펜스), 8월 9일에 490원(1원 = 4실링 10.5펜스), 8월 16일에 495원(1원 = 4실링 3펜스), 8월 23일에 480원(1원 = 4실링 3펜스), 8월 30일에 475원(1원 = 4실링 3펜스)으로 교역되었다. 9월 … 10월 … 11월 … 12월…" 매달 생사가격의 변동이 심할 뿐만 아니라 그리고 같은 달 내에서도 날짜마다 창사의 가격 변화가 심하였다. 여기에 은원(멕시코달러)의 파운드에 대한 환율도 매달, 매일 변화가 심하였다. 이처럼 생사의 가격변화가 극심하였으므로 생사의 수출량에 따라 수출액이 같은 비율로 변화한다고 인식할 수는 없는 노릇이다.

다음 〈표 14〉는 〈표 12〉를 근거로 하여 생사류 제품 각 종류별 수출액을 5년 평균으로 서로 비교한 것이다. 1871년까지는 생사와 사경이 합산되어 있어 생사[백사]만의 비중을 계산하기 어려워 양자가 분리되어 제시된 1872년부터 계산하였다. 1872년부터 1874년까지의 단위는 냥 또는 상해냥인데 이를 해관냥으로 환산하기 위해 1해관냥 = 1.114상해냥의 비율[89]로 조정하였다. 아울러 수출액을 F.O.B 가격으로 환산하기 위해 1903년까지의 수출액에는 일률적으로 13%를 가산하였다. 이를 통해 생사류 중에서 어떤 품목이 수출을 주도했는지 잘 알 수 있다.

〈표 14〉 1872~1911 광주항의 대외수출액 추이(5년 평균): 생사류 제품(단위: 해관냥)

5년 평균	생사 [白絲]		絲經	기계사 [機器繅絲]		야잠사, 粗絲	황사	廢絲		합계
	생사	비중		기계사	비중			폐사	비중	
1872~1876	5,471,562	88.6	58,847			384,852	2,934	256,950	4.2	6,175,146
1877~1881	4,074,062	85.5	72,822			289,526	1,485	327,787	6.9	4,765,088
1882~1886	4,400,081	81.7	88,797			211,322	7,902	679,750	12.6	5,387,854
1887~1891	6,658,488	82.8	53,223			204,528	12	1,128,811	14.0	8,045,061
1892~1896	5,118,012	51.0	36,125	3,531,487	35.2	81,442	46,676	1,248,546	12.4	10,043,617
1897~1901	304,285	2.0	8,087	14,586,771	93.9	36,914	86,463	508,582	3.3	15,529,484
1902~1906	912,663	3.7	1,017	21,344,899	87.6	167,792	19,288	1,934,854	7.9	24,376,655
1907~1911	901,743	3.4		22,898,000	87.2	68,385	19,485	2,373,995	9.0	26,257,711

1890년대 이전에는 수출액에 있어 수공업제품인 생사[백사]가 압도적 비중을 점하였다. 전체의 80% 이상을 점하였다. 그러다가 창사[기계사]의 수출이 본격화되자 기계사에게 자리를 내주었다. 기계사는 19세기

89) 해관냥은 關平이라고도 하는데 청대 해관에서 징세할 때 사용하는 銀兩 衡量의 표준이다. 아편전쟁 이후 점차 형성되었다. 關平 1兩은 대략 37.7993g이다. 上海에서 關平 100兩은 上海規元(즉 上海兩) 111.4兩에 해당한다. 天津에서는 關平 100兩은 行化 105兩에 해당하고, 漢口에서는 關平 100兩은 洋例 108.75兩에 해당한다[鄭天挺·吳澤·楊志玖 주편, 『中國歷史大辭典』 上卷 (上海辭書出版社, 2000), 1187쪽]. 楊端六·侯厚培 等, 『六十五年來中國國際貿易統計』 第4號 (國立中央研究院 社會科學研究所, 1931), 155쪽에서도 上海規元 대 海關兩의 비율을 111.4 대 100으로 지적하고 있다.

말에 이르러 전체의 90% 이상을 차지하였다. 20세기에 들어서서 87%대를 유지하였는데, 이는 폐사의 수출이 늘어나 일정한 비중을 차지하였기 때문이었다. 폐사는 최고 14%를 기록하는 등 일정 정도의 수출 증가를 보여준다. 대체로 10%를 전후한 지점에서 등락을 거듭하고 있다.

2) 비단류 제품

비단류 제품은 크게 비단 제품과 생사를 가공한 제품 두 가지로 나뉘는데, 종류가 많아 하나의 표로 정리하기에는 공간이 부족하므로 두 개의 표로 나누어 정리하였다.

〈표 15〉 1859~1911 광주항에서의 대외수출량추이: 비단류 제품(1)(단위: 擔)

연도	綢緞[사직품]	絲帶와 腰帶	絲綬	絲線[명주실]	낚싯줄	混紡品		의복		비단솜
						絲棉	絲麻	실크	絲屑紗布	
1859	936.19	62.37	1.63	4.22		92.79				
1860	3,334*	150*		79.98	5.08	543*		80.90		
1861	2,361.51	288.20		39.16	28.28	201.90		27.60		
1862	3,537	400				197				
1863	4,369	442				142				
1864	3,290.88	34.33	5.28	124.33	9.53	72.41		120.46		
1865	2,775.98	79.10	21.33	205.67	27.41	80.13		75.05		
1866	3,376.14	91.28	21.76	163.20	20.96	86.22		127.56		
1867	3,777.07	93.06	28.02	117.50	25.49	103.48		127.32		
1868	3,458.07	12.80	17.32	121.96		138.93		86.30		
1869	3,060.59	74.9	12.59	130.51	8.30	113.51		124.09		
1870	3,429.68	83.34	9.15	94.28	24.15	142.87		146.70		
1871	4,257.86	69.45	4.25	174.35	24.50	134.12		119.13		
1872	4,611.67	152.27	14.58	105.40	36.12	182.58		214.06		
1873	4,034.77	204.29	11.80	155.76	23.85	132.53		169.04		
1874	4,721.66	107.26	6.08	231.35	29.20	122.01		225.93		
1875	5,388.03	91.08	3.82	214.05	33.21	92.55		175.97		
1876	4,225.74	86.01	2.41	152.21	16.82	91.68		111.67		
1877	4,984.13	100.67	1.98	217.22	12.28	146.77		0.04		

1878	5,314.21	116.09	2.63	272.76	7.07	143.32		160.85		
1879	5,294.62	186.39	0.49	255.26	4.58	140.55		181.83		
1880	6,187.95	110.04	2.66	237.28	3.29	139.47		200.49		
1881	5,203.59	121.06	3.83	224.42	0.99	157.53		158.62		
1882	5,233.54	78.72	5.14	226.74	1.67	197.81		189.74		
1883	6,049.85	91.92	2.21	239.61		290.22		260.44		
1884	5,861.45	38.78	2.77	257.27	2.02	200.55		365.35		157.43
1885	4,957.80	37.94	1.65	234.50	3.50	215.83		239.48		141.52
1886	7,725.14	47.56	2.56	377.21	5.81	249.19		900.01		
1887	7,070.96	22.88	10.87	189.72	2.31	165.52		462.35		
1888	7,034.61	39.54	0.31	230.77	1.08	101.06		583.36		
1889	6,817.37	35.96	0.37	214.48	0.98	102.25		286.08		
1890	5,501.63	11.45	0.45	167.30	3.40	78.76		294.08		
1891	5,733.47	9.98	0.18	241.92		58.76		219.95		
1892	6,131.71	7.18		207.50		277.05		263.19		
1893	5,346.98	12.69		198.76		41.97		244.92		
1894	5959.17	10.44		299.03		70.40		215.67		
1895	6,091.55	15.18		244.64		86.63		156.81		
1896	5,951	28		333		104		185		
1897	5,862	14	5	320		91		194		
1898	5,091	12	1	118		185		182		
1899	4,230	7		92		213		183		
1900	5,095	5		160		335	2	181		
1901	5,756	7		218		301	24	191		
1902	7,740	12.28		160		279	44	283		
1903	8,138	11		253		359	62	372		
1904	7,117	4		280		383	67	299		
1905	6,649	5		240		398	73	167		
1906	5,922	5	2	278		328	79		119	
1907	6,938	3		214		356	95	170	147	
1908	8,592	2		262		427	75	217	131	
1909	8,412	3		186		504	85	251	112	
1910	9,262	3		261		538	91	332	103	
1911	8,816	4	6	227		505	72	298	84	

주단[絲織品]은 우리말로 비단이라 하겠다. 광동은 예전부터 수공업에 의한 견직물 생산이 왕성하였다. 청초에 굴대균(屈大均)은 광동의 유명한 비단으로 선사(線紗), 우랑주(牛郎綢), 오사(五絲), 팔사(八絲),

운단(雲緞), 광단(光緞) 등을 들고 영남(嶺南) 이북, 수도인 북경, 일본과 동남아 등지에서 귀하게 여겼다고 지적하였다.[90] 도광년간(道光年間, 1821~1850)에는 강소산(江蘇産) 생사를 원료로 직조하는 월단(粵緞)이 생산되어 해외로 수출되었다. 광서(光緖) 말년(1908)에는 광동 순덕현 각 향에서 생산한 생사를 구매하여 금은단(金銀緞), 팔사단(八絲緞), 충한부단(充漢府緞), 충공단(充貢緞) 등 여러 가지 비단을 직조하였는데 그 품질이 우수하여 국내외에서 널리 환영받았다.[91]

주단 수출품은 영어로 Silk, Piece Goods로 표현되는 것이 주종이지만 그 이외에 조사로 직조한 주단[Silk, Piece Goods Coarse], 사천주단[Silk, Piece Goods Szechwan]과 산동주단[Silk, Piece Goods Shantung], 금실로 자수를 놓은 주단[Silk, Piece Goods Embroidered with Imitation Gold Thread], 금박지를 섞어 짠 주단[Silk, Piece Goods interwoven with Gilt Paper] 등이 포함된다. 조사로 직조한 주단은 1860년 13.27담을 수출했다는 기록이외에[92] 더 이상 보이지는 않는다. 사천주단과 산동주단은 사천이나 산동에서 직조한 주단으로서 광동인의 소비를 위해 광동으로 운반해 왔다가 일부를 수출한 것으로 추정된다. 예컨대 1864년 사천주단 19.23담을 수입했는데 같은 해 사천주단 0.91담을 수출하고 있다.[93] 다음 〈표 16〉는 광주항에서 수출된 사천주단과 산동주단을

---

90) 屈大均, 『廣東新語』下 卷15, 「貨語:紗緞」(北京: 中華書局, 1985), 427쪽. "廣之線紗與牛郎綢,五絲,八絲,雲緞,光緞, 皆爲嶺外,京華,東西二洋所貴."

91) 民國, 『佛山忠義鄕志』 卷6, 「實業:工業」, 機房土布行條, 9쪽의 뒤[『中國地方志集成:鄕鎭志專輯』 30 (南京: 江蘇古籍出版社, 1992), 384쪽].

92) "Returns of the Import and Export Trade, at the Port of Canton, For the Half-year ended 31st December 1860", 『해관사료』 제1책, 69쪽.

93) "Returns of Trade 1864", Shanghai, 『해관사료』 제1책, 759-770쪽 참고. 1880년에도 사천주단과 산동주단 53.03담을 수입했는데 그중 3.52담을 해외로 수출하고 있다. 『해관사료』 제8책, 821, 823쪽. 그 외에도 그런 사례는 많다.

매년도 무역통계자료에서 추출한 것이다.

〈표 16〉 광주 수출품 중 사천주단과 산동주단(단위: 擔 / 달러 · 해관냥)

연도	사천	산동	사천 · 산동	합계
1861			12.45담/3,843달러	12.45담/3,843달러
1864	0.91담/391달러			0.91담/391달러
1880			3.52/648해관냥	3.52/648해관냥
1881			1.59/286	1.59/286
1882			2.58/669	2.58/669
1883			2.31/402	2.31/402
1884	3.02/1,220	3.08/578		6.10/1,798
1885	2.11/844	0.63/117		2.74/961
1886			1.53/449	1.53/449

사천주단과 산동주단 수출은 주로 1880년대에 집중되어 있다. 9개년 동안에 수출량 33.73담, 수출액 4,234멕시코달러, 5,213해관냥을 기록하고 있다. 연평균 3.75담을 수출한 데 불과하다. 주단 수출량이 매년 수천 담인데 비해 무시해도 좋을 정도이다. 사천이나 산동에서 유입된 이들 주단의 평균가격은 1880년대 이후 수출된 것을 계산해 보면 약 256해관냥에 불과하다. 이정도의 가격이라면 고급 주단은 아니다. 광동에서 생산된 비단 수량을 추산할 경우에는 이 숫자는 제외되어야 할 부분이다. 그러나 광동에서의 비단의 유통이라는 관점에 서면 이 숫자는 당연히 포함되어야 하고 의미 있는 숫자이기도 하다.

금실로 자수를 놓은 주단은 1883년 이래 24개년에 걸쳐 수출되었다. 24년간 수출된 총량은 393.14담이고 이는 연평균 16.38담에 해당한다. 수출액의 경우도 24년 합계가 284,601해관냥이고 이를 연평균으로 계산하면 11,858해관냥에 해당한다.[94] 수량상 주단의 수출량과 수출액에 비교하면 소량에 불과하다. 다만 일반 주단에 비해 자수를 놓은 등 가공을 하였으므로 고가로 수출되었다. 24년간 수출액을 수출량으로 나누면 금실로 자수를 놓은 주단의 1담당 평균가격은 724해관냥이 된다. 반면 1883년부터 1911년 사이의 주단 수출량 합계가 189,852.69담이고 같은 기간의 주단 수출액 합계가 108,050,730해관냥이므로 1담당 주단의 평균 가격은 569해관냥이 된다. 1담당 155해관냥이 더 고가인 것이다.

금박지를 섞어 짠 주단은 1885년부터 1908년 사이에 7개년에 걸쳐 수출되었다. 7개년간 도합 19.04담이 수출되었고(연평균 2.72담), 수출액은 합계가 5,574해관냥(연평균 796해관냥)이며, 1담당 평균가격은 293해관냥에 불과하다.[95] 주단을 제외하고 이상의 네 가지 주단 제품은 수량상 일반 주단의 수출량에 비해 소량에 불과하다.

전체 주단의 수출량을 일별하면 1860년대 초의 2~3천 담에서 1870년대 후반에는 5천 담을 넘어 1886년에는 7,725담까지 증가하고 1903년에는 8천 담을 초과해서 1910년에는 9,262담에까지 이른다. 물론 그사이 등락을 반복하지만 1900년대 이후로는 5천 담 이하로 떨어진 적이 없다. 다음 〈표 17〉을 보면 주단의 1902~1906년 5년간 평균 수출량이 7,113담이고 1907~1911년 5년 평균 수출량이 8,404담에 이른다. 전반적으로 증가세를 보이고 있다.

---

94) 1883~1886년, 1892년~1911년의 24년간 금실로 자수를 놓은 綢緞이 수출되었다. 해당 연도의 『해관사료』의 해외수출 부분에서 수출량을 조사하고 이를 합산하고 평균 낸 수치이다. 근거자료는 〈표 5〉의 근거자료 항목과 같다. 별도로 주기하지 않는다.

95) 금박지를 섞어 짠 綢緞이 수출된 연도는 1885, 1886, 1900~1903, 1908년의 7개년이다. 앞의 주와 마찬가지로 해당 연도 『해관사료』의 해당 항목을 조사하여 합산하고 평균치를 구하였다.

〈표 17〉 1864~1911 광주항에서의 대외수출량추이(5년 평균): 주요 비단류 제품(단위: 擔)

연평균	주단 (사직품)	絲線	絲棉 混紡品	실크 의복	자수품	모자 (개)	부채 (개)	우산 (개)	신발 (켤레)
1864~1866	3,148	164	80	108	6,497개	2,527		25,515	
1867~1871	3,597	128	127	121	12,656	1,833		19,614	
1872~1876	4,596	172	124	179	34,853	1,624		4,216	
1877~1881	5,397	241	146	140	31,953	3,800		1,635	
1882~1886	5,966	267	231	391	13,721개 4.6담	2,322	4,131	333	
1887~1891	6,432	209	101	369	440담		34,601		80,044
1892~1896	5,896	257	116	213	428		18,140		69,549
1897~1901	5,207	182	225	186	259		20,694	101	54,464
1902~1906	7,113	242	349	280	398	562	16,149	159	85,136
1907~1911	8,404	230	466	254	497		9,082	537	43,371

〈표 15〉에 보이는 사대와 요대[Silk, Ribbons and Sashes]는 일종의 장식품이다. 사대는 실크 리본으로 머리, 변발, 의복 등을 장식하는데 쓰이며 실용적이고 외관이 아름답다.[96] 요대[Silk, Sashes]는 비단으로 만든 장식용 허리띠이다.[97] 그 외 금실과 은실을 섞어 짠 사대[Silk, Ribbons interwoven with Imitation Gold and Silver Thread]도 1884년에서 1902년 사이 12개년에 걸쳐 수출되었는데 수량은 극히 적어 1886년에 3.86담이 최고이고 연평균 1.31담이었다.[98] 반면 고가의 제품으로 1896년 1담 가격이 938해관냥이었다.[99] 사대와 요대 항목은 제품의 규격이 크지

96) 王莊穆 주편, 『中國絲綢辭典』(北京: 中國科學技術出版社, 1996), 363쪽.

97) 腰帶는 1868년만 독립항목으로 수출량(12.80담, 9,472멕시코달러)이 기록되어 있다(『해관사료』 제3책, 536쪽). 그 외는 모두 Silk, Ribbons and Sashes라는 제품명으로 등장한다.

98) 1884~1886, 1892~1898, 1901~1902년의 12년에 걸쳐 금실과 은실을 섞어 짠 絲帶가 수출되었다. 해당 연도의 『해관사료』에 나오는 수출량을 취하여 계산하였다.

99) "Returns of Trade 1896", 『해관사료』 제24책, 506쪽. 전체의 평균 가격은 679해관냥이다.

않으므로 수출량도 많지 않다. 1862년에 400담, 1863년에 432담이 수출된 것으로 기록되어 있으나 이시기에는 중국항구로 수출된 것도 포함된 듯하다. 1868년 해외로 사대와 요대가 12.8담 수출된 반면 중국항구로는 639.14담이 수출되었고[100] 1869년 해외로 74.9담, 중국항구로 940.12담 수출된 것[101]을 보면, 이 항목의 제품은 주로 중국 국내용 수출상품으로 판단된다. 그래서 1873년 204.29담을 기록한 이래 일시 반등한 적도 있지만 대체로 감소추세를 보인다. 1900년대 이후에는 10담 이하였다.

사수[Silk, Tassels]는 유소(流蘇)라고도 하는데 유소는 깃발이나 가마 등에 다는 장식용 술이다. 제품의 크기가 작으므로 외국으로 소량 수출되었다. 1867년에 28.02담이 수출된 이후 계속 감소하고 있다. 1890년대, 1900년대에는 수출량이 전혀 없는 해도 있다. 이 역시 중국 국내에서 소비되는 수량이 많다. 그래서 외국보다는 다른 중국항구로 수출된 양이 많다. 1868년 해외로 17.32담이 수출된 반면 중국항구로는 47.7담이 수출되었고[102] 1869년 해외로 12.59담, 중국항구로 110.22담이 수출된[103] 것이 이를 보여준다.

사선[명주실: Silk, Thread]은 상잠사(桑蠶絲)를 원료로 하여 만든 재봉실이다. 비단, 모직복장, 가죽제품을 재봉하는데 사용하고 자수용 실로도 사용한다.[104] 명주실띠[Silk, Thread Sashes]도 이 부류에 포함시켰다. 명주실 띠는 1884년에서 1900년 사이 8개년 간 수출되었는데 연평

100) "Returns of Trade 1868", Part Ⅱ, 『해관사료』 제3책, 536쪽.
101) "Returns of Trade 1869", Part Ⅱ, 『해관사료』 제4책, 54쪽.
102) "Returns of Trade 1868", 『해관사료』 제3책, 536쪽.
103) "Returns of Trade 1869", 『해관사료』 제4책, 54쪽.
104) 蔡黎明, 『簡明紡織品詞典』(上海辭書出版社, 1993), 313쪽.

균 26.24담(수출액은 연평균 9,219해관냥)이었다.[105] 사선의 수출액은 1886년에 최고를 기록하여 377.21담이었고 대체로 1백~3백 담대에서 파동을 보였다. 〈표 17〉을 보면 1880년대 중반에 5년 평균 267담으로 가장 많이 수출된 시기였다.

낚시줄[Silk, Fish Lines]은 1872년 36.12담 수출을 최고로 하고 1860~1870년대는 대체로 20담대 수준을 유지하였다. 1878년부터는 7.07담으로 감소하기 시작하여 1891년에는 수출이 정지되었고 이후 1911년까지 줄곧 수출이 이루어지지 않았다. 이상 사수[유소], 사선[명주실], 낚시줄은 생사를 가공하여 만든 제품으로 이해된다.

사면혼방품[Silk, and Cotton Mixtures]은 생사와 면사(棉紗)를 섞어 짠 혼합 방직물이다. 무역통계자료에는 이러한 사면혼방품에 일정한 가공을 가한 제품이 등장한다. 최고급 사면혼방품[Silk, and Cotton Mixtures Fancy]이 있는가 하면, 금실을 추가한 사면혼방품[Silk and Cotton Mixtures with Imitation Gold Thread], 금실과 은실을 섞어 짠 사면혼방품[Silk and Cotton Mixtures interwoven with Imitation Gold and Silver Thread], 금박지를 섞어 짠 사면혼방품[Silk and Cotton Mixtures interwoven with Gilt Paper]도 있다. 외국인의 기호에 맞추기 위해서 또는 상품의 부가가치를 높이기 위한 제품들이라 하겠다. 최고급 사면혼방품은 1876년에서 1880년까지 5개년에 걸쳐 수출되었는데 도합 25.18담 연평균 5.0담이 수출되었고 그 가격은 도합 3,699해관냥(연평균 740해관냥)이었다.[106] 최고급(Fancy)라는 수식어가 붙었지만 실제 1담 평균가격은

105) 명주실띠는 1884~1886, 1896~1900년의 8개년에 걸쳐 수출되었는데 『해관사료』에 보이는 수출량과 수출액을 보이면 다음과 같다. 1884년 수출량 60.85담, 수출액 20,140해관냥, 1885년 46.41담과 15,470해관냥, 1886년 48.65담과 16,332해관냥, 1896년 11담과 4,574해관냥, 1897년 15담과 6,115해관냥 1898년 12담과 4,867해관냥, 1899년 8담과 3,198해관냥, 1900년 8담과 3,055해관냥이다.

147해관냥에 불과하였다. 금실을 추가한 사면혼방품은 1881년부터 1883년까지 3년 동안만 수출되었는데, 도합 203.26담(연평균 67.75담), 수출액은 57,136해관냥(연평균 19,045해관냥)에 달하였다. 1담 평균 수출가격은 281해관냥이었다. 금실과 은실을 섞어 짠 사면혼방품은 1884년이래 23개년에 걸쳐 수출되었다. 도합 316.41담(연평균 13.76담)이 수출되었고, 수출액은 153,613해관냥(연평균 6,679해관냥)에[107] 달하여, 1담 평균수출가격은 485해관냥이었다. 금박지를 섞어 짠 사면혼방품은 1884년 이후 16개년에 걸쳐 수출되었다. 도합 35.63담(연평균 2.23담)이 수출되었고, 수출액은 10,194해관냥(연평균 637해관냥)[108]이었으니, 1담당 평균 수출가격은 286해관냥이었다. 사면혼방품 전체의 수출은 1870년대 120~130담 수준이었는데 점차 증가하여 1902~1906년에는 평균 349담이 수출되었고 1907년~1911년에는 466담에 달하였다. 개별 연도로서는 1910년에 538담에까지 달하였다.

생사와 마의 혼방품인 사마혼방품(絲麻混紡品)[Silk and Hemp Mixtures]은 1900년부터 수출이 나타나기 시작하였으나 수량은 보잘 것이 없다. 1907년이 최고수준으로 95담이 수출되었다. 1911년까지 100담 이하를 맴돌았다.

비단 의복[Silk, Clothing]은 비단으로 만든 의복으로 완제품의 하나라 하겠다. 1864년 이래 120담 수준으로 출발하여 200담 전후를 맴돌다가 1886년에는 900담이 수출되기도 하였다. 그러나 그 후 점차 감소하여 2백~3백담 대를 등락하였다. 5년 평균으로 보면 1882~1886년에 391담

106) 1876년에서 1880년까지 5개년의 『해관사료』에서 계산. 이후 연도가 제시된 것은 마찬가지이다. 별도의 각주를 달지 않는다.

107) 1884~1886, 1892~1911년의 23년에 걸쳐 수출되었다. 해당 연도 『해관사료』를 참조.

108) 금박지를 섞어 짠 絲棉混紡品은 1884~1886, 1896, 1899~1911년에 수출되었다. 해당 연도 『해관사료』를 참조.

으로 가장 많은 수출을 보였다.(〈표 17〉 참조)

사설사포(絲屑紗布)로 만든 의복[Cloth, Silk Noil Yarn]은 1906년에 수출품으로서 처음 등장한다. 사설사포[Silk, Noil Yarn]는 생사 부스러기[絲屑]로 만든 일종의 투박한 사포이다. 처음에는 유럽에서 폐사를 이용하여 만들었다. 색은 작잠사(柞蠶絲)에 가깝다. 중산층 사람들이 그것으로 외투의 안감을 만들었는데 신속히 유행하기 시작했다.[109] 그리하여 중국에서 유럽으로 수출되기 시작한 것이다. 1906년 119담이 수출된 뒤 100여 담 수준으로 수출이 계속되었다.

여인들이 어깨에 걸치는 비단 숄[Silk, Crape Shawls]은 1884년과 1885년에만 수출상품으로 등장한다. 1884년에 비단 숄[Silk, Crape Shawls]이 116.06담, 수를 놓은 비단 숄[Silk, Shawls Embroidered]이 41.37담 도합 157.43담이 수출되었다. 1885년에도 두 가지 제품이 각각 101.66담, 39.86담 도합 141.52담 수출되었다.

다음에는 비단류 제품(2) 표에 제시한 비단 제품을 설명한다.

〈표 18〉 1859~1911 광주항에서의 대외수출량추이: 비단류 제품(2) (단위: 擔)

연도	繭綢			우단깃(개)	자수품	손수건	모자(개)	부채(개)	雜色絲綢緞貨	우산(개)	신발(켤레)
	산동	사천	繭綢								
1859										1,903	
1860						22.77		1.04담		3,101	
1861						12.49	424			12,229	
1862											
1863											
1864					5,965개		254			21,831	
1865					7,866개		1,873			23,383	
1866					5,661개		5,453			31,332	

109) *Decennial Reports 1892-1901*, Vol.2, 『해관사료』 제154책(겉표지에는 1902-1911로 잘못되어 있다), 188쪽.

1867					4,126개					38,377	
1868					7,563개					20,163	
1869				16,531	5,497개		3,236				
1870				2,700	8,480개		430			11,670	
1871					37,616개					8,246	
1872				455	57,393개		1,554			6,375	
1873				540	17,521개		1,694			4,448	
1874					28,910개					4,593	
1875					37,080개						
1876					33,362개					1,447	
1877					46,571개					4,679	
1878					47,920개		7,460			1,234	
1879					22,481개		3,316			542	
1880					25,963개		2,753			86	
1881					16,831개		1,672				
1882					29,414개	333.56	2,543			228	
1883					20,165개	476.82	1,448			399	
1884					4.62담 1,134개	1141.33담 2,409개	934	5,058		372	
1885					4.57담 3,445개	932.41담 4,385개	1,383	3,204			
1886					14,448개	229.09담	5,301				
1887	2.34	0.48			25.86담 4,980개		1,213		53.09		101,838
1888	11.86				521.22담			44,011	54.75		82,896
1889	0.59				690.25담			33,951	35.89		67,416
1890	2.53				492.15			38,592	36.82		64,069
1891	1.61				472.84			21,848	33.06		84,002
1892	2.88				505.75			9,402	15.28		69,281
1893					454.56			29,875	19.31		79,019
1894					391.82			19,767	11.21		73,649
1895					370.75			16,880	8		68,895
1896					419			14,775	2		56,899
1897	1				428			15,818	1		49,326
1898	2				219			36,225	1	505	47,293
1899			1		196			19,232	1		55,394
1900	1				204			13,184	7		61,859
1901	1				250			19,012	2		58,446
1902	5				307			17,908	9		74,687
1903	2	14			336		2,810	20,456	3	491	103,278
1904	1	15			387			19,181	1		105,427

1905		5			498			14,186	3		66,863
1906	9	5			463			9,014	7	304	75,426
1907	10	2			671			13,006	4		58,565
1908		6			505			7,051	2	254	54,992
1909	6	1			404			5,523	2	689	30,691
1910	2	18			404			10,847	3	681	37,697
1911	4	5			500			8,985	2	524	34,911

견주(繭綢)[Silk, Pongees]는 야잠사의 일종인 작잠사로 직조한 비단의 일종이다. 1899년 1담이 수출된 것으로 기록되어 있다. 견주 중에서 산동산 견주[Silk, Pongees Shantung]와 사천산 견주[Silk, Pongees Szechwan]의 수출은 1887년에 처음 등장한다. 산동 주단이나 사천 주단과 마찬가지로 광동인의 소비를 위해 유입되었다가 일부가 수출된 것으로 보인다. 1887년 산동산 견주가 14.10담 수입되었고 같은 해 2.34담이 해외로 수출되었다. 사천산 견주는 1887년 120.55담 수입되었는데 같은 해 0.48담이 해외로 수출된 것이 그 예증이다.[110] 사실 산동견주나 사천견주는 상인이 광동의 소비를 위해 수입하였다가 남은 부분을 해외로 수출한 것이므로 광동의 비단생산이라는 관점에서는 무의미할 지도 모른다. 수출수량도 많지 않아 별로 언급할 만한 가치는 없지만, 비단제품의 상품유통이란 점에서는 매우 흥미 있는 현상이라고 생각된다.

우단(羽緞) 깃[Silk and Velvet Collar]은 비단으로 만든 벨벳 칼라이다. 우단은 거죽에 고운 털이 돋게 짠 비단으로 보통 면섬유를 이용하여 벨벳과 유사하게 만든다. 벨벳은 견 · 면 · 합성섬유를 파일 직조로 짜서 만들며 절모(切毛)를 통해 생기는 부드럽고 폭신한 표면이 특징이

110) "Returns of Trade 1887", Part Ⅱ, 『해관사료』 제13책, 422-439쪽. 1888년, 1889년, 1890년, 그 후 계속 그러한 현상이 발견된다. 산동견주나 사천견주가 수입되고 그중 일부가 수출되거나 전량 광동에서 소비된다.

다. 따뜻해서 여성과 어린이들의 의복으로 이용되며, 휘장과 침대덮개로도 사용된다.[111] 1869년에 16,531개, 1870년에 2,700개가 수출되었으나 그 후 1872년 1873년에 4~5백 개의 수출량이 기록되고 더 이상 수출 흔적이 없다.

자수품(刺繡品)[Embroidered Goods]과 비단 자수[Silk, Embroidery]도 비단 제품의 하나이다. 광동의 자수는 월수(粵繡)로 알려졌는데, 중국 4대 명수(名繡)의[112] 하나이다. 자수는 얇은 비단이나 면포에 비단색 실로 수를 놓는 것이다. 자수품의 범주에 들어가는 수출상품에는 위의 두 가지 이외에도 자수병풍[Embroidered Screens], 구사수품(舊絲繡品)[Silk, Embroidery, Old] 등이 있다. 자수병풍[Embroidered Screens]은 1884년과 1885년 양년에만 수출 기록이[113] 있는데 수량(136개, 57개)과 액수(1,373해관냥, 828해관냥)가 별로 많지 않았다. 구사수품[Silk, Embroidery, Old]은 1888년 이래 19개년에 걸쳐 수출이 이루어졌는데 처음에는 수출량이 3.81담으로 적었으나 점차 늘어나 1907년에는 125담이 되었다. 수출량은 모두 783.58담(연평균 43.53담)이었고, 수출액은 도합 478,113해관냥(연평균 25,164해관냥)[114]이었으며, 평균수출가격은 1담당 610해관냥이었다. 자수품[Embroidered Goods]의 상황을 보면 1864년 5,965개로 출발한 수출실적이 점차 늘어 1872년에는

111) 다음 백과사전 http://enc.daum.net/dic100/contents.do?query1=b16a3135a; 네이버 백과사전 http://100.naver.com/100.nhn?docid=74959.

112) http://baike.baidu.com/view/32268.htm. 중국 4대 名繡는 소주의 蘇繡, 광동의 粵繡, 호남의 湘繡, 사천의 蜀繡이다.

113) "Returns of Trade 1884",『해관사료』 제10책, 808쪽; "Returns of Trade 1885",『해관사료』 제11책, 388쪽.

114) 1888, 1890, 1891, 1896~1911년 사이의 19개년의 매년 무역통계자료를 취합하여 작성하였다. 예컨대 1888년은 "Returns of Trade 1888", Part Ⅱ,『해관사료』 제14책, 437쪽 참조.

57,393개로 늘었다. 자수품은 개수로 표현되는데 1887년까지만 자료에 등장하고 그 이후로는 보이지 않는다. 자수품이 가장 많았던 시기는 〈표 17〉에서 보듯이 1872~1876년 사이의 34,853개이다. 1884년부터는 수출항목에 비단자수[Silk, Embroidery]가 등장하였는데 수출량 단위가 종전의 개수에서 담으로 표현되었다. 1889년에 690.25담을 기록하고 그 이후에는 196담에서 671담 사이에서 등락을 거듭하였다. 일부 자수품은 개수로 표현되어 통계수자표에는 개수와 담수가 동시에 표기되기도 하였다.(1884, 1885, 1887년)

비단손수건[Silk, Handkerchiefs]에는 자수 비단손수건과 숄[Silk, Embroidered Handkerchiefs and Shawls], 비단 자수 손수건[Silk, Handkerchiefs Embroidered], 금실 자수 손수건[Silk, Handkerchiefs Embroidered with Imitation Gold Thread] 등도 포함된다. 비단 손수건은 1860년, 1861년에 22.77담과 12.49담의 수출량이 보이고 1884년에 870.01담, 1885년에 674.76담을[115] 수출하였다. 자수 비단손수건과 숄은 1882년에 333.56담, 1883년 476.82담, 1886년에 228.73담을 수출하였고, 비단 자수 손수건은 1884년에 271.32담, 1885년에 257.65담을 수출하였으며, 금실 자수 손수건은 1884년에 2,409개, 1885년에 4,385개, 1886년에 0.36담을 수출하였다.[116]

비단 모자[Silk, Caps]는 1861년에 424개의 수출기록이 처음 보이고 그 후 단속적으로 수출이 진행되다가 1878년 이후 1887년까지 10년간은 지속적으로 수출이 진행되었다. 수출량은 수 백 개에서 7,460개까지 등락을 반복하였다. 비단 모자는 중국내 타 항구로의 수출도 다량 보이

---

115) 『해관사료』 제10책, 807쪽과 『해관사료』 제11책, 387쪽. 이 숫자가 〈표 18〉과 다른 것은 여기에 비단 자수 손수건의 수량을 합해야 하기 때문이다.

116) 모두 해당 연도 『해관사료』를 참조. 일일이 각주하지 않음.

고 있다. 1864년 44,031개에서 시작되어 1868년에 62,823개를 보여 최고를 기록하였고[117] 1873년까지는 외국수출보다 많았다. 1878년부터는 수량이 줄어들어 이어 곧 중국내 타 항구로의 수출이 사라진다. 한편 비단 모자의 중국 타 지역으로부터의 수입도 약간씩 보이다가 1885년에는 6,845개의 수입이 기록되고, 이어 수입량이 증가하여 1893년에는 47,668개, 1899년에는 57,893개,[118] 1901년에는 무려 106,035개를[119] 기록하는 진기한 현상이 나타난다. 비단 모자를 수출하던 광주항이 이제는 오히려 수입하게 된 것이다.

비단 부채[Silk, Fans]는 1860년 소량의 수출이 보이고 1884년부터 다시 수출이 재개되었다. 1888년 44,000여 개를 정점으로 등락을 거듭하면서 〈표 17〉에서 보듯이 점차 감소하는 추세를 보인다. 이 항목에는 일부의 자수 부채[Fans, Embroidered]도 포함되어 있다. 1884년의 5,058개와 1885년의 3,204개가 자수부채의 수출량이다. 비단 부채의 경우도 중국 다른 항구에서 광주로 수입하는 현상이 보인다. 1893년 비단 부채[Fans, Fancy and Silk]를 92,232개 수입하였고, 1896년까지 매년 7.8만 개 내지 9.9만개 수입하고 있다.[120] 1904년에는 외국으로부터 비단 부채 3만 여개를 수입하는 기록도[121] 보인다.

잡색사주단화(雜色絲綢緞貨)[Silk, Products, Unclassed]는 당시 해관의

117) "Returns of Trade 1864",『해관사료』 제1책, 773-774쪽; "Returns of Trade 1868",『해관사료』 제3책, 536쪽.

118) "Returns of Trade 1893", Part Ⅱ,『해관사료』 제20책, 496쪽; "Returns of Trade 1899", Part Ⅱ,『해관사료』 제30책, 89쪽.

119) "Returns of Trade 1901", Part Ⅱ,『해관사료』 제34책, 17-19쪽.

120) "Returns of Trade 1893",『해관사료』 제20책, 496쪽; "Returns of Trade 1894",『해관사료』 제22책, 507쪽; "Returns of Trade 1895",『해관사료』 제23책, 494쪽; "Returns of Trade 1896",『해관사료』 제24책, 499쪽.

121) "Returns of Trade 1904",『해관사료』 제40책, 46쪽.

중국인 직원들이 명명한 제품 명칭이다. 무등급의 각종 사직품으로 번역하면 될 듯하다. 1887년 처음 수출 기록이 나타나는데 수량도 53.09담으로 많은 편은 아니다. 그 후 점차 감소하다가 1895년 이후에는 10담 이하로 수출량이 하락한다.

비단 우산[Umbrellas, Silk]도 수출되었다. 1868년 38,377개를 정점으로 점차 감소하고 어떤 해에는 수출량이 없기도 하다. 1879년 이후에는 수출량이 1,000개 이하로 축소되었다. 1898년에는 면과 비단으로 만든 우산[Umbrellas, Cotton and Silk]도 수출시장에 한 번 출현하였다.[122] 수량은 많지 않지만 광주에서 수출되는 비단제품의 다양성을 보여주는 한 사례이다.

신발[靴鞋: Shoes and Boots, Silk and Cotton]은 비단과 면으로 만든 신발과 부츠이다. 1887년 처음으로 10만여 켤레를 수출한 기록이 출현하고 1904년 105,427켤레를 정점으로 점차 감소하는 추세를 보인다. 〈표 17〉에 의하면 1902~1906년 사이에 85,136켤레로 가장 활발한 수출모습을 보여 주었다.

다음에는 비단류 제품의 수출액을 검토한다.

〈표 19〉 1859~1911 광주항의 대외수출액추이: 비단류 제품(1)(단위: 멕시코달러/해관냥)

연도	주단(사직품)	絲帶와 腰帶	絲綬	絲線[명주실]	낚싯줄	혼방품		의복		비단숄
						絲棉	絲麻	비단	絲屑紗布	
1859	561,714	28,066	1,141	1,688		18,556				
1860	2,261,800*	75,100*		44,020	3,048	91,400*		48,540		
1861	1,490,369	192,924		18,912	11,716	47,476		13,228		
1862	2,905,800	275,300				61,500				
1863	3,496,500	300,800				42,500				
1864	2,632,295	23,344	3,036	65,273	3,574	21,723		60,230		

122) "Returns of Trade 1898", 『해관사료』 제27책, 533쪽.

1865	2,220,784	55,370	12,798	143,969	8,223	24,039		37,525		
1866	2,700,919	68,460	15,232	114,240	6,288	25,866		63,780		
1867	2,832,803	65,142	18,213	82,250	10,196	25,870		63,660		
1868	2,558,971	9,472	11,778	82,932		34,733		43,150		
1869	2,173,019	50,932	8,562	88,746	3,154	32,918		62,045		
1870	2,400,776	55,004	6,039	62,225	9,235	40,004		73,350		
1871	3,065,659	45,837	2,805	115,071	9,065	40,239		59,565		
1872	2,421,127	74,231	7,108	51,383	10,023	41,081		85,624		
1873	1,734,952	71,501	5,310	66,977	7,155	33,132		70,977		
1874	2,124,748	37,542	3,691	103,481	8,760	30,503		94,891		
1875	3,622,669	39,427	1,054	63,906	9,873	25,016		143,599		
1876	3,225,057	43,222	816	52,392	3,138	29,589		92,138		
1877	4,068,498	48,480	706	72,626	1,758	43,102		35		
1878	3,979,024	54,751	884	91,442	829	41,016		130,578		
1879	3,897,196	90,682	157	86,010	798	37,417		145,464		
1880	4,612,777	56,752	905	84,186	234	35,389		160,392		
1881	3,775,709	62,149	1,350	75,785	294	38,677		126,896		
1882	2,581,097	39,274	1,678	68,211	465	50,432		151,792		
1883	2,811,154	45,725	732	71,098		76,395		208,352		
1884	2,657,369	17,445	919	75,615	307	46,635		292,280		103,052
1885	2,351,665	17,703	529	71,640	555	47,976		191,584		93,684
1886	4,825,880	23,142	850	124,157	774	53,877		717,320		
1887	3,361,252	11,344	3,829	64,307	267	34,865		315,632		
1888	3,268,587	20,639	110	81,186	254	18,564		470,180		
1889	3,246,030	19,184	134	77,849	240	20,646		232,391		
1890	2,467,303	5,964	160	74,872	1,321	13,333		176,301		
1891	2,564,730	5,218	65	106,579		10,332		131,970		
1892	2,719,274	3,784		90,574		50,462		159,014		
1893	2,362,795	6,844		85,874		8,625		146,952		
1894	2,660,680	5,899		103,223		14,178		129,402		
1895	2,716,943	8,685		106,992		17,507		94,512		
1896	2,661,790	16,129		144,555		20,405		109,282		
1897	2,605,838	8,464	2,079	134,466		17,089		110,046		
1898	2,283,179	6,983	331	48,399		34,220		102,891		
1899	2,000,354	3,854		38,239		41,301		105,115		
1900	2,264,755	2,937		57,727		51,856	2,552	91,246		
1901	2,365,751	3,706		76,339		43,737	26,038	93,259		
1902	3,385,721	6,999		61,743		69,948	42,667	143,125		
1903	7,193,108	9,050		176,060		116,425	60,891	249,853		
1904	5,115,105	2,910		175,097		115,766	75,837	211,535		
1905	4,469,127	4,109		145,312		125,545	91,472	118,621		

1906	4,369,992	4,270	1,197	179,419		108,539	99,170		20,151	
1907	5,275,060	2,301		161,781		133,746	103,094	129,998	25,103	
1908	6,091,144	1,644		163,188		133,333	90,005	160,523	22,378	
1909	6,226,668	2,586		118,345		158,105	99,092	194,489	19,216	
1910	6,929,732	2,522		163,976		172,900	103,017	261,145	18,196	
1911	6,799,744	3,614	2,959	129,609		154,440	80,433	234,681	14,618	

비단류 제품 (1)과 비단류 제품 (2)의 대외수출액을 보여주는 표들에 대한 설명은 앞의 〈표 7〉과 기본적으로 동일하다. 1871년까지의 수출액은 단위가 멕시코달러이고, 1872년은 냥, 1873~1874년은 상해냥, 1875년 이후는 모두 해관냥이다.

〈표 20〉 1859~1911 광주항의 대외수출액추이: 비단류 제품(2)(단위: 앞 표와 동일)

연도	繭綢			우단깃	자수품	손수건	모자	부채	雜色絲綢緞貨	우산	신발
	산동	사천	견주								
1859										2,379	
1860						13,622		191		1,536	
1861						8,808	81			6,784	
1862											
1863											
1864					3,204		51			38,204	
1865					3,708		375			40,920	
1866					2,119		1,909			54,831	
1867					2,094					57,566	
1868					2,915					30,245	
1869				1,052	2,305		971				
1870				162	5,845		129			17,505	
1871					19,942					12,369	
1872				44	14,936		342			6,375	
1873				52	5,580		338			6,672	
1874					7,622					6,890	
1875					8,988						
1876					8,115					3,079	
1877					10,491					9,358	
1878					15,727		1,194			2,161	

1879					9,617		530			921	
1880					15,041		449			146	
1881					15,413		272				
1882					38,926	216,077	415			228	
1883					20,308	524,502	236			399	
1884					8,197	699,047	151	627		621	
1885					9,015	592,851	226	514			
1886					17,326	198,774	854				
1887	510	116			239,164		207		19,622		70,648
1888	2,435				488,743			4,965	26,740		55,715
1889	131				506,676			4,487	19,275		47,642
1890	472				548,060			2,436	20,443		46,130
1891	305				525,723			1,957	15,560		60,161
1892	34,388				564,173			960	5,289		49,883
1893					508,273			3,404	6,454		56,893
1894					436,608			3,394	3,656		53,026
1895					413,182			3,240	2,699		51,386
1896					472,597			1,952	488		45,518
1897	296				474,294			3,039	62		35,189
1898	437				222,764			5,854	309	369	35,552
1899			333		216,409			9,063	518		46,236
1900	305				196,029			6,106	1,937		61,859
1901	216				209,592			7,069	469		70,134
1902	1,168				263,616			5,206	2,201		95,398
1903	1,111	7,016			431,435		889	6,654	1,058	1,988	144,589
1904	382	7,387			514,053			6,341	353		138,758
1905		2,794			655,765			8,146	1,665		55,657
1906	4,459	2,296			591,052			5,248	1,737	1,383	63,046
1907	4,928	1,213			889,776			8,859	2,073		50,177
1908		2,519			534,242			5,556	777	1,086	47,586
1909	2,612	260			461,743			5,353	1,026	3,082	27,449
1910	692	7,597			464,581			8,623	964	3,677	34,051
1911	1,810	1,940			630,798			8,362	881	2,294	31,325

생사류 제품의 경우와 마찬가지로 수출량에 비례하여 수출액도 증감될 것이므로 기본적인 수출량의 증감 추세는 같다고 할 수 있다. 다만 각 연도별로 제품의 단가가 변동하였으므로 반드시 수출량의 증감에 비례하여 수출액의 증감이 나타나는 것은 아니다. 그러나 대체적인

경향은 일치한다고 생각된다.

비단류 제품 중 가장 중요한 제품은 주단[사직품]이므로 주단에 대해 중점적으로 고찰한다. 먼저 주단 수출단가를 분석하면 다음 〈표 21〉과 같다.

〈표 21〉 1846~1911년간 광주항 수출 주단의 단가(1擔 가격, 단위: 海關兩)

연도	주단單價	연도	주단單價	연도	주단單價	연도	주단單價
1846	(808)557	1872	471	1886	625	1900	445
1859	(600)414	1873	386	1887	475	1901	411
1860	(678)468	1874	404	1888	465	1902	437
1861	(631)435	1875	672	1889	476	1903	884
1862	(822)567	1876	763	1890	448	1904	636
1863	(800)552	1877	816	1891	447	1905	595
1864	(800)552	1878	749	1892	443	1906	653
1865	(800)552	1879	736	1893	442	1907	673
1866	(800)552	1880	745	1894	446	1908	627
1867	(750)517	1881	726	1895	446	1909	655
1868	(740)510	1882	493	1896	447	1910	662
1869	(710)490	1883	465	1897	445	1911	683
1870	(700)483	1884	453	1898	448		
1871	(720)497	1885	474	1899	473		

1871년까지의 수출액은 통계자료상 원래 단위가 멕시코달러였는데 이를 임만홍(林滿紅) 교수의 환산율(1.45멕시코달러 = 1해관냥)에 따라 해관냥으로 바꾸었다. 표의 ( )는 원래의 멕시코달러이다. 원래 1872년은 냥, 1873~1874년은 상해냥인데 이를 해관냥으로 환산하였다. 1904년 이후는 수출가격에 관세와 수수료가 가산되었으므로(F.O.B 가격) 정상적 주단 단가를 구하기 위해 13%를 차감하였다. 주단의 단가는 1단위 이하에서 사사오입한 수치이다. 주단가격은 1846년 1담에 557해관냥 정도로 평가되기 시작하여 1860년대에는 안정된 단가를 보

여주고 있다. 특히 1863년에서 1866년까지는 단가의 변동이 거의 없다. 1867년 이후 하락세를 보여 1873년에 386해관냥으로 최저 수준에 이르렀다가 1877년에는 816해관냥까지 반등하였다. 1881년까지는 700해관냥 이상으로 평가되어 주단의 수출가격은 높은 편이었다. 1882년부터 주단가격이 급격히 하락하여 400해관냥대로 떨어졌다. 1880년대와 1890년대는 400해관냥대로 지속되었다. 특히 1890년부터 1898년까지 그리고 1900년은 440해관냥대에서 맴돌았다. 어떤 이유인지 모르지만 1903년에 돌연 884해관냥이라는 상당히 높은 가격을 보여주었고 이후 대체로 630해관냥 이상을 유지하여 비교적 높은 가격을 호가하였다.

다음에는 주요 비단류 제품의 5년 평균 수출액을 다음과 같은 표로 정리하였다. 연평균 수출액은 해관냥으로 환산·통일하였고, 생사류 제품의 경우와 같이 1903년까지는 수출액에 13%를 가산하여 계산하였다.

〈표 22〉 1864~1911 광주항의 대외수출액추이(5년 평균): 주요 비단류 제품(단위: 海關兩)

연평균	주단(사직품)		비단의복		자수품		손수건(%)	비단류 합계
	주단	비중	의복	비중	자수품	비중		
1864~1866	1,962,303	89.4	41,962	1.9	2,346	0.1		2,195,428
1867~1871	2,031,074	90.5	47,034	3.0	5,159	0.3		2,243,871
1872~1876	2,821,793	90.6	104,297	3.4	9,574	0.3		3,113,189
1877~1881	4,595,304	92.8	127,320	2.6	14,982	0.3		4,950,365
1882~1886	3,441,339	75.6	352,861	7.7	21,192	0.5	504,263(11.1)	4,554,048
1887~1891	3,369,185	76.4	299,783	6.8	521,690	11.8		4,410,155
1892~1896	2,965,454	76.5	144,450	3.7	541,233	14.0		3,878,577
1897~1901	2,603,492	81.0	113,577	3.6	298,114	9.3		3,215,345
1902~1906	5,181,660	82.0	154,844	2.5	509,256	8.1		6,318,749
1907~1911	6,264,470	83.2	196,167	2.6	596,228	7.9		7,526,259

우선 주단의 연평균 수출액이 1877~1881년에 400만 해관냥을 훌쩍 넘겼으나 곧 감소하였고 1902~1906년에는 500만 해관냥을 초과하였으며, 1907~1911년에는 626만 해관냥에 이르게 되었다. 1864~1866년에서 1907~1911년까지 주단은 3.2배의 수출증가를 보여주었고, 비단류 전체는 3.4배의 증가를 나타냈다. 이는 주단의 증가율보다 주단 이외의 비단제품(예컨대 비단의복이나 자수품 등)의 증가율이 높았음을 말해 준다. 비단 의복은 1882~1886년에 수출액과 그 비중이 최고수준에 도달한 후 점차 하락하였다. 자수품은 계속 증가하는 경향을 보여 1907~1911년에는 근 60만 해관냥에 달하였다. 비중상으로는 1892~1896년 사이에 14%에 달하기도 하였다. 손수건은 1882~1886년에 연평균 50만 해관냥을 넘겼으나 다른 연도에는 수출되지 않았다.

전체 비단류 제품 중 주단의 비중이 7~9할임을 위 〈표 22〉를 통해 쉽게 파악할 수 있다. 1881년까지는 주단의 비중이 90%를 웃돌았는데 1882~1886년에 들어 75%대로 떨어진 것은 비단의복(35만여 해관냥, 전체의 7.7%)과 손수건(50만여 해관냥, 11.1%)의 수출액이 이 시점에서 급증하였기 때문이다. 1887년에서 1896년 사이에도 주단의 비중은 76% 정도에 불과하였는데 이 기간에 비단 의복(6.8%~3.7%)이나 자수품(11.8%~14%)의 수출액이 일정 비중을 점하고 있었기 때문이었다. 1897년 이후에는 주단의 비중이 다시 80%를 웃돌게 되었다. 이는 상대적으로 비단의복이나 자수품의 수출이 감소한 측면도 있고 1902년 이후로 주단의 수출량이 전에 비해 배 이상으로 늘었기 때문이기도 하다. 주단을 이어 두 번째 비중을 보이는 것은 자수품으로 1887년 이후 10%대 전후를 맴돌았다.

〈표 23〉 1864~1911 광주항의 비단류 제품 대외수출지수(5년 평균. 단위: 擔/해관냥)

연평균	주단 수출량		주단 단가		주단 수출액		비단류 합계	
	수출량	지수	단가*	지수	수출액	지수	수출액	지수
1864~1866	3,148	100	552	100	1,962,303	100	2,195,428	100
1867~1871	3,597	114	499	90	2,031,074	104	2,243,871	102
1872~1876	4,596	146	543	98	2,821,793	144	3,113,189	142
1877~1881	5,397	171	754	137	4,595,304	234	4,950,365	225
1882~1886	5,966	190	510	92	3,441,339	175	4,554,048	207
1887~1891	6,432	204	462	84	3,369,185	172	4,410,155	201
1892~1896	5,896	187	445	81	2,965,454	151	3,878,577	177
1897~1901	5,207	165	444	80	2,603,492	133	3,215,345	146
1902~1906	7,113	226	645	117	5,181,660	264	6,318,749	288
1907~1911	8,404	267	660	120	6,264,470	319	7,526,259	343

위에 제시했던 표들로부터 5년 단위로 주단 수출량의 추이, 주단 단가의[123] 추이, 주단수출액의 추이, 비단류 수출액의 추이를 서로 지수화하여 비교해 보았다. 1902년에서 1911년까지는 주단 수출량도 기준연도에 비해 2.26배, 2.67배에 달하고 단가도 비교적 좋았기 때문에 주단수출액과 비단류 수출액 합계의 증가율이 비교적 높았다. 1877~1881년에는 주단 수출량은 기준연도의 1.7배였지만 주단 단가가 기준연도의 1.37배여서 주단수출액이나 비단류 수출액에 있어서 1902년 이전에는 가장 높은 고점을 차지하였다. 1897~1901년에는 주단 수출량이 이전보다 줄어든 데다가 주단 단가도 가장 하락한 상태여서 주단수출액이나 비단류 수출액의 하락폭이 더욱 컸다.

3) 양잠산물

양잠의 결과 생산된 누에고치나 명주솜, 그리고 누에알도 수출상품

123) 전 기간 주단수출액을 F.O.B 가격으로 계산하였기에 결과적으로 주단 단가에 관세나 수수료가 추가될 것이므로 실제 단가를 구하기 위해 13% 차감하여 계산하였다. * 표시는 그것을 의미한다.

의 하나였다. 다음 〈표 24〉에서 1859년에서 1911년 사이의 수출량 상황을 제시하였다.

〈표 24〉 1859~1911 광주항에서의 대외수출량추이: 양잠산물(단위: 擔)

연도	蠶繭			명주솜			누에알	합계
	蠶繭	廢繭	破繭	명주솜	廣東産	他省産		
1859	5.00			9.86				
1860	23.62			24.91				
1861	72.14			29.75				
1862								
1863								
1864	0.75				14.13	19.18		
1865	443.99				50.79	18.79	0.15	
1866	571.84				21.59	19.32		
1867	490.55				25.26	13.72		
1868	1,630.20				44.31	25.39	2	
1869	1,298.99				27.69	37.08		
1870	1,726.67				51.73	54.28		
1871	1,930.16				48.07	19.82		
1872	2,144.87				29.87	5.57		
1873	2,235.70				57.63	18.89		
1874	781.35				75.99	16.29		
1875	978.39				36.02	17.54		
1876	1,760.14				38.56	22.24		
1877	757.98				59.15	32.82		
1878	1,144.68				59.91	12.28		
1879	2,001.04				46.27	6.76		
1880	603.96				64.83	3.99		
1881	2,233.53				78.53	4.48		
1882	969.78				76.75	4.26		
1883	702.15				67.08	2.97		
1884	50.48				52.83	3.46		
1885	1.00				62.72	1.27		
1886	1,977.55				68.54	6.29		
1887	2,570.17				66.57	5.39		
1888	1,714.76			75.33				
1889	4,082.77			101.73				
1890	2,111.51	24.97		91.37				

1891	961.77			95.74				
1892	840.64			85.12				
1893	823.89			76.00				
1894	52.50			110.71				
1895	1,489.90		42.75	72.90				
1896	627				87	2		
1897	412				71	5		
1898	2,972				42	3		
1899	1				0.46	2		
1900	536		300		57	4		
1901	104			88				
1902	2,205		326		57	3		
1903	3,264		176		43	5		
1904	2,359		1,105		46	5		
1905	3,100		1,039		54	4		
1906	1,323		1,169		50	4		
1907	2,500		792		104	3		
1908	3,304		509		53	1		
1909	3,580		213		48	3		
1910	2,024		1,961		80	3		
1911	1,788		2,857		76	0.31		

누에고치 즉, 잠견[Silk, Cocoons]은 가공하지 않은 그대로의 누에고치[잠견: Silk, Cocoons Whole]와 찌꺼기 누에고치인 폐견(廢繭)[Silk, Cocoons, Refuse],[124] 그리고 구멍이 뚫려 파괴된 누에고치 즉, 파견(破繭)[Silk, Cocoons, Pierced]으로 나눠진다. 물론 일반적으로 수출되는 누에고치는 일반 잠견[Silk, Cocoons Whole]이다. 수출량의 변화가 커서 어떤 때는 1담 이하이기도 하고 어떤 때는 4천 담이 넘기도 한다. 수출량의 변화가 왜 이렇게 불규칙적인지 현재로서는 알 길이 없다. 폐견의 수출이 기록된 것은 1890년의 한 사례뿐이고, 수량도 많지 않다. 파견은 1895년 이후 기록에 등장한다. 수출량은 천 담을 넘기도 하고 수백 담 수준이기도 하다. 1911년에 최고인 2,857담을 기록하였다. 파견이 수출되는 것

124) 『해관사료』 제42책에서는 爛繭殼이라고 하였다.

은 그것으로 폐사를 만들 수 있기 때문이다.[125]

명주솜[Silk, Floss]은 광동산[Silk, Floss, Canton]과 기타 지방산[Silk, Floss, other Provinces]으로 나눌 수 있다. 그냥 명주솜[Silk, Floss]으로 표기된 것은 수출 시 생산지역을 구분하지 않은 것이다. 1859~1861년 사이 그리고 1888~1895년 사이에는 생산 지역을 구분하지 않아서 그냥 명주솜[Silk, Floss]으로만 기록되어 있다. 수량도 많지 않아서 많아야 110담 정도였다. 그냥 명주솜[Silk, Floss]으로 기록된 연도 이외에는 광동산인지 기타 지방산인지 구분하여 수출량을 기록하였다. 광동산의 총합계는 2,093.28담, 연평균 53.67담이다. 기타 지방산은 총합계가 419.39담, 연평균 10.75담이다. 역시 그 지방의 생산물인 광동산 산물이 많이 수출되었다.

누에알[蠶卵: Worms' Eggs Silk]의 수출도 보이는데 1865년과 1868년 2개년에 불과하고 수량도 아주 적어 무시해도 좋을 만한 수출량이다.

다음은 양잠산물의 수출액의 통계표이다.

〈표 25〉 1859~1911 광주항에서의 대외수출액추이: 양잠산물(단위: 멕시코달러/해관냥)

연도	蠶繭			명주솜			누에알	합계
	蠶繭	廢繭	破繭	명주솜	廣東産	他省産		
1859	1,000			2,465				3,465
1860	2,843			14,259				17,102
1861	4,340			15,462				19,802
1862								
1863								
1864	86				4,239	9,590		13,915
1865	48,839				20,316	15,032	180	84,367
1866	45,747				10,795	10,626		67,168
1867	41,697				12,630	8,232		62,559
1868	114,114				21,269	14,726	120	150,229
1869	92,228				13,291	21,506		127,025
1870	120,867				26,556	30,397		177,820

125) *Decennial Reports, 1892-1901*, 『해관사료』 제154책, 191쪽.

1871	144,762				22,112	11,099		177,973
1872	128,692				10,081	2,298		141,071
1873	156,499				19,307	7,934		183,740
1874	54,693				25,458	6,842		86,993
1875	42,354				12,378	8,304		63,036
1876	93,703				15,904	10,681		120,288
1877	32,459				24,641	14,511		71,611
1878	58,658				24,986	5,241		88,885
1879	94,478				18,889	2,867		116,234
1880	34,416				28,035	1,819		64,270
1881	136,261				33,395	2,052		171,708
1882	52,152				31,092	1,879		85,123
1883	45,660				27,221	1,350		74,231
1884	3,365				21,074	1,494		25,933
1885	57				24,814	533		25,404
1886	135,647				27,635	2,692		165,974
1887	185,051				27,442	2,495		214,988
1888	149,723			22,301				172,024
1889	338,773			44,199				382,972
1890	161,414	921		39,208				201,543
1891	72,662			41,331				113,993
1892	63,157			36,864				100,021
1893	62,162			33,306				95,468
1894	4,016			48,572				52,588
1895	112,471		3,206	31,988				147,665
1896	43,670				37,359	999		82,028
1897	28,124				29,324	2,685		60,133
1898	2,060				18,228	1,681		21,969
1899	50				22,682	1,089		23,821
1900	33,840		10,492		27,549	1,998		73,879
1901	6,648			42,489				49,137
1902	122,498		9,771		26,052	1,560		159,881
1903	468,355		13,000		26,051	3,491		510,897
1904	255,874		55,175		25,262	3,825		340,136
1905	231,408		56,472		28,667	2,918		319,465
1906	157,695		69,883		28,233	3,164		258,975
1907	357,423		57,024		67,417	3,216		485,080
1908	323,768		30,026		27,086	1,134		382,014
1909	426,071		14,910		26,466	2,116		469,563
1910	252,128		148,625		44,384	2,267		447,404
1911	210,984		197,113		41,262	267		449,626

〈표 25〉로서는 양잠 산물의 수출액에 대한 추세를 한눈에 파악하기 어려우므로 잠견 세 종류의 합산과 명주솜 세 종류 합산을 5개년 단위로 평균 내어 비교해 보기로 한다. 그런 취지에 따라 새로 〈표 26〉을 제작하였다.126)

〈표 26〉 1864~1911 광주항의 대외수출액추이(5년 평균): 주요 양잠산물(단위: 해관냥)

연평균	蠶繭 전체		명주솜 전체		전체 합계
	蠶繭 합계	비중	명주솜 합계	비중	
1864~1866	24,592	57.2	18,339	42.7	42,979
1867~1871	80,061	73.8	28,338	26.1	108,419
1872~1876	99,702	79.8	25,273	20.2	124,975
1877~1881	80,517	69.5	35,354	30.5	115,872
1882~1886	53,535	62.9	31,591	37.1	85,126
1887~1891	205,331	83.7	39,996	16.3	245,328
1892~1896	65,242	60.4	42,734	39.6	107,976
1897~1901	18,355	35.5	33,386	64.5	51,740
1902~1906	303,980	90.7	31,331	9.3	335,311
1907~1911	403,614.	90.3	43,123	9.7	446,737

우선 잠견의 수출량은 들쭉날쭉하여 변화가 많았다. 많은 해도 있고 적은 해도 있어 일정치 않았다. 따라서 양잠산물중의 비중도 적게는 35.5%에서 많게는 90.7%를 차지하였다. 그렇지만 대체로 60~90%에서 등락하였다. 결국 양잠산물 중에서는 잠견이 주도적 수출품이라 하겠다. 수출액상으로 잠견은 1907~1911년 사이에 수출액이 가장 많았다. 명주솜의 경우는 대체로 점진적인 증가추세를 보여 준 편이었다. 다만 잠견의 수출액 변화에 따라 비중이 변하였을 뿐이다.

126) 앞에서와 같이 1903년까지는 『해관사료』의 5년 평균에 13%를 가산하여 통계표를 만들었다. 원래 수출액의 단위는 1871년까지는 멕시코달러이고, 1872년~1874년은 銀兩 또는 上海兩이다. 여기에 1海關兩 = 1.45멕시코달러 = 1.114上海兩의 환산율을 적용하여 환산하였다.

4. 맺음말

청 말 광주에서 전개된 생사와 비단의 대외무역에 대한 기존 연구가 가장 기초적 사료분석조차 결여되어 있다는 현재의 연구 상황은 필자로 하여금 이러한 기초적 연구를 추진케 하였다. 이러한 기초적 연구를 추진하기 위해 월해관이 매년 해관총세무사서에 보고한 무역 통계자료를 검토하여 1859년부터 1911년 사이의 생사와 비단의 대외 수출량과 수출액에 대하여 분석·정리하였다. 그 결과를 요약하면 다음과 같다.

아편전쟁 후 1859년까지 중국 생사와 비단의 해외수출에 대한 기본적 자료로 이용되는 모스(H.B. Morse)의 중국 생사수출량에 대한 도표가 중국어로 잘못 번역되었음을 필자는 지적하였다. 이러한 오역으로 말미암아 1854~1859년 사이에 광주에서는 생사가 전혀 수출되지 않았고, 상해에서 100% 전량 수출되었다는 잘못된 인식이 중국학자사이에 광범위하게 유포되어 있었다. 본고에서는 그 기간에 광주에서 생사가 수출되었음을 밝힘으로써 그러한 오류를 바로잡으려고 하였다. 아울러 영국의회문서나 주광주 영사의 상무보고를 통해 1840~1860년의 생사와 비단 수출의 실상을 일부 밝힐 수 있었다. 기존의 연구에서는 생사의 수출에만 주목하였는데, 비단의 수출액을 추적하니, 경우에 따라서는 생사의 수출액을 초과하기도 하고 생사와 별 차이 없는 수출액을 보여주고 있었다.

생사와 비단의 대외수출량을 알 수 있는 1864년에서 1911년까지 48년 동안에 생사와 비단 제품의 수출량은 무려 8.7배로 매우 가파르게 증가하고 있었다. 한편 해관냥으로 표현된 수출액은 약 11배로 증가하였다. 그러나 19세기 후반 은가하락에 따라 해관냥의 가치도 하락하고 있었으므로 수출액을 파운드화로 환산하면 수출액은 고작해야 약 4배가량 증가한 셈이었다. 당시 중국인의 느낌이 어떠했는지 몰라도, 실제로 생사와 비단의 수출에서 광동측은 손실을 보았다고 할 수 있다. 그럼에도 불구하고 수출량은 대폭 증가한 것이다. 아울러 수출량 대폭 증가의 이유를 국제 무역을 위한 조건과 환경의 개선, 광동 생사 및 비단에 대한 해외 수요의 증가, 광동에서의 생사 및 비단제품의 공급능력의 확대라는 세 가지 측면에서 살펴보았다. 1869년 수에즈 운하의 개통과 상해 · 런던 간 전보통신의 연결 등 교통과 전신의 발달이 교역을 활성화시켰다. 유럽의 견직업 국가에서 누에병이 발생하여 아시아산 생사에 대한 수요가 급증하였고, 은가하락에 의한 중국 생사가격의 하락이 광동 생사와 비단의 수출량을 증가시켰다. 아울러 중국 최초로 광동 주강삼각주 지역에 기계제 제사공장이 다량으로 설립되었는데, 이는 유럽이나 미국의 해외수요에 부응할 수 있는 광동의 생사 공급능력을 신장시켜 주는 것이었다.

기존에는 생사의 수출에만 주목해 왔는데 이러한 관점을 전환하여 생사류 제품, 비단류 제품, 양잠산물로 나누어 분석을 진행하였다. 생사류 제품에는 생사[細生絲, 白絲], 사경, 기계사[機器繅絲, 廠絲], 야잠사(조사 포함), 황사(사천산, 산동산, 황사 등 3종), 폐사 등 다양한 제품이 있었다. 그중 수출의 주역을 맡은 것은 1880년대 이전에는 생사[白絲], 1890년대 이후에는 창사 · 기기소사라고도 불리는 기계제 생사, 즉 기계사였다. 즉 1870년대와 1880년대 생사[白絲]는 생사류 전체 수출액의 8할 이상을 점하였다. 그리고 1896년 이후 기계사는 생사류 전체의 수출액 중에서 그 비중이 90%를 초과하였다. 실제로 19세기 말 이후 생사 수출의 발전은 이 기계사의 수출증가에 힘입은 것이었다. 폐사도 19세기 말 20세기 초로 갈수록 수출량과 수출액이 급증하여 전체 생사

수출액에서의 비중이 약 10% 전후에 달하였다.

생사류 제품의 수출량(폐사 제외) 증가 상황을 보면 1864~1866년을 기준으로 했을 때 1907~1911년에는 3.3배로 증가하였다.(〈표 10〉) 생사류 제품의 수출액(폐사를 포함)은 1872~1876년의 617.5만 해관냥에서 1907~1911년의 2,625.8만 해관냥으로 증가하여 약 4.3배로 증가하였다.(〈표 14〉)

수출된 비단류 제품은 아주 다양하였다. 우선 비단 제품과 생사를 가공한 제품 두 가지로 나눌 수 있었다. 비단 제품에 포함되는 것은 주단(사직품), 사대와 요대, 사면혼방품, 사마혼방품, 비단의복, 사설사포로 만든 의복, 비단 솜, 견주(사천산, 산동산), 우단 깃, 자수품, 비단 손수건, 비단 모자, 비단 부채, 비단 우산, 사면 신발, 잡색사주단화 등이었다. 생사를 가공한 제품에는 사수, 사선(명주실), 낚시줄 등이 있었다. 여기서 제시한 품목들은 필자가 만든 표에 하나의 항목으로 들어가 있는 것들이다. 그런데 실상 그보다 더 복잡하고 다양한 제품들이 수출되었다. 주단에는 모두 6종이 있었으니 주단으로 표기된 것 이외에 조사로 직조한 주단[Silk, Piece Goods Coarse], 사천주단[Silk, Piece Goods Szechwan], 산동주단[Silk, Piece Goods Shantung], 금실로 자수를 놓은 주단[Silk, Piece Goods Embroidered with Imitation Gold Thread], 금박지를 섞어 짠 주단[Silk, Piece Goods interwoven with Gilt Paper]이 그것이다. 이 중에서 주단을 제외한 5종 제품은 소량 수출되었다. 사대와 요대는 사대, 요대, 금실과 은실을 섞어 짠 사대[Silk, Ribbons interwoven with Imitation Gold and Silver Thread]의 3종이고, 사선[명주실]은 사선과 명주실 띠[Silk, Thread Sashes] 등 2종이었다. 사면혼방품[Silk, and Cotton Mixtures]도 종류가 많아 5종인데, 사면혼방품 외에도 최고급 사면혼방품[Silk, and Cotton Mixtures Fancy], 금실을 추가한 사면혼방품[Silk and

Cotton Mixtures with Imitation Gold Thread], 금실과 은실을 섞어 짠 사면혼방품[Silk and Cotton Mixtures interwoven with Imitation Gold and Silver Thread], 금박지를 섞어 짠 사면혼방품[Silk and Cotton Mixtures interwoven with Gilt Paper] 등이 있었다. 비단 숄은 수를 놓은 비단 숄[Silk, Shawls Embroidered]을 포함하여 2종이었고, 견주는 산동산 견주[Silk, Pongees Shantung]와 사천산 견주[Silk, Pongees Szechwan]을 포함하여 3종이었다. 자수품은 4종으로 자수품, 비단 자수, 자수병풍[Embroidered Screens], 구사수품[Silk, Embroidery, Old]이 수출된 상품항목으로 등장하였고, 비단손수건[Silk, Handkerchiefs]은 자수 비단손수건과 숄[Silk, Embroidered Handkerchiefs and Shawls], 비단 자수 손수건[Silk, Handkerchiefs Embroidered], 금실 자수 손수건[Silk, Handkerchiefs Embroidered with Imitation Gold Thread] 등 모두 4종이 수출상품 항목으로 출현하였다. 부채는 비단부채와 자수부채 2종이 출현하였고, 우산도 비단 우산과 면·비단으로 만든 우산[Umbrellas, Cotton and Silk] 등 2종이 수출되었다. 이상 비단류 제품은 모두 42종이 수출되었고 단독의 수출상품 항목으로 기재되었으니 광주에서 수출된 비단류 제품의 다양성을 웅변하고 있다.

비단류 제품 중에서 가장 비중이 높은 제품은 주단이었다. 전 기간 비단류 수출액 중에서 7할~9할의 높은 점유율을 보여주었다. 아울러 수출액도 1864~1866년 196.2만 해관냥(284.5만달러)에서 1907~1911년의 626.4만 해관냥으로 늘어나 3.2배로 증가하였다.

양잠산물에는 잠견·파견·폐견 등 3종의 누에고치, 광동산 명주솜·사천산 명주솜·지명표시가 없는 명주솜 등 3종, 누에 알 등 모두 7종류의 제품이 무역통계자료에 상품명으로 등장하였다. 이 중 수출량이나 수출액에서 중심을 이루는 것은 잠견 종류였다. 다만 그 수출량이나 수출액의 변화가 심하여 양잠산물 중의 비중 상 35%에서 90% 사이를 오갔다. 양잠산물은 가장 원시적인 원료성 제품이고 생사류 제품이나 비단류 제품에 비해 전체 수출량이나 수출액에서의 비중이 극히 낮았다. 전체 수출액에서의 양잠산물의 비중을 계산해 보니 1.1%에 불과하였다.

지면의 제약으로 본고에서는 다루지 않았지만 〈표 12〉의 생사류 제품 수출액 합계와 〈표 19〉, 〈표 20〉의 비단류 제품 (1), (2) 수출액 합계를 비교하면 청말 광주에서의 생사와 비단 수출액 중에서의 생사와 비단의 비중을 살필 수 있다. 1859, 1862, 1863, 1864, 1877, 1878, 1880, 1884년 등 8개년은 비단류 제품이 생사류 제품 수출액을 추월하였다. 1860, 1861, 1875, 1879, 1881, 1883, 1885, 1886, 1887년 등 9개년은 비단류 제품의 수출액이 전 수출액의 40% 이상이었다. 물론 19세기 말 20세기 초로 갈수록 비단류 제품의 비중이 낮아져 20%대로 하락한다. 그럼에도 불구하고 비단류 제품의 수출액 자체는 증가하였음은 앞의 〈표 19〉에서 확인하였었다. 이를 통해 볼 때 종래의 연구처럼 청 말 광주에서 생사 수출에만 주목하는 것은 청 말 광주에서 생사와 비단의 수출무역 구조를 올바르게 파악하는 방법이 아니다.

20세기 전환기 독일의 근대국가와 성매매 여성

정현백

1. 머리말

성매매는 세계에서 가장 오래된 영업이라고 말한다. 그러나 이는 현재까지도 영업활동으로 공식적인 인정을 받지 못하는 경우가 허다하다. 직업이라기보다는 돈을 받고 성적인 서비스를 제공하는 '팔고 사는 사랑(käuliche Liebe)', 그래서 일탈 혹은 범죄와 연결되는 행위로 간주한다. 성매매 여성은 극히 예외적인 시기를 제외하고는 사회 속에서 늘 주변화되면서, 소수자 여성으로 살아가야 하였다. 그럼에도 불구하고 성매매의 사회적 필요성을 둘러싼 논쟁과 함께, 역사 속에서 금지와 허가 사이를 반복하면서도, 그것은 사라지지 않는 제도로 자리 잡았고, 현재에도 성매매를 둘러싼 담론투쟁은 그 열기가 식지 않고 있다.[1)]

---

1) 한국에서는 지난 2004년 성매매방지법 제정을 통해서, 성매매를 범죄화하고, 특히 인신매매와 업소에 대한 처벌을 강화하고자 하였다. 특히 새 법이 가진 획기적인 변화는 성구매자에 대한 처벌조항도 포함한 것이었다. 그러나 개정이후로 지금까지 성매매방지법의 필요성을 둘러싼 문제제기와 논쟁은 계속 이어져 오고 있다. 이를 위하여 조영숙 외, 「성매매방지법 시행 4년, '진일보'를 향한 실천의 재구성」, 여성인권중앙지원센터, 『여성과 인권』, 2008, 7-16쪽 참조.

기원전 1400년경에 바빌론에서 방문객을 접대하는 성매매나 사원에서 이루어지는 종교적인 성매매가 이미 있었다고 한다.[2] 이런 행위가 당시에는 직업적 성격을 갖지 않았지만, 그리스 시대에 이르면, 이미 국가가 직접 유곽(Bordell)을 운영하기 시작하였다.[3] 유곽 방문은 상스러운 일로 받아들여지지 않았는데, 이는 그리스인들이 결혼을 개인적 자유에 대한 구속으로 간주한 데서 기인하는 듯이 보인다. 그러나 로마시대에 이르면, 성매매는 민간에 의해 운영되었고 여염집 여성과 딸들을 남성의 성욕으로부터 보호하기 위한 안전장치로 이해되었다. 또한 로마에서는 성매매 여성은 관청에 등록하고, 세금을 내야 하였고, 의복에도 제한이 있었고, 거리의 경찰은 이런 규정 준수 여부를 감시하는 역할을 하였다. 그러나 성매매 여성과 시민 여성 사이의 경계가 흐려지는 경우가 많았고, 남성과 마찬가지로 시민 여성도 성매매를 넘나들며 성적 자유를 구가하였다고 한다.[4]

그러나 기독교의 전일적인 지배가 이루어지는 중세시대에 이르면, 교회는 성행위에 대한 절제를 엄격하게 요구하였다. 성과 죄악은 서로 뗄 수 없이 얽혀 있기에, 부부 간의 성 관계도 단지 자녀생산을 위한 목적을 실행하는 것으로 제한되어야 하였다. 그럼에도 불구하고 성매

---

2) 함무라비 법전에 따르면, 모든 젊은 바빌론 처녀는 일생에 한 번 사원에서 신의 영예를 위해서 나그네와 성관계를 가졌다고 한다. 이때 벌어들이는 수입은 사원의 재정에 기여하였다고 한다. 마찬가지로 가부장적 관행의 일환으로 모든 방문 손님에게 여성은 성 관계를 제공해야만 하였다고 한다. 이런 관습들은 남아 있던 군혼제의 유습으로 추정된다[Katrin Malkmus, *Prostitution in Recht und Gesellschaft* (Frankfurt/M: Peter Lang, 2005), p.21].

3) 솔론은 유곽이 사원매춘을 중심으로 수입을 올릴 수 있고, 여염집 여성들에 대한 강간이나 성희롱을 예방할 수 있고, 동성애에 대한 예방책이 될 수 있다고 판단하여, 국가의 직접적 유곽 운영을 시도하였다(Ibid.).

4) Ibid., pp.23-24.

매는 간통과 강간으로부터 여인들을 보호하기 위한 사회적인 필요악으로 간주되었다. 이는 “성매매는 궁정의 화장실과 같은데, 만약 없어진다면 궁중은 불결하고 냄새가 진동하는 장소가 될 것이다.”라는 토마스 아퀴나스(Thomas von Aquins)의 언급에서 잘 드러난다. 중세시대에 이르면, 성매매 영업은 공식적으로 용인되고 심지어 길드를 구성하기도 하면서, 확고한 제도로 정착하여갔다. 경우에 따라서는 도시 정부가 직접 유곽을 운영하기도 하였다. 그럼에도 불구하고 성매매를 바라보는 중세의 시각은 대단히 이율배반적이었다. 성매매 여성들의 행위가 사회적으로 요구되었고 그래서 도시사회 내에서 확고한 자리를 가졌으면서도, 동시에 그녀들은 경멸받는 존재였다. 그 결과 옷차림, 주거 그리고 행동방식과 관련하여 엄격한 규칙이 부여되었다. 예를 들면 성매매 여성에게는 부유한 사람이 착용하는 보석이나 빌로도 옷은 허용되지 않았다. 그러나 도시에 따라서는 성매매 여성이 시민권을 가졌을 뿐 아니라 시민축제에서 지정된 자리에 앉을 수도 있었다.[5]

도시의 유곽들은 14, 15세기에 그 전성기를 누렸으나, 16세기에 들어와 사양길에 들어섰다. 이는 공중욕탕이나 유곽에서의 자유로운 성관계로 특징 지워진 중세문화가 서서히 변화하고, 도덕적인 가치관이 바뀌기 시작한 것과 관련이 있다. 여기에는 마틴 루터(Martin Luther)의 성 이데올로기와 종교개혁의 확산이 큰 기폭제가 되었다. 루터는 정조의 강요나 교회의 독신주의가 사람들을 악행으로 유도한다고 보았고, 오

---

5) Ibid., pp.27-28; Sabine Gleß, *Die Reglementierung von Prostitution in Deutschland* (Berlin: Duncker & Humblot, 1999), p.15; Kathryn Norberg, “Prostitution”, Peter N. Stearns, *Encyclopedia Of European Social History. From 1350 To 2000*, Vol.3, New York, 2000, p.351; Sybille Krafft, *Zucht und Unzucht. Prostitution und Sittenpolizei im München der Jahrhundertwende* (München: Hugendubel Heinrich GmbH, 1996), pp.16-19. 그 외에도 번 벌로 · 보니 벌로 저, 서석만 · 박종만 역, 『매춘의 역사』(까치, 1992), 69-108쪽, 175-239쪽 참조.

히려 성은 인간적인 본성이기에 허용되어야 하되, 부부의 성적 공동체에서만 진행되어야 하였다. '독일민족의 기독교귀족에게 고함'이라는 글에서 루터는 명확하게 유곽의 존재에 반대하였고, 성매매를 고귀한 여성을 보호하기 위한 필요악으로 여기는 사고방식을 격렬하게 비판하였다. 그 외에도 유곽에 큰 타격을 입힌 것은 이미 1495년에서 1510년 사이에 급속하게 확산된 성병이었고, 이후 30년 동안 유곽은 거의 폐쇄되었다. 이러한 사건들의 연장선상에서 16세기 중엽에 이르면 성매매에 대한 관용이 범죄화로 바뀌면서, 엄격한 풍기관련 법이 등장하기 시작하였다.[6)]

그러나 근대 자본주의 사회에 이르면 성매매의 관행은 획기적인 변화를 겪게 된다. 신속한 산업화가 가져다준 급격한 도시화와[7)] 더불어 결혼연령의 상승으로 인한 중산층 청년의 성관계 제한이 성매매의 수요를 급격히 증대시켰다. 아울러 산업화 단계에서 하층 여성들의 고용기회 축소나 저임금으로 인한 빈곤이 성매매의 공급을 증폭시켰다.[8)] 19세기 말 독일에서 성매매에 종사하는 여성의 추정치는 10~20만 명이었고, 1차 세계대전시기에 이르면 33만 명으로 확대되어, 성매매는 핵심적인 사회문제로 떠오르게 되었다.[9)] 또 달리 주목할 점은 전통적인 공동체 사회가 무너지면서 개인이 점점 더 원자화되고, 가정/직장의

6) Katrin Malkmus, op. cit., pp.31-33; Kathryn Norberg, op. cit., pp.352-353.

7) 1850년경 유럽에서 인구가 50만 명을 넘는 대도시로는 런던과 파리를 꼽을 정도였다. 이때 이후로 백 만이 넘는 대도시가 급격히 늘어나는데, 베를린의 경우 17만 2,000명이었던 인구가 1890년에는 200만 명의 대도시로 성장하게 된다. 당연히 대도시의 익명성 속에서 성매매는 풍토병처럼 번져갔다(Richard J. Evans, "Prostitution, State And Society In Imperial Germany", *Past & Present*, Vol.70, 1976, p.108).

8) Katrin Malkmus, op. cit., p.40.

9) Ibid.; Richard J. Evans, op. cit., p.108.

분리와 노동/여가시간의 분리가 이루어지자, 성매매가 감수성의 충족과 사랑의 행위를 대신해주는 자본주의 사회의 대량 소비상품이 된 것이다.[10)]

이 글의 관심은 근대 사회에 와서 그 면모를 일신하고자 하는 권위주의 국가 독일이 풍토병처럼 확산되는 성매매에 대응하는 방식을 고찰하는 데에 있다. 이는 소수자로 살아가는 성매매 여성에 대한 법적, 정책적 대응을 분석하는 것을 통해서 '국가의 젠더화(gendering)', 그리고 이에 드러난 근대성의 의미를 성찰하는 것이다. 이는 국가정책이 여성을 차별하고 배제한 것에 대한 고찰에서 한 걸음 나아가, 국가정책과 관련하여 성차가 어떻게 복잡하고 다양하게 구성되면서, 여성과 남성에게 영향을 끼쳤는가를 분석하려는 문제의식이다.[11)] 국가는 더 이상 계급의 도구로만 볼 수 없고, 국가의 정책을 합리적 구상의 산물로만 이해할 수도 없다. 생산양식의 요구 외에도 국가는 시민사회와 역동적인 상호관계 속에 들어 있다. 이러한 복합적인 과정 속에서 소수자인 성매매 여성이라는 프리즘을 통해 근대국가의 성격을 재성찰할 수 있을 것이다.

성매매와 국가의 관련성에 대해서는 쓰여진 연구서가 거의 없다. 레기나 슐테의 저서는 부르주아 세계와 성매매의 관계를 다룬 탁월한 저서인데, 전체를 망라하는 서술이다 보니, 국가와의 관계를 깊이 있게 천착한 것은 아니다. 또 다른 한편의 논문으로 리처드 에반스의 노작이 있지만, 이 역시 국가와의 관계를 구명하였지만, 실제로는 개괄적

10) Regina Schulte, *Sperrbezirke. Tugenhaftigkeit und Prostitution in der bürgerlichen Welt* (München: Europäische Verlagsanstalt, 1994), pp.31-34.

11) Geoff Eley, "German History and the Contradictions of Modernity: The Bourgeoisie, the State, and the Mastery of Reform", Geoff Eley, ed., *Society, Culture, and the State in Germany 1870-1930* (Ann Arbor, University of Michigan Press, 1997), p.100.

접근에 가깝다.12) 그 외에는 법학자들의 저서나 책이 있지만, 이는 법조문 위주로 분석이 이루어지고 있다. 그래서 이 글이 시도하는 근대국가에서 성, 시민성 그리고 국가가 교차하는 복잡한 관계성에 대한 분석은 전적으로 새로운 구성이 될 수밖에 없었다.

이 글에서는 국가의 성매매 여성에 대한 대응을 두 가지 경로를 통해서 살펴보고자 한다. 첫째로는 근대 독일에 들어와 제정된 성매매 관련 법안을 통해서 국가의 관점과 정책을 분석하고, 둘째로는 법의 집행주체인 경찰의 성매매 여성에 대한 대응방식을 분석하는 것을 통해서 성매매 여성이 만나는 국가의 모습을 보여줄 것이다.

2. 성매매 법안을 통해서 본 국가

1) 독일제국 이전

성병 창궐의 영향으로 16세기에 엄격한 풍기 관련 법령들이 나타나게 되었다. 우선 1530, 1548, 1577년의 제국경찰령은 부부관계가 성생활의 유일한 합법적 형태임을 명시하고, 혼외 성관계나 동거 등은 처벌행위에 해당하는 것으로 간주하였다. 여기에 추가하여 카알 5세는 신성로마제국 영토 내에서 모든 유곽을 폐쇄하였다. 이와 관련한 보다 상세한 규정은 지역에 따라 달랐지만, 국가의 시책은 큰 범위에서 성매매 철폐를 기본 윤곽으로 갖고 있었다. 주로 통용된 처벌은 위반자에게 수치와 창피심을 주는 것이었는데, 예를 들면 몸에 표식을 하게 하거나 귀를 절단하거나, 거리에 끌고 다니거나, 물에 담그는 등의

12) Richard J. Evans, op. cit. 참조.

방식이었다.[13]

그러나 18세기에 들어오면, 계몽사상의 영향아래에서 새로이 등장한 법체계에서는 새로운 발상 전환이 나타났다. 여기에서는 성경에 나오는 진리보다는 이성이 인간행위를 판단하는 기준이 되었고, 이제 처벌은 '신의 의지의 집행자'가 아니라 '입법자'가 담당하게 되었다. 성병 역시도 저지른 죄악에 대한 신의 처벌이기보다는, 국민 건강의 위협으로 이해되기 시작하였다. 또한 인권문제에 대한 관심이 늘어나자, 잔인한 처벌규정을 포함하는 형법에 대한 비판도 일어났고, 그 대안으로 법이 사회에 끼치는 해악에 근거하여 양형 기준을 마련할 것이 요구되었다. 성매매 여성의 경우, 성병 사실을 인지하면서도 영업행위를 하여 그것을 확산하였을 경우에만 처벌 대상이 되었다. 이제 형법은 풍기 유지 단속에 전념하지 않게 되었다. 이는 풍기문제를 법을 통해서가 아니라 개개인의 책임 영역에 맡겨두어야 한다는 당대 계몽사상가의 주장에서 영향을 받았을 것이다.[14]

18세기 동안 유곽제도는 다시 살아났을 뿐 아니라 번창하였다. 베를린의 경우 1780년에 100개의 유곽이 있었고, 한 집에 보통 3~9명의 성매매 여성이 종사하였다고 한다.[15] 이를 통해서 16세기 이래 엄격한 법조항을 통해 이루어졌던 성매매 근절 시도는 불가능한 기획이었음이 드러났다. 이제 성매매에 대한 법적 규정의 목표는 국민건강에 대

13) Katrin Malkmus, op. cit., p.33.

14) 이미 18세기 말/20세기 초부터 칸트나 피히테 등의 사상가들이 주장하는 대로 국가는 신민의 행복을 보증해야 하고, 신민의 자율성을 확대하고, 나아가 결혼의 파경이나 매음 등의 영역에는 개입하지 말아야 한다는 주장이 여기에서 영향력을 행사했던 것으로 보인다(Kurt Wolzendorff, "Polizei und Prostitution", *Zeitschrift Für die Gesamte Staatswissenschaft*, 1911, pp.238-239).

15) Sabine Gleß, op. cit., p.17.

한 위협을 가능한 한 방지하는 것이고, 그래서 성병 확산 방지의 관점에서 성매매 영업을 통제하는 데에 두어졌다.[16)]

이후 18, 19세기 동안 성매매에 대한 국가정책은 도시의 유곽에 대한 금지와 허가정책 사이를 왔다 갔다 하였는데, 이는 성병근절에 대해 국가가 얼마나 속수무책이었는지를 잘 보여준다. 1792년 2월 2일 경찰령으로 '청소녀 유곽유인 및 성병확산방지령(Verordnung wider die Verführung junger Mädchen zu Bordells und zur Verhütung der Ausbreitung venerischer Übel)'을 발표하였는데, 이는 위생경찰의 성매매에 대한 기본규정을 담은 것이었다. 이에 따라 성매매 여성은 규제조항을 준수하고 경찰의 통제 아래 있는 한에 있어서, 처벌로부터 자유로울 수 있었다. 구체적으로 이는 포주가 유곽영업을 시작할 경우 문서로 허가를 신청하고, 종사 여성은 신고해야 하는 것인데, 신고하지 않은 '거리의 성매매 여성(Gassenhuren)은 상응하는 제재를 받는 것을 의미하였다. 성병퇴치를 위한 노력과 관련하여서는 특히 상세한 보건규정을 보여주었는데, 예를 들면 성매매 여성은 정기적으로 성병검진을 받아야 하고(10조), 그 비용을 충당하기 위한 별도의 건강금고 관련 규정이 예고되었다. 성병에 걸린 성매매 여성에게는 영업행위가 금지되고, 이를 어겨 병을 전염시켰을 경우 경찰령에 따라 금고형에 처할 수 있었다. 또한 성매매 여성의 보호를 위해, 포주는 경찰과의 계약을 통해 권리, 의무 그리고 노동조건을 명기하여야 하였다. 여기에는 성매매 여성이 빚 때문에 유곽을 떠날 수 없을 경우에 대비한 보호조항도 포함되어 있었다(4조 1항).[17)]

1794년에 제정된 프로이센 일반국법(Allgemeiner Preussischer Landesrecht)

16) Ibid., p.15; Katrin Malkmus, op. cit., pp.35-36.

17) Ibid., pp.36-37.

에 포함된 성매매 관련 규정은 1792년의 경찰령을 보다 발전시킨 내용을 담고 있다. 성매매는 허가를 위한 유보조항을 담고 있긴 하지만, 금지된 행위였고, 이는 입법자들이 성매매를 여전히 범죄적인 것으로 규정하는 현실을 반영한다. 그러나 일반국법의 999조는 '성매매 행위는 신고되어야 하고, 이후 경찰 통제하의 유곽에서 행해질 수 있다.'는 1792년의 경찰령에서 한 발자국 더 나아가, 유곽을 제한된 장소에 설치해야 한다는 점을 명시하였다. 즉 집결지화(Kasernierung)에 해당하는 규정이 신설된 것이다. 여기에서 일반국법은 일련의 위생의무를 정하고 성매매의 통제와 감시를 경찰에 맡기면서, 성병의 확산 방지를 일차적인 목표로 두고 있음이 드러났다. 일반국법은 성매매 여성에 대한 보호 외에도, 어린 소녀의 영업이나, 속임수나 폭력에 의한 성매매 강요, 탈성매매 여성에 대한 훼방을 금지하고, 임신이나 산욕기에 대한 보호규정을 담았다. 계몽사상에 기초하여 완성된 일반국법에서는 '육체적 범죄행위(fleischlichen Verbrechen)'라는 하위 조항에서 성매매 영업에 대해 근원적인 거부 입장을 드러내면서도, 음란행위에 대한 처벌과 관련하여서는 종교적, 도덕적 문제는 괘념하지 않았다. 공공질서와 질서유지가 핵심적인 목표였기 때문이다.[18]

그러나 일반국법에 의해 허용된 집결지화는 그리 오래 가지 않았다. 시민계급이 강조하는 예법에 비추어 성매매의 허용에 대해 반대의 목소리가 높아졌고, 대외적으로 시민계급은 성매매와 분명한 거리를 두고자 하였다. 1809년 프로이센에서 진행된 성매매문제의 개혁을 둘러싼 최초의 논의과정에서 황제는 "유곽경제가 도덕성과 보건에 미치는 영향 때문에 경찰행정의 가장 중요한 대상이 되어야 한다."는 점을 강

18) Ibid., pp.38-39.

조하면서, 성매매가 도시의 번화한 지역에 허용되어서는 안 된다는 점을 강조하였다. 이러한 국왕의 요구에 부응하여 베를린의 유곽들은 시 외곽으로 이전되었고, "그 영업의 천박한 특성 때문"에 포주의 시민권은 박탈되었다. 해당 경찰감독관 조차 이런 제한조치가 오히려 더 큰 불상사를 초래할 것이라고 경고하였음에도 불구하고 시행된 이런 조치는 오히려 허가받지 않은 성매매를 증대시켰다. 여기에서 더 나아가 1846년에 유곽제도의 완전한 폐기가 이루어지자,[19] 이러한 비현실적인 조치는 무허가 성매매를 기하급수적으로 증대시켰고, 결국 1850년에 경찰권부는 내각령을 통해 다시 대도시에 유곽을 허용하기로 하였다.[20]

성매매 금지가 가져올 부작용에 대한 우려의 목소리에도 아랑곳하지 않고, 프로이센의 형법전은 1851년 영업행위에 해당하는 매음(Unzucht)을 원칙적으로 처벌할 것임을 선언하였다. 프로이센의 형법 146조는 "경찰규정에 반하는 영업행위에 해당하는 매음을 한 여성은 8주까지의 금고형에 처할 수 있다."고 규정하고 있고, 여기에 더하여 법원은 성매매 여성을 석방 이후에 노동교화소(Arbeitshaus)에 보낼 수 있도록 규정하였다. 그러나 이런 규정에서는 불명료성이 드러나고, 그래서 다양한 해석이 가능하였다. 프로에센의 형법 146조는 특별 경찰규정을 전제하고 있는데, 이는 영업적인 매음은 명백히 금지하고 있으나, 성매매 행위에 대해서는 근본적으로 처벌하지 않는다는 입장으로 정리될 수 있다. 여러 법안들을 통해서 유추해보면, 이때 입법자의 의지는 영업적인 성매매는 대체로 처벌하는 것이었는데, 이에 비해 거리의

---

19) 그러나 경찰의 감독하에 이루어지는 자율적인 성매매는 계속 허용되었다고 한다(Ibid., p.42).

20) 그러나 다시 5년 후에 유곽은 폐쇄되었다(Ibid., p.42).

개별 성매매 여성은 경찰규정에 종속되었기 때문에 처벌하지 않는다는 것이다.[21] 이 단계에 이르면 성매매는 더 이상 오랜 동안 풍기경찰(Sittenpolizei)[22]의 과제가 되어온 개별 국가신민의 도덕적 고양보다는 국민 전체를 성병으로부터 보호한다는 실용적인 목적에 더 치중하게 된다.[23] 이때부터 독일은 이미 프랑스에서 나폴레옹이 시행한 공창제를 사실상 받아들이게 된다.[24]

또한 1851년의 법을 따르자면, 프로이센 형법 147조는 "관행적으로 혹은 자신의 이익을 위해 한 성 혹은 다른 성 간에, 한 명 혹은 여러 명에게 매음의 기회를 중개하거나 유지하거나 제공하는 자는 알선행위로 처벌을 받는다."고 적시하고 있다. 이러한 규정은 전체 유곽의 경영주, 또한 허가받은 경영주도 포함하는 것이었다. 그러나 실제로는 형법은 모든 유곽의 폐쇄로 나아가지 못하였다. 프로에센 정부 역시도 형법의 가동 이후에도 유곽 혹은 그와 유사한 영업에 대한 허가를 내주었다. 그러나 이런 현실적인 허용에도 불구하고 때때로 프로이센 법원은 147조에 따라 허가받은 유곽의 경영주를 처벌하는 경우가 발생하

---

21) Ibid., p.43.

22) 풍기경찰은 독일 경찰 내에서 주로 성매매나 공중도덕 등을 분장했던 경찰을 뜻한다. 치안경찰을 포함한 다양한 분야의 경찰이 있었다. 그러나 풍기경찰은 근대적 경찰제도 이전부터 존재해왔던, 오랜 역사를 지닌 행정력의 하나이다. 이 책 356쪽 참조.

23) 성매매에 대한 이런 새로운 시도는 나폴레옹 이래 프랑스에서 실시되고 있는 공창제를 보다 행정적인 실리적인 차원에서 도입한 것 같다[Kurt Wolzendorff, op. cit., p.234; Anna Pappritz, "Herrenmoral", 1903, Marielouise Janssen-Jurreit, ed., *Frauen und Sexualmoral* (Frankfurt/M: Fischer Taschenbuch Verlag, 1986), p.83].

24) 공창제는 사실상 프랑스의 나폴레옹에 의해 시작되어, 전 세계로 확산된 제도로 보고 있다. 그 핵심적 관리방식은 등록제도, 강제성병검진, 특정지역으로의 거주지 제한이다. 이를 위하여 이나영, 「성매매: 여성주의 성정치학을 위한 시론」, 『한국여성학』 21-1, 2005, 46쪽 참조.

였다.[25] 이미 의회의 양원은 새로운 형법전을 다루는 과정에서 경찰규정에 상응하는 불처벌과 모든 형태의 유곽에 대한 처벌 사이의 모순을 인식하고 있었다. 그래서 하원의 회의록에서는 경찰에 의한 성매매 허용에 대한 우려를 해소하기 위해서, 이에 대한 검찰의 점검을 권고하였다. 마찬가지로 프로이센 법무부도 146조의 "경찰규정에 반하는"이라는 문구를 147조와 연동하여 읽기를 권고하였다. 그러나 최상급 법원은 여러 판결에서 유곽 경영주에게 무죄를 선고하였다. 결과적으로 이는 유곽 영업이 그 필요에 따라 용인되면서도 동시에 사회적으로는 범법 행위로 경멸당하였던 것이다.[26] 결과적으로 146조에 따라 성매매 관련 영업은 상세하게 규정되지 않은 경찰의 규정에 따라 춤을 출 수밖에 없게 되었고, 그래서 경찰 규정은 성매매 영업의 발전에서 결정적인 것이 되었다. 이제 성매매 영업은 법적으로 제한되지 않은 경찰권력의 전횡 아래 놓이게 되었다.[27] 경찰의 성매매 여성에 대한 실질적인 통제는 국가로부터 자유로운 개인의 사적 공간이라는 자유주의 시각에서, 혹은 법에 근거한 행정력 집행의 측면에서 보자면, 우려할 만한 일이었다. 특히 "의심스런 개인"에 대한 경찰의 감시에 법적인 정당성이 부여되는 것은 오늘날의 시각에서뿐만 아니라, 당대의 기준에서도 우려할 만하였다. 즉 경찰의 감독형태가 거의 형법상의 판결에 따른 조치처럼 내려졌으나, 그것의 집행에 있어 개인의 자유에 대한 제한이 최소화되어야 한다는 점은 제대로 점검되지 않았던 것이다. 결국 형법 146조는 새로이 형성되는 근대 법치국가의 틀 내에서 모순되게도 '시대착오성의 제도화(Institutionalisierung eines Anachronismus)'로 가는

25) Anna Pappritz, op. cit., p.83.

26) Sabine Gleß, op. cit., pp.48-49.

27) Ibid., p.51.

기초를 놓은 셈이다. 146조의 배경에 들어 있는 정신은 성매매에 대한 국가의 정교한 입법화와 그에 기초한 정책화보다는 법원의 판결 범위 내에서 성매매 여성에 대한 경찰의 관리로 무마하려는 것이었다. 국가는 성매매 여성을 법치국가적 통제 범위를 벗어난 규제 영역에 놓았던 것이고, 그래서 그 영업행위도 일반법의 범주에 끼울 수 없었다.[28]

2) 독일제국

1871년 독일제국이 창건되면서 새로이 만들어진 제국형법 361조 6항은 프로이센 형법 146조의 규정을 거의 글자대로 받아들였고, 그래서 "경찰의 규정에 반하여 영업행위에 준하는 매음을 하는 여성은 금고형으로 처벌받는다."라고 규정하였다. 이를 통해 전임자들이 만든 규정은 새로운 법전에서도 그대로 계승되었고, 그 법적 불명료성도 해소되지 않았다. 또한 361조 6항은 경과규정이 없이 위반 사례만을 언급하고 있다. 경찰의 규정이 영업에 대한 통제를 어느 정도, 어떤 방식으로 할지 여부, 즉 그와 더불어 경찰의 자의적인 조치를 어느 정도 허용할지 등은 여전히 정리되지 않고 있었다.[29] 하부 단위의 관리체제, 특히 지방경찰로의 관리위탁은 법적으로 규정되어 있지 않았기에, 이는 성매매 관리와 관련하여 경찰에게 백지위임장을 넘겨준 셈이었다.[30] 법안 이전부터 있었던 경찰에 의한 제한조치, 성매매 여성의 공공행사 방문 금지나 부재 시에도 경찰의 주택 진입 권한 등도 여전히 지속되었고, 프

---

28) Ibid., p.53.

29) 금고형 외에는 법원은 피고를 지방경찰에게 넘겨주었고, 이는 다시 교정을 위한 구금이나 강제노역소에의 배치 등을 2년까지의 기한으로 할 수도 있었다(Ibid., p.53).

30) Ibid., p.58.

로이센 이래 진행 되어온 논쟁, '성매매 여성의 처벌이 특별한 경찰규정을 필요로 하는가'도 여전히 남아있었다.[31]

앞서 말한 난관들 때문에 1876년에 다시 법의 근원적인 개정이 이루어졌다. 361조 6항의 새 법안은 아래와 같이 규정하고 있다.

> "영업적인 매음행위로 인해 경찰의 감독을 받는 여성은, 건강보호, 공공질서 그리고 공공 도덕성 관점에서 만들어진 경찰규정에 반할 경우 혹은 그러한 감독 아래 있지 않을 경우, 금고형의 처벌을 받을 수 있다"[32]

새 개정조항을 통하여 입법자들은 매음영업에 대한 일반적 처벌과 관련된 의견차를 해소하고자 하였다. 이 새 법안은 두 가지 다른 접근방식을 담고 있는데, 그 하나는 경찰 감독하에 있으면서도 그 규정을 어기는 자에 대한 처벌을 규정하는 것이다. 그러나 그 다음은 경찰의 감독하에 있지 않으면서 영업행위를 하는 성매매 여성을 범죄화하는 것이었다.[33]

이미 앞에서 밝힌 프로이센 형법의 147조, "관행적으로 혹은 자신의 이익을 위해 한 성 혹은 다른 성 간에, 한 명 혹은 여러 명에게 매음의 기회를 중개하거나 유지하거나 제공하는 자는 알선행위로 처벌받는다."는 내용을 1876년의 제국형법 180조는 그대로 이어 받았다. 그러나 이런 규정과 상관없이 모든 독일의 대도시에서 경찰이 허용하는 유곽은 여전히 존재하였다.[34]

---

31) 이러한 경찰규정은 이미 프로이센 시대에 만들어진 것이다. 이미 프로이센에서도 그 규정이 적법한가를 둘러싼 논쟁이 있었다(Katrin Malkmus, op. cit., p.44).

32) Ibid., p.44; Justus Olshausen, *Kommentar zum Strafgesetzbuch für das Deutsche Reich* (Berlin: Verlag von Franz Dahlen, 1886), pp.681-691.

33) Sabine Gleß, op. cit., p.58.

34) 이 책 357쪽 참조.

이 조항은 법적으로 두 가지 점에서 결격사유를 지니고 있었다. 실제로 이 규정은 성매매 여성에게 주택을 임대하는 사람이 형법상으로 저촉될 위험을 안고 있었는데, 왜냐하면 성매매 영업에 주거시설을 제공하는 것 자체가 매음을 진작하는 행위로 간주될 수 있기 때문이었다. '자신의 이익을 위해'라는 조항 자체에는 일상적으로 집세의 취득을 통해 재산상의 이익을 얻는 행위도 포함될 수 있기 때문이었다. 결과적으로 이는 성매매 여성이 주택을 임대할 수가 없게 하였다.

위의 조항은 가치나 이념의 측면에서 명백히 361조 6항과도 명백한 모순을 불러 일으켰다. 영업행위에 해당하는 매음의 경우에 경찰의 감독하에 있는 여성은, 관리 규정에 따라, 처벌받지 않았다. 이런 여성들은 어딘가에 거주하여 영업을 해야 했기에 임대가 불가피하였다. 또한 아주 적은 성매매 여성만이 주택을 소유할 수 있었기 때문에, 실질적으로 정상적인 임대관계로부터 배제될 수밖에 없었다. 180조의 해석에 따라 많은 집주인에 대한 형법상의 처벌이 이루어졌고, 그래서 포주라는 오해를 불식하기 위해서 집주인은 성매매 여성, 나아가 홀로 사는 여성에게 주거시설을 임대하려 하지 않았다. 그래서 성매매 여성뿐 아니라 독신여성도 주거공간 임대의 곤란에 시달렸는데, 위험부담 때문에 가옥주들은 훨씬 높은 임대료를 요구하기 때문이었다.[35] 이런 현상은 성매매 여성뿐 아니라 도시에서 혼자 살아가는 독신여성에 대한 국가의 인권침해가 지속적으로 이루어졌음을 알리는 것이고, 이는 독신여성에 대한 사회적 편견과 차별을 강화하는 역할을 하였을 것이다.

---

35) Katrin Malkmus, op. cit., p.47.

3) 바이마르 공화국

19세기 말에 이르면 경찰의 성매매 여성 관리제도에 대한 비판이 사회개혁가에 의해 제기되었다. 특히 국제적인 성매매 폐지연맹의 독일 지부에 속한 안나 파프리치(Anna Pappritz)와 카타리나 쉐벤(Katharina Scheven)은 여성의 권리박탈, 이중도덕 그리고 소위 말하는 '타락한 여성(gefallenen Mädchen)'의 인권문제를 전면적으로 제기하였는데, 현행의 관리제도의 장단점에 대한 공개적인 토론은 아마 성매매 역사 이래 최초로 진행된 사건인 듯하다. 공창제 존속론자와 폐지주의자 사이의 격렬한 논쟁과정에서 후자는 성매매 여성에 대한 관리는 성매매를 찾는 남성들의 위생보호를 목표로 성매매 여성에 대한 강제검진을 실시하고 이를 위해 여성을 관청의 감시 아래 두는 것임을 강조하였다.[36] 이들은 여성을 강제적으로 관청의 리스트에 올리고 이에 따라 정기적으로 치욕적인 강제검진을 받게 하는 일이 과연 국가의 권리인가를 질문하였다. 이 여권론자들은 성매매를 하나의 '악덕' 내지 '사회적 병리현상'으로 규정하면서, 이를 "사회적 그리고 윤리적 개혁"을 통해서 극복할 것을 주장하였다.[37] 이들의 견해로는 남성들이 처벌로부터 자유로울 뿐 아니라, 성매매에 대해 침묵하거나 성매매 이용의 권리를 공식적으로 인정받고 있기에, 성매매에 대한 투쟁은 성매매 여성을 향하기

---

36) Anna Pappritz, *Einführung in das Studium der Prostitutionsfrage* (Leipzig: Verlag von Johann Ambrosius Barth, 1919), p.225.

37) Ibid., p.220; Anna Pappritz, "Lässt sich die heutige Reglementierung reformieren und in welcher Weise?", *Zeitschrift für Bekämpfung der Geschlechtskrankheiten/ Im Auftrag der Deutschen Gesellschaft zur Bekämpfung der Geschlechtskrankheiten*, Bd. 1, Nr. 4, 1903, pp.357-358; Anna Pappritz, "Welche Schutz konnen Bordellstrasse gewahren?", *Zeitschrift für Bekämpfung der Geschlechtskrankheiten,* Bd. 3, 1905, pp.417-435.

보다는 특정한 전제조건에 근거하여 여성을 처벌하는 국가관리체제의 이중도덕에 대한 투쟁으로 나아가야 했다. 여권론자들은 성매매 극복의 방안으로 남성과 여성에게 동일한 가치 기준의 통용에 못지않게, 도덕주의 이상의 선전을 통해 사회의식을 바꾸어 갈 것을 강조하였다. 보다 구체적으로는 이들은 361조 6항을 없애고, 그 대신에 양성 모두에게 적용되는 형법 조항을 만들고, 보다 엄격하게 유곽을 금지하고, 성매매 여성의 주거조건을 어렵게 만드는 180조를 없애고, 마찬가지로 성병의 전염에 대한 남녀 상호처벌을 요구하였다. 이에 비해 폐지주의 운동의 반대편에 선 이들은 주로 의회의 시민계급 대표들이었는데, 이들은 현행 관리제도의 폐지를 요구하였지만, 성매매에 대한 일관된 단속을 주장하였다.[38]

성병의 실질적인 근절을 위하여 공동의 개혁프로그램을 마련하고자 하였던 의사, 법률가 그리고 사회학자들이 앞에서 언급한 성매매 폐지 운동에 합류하였다. 국가의 보건서비스 분야에서 일하는 의사들은 강제검진의 폐지를 주장하였는데, 만약 어떤 형법상의 후속조치를 염려하지 않아도 된다면, 성매매 여성들은 자발적으로 검진을 받을 것이라는 기대치 때문이었다. 이러한 개혁의 열정은 1916년 의사와 사회학자들이 중심이 된 인구정책위원회 구성으로 나타났다. 이어 1차 세계대전 중에 성병환자가 급격하게 증가하자, 의학적 주장이 공공 논쟁의 핵심으로 들어오게 되었다. 이어 바이마르 공화국이 들어선 1919년 국민회의(Nationalversammlung)에 참여하였던 여성의원들은 공창제의 폐지와 풍기경찰을 보건서비스 기구로 대체할 것을 요구하는 법안을 제출하였다. 이러한 노력들은 오랜 개혁과정을 거쳐서, 1927년 성병퇴치법

38) Sabine Gleß, op. cit., p.72; Anna Pappritz, "Lässt sich die heutige Reglementierung reformieren und in welcher Weise?", p.358.

(Gesetz zur Bekämpfung der Geschlechtskrankheiten, GeschlKrG)의 제정으로 결실을 맺는다.[39] 성병퇴치법이라는 명칭의 등장에서부터 우리는 성매매에 대한 국가정책의 패러다임 변화를 읽을 수 있다. 입법자들은 폐지주의자들의 요구에 부응하여 차별적인 관리제도를 배제하였다. 이제 성매매 여성들은 경찰의 관리하에서 벗어나 처벌받지 않는 영업행위를 할 수 있게 되었다. 새 법은 성매매 여성들이 자발적으로, 자신의 이해관계에 따라 검진을 받을 수 있게 하였고, 실제로 1927년부터 성병진료 수치가 확연히 증가하였다.[40]

이러한 패러다임 전환의 동기는 우선 풍기경찰의 단속에 토대를 둔 관리가 오히려 경찰에 대한 성매매 여성의 공포 때문에 성병통제를 더 어렵게 만든다는 점이 현실적인 동기로 작용하였을 것이다. 그러나 이와 병행하여 감독/관리의 폐지가 무허가 성매매를 줄임으로써 여성들의 탈성매매를 더 용이하게 할 것이라는 복지차원의 배려도 일정한 역할을 하였을 것이다. 또한 도시인구의 폭발적인 증가로 성매매 여성에 대한 실질적인 감독과 관리가 불가능하다는 점도 주요한 동기로 작용하였던 것 같다.[41] 1927년의 성병퇴치법은 독일에서 수백 년 간 이어 내려온 공창제의 폐지를 의미한다.[42]

그러나 불처벌이 용인되는 경계는 제시되었는데, 일탈행위를 예방하기

---

39) Katrin Malkmus, op. cit., p.50.

40) Ibid., p.51. 이미 1903년에 영국, 이탈리아, 스웨덴, 노르웨이 등의 국가에서는 성매매에 대한 규제를 없애거나 제한하는 시도가 나타나기 시작하였으니, 유럽적인 비교에서 볼 때 독일의 공창제 폐지가 상대적으로 늦었음을 알 수 있다(Anna Pappritz, "Herrenmoral", p.83).

41) Sabine Gleß, op. cit., p.79; Margarete Gräfin von Galen, *Rechtsfragen der Prostitution. Das Prostitutionsgesetz und seine Auswirkungen* (Müenchen: Verlag C.H. Beck, 2004), pp.1-2.

42) Ibid., p.1.

위하여 성매매에서 나타나는 '공공의 질서를 해치는(gemeinschaftsschädliche)' 처신은 처벌받도록 하였다.[43] 361조 6항에 따르면 "공공연히 풍기(Sitte)나 예의범절(Anstand)을 해치거나 혹은 타인을 괴롭히는 방식으로 매음을 요구하거나 제공하는 사람"은 처벌을 받는다는 것이다. 361조 6a항은 "일상적으로 교회나 학교 혹은 어린이가 다니는 특정한 지역, 3살에서 16살 사이의 어린이나 청소년이 사는 주택에서 혹은 인구 1만 5천명 이하, 그래서 상급 관청이 어린이 보호나 공공의 예절을 보호하기 위해서 상응하는 규정을 만든 지역사회에서, 영업 목적의 행위를 하는 경우에는 매음을 하는 것"으로 규정하였다. 이런 조항의 배경에는 입법자들이 성매매가 가시화되는 것을 줄이고자 하는 의도가 담겨 있는 것 같다. 그러나 우려한 대로 성병퇴치법의 제정 이후에, 특히 대도시의 거리에서 성매매는 눈에 뜨이게 늘어났다.[44]

또한 성병퇴치법은 성매매 알선과 관련하여 두 조항을 더 첨가하였다. 우선 1항에서 "성매매 알선행위는 유곽 경영이나 유곽과 유사한 영업에 해당된다."는 점을 밝혔고, 2항은 폐지주의자의 요구를 반영하여 유곽의 금지를 현실화하였다. 그러나 당대의 사회에서 유곽폐지의 실질적인 효용성에 대해서는 첨예한 의견차가 드러났다. 비판자들은 이런 규정이 성매매 여성들이 은폐된 곳에서, 혹은 더러운 선술집에서 영업을 하게 할 것이라는 우려를 제기하였다. 더 나아가 홀로 일하는 경우보다는 유곽에서 일하는 성매매 여성에 대한 보건상의 감독이 더 용이할 것이라는 의견도 제시되었다. 이에 대응하여 유곽의 폐지론자들

---

43) 그러나 이런 조항은 사실상 문제가 많았는데, 많은 이들에게 영업적 매음행위를 공개적으로 제공하는 것 자체가 도덕이나 예의범절의 타락으로 받아들여졌기 때문에, 성매매 여성들은 이 법 개정에 따라 자신들이 다시 처벌의 위험에 처할 수 있다고 보았다(Katrin Malkmus, op. cit., p.51).

44) Ibid., p.52.

은 유곽주인이나 다른 성매매 여성과 지속적인 접촉을 가지면 가질수록 성매매의 늪에서 해방되기가 어려울 것이라는 점을 강조하였다. 새로운 입법은 그녀들이 시민적인 생활로 돌아가는 길을 보다 용이하게 할 것이라는 것이다.[45)]

국가의 방향 전환은 3항에서도 드러나는데, 이를 통해서 성매매 여성의 주거문제를 해결하고자 하였다. "18세를 넘긴 사람이 주거공간을 가지고자 할 때, 이와 더불어 해당인에 대한 착취 혹은 매음으로의 유인이나 매음의 지속과 연계될 경우, 1항에 따라 처벌한다."는 조항을 통해 임대행위 자체가 매음을 진작하지는 않는다는 점을 명백히 하였다.

또한 성병퇴치법 17조는 영업행위에 준하는 매음의 행위를 목적으로 하는 성매매를 특정한 거리나 주택단지로 주거지를 제한하는 것이 법적으로 정당하지 않음을 선언하면서, 집결지화의 포괄적인 금지를 입법화하였다. 이는 성매매 여성의 시민사회로부터의 공간적 분리에 대해 명확하게 반대 입장을 표명하는 것이었다. 이런 법안의 개정에 대해서도 찬반의 논란이 있기는 하였지만, 이를 통해서 성매매 여성들의 상황은 개선되었다고 말할 수 있다.[46)]

대신에 새로이 성안된 성병퇴치법 4조는 성매매 여성에 대한 관리의 기본조건을 예시하였다. 이 법에 따르면 해당 보건소는 "성병에 걸렸거나 성병을 확산할 수 있다고 의심되는 사람은 의사의 진단서, 단지 납득될 수 있는 예외 사례의 경우에는 해당 보건소가 임명한 의사가 발행한 진단서를 제출하거나 아니면 그런 의사를 통한 검진을 받아야 한다."는 점을 명시하고 있다. 이를 넘어서서 성병을 확산할 것으로 의심되는 환자는 강제적으로 치료과정을 거치게 하였다. 물론 이런 조항은

45) Ibid., p.52.

46) Ibid., p.53.

자구대로 해석하자면, 꼭 성매매 여성에게만 해당하는 것은 아니다. 그러나 현실에서는 이 법 조문은 결국 일방적으로 성매매 여성에게만 통용되었다. 성매매 여성은 주기적으로 의학적인 검사를 받아야 하였고, 이러한 관리의 빈도는 상세한 경과규정이 없는 까닭에 도시에 따라 많은 차이가 있었다. 결론적으로 정리하자면, 1927년 법안 이후 성매매는 용인되었으나 사회적으로는 비도덕이고 반사회적인 것으로 치부되었다. 또한 규제주의의 철폐에도 불구하고 성매매 여성에 대한 정기적인 성병검진을 통해서 이들에 대한 규제도 보다 완화된 형태였지만, 계속되었다고 말할 수 있다.[47)]

1927년 성병퇴치법이 제정된 이후를 잠깐 소개하기로 하자. 성매매는 용인되었으나, 유곽의 경영은 모두 처벌을 받았다. 이런 법적 상황은 오래 지속되었고, 1970년대 이래 성매매 여성의 자조운동이 일어났고, 1980년대에 이가 활발해졌다. 이 과정에서 성매매 여성은 여전히 사회법이나 노동법적으로 보호받지 못한다는 점이 지적되었고, 결국 2001년 사회민주당/녹색당 연정하에서 성매매 여성의 지위를 보다 개선하는 법안이 통과되었다. 이를 통해서 강요하지 않는 한 영업행위의 중개는 처벌받지 않게 되었고, 보험이 의무화된 고용관계가 이루어지게 되었다. 결국 성매매 여성의 지위향상을 위해서 범죄적 현상을 감

---

47) Ibid., pp.53-54; Margarete Gräfin von Galen, op. cit., p.2. 바이마르 문화와 관련하여 성적 평등과 자유에 대한 환상이 있었지만, 이는 60, 70년대 연구에서 많이 깨어졌다. '신여성' 담론이 팽배하였음에도 불구하고, 바이마르 시대의 성에 대한 태도에서는 새로울 것이 없었다는 것이다. 예를 들면 재생산, 우생학, 인구정책 등에 관심이 높았던 전문직들에게 성의 자유는 위험한 요소였다[Anita Grossmann, "Continuities And Ruptures. Sexuality in Twentieth-Century Germany: Historiography and Its Contents", Karen Hagemann and Jean H. Quataert, ed., *Gendering Modern German History. Rewriting Historiography* (New York & Oxford: Berghahn Books, 2007), pp.208-215].

소시키기 위한 조처로 행해진 이 법안개정을 통해서 그들을 향한 '비도덕적'이라는 딱지는 떼어지게 된 셈이다.[48] 그러나 성매매의 자유화는 성매매의 증가를 가져온다는 페미니스트의 비판이 제기되면서, 성매매 문제는 여전히 열띤 토론의 한복판에 놓여 있다.

3. 경찰의 대응

경찰이 성매매 관련 주체로 나선 것은 오랜 역사를 지니고 있다. 이미 중세시대부터 성매매나 공공도덕을 관장하는 풍기경찰이 등장하였고, 그 존재와 기능은 중세시대 내내 이어진 것은 주지의 사실이다.[49] 풍기경찰이라는 용어 사용에서부터 근대 독일국가는 중세 이래의 전통적인 관리방식을 그대로 계승하고 있다는 혐의를 받을 수밖에 없다. 그럼에도 불구하고 근대 독일에서 사회적 소수자인 여성에 대한 경찰의 대처방식에 주목하는 것은 국가의 대리인인 경찰이 얼마나 근대성에 부응하는 역할과 기능을 수행하였는가를 묻기 위함이다.

이미 앞에서 언급한 1809년의 논의에서 프로이센의 황제는 베를린 경찰에게 "유곽경제가 사회의 도덕이나 국민건강에 미치는 영향 때문에 그것이 경찰행정의 가장 중요한 대상이 되어야할 것임"을 내각령을 통해 특별히 강조하였다. 이러한 조치를 통해서 국가는 직접적인 개입보다는 경찰력을 통해서 성매매에 대한 관리와 통제를 확대해 갔다.[50]

---

48) Ibid., pp.6-11; Strafrecht, *Stud-Jur Nomos Textausgaben* (Baden-Baden: 2003), pp.62-68.

49) Kurt Wolzendorff, op. cit., p.9, p.12.

50) Ministrial-Reskript vom 8. 11. 1809(Katrin Malkmus, op. cit., p.41에서 재인용). 위의 황제의 발언은 풍기문란에 대한 고려에서 나온 것이지만, 국가가 성매매문제를

이제 국가로부터 권한을 위임받은 경찰의 대리전이 본격화되었다.

1851년의 프로이센 형법전은 성매매에 대한 규제방안으로 그간 법적으로는 규정되지 않았던 경찰의 관리를 최초로 명시하였다. 146조 1항에 따르자면, "경찰규정에 반하여 영업적인 매음행위를 한 여성"은 8주의 금고형까지 내릴 수 있었다. 이미 앞에서도 밝힌 대로 이렇게 1851년 형법에 기초하여 경찰에 의해 만들어진 규정은 근대 법치국가로서는 우려할 만한 것이었는데, 특히 그 기준의 불명료성은 경찰을 통해 국가가 지속적으로 성매매 여성의 법적 권한을 침해하도록 하였다. 더욱 놀라운 점은 경찰규정의 실질적인 적법성 여부가 형법 집행과정에서 제대로 점검되지 않은 것이다. 당대 사회에서 공창제의 집행과정에서 도대체 사적 영역에 대한 침해가 그렇게까지 나갈 수 있는지 여부에 대한 법학적인 토론도 거의 진행되지 않았다. 법치국가에서 최선의 행정이라면, 경찰령이 입법화되고 그 범위 안에서 경찰규정이 만들어져야 하였다. 그러나 이런 절차 없이 개별조치를 통해서 성매매 여성에 대한 관리를 추진하고 있었던 것이다.[51)]

또한 당시 유곽에 대한 풍기경찰의 감시는 복잡할 뿐 아니라 이중도덕적인 잣대에 근거한 것이었다. 즉 경찰은 법리상으로는 도저히 불가능하지만, 경험적 판단에 따라 성매매를 허용하였기 때문이었다. 유곽은 당시의 법적 기준으로는 명백히 금지된 경우에도, 많은 도시에서는 경찰의 용인아래 운영되고 있었던 것이다.[52)]

1876년에 정비된 361조 6항에 따르면 경찰규정의 제정에 있어서 유

경찰에게 위임했던 것은 경멸의 대상이었던 성매매를 국가가 직접 관장한다는 부담과 더불어, 매음영업에 대해 국가의 개입을 경고하는 계몽사상가들의 발언도 일정한 영향력을 행사했던 것으로 보인다. 주) 12 참조.

51) Sabine Gleß, op. cit., pp.55-57.

52) Katrin Malkmus, op. cit., pp.43-44.

일한 근거는 건강, 공공질서 그리고 공공도덕에 기여해야 한다는 것이었다. 달리 말하면 이는 성매매에 대한 경찰의 관리가 1) 성병확산 예방, 2) 도덕적 타락이 공공영역에 미치는 문제, 3) 하층의 도덕적 타락과 일탈 방지를 목표로 설정하고 있음을 보여주는 것이다. 그렇지만 19세기 초의 국가나 경찰의 성매매관련 정책이 주로 공중도덕의 타락문제에 더 주목하였다면, 19세기 후반으로 갈수록 음란방지 보다는 성병예방에 더 방점이 두어졌다.[53)]

새로이 정비된 법 조항의 집행은 지역경찰에게 위임되었는데, 이에 따른 유일한 전제조건은 "영업적 매음행위를 하는 사람은 관리 감독해야 한다."는 것이었다. 이런 하부단위의 관리과정은 형법에 규정되어 있지 않았고, 그래서 지역을 총괄하는 어떤 절차적 합의나 기준이 없었다. 이런 상황에서는 경찰의 관리 과정에서 한 여성이 본인의 의사와는 관련 없이 성매매 여성으로 얼마든지 등록될 수 있었다. 실제로 경찰의 관리 대상인 여성은 달리 직업을 바꾸거나 귀향한 경우에도 다시 경찰에 등록할 의무가 있었고, 경찰 또한 새 주소지의 경찰에게로 탈성매매 여성의 이동을 고지하곤 하였다. 이는 현실적으로 탈 성매매를 방해하거나 해당 여성의 인권에 대한 상당한 침해를 가져왔다.[54)]

경찰의 관리체제 전체를 조망하자면, 어떤 일원화된 제국의 경찰규정도 존재하지 않았는데, 이는 각 주마다 경찰이 각기 다른 규정을 만들고 이를 자의적으로 집행하게 하였다. 이렇게 지역적으로 서로 다른 제도로 분열되어 있는 현실은 성매매문제와 관련하여서는 법적 불안정 상황이 지속되고 있음을 의미한다. 오히려 다양한 관리방식은 '관리여성(Kontrollmädchen)'의 지위를 다양화하였는데,[55)] 단지 공통점이

53) Sybille Krafft, op. cit., pp.20-24; Richard Evans, op. cit., pp.117-118.

54) Sabine Gleß, op. cit., pp.59-60.

있다면 인구 2만 명 이상의 도시에서는 모든 성매매 여성은 자발적, 혹은 강제적으로 소위 말하는 등록리스트(Inskribierlisten)에 신고하여야 하는 것이다. 물론 이런 등록은 성매매 여성 혹은 성매매 혐의를 받은 여성의 시민사회로부터의 축출을 의미하는 것이었다.[56]

강제등록의 테두리 내에서 강도가 높은 그리고 강도가 낮은 관리시스템이 있었는데, 전자는 사적인 자유에 많은 제한을 받았고, 그래서 주로 특정한 거리나 유곽에 거주해야 하는 경우였다. 이에 비해 후자는 성매매 영업행위의 의혹을 받는 여성으로, 주로 정기적인 검진을 받는 정도였다. 그래서 선의를 지닌 경찰을 만난 경우에는 관리체제에서 빠질 수도 있었다. 관리리스트로부터 빠지는 과정에서도 어떤 일관된 경과과정이 없어서 많은 문제가 나타났다. 다시 말하면 탈성매매 자체가 풍기경찰의 판단에 따라 이루어졌기 때문이었다.[57]

경찰의 조치에 있어서 지역적인 편차도 크게 나타났다. 경찰은 성매매 여성의 집결지화를 진행하기도 하였고, 도시에 따라 유곽을 허용하기도 하고, 금지하기도 하였다.[58] 등록된 성매매 여성의 영업은 공적으로 용인되었으며, 풍기경찰의 규제하에 있었지만 상대적으로 영업의 자유를 누릴 수 있었다. 그러나 생계를 위해 일시적으로 성매매에 종사하는 미등록 성매매 여성의 경우에는 언제라도 경찰의 감시나 자의적인 체포의 대상이 될 수 있었다.[59] 특히 이들은 유곽이라는 한 단위

---

55) 이 명칭은 1876년 법 개정이후 경찰이 공식적으로 사용한 명칭이다. 이를 통해서도 19세기를 관통하는 국가의 관점을 읽을 수 있다(Ibid., p.54).

56) Katrin Malkmus, op. cit., p.45.

57) Ibid., p.46.

58) 함부르크, 킬, 브레멘, 도르트문트, 스튜트가르트에서는 사창가가 설치되었으나, 이가 베를린이나 뮌헨에서는 금지되었을 뿐 아니라 경찰규정에 따라 성매매 여성은 엄격한 감시체제 안에 들어갔다[Regina Schulte, *Sperrbezirke. Tugenhaftigkeit und Prostitution in der bürgerlichen Welt* (München: Syndikat, 1994), p.173].

이기 보다는 개별적으로 영업을 하는 경우가 많았기에 이들에 대한 경찰의 인권침해의 강도가 더 높았을 것이라 추정된다. 뿐만 아니라 등록된 성매매 여성은 실제 성매매 여성의 10%에 불과하였을 것이라는 당대의 추정치를 감안하자면, 대다수를 차지하였던 미등록된 성매매 여성에 대한 경찰의 전횡은 상당히 심했을 것으로 보인다.[60] 뿐만 아니라 경찰의 통제는 성매매 여성의 영업행위뿐 아니라 사생활 영역에 대한 침해로까지 이어졌다. 또한 성매매 여성들은 단정한 옷차림을 하여야 하고, 남성복을 입는 것도 금지되었다. 거리나 도시의 곳곳에서 다른 사람의 이목을 끄는 처신을 해서는 안 되었다. 베를린의 특정한 거리, 예를 들면 번화가나 관청 밀집지역인 티에르가르텐(Tiergarten), 포츠담머플랏츠(Potsdamer Platz), 알렉산더 가(Alexanderstrasse) 등의 수십 개에 이르는 거리에도 들어갈 수 없었다. 교회, 학교, 고등교육기관, 궁궐, 공공건물에도 머물 수 없었고, 이런 기관의 근처에 거주할 수도 없었다. 또한 극장, 박람회장, 카페, 콘서트홀, 요식업소, 무도회장에도 갈 수 없었고, 여행을 위한 승차권을 소지하지 않고서는 기차역이나 지하철역에도 들어갈 수 없었다. 지붕이 없는 마차나 자전거를 타는 것도 금지되었다. 요식업소에서는 눈에 띄는 행동은 삼가야 하였고, 끽연이나 소음내기, 노래 부르기 등도 금지되었다. 성매매 여성의 집에 남성이 방문하였을 경우에는 반드시 창문을 닫고 커튼을 쳐야 하였다. 이사를 하였을 경우, 3일 내에 신고를 하여야 하고, 아니면 늦어도 다음 성병검진 시까지는 반드시 풍기경찰에 알려야 하였다. 그러나 이

---

59) Christiana Hilpert-Fröhlich, *'Auf zum Kampfe wider die Unzucht' Prostitution und Sittlichkeitsbewegung in Essen 1890-1914* (Bochum, Hugendubel, 1991), p.18.

60) E. V. Düring, "Die Bodellfrage", *Zeitschrift für Bekämpfung der Geschlechtskrankheiten*, Bd. 4, 1905, p.114; Regina Schulte, op. cit., p.174; Richard J. Evans, op. cit., p.115 참조.

모든 것보다도 가장 심각한 사생활 침해는 가택을 조사하고자 하는 경찰관의 요구가 있으면, 밤낮을 가리지 않고 항시 이에 응하는 것이었다.[61] 베를린의 경우에는 성매매 여성의 행동을 감시하는 정보원들이 도처에 있어서, 마음 놓고 나다니기가 어려웠다. 에쎈(Essen)의 경우에는 성매매 여성은 가로등이 켜진 이후에는 외출할 수도 없었고, 게라(Gera)에서는 집안으로 알코올을 반입하는 것도 금지되었다.[62]

이렇게 경찰에 의해 성매매 여성의 사생활이 자의적으로 침해되었을 뿐 아니라, 몸도 감시의 대상이자, 통제의 대상이었다. 1902년 베를린 경찰은 경찰규정을 발표하였는데, 이에 따르면 우선 성매매 여성은 I, II, III 등급에 따라 1주일에 2회, 1주일에 1회, 2주일에 1회의 성병검진을 받아야 하였다. 그들의 신체는 항상 질병, 전염, 反사회성 등과 동일시되었으므로, 감시당하고 처벌당하였다. 성병이 한 번 발견될 경우 새로운 검사－등록－치료－병동에의 격리라는 행정조치의 연쇄고리에서 헤어나지 못했다. 거리에는 등록－관청에의 보고－사창가 감독－경찰에의 정기적인 출석에까지 이르는 성매매 여성에 대한 감시의 네트워크가 작동하였고, 이를 총괄하는 것은 경찰이었다. 결론적으로 정리하자면 성매매 여성들을 향한 이중의 억압체계가 있었는데, 그 하나는 경찰에 의한 통제와 사생활 침해이고, 다른 하나는 신체에 대한 의학적 통제였다. 이런 조건아래에서 성매매 여성은 경찰의 행동규정이나 의학체계의 요구에 절대적으로 복종하거나 길들여지면서, 사회로부터 격리하거나 소외된 채 살아가게 된다. 또한 여성들은 경찰의 추적에 대한 강박증에 빠져 있고, 그 공포에서 벗어나고자 자발적으로 경찰에 신고하기도 하였다.[63]

---

61) Regina Schulte, op. cit., pp.176-180.

62) Christiana Hilpert-Fröhlich, op. cit., pp.18-19; Sabine Gleß, op. cit., p.43.

실제로 성매매 여성의 일상생활은 끊임없이 경찰의 공권력과 부딪히고, 처벌을 받고, 풀려나는 과정의 반복적인 과정이었던 것으로 보인다. 1907년 의사인 휴뷰너가 자신의 성병 환자 64명을 상대로 조사한 결과에 따르자면, 대체로 361조 6항에 따라 처벌된 이들은 평균적으로 30.7회 처벌을 받은 것으로 드러났다. 브레스라우에서 본회퍼에 의해 진행된 조사에서는 조사대상 여성들은 평균 18회의 처벌을 받은 것으로 드러났다.[64] 이런 수치를 통해서도 우리는 성매매 여성의 일상이 경찰에 대한 공포와 공권력에 의한 인권유린이라는 악순환의 고리에 있었음을 알 수 있다. 당시 여성의 성매매로의 유입이 성매매의 상업화와 하층의 빈곤에서 기인하는 것이라는 점을 상기한다면, 근대국가 독일이 여성에게 가하는 폭력을 실감할 수 있게 해준다.

마지막으로 경찰의 관리과정에서 명료히 계급적인 속성이 드러나기도 하였던 점을 지적하고 싶다. 대도시를 중심으로 돈 많은, 까다로운 상류층 남성을 상대하는 고급유곽이 있었는데, 이들은 외형적인 모습이나 내부적인 시설에서 2, 3류 유곽과는 판이하게 달았다. 이런 유곽들은 엄격하고 건전한 분위기를 풍겼고, 성매매 여성이 창가나 거리에

63) Regina Schulte, op. cit., pp.182-185.

64) 비교적 처벌 회수가 낮은 여성은 1) 일찍이 시설에 수용되었거나, 2) 일시적인 성매매에 종사하였던 것 같다(Arthur Hermann Hübner, "Über Prostituierte und ihre strafrechtliche Behandlung", *Montasschrift für Kriminalpsychologie und Strafrechtsreform*, 1907, pp.646-647). 이에 비해 1874년의 조사를 통해서 슈바버는 일단 한 번 경찰처벌을 받으면, 이는 계속 반복된다는 점을 지적한다. 그러나 3872명의 처벌자 중에서 2580명이 1~3회 처벌을 받았다는 점으로 미루어 볼 때, 1907년에 비해 상대적으로 처벌횟수가 적은 것을 보여준다. 이는 후기로 갈수록 자본주의적 발전과 더불어 상업적 성매매는 확산되고, 그만큼 처벌의 횟수는 늘어났다는 해석이 가능해진다(H. Schwabe, "Einblicke in das innere und äussere Leben der Berliner Prostitution", *Berliner Städtistisches Jahrbuch für Volkswirtschaft und Statistik*, 1874, pp.70-71).

서 호객행위를 하지도 않았고, 그녀들은 야하거나 노골적인 옷차림을 하지도 않았다고 한다. 이곳에 있는 여성들이 처벌받는 사례는 드물었다. 1907년 베를린의 한 풍속경찰은 '이런 고급 여성들은 통제가 불필요하다.'고 단언하듯이 말하였다. 이 여성들은 성병에서부터 경제문제에 이르기까지 모든 사안들을 스스로 깔끔히 해결하기 때문이라는 것이다.[65]

4. 맺음말

급격한 산업화가 동반한 도시화의 물결 속에서 성매매는 대중화되고 상업화되어갔다. 성매매의 증대는 남녀의 성관계에서 육욕적 감각을 배제하고, 결혼과 가족의 신성함을 실행하고자 하였던 시민계급의 도덕과 배치되었다. 시민계급의 가치가 승리를 거두었던 바로 그 시기에 성매매가 급증한 것은 시민사회가 스스로 모순을 드러낸 것이었다.

늘어나는 성매매 여성과 성병에 대처해야 하는 상황에 직면하여 고심하던 독일은 성매매에 대한 관용정책과 범죄화 사이에서 진자운동을 하면서, 유곽의 폐쇄와 허용을 반복하였다. 이렇게 근대국가 독일이 성매매에 관한 한 일관성을 가지지 못한 이유는 시민계급이 자랑하는 자유주의 신조아래 보장되어야 하는 사적 자율성과 공공도덕의 유지 사이에서 충돌과 모순이 발생하였기 때문일 것이다. 또한 국가는 도시에 몰려드는 대중들의 성적 충동을 해결해야 하면서 동시에 시민가정의 아내와 딸들을 간통과 강간의 위험으로부터 보호하여야 했다. 이런

65) Sybille Krafft, op. cit., pp.123-128에서 재인용. 그 외에도 Regina Schulte, op. cit., p.111 참조.

사고방식은 성매매 확산에 크게 기여하였다. 동시에 시민을 성병의 확산으로부터 보호하고, 시민계급이 강박적으로 지키고자 하였던 시민적인 윤리, 즉 '성의 정상성'을 지켜내어야 하였다.[66] 또한 국가는 자본주의의 확산과 함께 등장하는 성 산업의 이해관계도 보장하여야 하였을 것이다. 이 상충되는 요구들 사이에서 국가는 오락가락 하였다. 결국 성매매를 공공영역으로부터 축출하여 집결지로 고립시키고, 강력한 성병관리를 하면서, 남성의 성욕을 충족시키는 방향을 선택하였다. 그래서 큰 틀에서 바라보자면, 근대국가 독일의 성매매 정책은 공창제라 말할 수 있다. 프로이센 이래 권위주의적 국가 전통 속에서 근세 초, 여느 국가보다도 성매매에 대해 엄격한 통제정책을 행사하였던 독일은, 19세기 후반부에 들어와서야 앞서 간 프랑스의 모델을 흡수하면서, 사실상 국가 관리하의 성매매를 선택하였던 것이다.

이때 국가로부터 백지위임장을 받은 경찰도 이중적 잣대 사이에서 어정쩡한 중간 지점을 선택하였다. 한편으로 법적으로는 금지된 유곽을 허용하기도 하지만, 달리는 법적으로 제대로 정의되지 않는 경찰규정을 통해서, 경찰은 성매매 여성에 대한 직접적인 관리자이자 억압자로 군림하였다. 이를 통해서 성매매 여성, 나아가 여성 일반에 대한 광범한 인권침해가 일어나게 된다. 근대성이 담보해야 하는 시민권이나 개인의 자율성은 소수자인 성매매 여성에게는 지켜지지 않았고, 보호자를 동반하지 않은 젊은 여성의 행동의 자유도 현격히 제한되었다. 또한 집행주체인 경찰은 중앙정부보다도 더 권위주의적인 관리자였음이 도처에서 드러났다.

여기에서 우리는 젠더의 관점에서 성매매의 역사에 접근하는 과정

---

66) 이를 위하여 정현백, 『민족과 페미니즘』(당대, 2003), 197-205쪽 참조.

을 통해, 근대성의 병리학을 읽게 된다. 성매매는 확산되면서 더욱 광범하게 사적 매매와 소비의 영역으로 확산되어가고 있으나, 이 과정에서 빈곤으로 인해 성매매를 강요당하는 여성들에 대한 착취와 억압은 강화되기에 이르렀다. 19세기 후반에 이르러, 성매매에 대한 국가정책에서 공공도덕의 유지보다는 성병 방지에 더 역점이 주어졌던 것을 통해서, 국민의 안녕과 보건에 더 집중하는 근대국가의 면모를 보여주었지만, 근대국가가 지향하였던 근대성은, 특히 젠더 전략과 관련하여, 그 파열음을 드러내었던 것이다. 또한 1927년 이후 개정된 성병퇴치법은 강제검진을 포함한 여성에 대한 인신적 제한은 어느 정도 개선되었으나, 결과적으로는 성 매매의 확대에 기여하였다. 근대 독일에서 성의 역사를 통해서, 특히 소수자 여성을 통해서 본 국가는 전근대성을 일정하게 계승하였을지라도 결국은 개인의 자유나 몸에 대한 자율성의 보장 대신에 자본의 이해관계에 잘 적응하는 근대성, 즉 굴절된 근대성을 관철하는 '근대성의 병리학'을 읽어낼 수 있다.[67]

---

67) Anita Grossmann, "Continuities And Ruptures. Sexuality in Twentieth-Century Germany: Historiography and Its Contents", pp.209-210. 그 외에도 Malcolm Waters, "General Commentary: The Meaning of Modernity", Malcolm Waters, ed., *Modernity. Critical Concepts,* Vol.1, London & New York, Routledge, 1999, pp.xii-xxiii.

제3부

현대사회의 균열과 비판적 역사이론의 대두

해방 직후~정부 수립기의 민족주의와 파시즘

후지이 다케시

> 무엇보다 파시즘에 기회를 주고 있는 것은 역사적 규범으로서의 진보의 이름으로 그 반대자가 파시즘에 대항하고 있다는 것이다.
>
> —W. Benjamin

1. 머리말

방기중이 그 연구자로서의 생애 마지막에 씨름한 큰 화두는 파시즘이었다.[1] '식민지파시즘'이라는 새 개념을 제시하면서 야심차게 진행된 이 프로젝트는 끝내 총론이 쓰이지 않은 사실로 상징되듯이[2] 결과만을 놓고 보면 약간 흐지부지된 감이 없지 않아 있다. 특히 방기중이

---

1) 이 글은 2008년 11월에 역사문제연구소 소장으로 계시다 돌아가신 방기중 선생님을 추모하기 위해 『역사문제연구』 24호에서 꾸며진 특집용으로 쓰인 글이다.

2) 방기중, 「편자 서문」, 방기중 편, 『일제 파시즘 지배정책과 민중생활』 (혜안, 2004), 10쪽.

'식민지파시즘'이라는 개념에 대해 직접적으로 정리한 것이 없기 때문에 그가 이 말에 정확히 어떠한 내용을 담으려고 했는지 이제 와서는 알 길이 없다. 그나마 총론적인 성격을 띤 글이라고 할 수 있는 「일본파시즘 인식의 혼돈과 재인식의 방향」 역시 일본파시즘에 관한 연구사를 검토한 것으로 '식민지파시즘' 자체에 대한 언급은 없지만, 이를 통해 방기중의 파시즘 이해에 대해서는 어느 정도 알 수 있다.[3)]

이 글은 1930년대 후반 이후 "일본의 정치체제 · 지배질서를 기본적으로 파시즘체제로 규정"[4)]하면서 최근 일본 학계에서 등장한 새로운 동향을 비판적으로 검토한 것인데, 주로 비판의 도마 위에 오른 것은 '전시체제론'과 '총력전체제론'이다. 그 비판의 자세한 내용에 대해서는 여기서 언급하지 않겠지만, 방기중은 파시즘체제의 역사적 특질에 대해 자본주의의 위기와 그 극복방안이라는 관점에서 해명할 필요성을 역설하면서, 정치사상 또는 사회시스템이라는 관점에 치우친 연구경향을 비판한다. 일본의 "'전후역사학'에 연대의식을 분명히 드러낸 것"이라고 스스로 인정하듯이[5)] 방기중의 입장은 맑스주의적인 시각을 견지한 것이라고 할 수 있는데, 이와 같은 '반시대적' 태도는 담론수준의 분석에만 치중하는 경향을 보이는 최근 한국의 사상사연구를 성찰하기 위해서도 후학들이 배워야 할 점일 것이다.

하지만 이와 같은 태도를 배반하는 파시즘 인식이 방기중의 글 속에 혼재되어 있다는 점 역시 지적되어야 할 것이다. 이 글에서 방기중이 이토 다카시(伊藤隆) 등에 의한 파시즘 부정론을 비판하는 논리 중에

3) 방기중 · 전상숙, 「일본파시즘 인식의 혼돈과 재인식의 방향」, 방기중 편, 『식민지 파시즘의 유산과 극복의 과제』(혜안, 2006).

4) 방기중 · 전상숙, 위의 논문, 2006, 22쪽.

5) 방기중 · 전상숙, 위의 논문, 2006, 63쪽.

는 지극히 도식적인 역사인식이 엿보인다. 방기중은 "'파시즘과 민주주의' 논리를 승전국의 선악 가치관의 반영으로 간주하고 일본파시즘을 부정하는" 이들의 "상대주의 역사인식"에 대해 강하게 비판하면서 "'파시즘과 민주주의'라는 논리는 선악의 논리가 아니라 실재한 세계사적 규모의 진영 간 국가체제와 지배이데올로기의 질적 차이에 근거한 규정이며, '근대적' 의미의 보편가치를 옹호하는 비판적 역사인식의 반영"이라고 주장한다.[6] 그의 의도는 '파시즘 대 민주주의'라는 제2차 세계대전의 성격 규정을 상대화함으로써 30~40년대 일본에서 파시즘이라는 딱지를 떼어내려는 시도를 비판하는 데 있는 것이지만, 이 논리를 따라가다 보면 제2차 세계대전을 '파시즘진영'과 '민주주의진영'이라는 진영논리로 보게 될 뿐만 아니라, 그 도식으로 그 이전 시기를 보게 된다. 그런데 '자본주의의 위기와 그 극복방안이라는 관점'에서 보았을 때, 파시즘과 민주주의가 등치될 수 있을까? 세계대공황을 정점으로 한 세계자본주의의 위기국면에서 파시즘은 무엇보다도 공산주의에 맞서기 위해 등장했다. 즉 위기에 빠진 자본주의에 대한 강력한 대안으로 공산주의가 대두하는 것을 막기 위해 파시즘은 고창된 것이며, 민주주의에 대한 비판은 오히려 부차적인 것에 지나지 않았다. '파시즘진영' 역시 '방공(防共)'을 위해 결성된 것이었는데, 그 반면 '민주주의진영'은 독소불가침조약을 독일이 일방적으로 깬 결과 소련이 미국 · 영국 등과 손을 잡게 되었다는, 국제적인 역학관계 속에서 이념적이라기보다는

---

6) 방기중 · 전상숙, 위의 논문, 2006, 33-34쪽. 이 글은 2008년에 약간의 수정을 거친 다음 방기중 명의로 일본에서 발표되었는데 인용 부분은 거의 수정되지 않았다. 즉 이 부분은 기본적으로 방기중의 생각이라는 것이다. 方基中 저 · 鶴園裕 역, 「「日本ファシズム」認識の混沌相と克服の方向: 東アジア共同体構築のための歴史認識の共有と関連して」, 弁納才一 · 鶴園裕 편, 『東アジア共生の歴史的基礎』(東京: 御茶の水書房, 2008), 239-240쪽.

정치적인 판단으로 형성된 것이었음을 상기할 필요가 있다. 파시즘이 무엇보다도 반공주의임을 간과한 채 파시즘을 독일 · 이탈리아 · 일본이라는 소위 '추축국'의 독점물로 보게 되는 경우, 공간적으로 말하면 파시즘이 사상적 영향력을 미친 범위가 축소되며 또 시간적으로 말하면 1945년에 파시즘이 소멸되었다는 역사인식을 갖게 하기 쉽다.

하지만 1939년에 집권한 스페인의 프랑코 체제는 파시즘체제였지만 제2차 세계대전에서 기본적으로 중립을 지켰기 때문에 70년대까지 유지될 수 있었으며,[7] 중화민국의 경우도 일본과 전쟁을 했기 때문에 결과적으로 연합국에 속하게 되었지만, 30년대부터 파시즘을 적극적으로 받아들여서 독재체제를 형성해[8] 대륙에서 쫓겨난 뒤에도 국민당에 의한 일당독재는 대만에서 80년대 말까지 이어졌다. 파시즘이 보여준 이와 같은 '생명력'을 어떻게 이해해야 할까? 벤야민이 파시즘에 쫓겨 다니면서 지적했듯이 규범으로서의 진보의 이름으로 파시즘을 비판하는 데에는 분명히 한계가 있다.[9] 이와 같은 역사적 현상을 규명하기 위해서도 '파시즘 대 민주주의'라는 전후세계를 지배한 제2차 세계대전의 성격 규정은 다시 역사적으로 검토될 필요가 있다. 이러한 검토 없이 파시즘을 진영논리로 다루게 되면 해방 후 한국에도 영향을 미친 파시즘사상은 단순히 '일제 잔재'로만 간주되기 마련이지만, 뒤에서 보듯이 파시즘은 일제에 맞선 이들에게도 전염될 수 있는 사상이었으며 공산

---

7) 프랑코 체제의 성격에 대해서는 다양한 규정들이 존재하지만 스페인내전 과정에서 코민테른은 프랑코세력을 분명히 파시스트로 규정했다. 프랑코 체제의 성격을 둘러싼 논쟁에 대해서는 황보영조, 「프랑코 체제와 대중」, 임지현 · 김용우 편, 『대중독재』 (책세상, 2004), 119-125쪽 참조.

8) 樹中毅, 「レーニン主義からファシズムへ: 蔣介石と独裁政治モデル」, 『アジア研究』 51-1 (東京: アジア政經學會, 2005).

9) Walter Benjamin, "Über den Begriff der Geschichte", *Walter Benjamin Gesammelte Schriften Band I · 2* (Frankfurt am Main: Suhrkamp, 1974), S.674.

주의에 맞서는 한 방식으로 생명력을 가질 수 있었다.

방기중이 '식민지파시즘'이라는 개념을 통해 일본으로 환원되는 일국적인 파시즘 이해에서 벗어나려 한 시도를 계승하기 위해서 이 글에서는 남한 현대사를 소재로 기존의 진영논리로는 포착하지 못했던 파시즘의 역사에 대해 서술할 것이다.

2. Nationalsozialismus와 민족주의

1) 해방 직후 좌우익의 국민사회주의/민족사회주의 인식

제2차 세계대전의 결과 해방을 맞이하게 된 남한에서 파시즘은 당연히 부정의 대상이었다. 하지만 진영으로서의 파시즘을 떠나 사상으로서의 파시즘을 생각할 때, 민족주의라는 것을 바라보는 관점에 따라 파시즘, 특히 나치즘의 보통명사화된 개념이라고 할 수 있는 국민사회주의/민족사회주의에 대한 태도에는 약간 애매한 부분이 존재할 수 있었다.

해방 직후인 1945년 8월에 박헌영이 집필한 「현정세와 우리의 임무」와 그해 9월에 조선공산당 중앙위원회에서 채택된 「현정세와 우리의 임무」(소위 '8월 테제') 사이에 존재하는 미묘한 변화를 통해서도 민족주의에 대한 공산주의자들의 애매한 태도의 일단을 엿볼 수 있다. 원래 박헌영은 '현정세' 부분에서 제2차 세계대전의 교훈으로 "민족주의에 대한 국제주의의 승리"를 들었는데,[10] 이것이 당 중앙위원회를 거치

---

10) 「현정세와 우리의 임무」, 이정박헌영전집편집위원회 엮음, 『이정 박헌영 전집』 2 (역사비평사, 2004), 48쪽.

면서 "편협(偏狹)한 국가주의(國家主義)에 대한 국제주의(國際主義)의 승리(勝利)"로 표현이 수정되었다.[11] 현재 확인이 가능한 박헌영의 초고는 러시아어로 번역된 것을 다시 한국어로 옮긴 것이기 때문에 '민족주의'라는 말은 원래 '국가주의'였을 가능성이 높지만, 그 앞에 '편협한'이라는 수식어를 붙여 민족주의(또는 국가주의)에 대한 평가를 유보한 점은 흥미롭다.[12] 박헌영은 기본적으로 국제주의 입장에서 정세를 바라보았지만 다른 당 중앙위원들 중에는 민족주의에 대해 평가할 필요를 주장한 이가 있었다는 것이다.

대체로 좌익 측에서는 파시즘에 대해 코민테른이 규정한 대로 '금융자본에 의한 테러리즘독재'로 보는 경제주의적 견해가 지배적이었지만, 간혹 미묘한 입장을 내비치기도 했다. 1946년 3월에 발표된 글에서 당시 민주주의민족전선 의장이었던 이강국은 "「파씨스트」독재(獨裁)는 금융자본독재(金融資本獨裁)의 일(一) 변태(變態)"[13]라고 일반적 규정을 하면서도 독일에서 히틀러가 집권하게 된 이유로 당시 독일공산당이 "「벨사이유」체제(體制) 반대투쟁(反對鬪爭)을 과소평가(過小評價)하고 복잡미묘(複雜微妙)한 민족문제(民族問題)를 등한시(等閑視)"했다는 것을 거론한 점은 주목할 만하다.[14] 즉 베르사유체제에 대한 민족주의적인 반감을 선점했기 때문에 나치당의 집권이 가능했다는 것이며 이와 같은 관점에서 당시 남한의 '탁치정국'에서 "한갓 독립(獨

---

11) 「現情勢와 우리의 任務」, 이정박헌영전집편집위원회 엮음, 『이정 박헌영 전집』 5 (역사비평사, 2004), 52쪽.

12) 이 미묘한 '민족주의적' 방향수정은 마지막 구호부분에서 '일본 혁명 만세!'라는 구호가 빠진 것으로도 나타난다.

13) 李康國, 「「파씨즘」과 託治問題」, 『人民科學』 創刊號 (凡章閣, 1946), 54쪽. 이강국의 이 글은 1946년 4월에 발행된 『民主主義朝鮮의 建設』 (朝鮮人民報社, 1946)에도 그대로 수록되었다.

14) 李康國, 위의 글, 1946, 56쪽.

立)을 갈망(渴望)하는 조선(朝鮮)의 민중(民衆)은 그 앙양(昂揚)된 애국열(愛國熱)은 자칫하면 「데마고그」에게 역용(逆用)될 수 있는 충분(充分)한 근거(根據)를 갖고 있는 것"이라며[15] "탁치문제(託治問題)를 명민(明敏)하게 처리(處理)하며 이 문제(問題)를 계기(契機)로 하여 싹트는 「파씨즘」의 맹아(萌芽)를 꺾기 위(爲)"한 계몽과 투쟁의 필요성을 역설했다.[16] 즉 민중의 '애국열'이 파시즘의 기반이 될 수 있음을 지적한 셈이다. 나치당이 집권하는 과정을 독일공산당원으로 직접 겪은[17] 이강국이기에 파시즘에 대해 교조주의적이지 않게 이해할 수 있었던 것으로 보인다.

이강국이 파시즘에 대해 거론하면서 실제로 예로 든 것은 독일이었는데, 좁은 뜻의 파시즘이 아니라 나치즘, 즉 국민사회주의/민족사회주의(Nationalsozialismus)에 대해서는 다른 이들도 약간 유보적인 인식을 가졌던 것 같다. 1946년 4월에 발간된 『주의사상해설』이라는 책은 뒷표지에 "모－든 권력(權力)은 인민(人民)에게로!"라는 구호가 있는 것으로 좌익 측에서 발행한 것임을 알 수 있는데, 여러 사상과 사회용어를 해설한 이 책에서도 파시즘과 국민사회주의는 분명히 구별되어 있다. 파시즘에 대해서는 "팟쇼 … 국수주의(國粹主義) … 화시슴"이라는 항목으로 다음과 같이 설명한다.[18]

> 팟쇼(홧쇼)라 함은 伊太利의 뭇소리니－ 及 그 一黨이 始作한 一種 政治思想인데 데모크라시－ 乃至 政黨政治를 否認하고 資本主義的 混亂期에 擡頭하야 獨裁的 强制政治를 敢行할야는 主義이다. 今日의 社會發展에 있

15) 李康國, 위의 글, 1946, 57쪽.

16) 李康國, 위의 글, 1946, 60쪽.

17) 金午星, 「李康國論」, 『指導者群像』(大成出版社, 1946), 156-157쪽.

18) 金允 편저, 『主義思想解說』(發展社出版部, 1946), 11쪽.

어서 資本主義가 矛盾 罪惡이라는 것은 이미 널이 世上에 알니어저 있음에도 不拘하고 그 延長을 目的으로 一大支配形式을 取할야고 하는 것인 故로 反動的이라 하며 反動主義의 뜻으로 譯用하고 있다.
파시스트……反動分子.

이와 같이 파시즘에 대해서는 자본주의의 연장을 꾀하는 '반동주의'로 단순화시켜 그 민족주의적인 요소를 무시하는 반면에 '국민사회주의'에 대해서는 다음과 같이 설명한다.[19]

國民社會主義
傳統的으로 或은 人道的으로 또는 經濟的 或은 自由主義的 立場에서 祖國至上이라는 觀念下에 外國資本의 排斥, 外國移民 禁止, 傳統的 信仰의 擁護 等을 主唱하고 共産主義革命運動이 無産階級의 國際的 團結을 高唱하는 데 反對하야 國民的(民族) 自尊心에 基準되여 國內的 國民團結의 必要를 主張한다. 그러나 國家主義를 期必코 謳歌하는 것이 아니고, 오히려 國家보담도 그 基本社會로서의 民族에 重點을 두는 點에 있어서 國家主義와 다르다.

해방 이전에는 Nationalsozialismus가 대체로 국민사회주의로 번역되었기 때문에 이 필자도 국민사회주의라는 것이 나치즘임을 모르지는 않았을 것인데, 그런데도 이와 같이 파시즘과 국민사회주의를 다르게 평가한 점은 아주 흥미롭다. 파시즘이라는 용어는 이미 '진영'을 나타내는 말로 굳어졌기 때문에 무조건 부정할 대상이 될 수밖에 없었겠지만 국민사회주의는 아직 사상으로 다룰 여지가 있었던 것이다. 하지만 민족주의와 관련해 약간의 진폭을 보였던 좌익 측의 사상적 입장은 1946년 중반에 좌우합작이 진행되는 가운데 경직화되어[20] 해방 직후에

19) 金允 편저, 위의 책, 1946, 12쪽.

볼 수 있었던 국민사회주의에 대한 애매한 입장은 대체로 사라져갔다.

좌익 측에서 국민사회주의에 대한 논의가 사라진 다음 우익 측에서 민족사회주의를 주장하는 논자가 나타났다. 해방 직후『동아일보』조사부장을 지낸 김삼규는 1947년 3월에『동아일보』에 5회에 걸쳐 연재한「민족사회주의서곡」을 통해 스스로의 입장을 민족사회주의라고 천명했다. 그 연재에서 '민족사회주의'라는 개념을 제시한 다음 김삼규는 "독을(獨乙)의 나치즘을 연상(聯想)하는 독자(讀者)가 있을넌지 모르나, 나치즘은 독을(獨乙) 금융자본(金融資本)의 주구(走狗)로서 독을민족(獨乙民族)을 파멸(破滅)에 몰아넣기를 불사(不辭)한 것으로 그것은 진실(眞實)한 민족사회주의(民族社會主義)라고 볼 수는 없다. 조선(朝鮮)의 민족사회주의(民族社會主義)는 인류평화(人類平和)를 확보(確保)하려는 국제민주주의(國際民主々義)의 기본노선(基本路線) 위에 입각(立脚)하야 민족(民族) 전체(全體)의 재생(再生)과 행복(幸福)을 위(爲)하는 것으로 계급대립(階級對立)을 미연(未然)에 방지(防止)하려는 것"이라며 "민족사회주의(民族社會主義)의 기본적(基本的) 방향(方向)만이 고루(固陋)한 우익(右翼)과 소아병적(小兒病的) 좌익(左翼)을 민족적(民族的) 인류적(人類的) 전체적(全體的) 입장(立場)으로 지양(止揚)시키는 길이며, 조선(朝鮮)의 장래(將來)를 그르치지 않는 길이라고 확신(確信)"한다는 입장을 밝혔다.[21] 그런데 민족사회주의라는 표현이 주는 인상과 달리 실제로 김삼규가 주장하는 내용은 민족자본의 중요성을 부각시키면서 공산주의자를 비판하는 것으로, 내용에 맞게 표현을 한다면 오히려 '민족자본주의'라고 불러야 마땅한 내용이었다.[22] 그렇

---

20) 이 과정에 대해서는 서중석,『한국현대민족운동연구』(역사비평사, 1991), 411-423쪽 참조.

21) 金三奎,「民族社會主義序曲(5)」,『東亞日報』1947. 3. 18.

기는 하지만 김삼규가 그에 앞서『동아일보』에 발표한 글을 통해 민족 통일, 즉 좌우합작에 관한 문제를 다루면서 "조선(朝鮮)의 현실(現實)에 있어서 좌우(左右)가 합작(合作)한다는 것은 곧 계급의식(階級意識)을 포섭(包攝)한 민족의식(民族意識) 우에 선다는 원칙(原則)을 승인(承認)한 것을 의미(意味)"한다고 계급의식의 존재를 인정하면서 그것을 민족의식 속으로 포섭하려는 입장을 보인 점을 염두에 둔다면,[23] 계급의식을 포섭하기 위해 굳이 민족사회주의라는 표현을 썼다고 볼 수는 있을 것이다. 실제로 김삼규에게 이 글을 쓰게 한 장본인으로 보이는 김준연(金俊淵)이 "ML당(黨) 옛 동지(同志)들에게" 보내는 형식으로 1947년 3월 말에『동아일보』에 연재된 논설 마지막에서 "모스코로 가는 길 한양(漢陽)으로 가는 길"이라는 두 길이 있다면서 "한양(漢陽) 가는 길로 오는 데는 이론(理論)의 양식(糧食)이 필요(必要)"하다며 "김삼규(金三奎)씨(氏)의「민족사회주의서곡(民族社會主義序曲)」이라는 논문(論文)"이 그것을 제공해줄 것이라고 썼다.[24] 즉 '민족사회주의'가 부각된 이유는 '모스코로 가는 길'을 막기 위해서였던 것이다. 이「민족사회주의서곡」은 같은 해 4월에 남조선대한국민대표민주의원에서 단행본으로 발간되었으며[25] 1946년 10월에 동아일보사를 사임하고 서울대에서 교편을 잡던 김삼규가 1947년 9월 1일부로『동아일보』편집국장으로 취임하게 된 것을 보면[26] 이와 같은 노선이 한민당계에서도 나름대

22) 金三奎,「民族社會主義序曲」(1)-(4),『東亞日報』1947. 3. 7~3. 12.

23) 金三奎,「民族統一論(下)階級意識을 包攝한 民族意識의 昻揚」,『東亞日報』1946. 7. 19.

24) 金俊淵,「變動된 國際情勢: 特히 ML黨 옛 同志들에게 보냄(7)」,『東亞日報』1947. 3. 30.「민족사회주의서곡」 연재 첫 회에도 김준연에 의한 소개 글이 붙어 있다.

25)『東亞日報』1947. 4. 19. 이것 역시 당시 민주의원 의원이었던 김준연에 의한 것으로 보인다.

로 수용되었음을 짐작할 수 있다.

여기서 주목할 것은 1946년 중반부터 우익진영에서 '민족사회주의'라는 표현은 쓰지 않더라도 김삼규와 마찬가지로 계급적인 요소를 민족주의로 포섭하려는 경향이 적지 않게 나타났다는 사실이다. 좌우합작을 둘러싼 논의들이 달아오르던 1946년 7월경에 이승만계라고 할 수 있는 대한독립촉성국민회에서는 좌와 우를 넘어선 민족단결을 주장했으며[27] 같은 해 7월 17일과 18일 이틀에 걸쳐 우파언론인 『대동신문』에는 '좌우합작'을 주제로 한 「동맹군」이라는 사설이 실렸다. "진정(眞正)한 좌우합작(左右合作)은 이러하게 성립(成立)된다."는 부제가 달린 이 사설은, 우익을 "진실(眞實)로 민족전체(民族全體)의 이익(利益)을 이념(理念)으로 하는 진정(眞正)한 민족주의자(民族主義者)"와 "자본주의경제제도(資本主義經濟制度)를 답습(踏襲)하므로써 민족간(民族間)의 착취제도(搾取制度)를 긍정(肯定)하는" "경제적(經濟的) 반민족(反民族)의 반동분자(反動分子)"로 구별하고 이 '진정한 민족주의자'를 "공생민족주의자(共生民族主義者)"로 규정하면서 '경제적 반민족분자'는 그 동맹군이 아님을 역설한다.[28] 또한 좌익에 대해서도 "민족국가(民族國家)를 이념(理念)하는 민족사회주의계열(民族社會主義系列)"과 "정치적(政治的) 반독립계열(反獨立系列) 즉(卽) 좌경(左傾) 공산주의분자(共產主義分子)"로 나누고, "좌익내(左翼內)의 이 좌경(左傾) 공산주의계열(共產主義系列)은 우익내(右翼內)의 좌경분자(右傾分子)가 경제적(經濟的) 반민족(反民族) 반동(反動)을 하는 것과 같이 이 좌경(左傾)은

26) 『東亞日報』 1947. 9. 6.

27) 洪定完, 『정부수립기 大韓獨立促成國民會의 국민운동 연구』, 연세대 석사학위논문, 2005, 51-52쪽.

28) 『大東新聞』 1946. 7. 17.

정치적(政治的) 반독립(反獨立) 반동(反動)을 하는 것"이라고 규정한다. 이렇게 좌우익을 각각 두 갈래로 나누고 "조선(朝鮮)의 진정(眞正)한 민족국가(民族國家)의 자주적(自主的) 독립운동(獨立運動)은 우익(右翼)의 공생민족주의계열(共生民族主義系列)이 경제적(經濟的) 반민족계열(反民族系列) 즉(卽) 우경(右傾)을 숙청(肅淸) 또는 인양(引揚)하고 또 좌익(左翼)의 민족사회주의계열(民族社會主義系列)이 정치적(政治的) 반독립계열(反獨立系列)인 좌경(左傾)과 결별(訣別)하고서 동맹군(同盟軍)끼리 악수(握手)를 하는 것에서만 그 성공(成功)을 바랄 수 있을 것"이라고 결론을 맺었다.[29] 필자 이름은 없지만 해방 이전에 공산주의운동에 관여하다 전향한 경력이 있는 양우정[30]이 쓴 것으로 보이는 이 사설은 좌우합작에 맞서는 한 방식을 보여준다. '공생민족주의'라는 이념은 당시 독촉국민회 중앙상무집행위원이자 농민부 차장이었던[31] 채규항이 거의 동일한 시기에 내건 '민족공생주의'[32]와 같은 흐름에 있다고 볼 수 있다. 채규항 역시 해방 이전에는 공산주의운동을 하다가 30년대 옥중에서 전향했는데,[33] 양우정과 더불어 공산주의운동 경험이 있는 사람이 좌우합작이 추진되는 상황 속에서 이데올로그로서 등장하기 시작한 것이다. 1946년 12월에 양우정이 독촉국민회 선전부장을 맡게 되면서 독촉국민회가 "사상(思想)의 좌우(左右)를 구별(區

29) 『大東新聞』 1946. 7. 18.

30) 양우정의 경력에 대해서는 후지이 다케시, 『족청 · 족청계의 이념과 활동』, 성균관대 박사학위논문, 2010, 37-45쪽 및 151-152쪽 참조.

31) 『朝鮮日報』 1946. 6. 15.

32) 蔡奎恒, 「民族共生主義宣言」, 『勞農運動의 文獻』(새글社, 1947), 39-53쪽. 이 글의 날짜는 1946년 8월 20일로 되어 있다.

33) 三千里社編輯局 편, 『總選擧政見集』(三千里社, 1950), 42-44쪽에 수록된 자필 약력 참조.

別)하지 않고 애국적(愛國的)인 독립운동(獨立運動)의 결집체(集結體)로서 전국민(全國民)을 포섭(包攝)하는 것"이라고 스스로를 규정한 것이 바로 그러한 흐름을 단적으로 보여주는 것이다.[34]

해방 이전에 일본에서 공산주의운동에 관여한 경력이 있는[35] 김삼규가 '민족사회주의'를 주장하게 된 것 역시 좌우합작이 미군정의 후원을 받으면서 진행되는 상황 속에서 우익이 내놓은 대응책의 하나였다고 볼 수 있을 것이다. 그런데 좌우합작에 대한 대응책으로 제시된 '계급의식을 포섭한 민족의식'이 김삼규에 의해 '민족사회주의'라고 명명된 것은 역사적으로 보면 어느 정도 근거가 있는 것이었다. 독일의 Nationalsozialismus의 경우를 보아도 정권을 잡기 전에는 국민사회주의독일노동자당 내부에 나치좌파(nationalsozialistische Linke)라고 불리는 세력이 존재했으며 그 대표적인 인물인 그레고르 슈트라서(Gregor Strasser)는 노동자계급의 해방을 위해서는 먼저 민족적인 자유가 있어야 한다며 반제국주의적인 수사로 나치즘을 선전했다.[36] 이것은 국내에 존재하는 계급적 적대를 민족적 적대로 외부화시키는 방식이라고 할 수 있는데, 나치좌파뿐만 아니라 나치즘의 승리 자체가 독일민족을 착취하는 국제금융자본에 대한 적개심, 즉 반제국주의적인 계급의식과도 맞닿아 있는 심정을 유대인에 대한 적개심으로 전환하는 데 성공한 결과였다.[37] 즉 김삼규를 비롯해 좌우합작 시기에 우익 측에서 제시된

---

34) 『朝鮮日報』 1946. 12. 8.

35) 金三奎, 「わたしの半生(一九〇八－一九四五年)」, 『言論人 金三奎』 (東京: 言論人 金三奎刊行委員會, 1989), 24-25쪽.

36) Nicos Poulantzas, *Fascisme et dictature* (Paris: Seuil/Maspero, 1974), pp.222-223. 그레고르 슈트라서는 히틀러가 권력을 장악한 이듬해인 1934년에 숙청당했다.

37) 물론 이와 같은 사상적 경향은 나치즘뿐만 아니라 이탈리아나 일본의 파시즘에서도 공통적으로 찾아볼 수 있다.

'계급의식을 포섭한 민족의식'이라는 주장은 이름 그대로 민족사회주의, 즉 Nationalsozialismus의 사상적 계보를 잇는 것이었다고 볼 수 있을 것이다.

2) 정부 수립 이후의 민족사회주의론

분단정부 수립 이후에도 남한에서는 간헐적으로 민족사회주의라는 말이 등장했다. 1948년 6월 23일 국회에서 헌법안이 보고되었을 때 헌법기초위원회 위원장인 서상일은 이 "헌법(憲法)의 정신(精神)"에 대해 설명하면서 "우리들이 민주주의민족국가(民主主義民族國家)를 구성(構成)해서 우리 삼천만(三千萬)은 물론(勿論)이고 자손만대(子孫萬代)로 하여금 현시국(現時局)에 적응(適應)한 민족사회주의국가(民族社會主義國家)를 이루자는 그 정신(精神)의 골자(骨子)가 이 헌법(憲法)에 총집(總集)되여 있다."고 밝혔다.[38] 서상일은 이 '민족사회주의'의 내용에 대해 전혀 설명하지 않았지만, 그는 해방 직후에 한국민주당이 정강·정책을 기초하는 과정에서 '수탈 없는 경제구조'라는 조항을 넣는 데 찬성했으며,[39] 1947년 7월에 남조선과도입법의원에서 과도적인 헌법이라고 할 수 있는 '조선민주임시약헌'이 심의되었을 때도 "정치적(政治的)으로는 민주주의(民主主義)이며 경제적(經濟的)으로는 국가사회주의(國家社會主義)의 정신(精神)"이 "건국이념(建國理念)"이라고 주장했다.[40] 서상일의 이러한 입장은 1930년대 초에 사회주의운동을 단계론적으로 민족운동에 종속시킬 것을

---

38) 『第一回 國會速記錄』 17 (國會事務處, 1948), 209쪽.

39) 金日洙, 『徐相日의 政治·經濟 理念과 活動』, 성균관대 박사학위논문, 2001, 128쪽.

40) 『南朝鮮過渡立法議院速記錄(約記)』 113 (秘書處, 1947), 11쪽.

주장한 것의 연장선상에 있다고 볼 수 있을 것이다.[41]

서상일뿐만 아니라 국회에서 헌법을 심의하는 과정에서 대동청년단 단장인 이청천 역시 "입국이념(立國理念)"에 대해 이야기하면서 "민족사회주의(民族社會主義)"를 제시하며 그것이 "조선(朝鮮)이 금후(今後)의 나가야 할 길"임을 확신한다는 생각을 피력했다.[42] 이청천은 그 뒤에 조소앙 등과 더불어 신당 조직을 추진할 때도 그 당의 노선을 "민족적(民族的) 사회주의노선(社會主義路線)"이라고 표현했는데,[43] 이청천이 내세운 '민족사회주의'는 1940년대 초반에 한국독립당 내부에서 제기된 민족사회주의를 이어받은 것으로 보인다. 한독당의 이념은 일반적으로 삼균주의로만 알려져 있지만, 1942년 9월에 이청천과 더불어 한독당 고위간부였던 차이석은 한독당의 주의를 '민족사회주의'라고 정의한 일이 있었다. 차이석은 한독당의 주의를 삼균주의로 보려는 견해를 비판하고 한독당의 주의를 민족주의, 더 나아가서는 "본당(本黨)에서 민족문제(民族問題)를 제일의(第一義)로 하는 동시(同時)에 사회건설문제(社會建設問題)에 대(對)하여도 중시(重視)한 점(點)으로 보아서 본당(本黨)의 주의(主義)를 민족사회주의(民族社會主義)라고도 할 수 있다."고 주장했다.[44] 물론 차이석도 나치당이 내세우는 것이 민족사회주의임을 인정하지만 "덕국(德國)의 그 민족사회주의(民族社會主義)는 「쩨맨」민족(民族)의 이익(利益)을 위(爲)하여서는 타민족(他民族)을 무시(無視) 내지(乃至) 정복(征服)하는 것으로써 국책(國策)을 삼고 차(此) 국책(國策)을 실행(實行)하기 위(爲)하여는 침략적(侵略的) 우(又)

41) 金日洙, 앞의 논문, 2001, 103-106쪽.

42) 『第一回 國會速記錄』 25 (國會事務處, 1948), 436쪽.

43) 『서울신문』 1948. 10. 12.

44) 車利錫 찬, 『韓國獨立黨黨義의 理論體系草案』(독립기념관 소장), 11쪽.

는 강권적(强權的) 수단(手段)을 취(取)하는 점(点)으로 보면 차(此)는 오히려 제국주의(帝國主義)의 본령(本領)을 유(有)한 일종(一種) 변태적(變態的) 혹(或)은 편파(偏頗)한 민족사회주의(民族社會主義)"라며 오히려 나치즘을 민족사회주의가 제국주의화한 것으로 보는 입장을 보였다.[45] 차이석이 굳이 삼균주의를 비판하고 나치즘 혐의를 받을 수 있는 민족사회주의를 주장한 것은 중경 임시정부에서도 좌우합작을 받아들이게 된 상황에서[46] 우파세력이 헤게모니를 유지하기 위해 무엇보다도 민족주의를 강조할 필요가 있었기 때문일 것이다. 앞서 살펴본 김삼규의 민족사회주의가 좌우합작에 대한 우익 측의 대응책으로 제기된 것과 거의 동일한 맥락에서 한독당에서도 민족사회주의가 주장된 셈이다. 이청천이 차이석의 주장을 얼마나 의식했는지 알 수 없지만, 1940년에 한독당으로 통합되기 전에[47] 이청천을 중심으로 조직되었던 조선혁명당은 1937년에 발표한 '선언'에서 민족주의 아래 민주정치 실현과 경제적 평등제도 확립을 주장한 것을 보면[48] 원래 노선상에 별반 차이는 없었다. 이청천이 1948년에 민족사회주의를 내세운 것도 "민족진영(民族陣營)의 대동단결(大同團結)의 구호(口號) 아래" 추진된 신당운동 과정에서였다는 것을 생각한다면[49] 여기서도 사회주의

45) 車利錫 찬, 위의 책, 12쪽.

46) 1940년대 들어서 좌익 측에서 임정 참여를 주장한 결과 우익 측에서도 1942년 봄에는 조선의용대를 광복군에 편입시켰으며 같은 해 8월에는 임시의정원선거 규정을 개정해 좌익 측 인사들을 받아들이기로 하는 등 본격적인 좌우합작이 추진되었다[한시준, 『대한민국임시정부Ⅲ－중경시기』(독립기념관 한국독립운동사연구소, 2009), 35-45쪽].

47) 1940년에 '통합' 한독당이 성립되는 과정에 대해서는 盧景彩, 『韓國獨立黨研究』(신서원, 1996), 71-74쪽 참조.

48) 「(南京)조선혁명당 선언(1937)」, 『대한민국임시정부자료집』 37 (국사편찬위원회, 2009), 586-590쪽.

49) 『서울신문』 1948. 10. 12.

적인 요소를 민족주의로 포섭하기 위해 민족사회주의가 제기된 것으로 볼 수 있을 것이다.

이와 같이 민족사회주의라는 용어는 정치인에 의해서도 간혹 사용되었는데, 당시 간행된 정치학 개론서를 통해서도 민족사회주의에 대한 인식의 일단을 살펴볼 수 있다. 출판되자 "해방전후(解放前後)를 통(通)하여 정치학(政治學)에 관(關)한 최초(最初)의 저서(著書)"이며 "정치학(政治學) 급(及) 정치사상(政治思想)에 관(關)한 입문서(入門書)로써 널리 강호일반(江湖一般)의 일독(一讀)에 치(値)하는 근래(近來)의 쾌저(快著)"라는 평가를 받은[50] 강상운[51]의 『현대정치학개론』이 그 좋은 사례가 된다.

이 책은 '전편: 일반정치학'과 '후편: 현대정치학', 그리고 '자료편'으로 구성되었는데, 특히 주목할 것은 '후편'과 '자료편'이다. 먼저 '현대정치학'의 첫머리에 '자본주의적 제국주의론'이 배치되었다는 점이 눈길을 끈다. "현대정치(現代政治)를 논(論)하는 사람은 반다시 제국주의(帝國主義)에 대(對)하여 깊은 인식(認識)이 있어야 할 것이다. 이 제국주의(帝國主義)를 인식(認識)함으로서 공산주의(共産主義)를 이해(理解)할 수 있고 또 자본주의(資本主義)를 이해(理解)할 수 있는 것"이라고 선언하는 것으로 '후편'이 시작되는 것으로 알 수 있듯이,[52] '파시즘 대 민주주의'라는 제2차 세계대전의 성격규정과 더불

---

50) 『東亞日報』 1948. 11. 5.

51) 강상운(姜尙雲)의 '상운'은 호로 본명은 강주진(姜周鎭)이다. 1919년에 경북 상주에서 태어난 그는 1930년대에 일본으로 건너가 도쿄에서 스기나미(杉並)상업학교와 주오(中央)대학을 나왔으며 치안유지법 위반혐의로 1년여의 옥고를 치른 다음 1945년 1월에 경성일보사 조사부에 들어갔다. 해방 이후에는 경성상공학교 교사를 시작으로 교편을 잡게 되어 『현대정치학개론』 발간 당시에는 중앙대 강사였다[「尙雲 姜周鎭 博士 年譜抄」, 『尙雲姜周鎭博士華甲紀念論文集』 (尙雲姜周鎭博士華甲紀念論文集刊行委員會, 1979)].

어 일단 자취를 감추다시피 하던 제국주의의 문제를 강상운은 현대정치의 핵심으로 제시한다. 그런데 제국주의를 현대정치의 핵심으로 생각할 수 있는 것은 그가 기본적으로 민족주의적인 입장에 서 있기 때문인데, 이 민족주의가 어떤 문제 틀 속에서 작동하고 있는지 먼저 살펴볼 필요가 있다.

이 책의 「서론」에서 강상운은 "현대정치학(現代政治學)의 중요과제(重要課題)가 될 삼종(三種)의 정치학유형(政治學類型)을" 제시했다.[53]

(一) 第一의 觀念은 모든 團體가 그 自體의 存在를 爲하여 必要한 公共的이고 統一的이며 指導的이고 支配的이라는 것인데 所謂 自由民主主義的 政治觀念이다

(二) 第二의 觀念은 搾取權力支配의 構成으로서 行하여지는 階級的 搾取形態라는 것인데 이것은 맑시스트의 政治觀念이다

(三) 第三의 觀念은 民族의 相互間 生存競爭 乃至 協調를 土臺로 하여 民族의 對外的 闘爭을 하기 爲하여 民族의 對內的 統一作用이 곧 政治觀念이라는 것인데 所謂 民族主義면서도 全體主義的인 政治觀念이다

강상운은 이 3가지 유형을 "민족(民族)이나 계급(階級)을 도외시(度外視)하고 개인(個人)만을 토대(土臺)로 하는 것과 개인(個人)이나 민족(民族)을 도외시(度外視)하고 계급(階級)만을 토대(土臺)로 하는 것과 또는 계급(階級)이나 개인(個人)을 도외시(度外視)하고 민족(民族)만을 토대(土臺)로 하는 것"이라고 설명하기도 했는데,[54] 요컨대 개인

52) 姜尙雲, 『現代政治學概論』(文藝書林, 1948), 86쪽.

53) 姜尙雲, 위의 책, 1948, 15쪽.

54) 姜尙雲, 위의 책, 1948, 15쪽.

주의, 계급주의, 민족주의의 3가지가 제시된 셈이다. 그런데 이 3가지 유형은 사실 병렬적인 것이라기보다 단계적인 것으로 설명된다. 후편의 제2장 5절인 「팟시즘 전체주의(全體主義)와 정치이론(政治理論)의 발전(發展)」에서 18세기 이후의 사상의 흐름이 간략하게 정리되는데, 군주정치에 대한 반동으로 18세기에 개인주의가 대두하고 이를 바탕으로 자유주의가 발전한 결과 빈부격차가 생겼는데, 그것을 시정하기 위해 평등주의가 대두해 사회민주주의와 공산주의가 생겨났다고 그는 설명한다. 그런 다음 "이 공산주의(共産主義)에 반대(反對)하며 또 구자본주의(舊資本主義)에 반대(反對)하여 개인주의(個人主義)의 막다른 골목인 공산주의(共産主義)를 극복(克服)하기 위(爲)하여 새로 생긴 것이 곧 팟시즘"이라는 식으로 이 3가지 유형이 시계열적으로 제시된다. 즉 강상운이 생각하는 민족주의란 기본적으로 파시즘과 동일한 것임을 알 수 있다. 강상운은 이와 같은 파시즘적인 입장에서 제국주의를 문제 삼은 것이다.

강상운의 이러한 입장은 제3장인 「민족사회주의(民族社會主義)와 국가사회주의론(國家社會主義論)」에서 분명히 드러난다. 여기서 먼저 주의해야 할 것은, 현재 한국에서 나치즘을 일반적으로 '국가사회주의'라고 부르는 것과 달리 국가사회주의란 비스마르크에 의한 사회정책이나 사회개량주의 또는 집산주의를 뜻한다고 설명하고 있다는 점이다.[55] 사실 강상운이 설명한 대로 원래 국가사회주의, 즉 Staatsozialismus와 Nationalsozialismus는 분명히 구별된 개념이며 해방 후 남한에서도 좌우를 막론하고 국가사회주의에 대해 비스마르크의 사회정책을 가리키는 것으로 설명되었다.[56] 이와 같이 국가사회주의와 구별되는 민족

---

55) 姜尙雲, 위의 책, 1948, 158쪽.

사회주의에 대해 강상운은 먼저 "민족사회주의(民族社會主義)라는 것은 서양(西洋)에서 임이 국민사회주의(國民社會主義)라는 명칭(名稱)으로 일반(一般)의게 알이어진 개념(概念)이다. 독일(獨逸)에서 힡틀라의 국민사회주의독일노동당(國民社會主義獨逸勞動黨)의 수립(樹立) 이래(以來)로 일시(一時) 서양(西洋)을 풍미(風靡)하였고 또 많은 충동(衝動)을 준 것"이라며[57] 그것이 나치즘과 기본적으로 동일한 것임을 상기시킨다. 그러면서도 "민족사회주의(民族社會主義)라는 것은 필경(畢竟) 민족주의(民族主義)이 기반(基盤) 우에 사회주의(社會主義)를 결합(結合)시킨 것"이기 때문에 "민족주의(民族主義)의 개념(概念)을 명백(明白)히 하며는 곧에 민족사회주의(民族社會主義)의 본질(本質)도 이해(理解)하게 될 것"이라고 민족사회주의의 본질을 민족주의로 환원하면서 "민족주의(民族主義)의 사상(思想) 급(及) 운동(運動)은 일국가(一國家) 급(及) 민족(民族)이 여하(如何)한 점(點)에서던지 타국(他國)의 위협(脅威) 압박(壓迫) 침략(侵略)을 받을 경우(境遇)에 특(特)히 발발(勃發)하는 것"이라고 민족주의를 주로 외세에 대한 저항이라는 맥락에서 설명한다.[58] 나치즘에 대해 언급하면서 "힡틀라가 제일(第一) 실책(失策)한 것은 사회노동당(社會勞動黨)의 정강(政綱)의 시책(施策)를 실시(實施)함에 당(當)하여 독재(獨裁)로서 군림(君臨)한 것이고 또 무기간(無期間)으로 총통(總統)의 지위(地位)에 있었기 때문"[59]

---

56) 좌익 측 인식에 대해서는 金允 편저, 앞의 책, 1946, 15-16쪽을, 50년대 남한 사회과학자들의 인식은 宣文社編輯部編 저,『社會科學辭典』(宣文社, 1954), 89-90쪽 참조.

57) 姜尙雲, 앞의 책, 1948, 165쪽.

58) 姜尙雲, 위의 책, 1948, 165쪽.

59) 姜尙雲, 위의 책, 1948, 165쪽.

이라고 그 실천 방식에 관한 문제만을 지적한 것으로 알 수 있듯이, 강상운은 나치즘의 사상 자체에 대해서는 전혀 부정적이지 않으며 오히려 저항민족주의의 흐름 속에서 이해하고 있는 듯하다.[60)]

나치즘에 대한 호의적인 평가는 '자료편'에서도 확인된다. '자료편'에는 네 가지 자료가 수록되었는데,[61)] 프랑스 인권선언과 미국 독립선언이 들어간 것은 정치학 교재로서 무난한 선택이라고 할 수 있지만, 1931년에 마오쩌둥(毛澤東)을 주석으로 성립이 선언되었다가 몇 년 만에 사라진 중화소비에트공화국의 헌법과 더불어 국민사회주의독일노동자당의 정강이 수록된 것이다. 중화소비에트공화국 헌법과 나치당 정강이라는 조합은 오늘날의 상식으로는 이해하기 어렵지만, 여기서 주목할 것은 소련 헌법이 이미 1936년에 제정되었는데도 굳이 중화소비에트공화국 헌법을 수록했다는 점이다. 만약 사회주의헌법을 소개하는 것이 목적이었다면 소련 헌법을 수록했을 것이다. 그런데도 강상운이 중화소비에트공화국 헌법을 수록한 까닭은, 그것이 사회주의와 동시에 반제국주의를 기조로 한 것이었기 때문일 것이다. 즉 반제국주의라는 바탕 위에서 중화소비에트공화국과 나치즘이 공존하고 있는 것이다. 여기서 주변부에서 파시즘이 수용되는 한 방식을 엿볼 수 있다.

---

60) 나치즘에 대한 강상운의 호감이 어디서 비롯된 것인지 분명하지 않지만, 서문에 나오는 "많은 資料와 鞭撻을 베푸러주신 國堂 姜世馨"에 대한 감사의 말이 실마리가 된다. 강세형은 1930년대 전반에 베를린대 철학과에서 철학을 공부하면서 히틀러유겐트와 직접적인 관계를 가졌으며 그 뒤에도 일독문화협회에서 나치즘을 선전하는 활동을 벌인 인물이다(『每日申報』 1939. 7. 24). 강상운과 강세형이 실제로 어떤 관계였는지 알 수 없지만, 강상운이 나치즘에 대해 보인 호의적인 평가의 뒷면에 강세형의 영향이 있었음은 확실할 것이다.

61) 姜尙雲, 앞의 책, 1948, 194-210쪽.

3. 반제국주의와 반공주의

1) 반제국주의와 전향

앞서 살펴본 것처럼 해방 후 남한에서는 우익진영에서 좌우합작에 대한 대응책으로, 바꿔 말해 좌익의 일부를 포섭하기 위한 방안으로 민족사회주의가 간헐적으로 제기되었는데, 이와 같은 노선은 남북통일을 위해 유엔한국위원단이 한국을 방문하고 미군 철수도 눈앞에 다가온 1949년 봄부터 다시 본격적으로 나타나기 시작한다. 『동아일보』는 1949년 3월 9일자 사설을 통해 '좌익' 규정에 대해 문제 제기를 했다. 이 사설은 공산주의자는 당을 떠나서는 존재할 수 없기 때문에 "남로당(南勞黨)이나 북로당(北勞黨)이야말로 진자(眞字) 좌익(左翼)"이라고 좌익을 좁게 규정한 다음 "민족적(民族的) 대의(大義)에 입각(立脚)한 진보적(進步的) 민주주의자(民主々義者) 혹(或)은 온건좌익(穩健左翼)이라고 칭(稱)할 수 있는 사람들과는 남북통일(南北統一)의 민족대업(民族大業)을 완수(完遂)하기 위(爲)하여 통일전선(統一戰線)을 베풀 시기(時機)가 왔다고 보는 것이 타당(妥當)할 것이다. 환언(換言)하면 그들이 진자(眞字) 좌익(左翼)의 피리에 춤추지 않도록 견(牽)제하고 경계(警戒)하면서 민족진영(民族陣營)의 바른 노선(路線)으로 견인(牽引)하고 포옹(抱擁)하는 것"을 주장했다.[62] 이 사설의 필자는 김삼규였는데[63] 좌우합작 시기에 보인 태도를 또 다시 취한 것이다. 이 사설이 발표된 당시 내무부 차관이 민주국민당의 김효석이었는데, 김효

62) 「社說: 左翼規定에 愼重하라」, 『東亞日報』 1949. 3. 9.

63) 사설 자체는 당연히 무기명으로 발표되었지만 金三奎, 『民族의 黎明』(三八社, 1950), 210-212쪽에 수록되어 있어 김삼규가 집필한 것임을 알 수 있다.

석이 내무부 장관으로 임명된 직후인 1949년 4월 1일에 민국당 선전부는 담화를 발표해 공산당과의 투쟁은 무력전만이 아니라 사상전이 중요하다고 지적한 것도 동일한 맥락에서 이해할 수 있을 것이다.[64]

민국당계뿐만 아니라 국무총리 이범석 역시 3월 중순에 제주도와 전남 일대를 시찰하면서, 3월 13일에 목포에서 가진 기자회견에서 "정부 수립 이전에는 무력만으로 해결코자 하였는데 앞으로는 오(五)분정치 오(五)분군사라는 병응으로 나아가겠다."는 의사를 밝혔으며[65] 이어 서울에서 가진 기자회견에서는 "귀순자들의 계몽운동에 힘쓰는" 것과 "민중조직의 강화와 귀순자에 대한 감시를 게을리 하지 않는 길만이 공산당의 모략을 분쇄하는 유일한 방도"라는 생각을 밝혔다.[66] 이범석이 말한 '오분정치 오분군사'란, 1931년부터 '양외필선안내(攘外必先安內)', 즉 대외항전보다 국내치안을 우선시하는 정책을 취한[67] 장제스(蔣介石)가 추진한 '위초(圍剿)', 즉 소비에트지구에 대한 군사공세 과정에서 1932년 6월에 제기된 '칠분정치(七分政治), 삼분군사(三分軍事)'라는 노선을[68] 좀 더 군사적으로 변용시킨 것이라고 할 수 있는데, 아직 군사적인 함의가 강하기는 했지만 '귀순자'를 어떻게 다룰 것인가 하는 정치적 문제가 부각되기 시작했음을 알 수 있다.

이와 같은 흐름 속에서 등장한 것이 좌익전향자단체로 출범한 국민보도연맹(國民保導聯盟, 이하 보련)이었다. 1949년 4월에 결성된 보련은 "사상(思想)이란 정의감(正義感)에서 출발(出發)되는 것이오. 일체

64) 『自由新聞』 1949. 4. 2.

65) 『서울신문』 1949. 3. 15.

66) 『서울신문』 1949. 3. 17.

67) 李新 總編, 『中華民國史』 第三編第二卷(上册) (北京: 中華書局, 2002), 105-113쪽.

68) 蔣介石, 「清剿匪共與修明政治之道」, 秦孝儀 主編, 『先總統蔣公思想言論總集』 10 (臺北: 中國國民黨中央委員會黨史委員會, 1984), 620-625쪽.

(一體) 신념화(信念化)되는 것이기 때문에 폭력(暴力)이나 억압(抑壓)으로 근절(根絕)하기는 절대(絕對) 불가능(不可能)한 것"이라는 인식을 바탕으로 "사상(思想)은 사상(思想)으로 투쟁(鬪爭)하여 상대방(相對方)을 극복(克服)"시킬 것을 목적으로 조직된 단체였다.[69] 기존 연구에서도 누누이 강조되었듯이 보련의 목적은 공산주의운동을 분쇄하는 데 있었지만,[70] 보련 간사장인 박우천이 4월 21일에 보련 결성을 발표하면서 기자와 주고받은 다음과 같은 문답은 보련의 성격이 그리 단순하지 않았음을 보여준다.[71]

문: 쏘련을 적색제국주의 국가로 보는가
답: 그렇다
문: 미국은?
답: 제국주의로 본다
문: 당신 주의는 뭔가
답: 민족주의를 기초로 한 사회주의적인 경향이다
문: 모(毛)택동씨를 어떻게 보나
답: 가장 애국자다
문: 북한 괴뢰 정권은 「크레무링」의 지배만으로 움지긴다 보는가
답: 그렇다

이 내용에 대해 4월 22일에 바로 '본의가 아니었다.'는 내용의 담화를 발표했지만,[72] '민족주의를 기초로 한 사회주의적인 경향'은 보련

---

69) 『東亞日報』 1949. 4. 23.

70) 韓知希, 「1949~50년 국민보도연맹 결성의 정치적 성격」, 『淑明韓國史論』 2, 숙명여자대학교 문과대학 사학과, 1996; 김선호, 「국민보도연맹의 조직과 가입자」, 『역사와현실』 45, 2002; 강성현, 「국민보도연맹, 전향에서 감시 · 동원, 그리고 학살로」, 김득중 외, 『죽엄으로써 나라를 지키자: 1950년대, 반공 · 동원 · 감시의 시대』 (선인, 2007).

71) 『京鄕新聞』 1949. 4. 22.

기관지인 『주간 애국자』 창간호 1면에 실린 글에서 박우천이 "거룩한 삼일정신(三一精神)을 계승(繼承)하여서 반제(反帝) 반봉건(反封建) 반계급독재(反階級獨裁) 등(等)을 표방(標榜)하고 민족자결(民族自決)을 전취(戰取)하는 애국애족(愛國愛族) 지상(至上)의 이론(理論)과 실천(實踐)에서 우리 연맹(聯盟)을 운영(運營)해 나갈 방침(方針)"임을 밝힌 것을 통해서도 어느 정도 확인된다.[73] 또 박우천은 1949년 10월 28일에 발표한 담화에서 한국의 현 단계가 "프로레타리아혁명 단계가 아니라 민주주의(民主々義)민족혁명 단계"임을 과학적으로 분석 설명해서 좌익출신들이 귀의할 노선을 뚜렷이 했다고 설명했으며,[74] 보련 사무국장인 정민 역시 보련의 교육방법에 대해 설명하면서 "대한민국(大韓民國)의 현노선(現路線)이 민족혁명단계(民族革命段階)라는 것을 설명(說明)하는 동시(同時)에 금일(今日)의 한국(韓國)은 결(決)코 계급투쟁(階級鬪爭)으로 정권(政權)을 잡으랴고 하는 공산주의독재단계(共産主義獨裁段階)가 아니라는 것을 강조(强調)"해야 한다고 주장했는데,[75] 이것은 단계론적으로 계급혁명에 민족혁명을 앞세운 논리이다. 또한 『주간 애국자』 2호에는 훈련생의 수업(修業)시험 답안이 실렸는데, '현단계에 있어서 우리는 어떠한 애국운동이 필요한가.'라는 문제에 대한 답은 "구국구족정신(救國救族精神)을 고도(高度)로 앙양(昻揚)하고 반제국주의(反帝國主義) 및 민주주의(民主主義)로 완전자주독립(完全自主獨立)을 전취(戰取)하여야 한다."라는

72) 『京鄕新聞』 1949. 4. 23.

73) 朴友千, 「나의 抱負」, 『週刊 愛國者』 創刊號 (國民保導聯盟中央本部, 1949), 1쪽.

74) 『自由新聞』 1949. 10. 29.

75) 丁民, 「思想保導의 可能性과 方法論」, 『週刊 愛國者』 創刊號 (國民保導聯盟中央本部, 1949), 2쪽.

것이었다.[76] 앞서 본 민족사회주의와 마찬가지로 반제국주의라는 논리를 통해 사회주의적인 요소를 민족주의로 포섭하려는 것이 보련의 노선이었던 것이다.

이와 같은 노선이 당시 남한에서 가능했던 데에는 국제적인 배경이 존재한다. 1948년에 유고슬라비아의 티토(Josip Broz Tito)와 소련 사이에서 갈등이 생기자 미국은 이에 적극적으로 개입해 '쐐기전략(wedge strategy)'이라고 불리는, 민족주의를 이용해 공산주의 진영의 단결을 약화시키려는 전략을 세웠다.[77] 미국의 세계전략에 포함된 '티토이즘' 활용방안은 동유럽이라는 맥락을 떠나 아시아에도 적용되었는데, 티토와 마찬가지로 독자적인 힘으로 승리한 중국의 마오쩌둥(毛澤東)을 '티토화'시키는 방안이 거론된 것이다. 1949년에 들어서면서 국공내전이 공산당 우세로 기울어지자 미 국무부 정책기획실의 데이비스(John Paton Davies)와 같은 중국통(China hands)을 중심으로 공산당정부를 승인하고 적극적인 관계를 가짐으로써 마오쩌둥의 '티토화'를 촉진할 것이 주장되었으며[78] 국무부 장관 애치슨(Dean G. Acheson) 역시 중국의 반제국주의 정서를 모스크바로 향하게 만들 것을 구상했다.[79]

---

76) 池昌錄, 「民族은 同族間의 公同性體: 修業試驗答案」, 『週刊 愛國者』 2 (國民保導聯盟中央本部, 1949), 4쪽.

77) 쐐기전략에 대해서는 John Lewis Gaddis, *The Long Peace: Inquiries into the History of the Cold War* (New York: Oxford University Press, 1987), pp.149-152를, 티토이즘에 대한 미국의 초기 개입 양상에 대해서는 Lorraine M. Lees, *Keeping Tito Afloat: the United States, Yugoslavia, and the Cold War* (University Park: The Pennsylvania State University Press, 1997), pp.43-79 참조.

78) Nancy Bernkopf Tucker, *Patterns in the Dust: Chinese-American Relations and the Recognition Controversy, 1949-1950* (New York: Columbia University Press, 1983), p.31.

79) Bruce Cumings, *The Origins of the Korean War: The Roaring of the Cataract 1947-1950* (Princeton: Princeton University Press, 1990), pp.416-417.

'티토이즘'의 영향은 남한에서도 나타났다. 한 예로 김구가 1949년 초까지도 여전히 남북협상에 대한 희망을 가질 수 있었던 근거 중 하나는 마오쩌둥이 '티토화'될 것으로 내다보면서 한국 좌익 속에서도 그 영향으로 새로운 노선이 대두되리라는 것이었다.[80] 즉 티토에 이어 마오쩌둥이 민족주의적인 입장을 취하게 되면서 한국에서도 좌익의 '민족주의화'가 일어날 것으로 기대한 것이다. 이와 같은 분위기 속에서 "전향좌익(轉向左翼)들에게 「티토이즘」의 구상(構想)밑에 정치결사(政治結社)를 허여(許與)하자는 일부(一部)의 의견(意見)"이 있었고 그 의견을 "무조건(無條件) 부인(否認)하지는 아니하였다."는[81] 내무부장관 김효석의 판단이 보련의 반제국주의적 성격을 가능하게 한 전제조건이었다고 할 수 있다.

2) 일민주의와 반제국주의

보련의 등장은 공산주의운동에 대한, 이범석의 말을 빌리면 '오분정치 오분군사'라는 식으로 '정치적' 대응에 필요성이 제기되는 상황에서 비롯된 것이었다. 그런데 이범석의 '오분정치 오분군사'라는 노선의 모델이 된 장제스(蔣介石)의 '칠분정치(七分政治), 삼분군사(三分軍事)'라는 노선의 등장이 파시즘의 적극적 수용과 더불어 이루어졌듯이,[82] 정치적 공세를 위해서는 우선 사상적인 통일이 필요했다. 그것을 위해 체계화된 것이 일민주의(一民主義)이다.

일민주의에 대해서는 파시즘과의 유사성이 이미 지적되어 있지만[83]

---

80) 『東亞日報』 1949. 1. 23.

81) 崔伯樂, 「退任長官 金孝錫君의 心境」, 『民族公論』 3-3 (三八社, 1950), 8쪽.

82) 俞祖華 · 王國洪 주편, 『中國現代政治思想史』 (濟南: 山東大學出版社, 1999), 28쪽.

좀 더 엄밀하게 보면 앞서 본 민족사회주의와의 유사성에 주목할 필요가 있다. 즉 민족주의를 통한 사회주의 포섭이라는 기획 말이다. 일민주의는 원래 이승만이 여당을 만들기 위해 제기한 것이었지만[84] 그것이 본격적으로 체계를 갖추기 시작한 것은 1949년 4월이었다. 1949년 4월 20일자 『주보』에 이승만의 「일민주의란 무엇?－헤치면 죽고, 뭉치면 산다」라는 글이 실렸으며[85] 같은 날 서울중앙방송국을 통해 이승만은 '일민주의정신과 민족운동'이라는 제목의 강연을 했다.[86] 특히 이 라디오 강연에서는 주로 공산당과의 싸움에 대해 이야기하면서 "이 싸움이 아직은 사상적(思想的) 싸움이므로 이 정도(程度)가 변(變)해서 군사적(軍事的) 싸움이 될 때까지는 사상(思想)으로 사상(思想)을 대항(對抗)하는 싸움이 되고 있"다는 인식 아래 공산주의에 맞서기 위한 사상으로 일민주의가 제시되었다는 점이 중요하다. 즉 막연한 통합이라는 수준을 넘어서 공산주의와의 사상전이라는 맥락 속에서 일민주의는 본격적으로 등장한 것이다. 일민주의의 이와 같은 기능을 단적으로 보여주는 것이 4월 20일이라는 날짜이다. 일민주의가 본격적으로 그 모습을 드러낸 그 날은 바로 보련이 결성된 날이었다.[87] 물론 보련에서 직접적으로 일민주의를 내세우지는 않았지만, 1949년 12월에 보련 기관지에서 진정한 전향을 위해서는 "공산주의독재사상(共

---

83) 서중석, 『이승만의 정치이데올로기』(역사비평사, 2005), 2장 참조.

84) 후지이 다케시, 앞의 논문, 2010, 143-144쪽.

85) 「一民主義란 무엇?－헤치면 죽고, 뭉치면 산다」, 『週報』 4월 20일호 (大韓民國公報處, 1949).

86) 『京鄕新聞』 1949. 4. 22.

87) 「聯盟日誌」, 『週刊 愛國者』 創刊號 (國民保導聯盟中央本部, 1949), 10쪽. 기존 연구에서는 보도연맹 결성 날짜를 4월 21일로 보았으나 이 일지에 의하면 4월 20일에 경찰국 회의실에서 창립식을 가졌으며 4월 21일에는 기자회견을 가진 것으로 되어 있다.

産主義獨裁思想)의 모순(矛盾)과 자본주의독재(資本主義獨裁)의 모순(矛盾)을 모두 지양우위(止揚優位)한 위대(偉大)한 영도자(領導者) 이대통령각하(李大統領閣下)의 일민주의(一民主義)의 건국이념(建國理念)의 정의성(正義性)과 필연성(必然性)을 철저(徹底)히 체득(體得)하는" 것이 필요하다고 주장한 것으로 알 수 있듯이[88] 전향공작과 일민주의는 함께 가는 것이었다. 그 결과 보련이 민족사회주의적인 경향을 띠었듯이 일민주의 역시 그와 유사한 경향을 보이게 되는데, 이러한 경향을 대표하는 인물이 일민주의 이데올로그로 등장한 양우정이었다.

앞서 보았듯이 양우정은 좌우합작이 진행되던 시기에 우파 헤게모니가 관철되는 방식의 '좌우합작'을 위해 민족사회주의에 주목했는데, 보련에서도 최고지도위원을 지낸[89] 양우정에 의해 체계화되면서 일민주의는 강하게 반제국주의적인 경향을 보이게 된다. 1949년 10월에 간행된『이대통령 건국 정치이념: 일민주의의 이론적 전개』에서 양우정은 "일민주의(一民主義)가 지표(指標)하는「하나인 민족(民族)으로써 무엇에고 또 어느 때이고 둘이 있을 수 없다」는 원칙(原則)은 착취(搾取)하는 지주(地主)와 착취당(搾取當)하는 소작인(小作人)의 존재(存在)를 인정(認定)할 수 없으며 착취(搾取)하는 자본가(資本家)와 착취당(搾取當)하는 노동자(勞動者)의 제도(制度)를 인정(認定)할 수 없는 것"이라며 민족주의적인 관점에서 공산주의와 더불어 자본주의를 비판하는데,[90] 양우정의 자본주의 비판은 원론적인 수준을 뛰어넘어 다음과 같

---

88) 吳制道,「思想轉向者의 保導方針」,『思想檢事의 手記』(昌信文化社, 1957), 144-145쪽. 이 글은『주간 애국자』5호(1949. 12. 15)에 실린 글을 재록한 것이다.

89) 三千里社編輯局 편,『總選擧政見集(上)』(三千里社, 1950), 99쪽.

90) 梁又正,『李大統領建國政治理念: 一民主義의 理論的 展開』(聯合新聞社, 1949), 128쪽.

이 주장하기에 이른다.[91)]

> 우리는 資本主義 諸國家가 自體의 矛盾으로 破綻될 것을 기다릴 것이 아니라 그들이 最後의 活路를 찾아 海外 殖民地 商品市場의 再分割 再編成을 企圖하는 野望을 粉碎하지 않으면 아니 될 것이다. 世界의 全弱小民族은 李承晩大統領의 一民主義가 指標하는 새로운 民族理論을 武裝하고 團合하여서 새로운 經濟的 侵略者의 牙城에 向하여 肉迫하지 않으면 아니 될 것이다.
>
> 資本主義를 揚棄하고 眞正國家를 建設하는 意義는 國內的인 問題일 뿐만 아니라 資本主義의 世界的 蔓延과 資本主義의 世界的 征服에 對한 對備가 되지 않으면 아니 된다.
>
> 보라 先進資本主義 强大諸國의 領土的 帝國主義가 아닌 눈부신 經濟的 帝國主義 活動을— 눈뜨는 世界 弱小民族은 「새로운 民族」「現代民族」으로서 自己를 防禦하는 모든 方案을 講究하는 努力을 가져야 할 것은 世界第二次大戰의 終結後에 있어서 더욱이 强調되고 具體化되여지고 있으며 外來資本主義의 防禦는 國內資本主義의 淸算과 함께 同一한 步調로 遂行되어져야 할 것이다.

'약소민족'의 입장에서, '영토적 제국주의'와 다른 '경제적 제국주의'라는 이름으로 신식민주의에 대한 비판까지 하고 있는 것이다. 양우정에게 "티토주의(主義)와 일민주의(一民主義)의 관계(關係)는 어떻게 되느냐 하는 것을 묻는 사람"이 있을 정도로[92)] 일민주의는 민족사회주의적인 이념으로 체계화되었다.

이와 같은 일민주의의 모습은 당시 상황과 밀접히 연관되어 있다. 『이대통령 건국 정치이념: 일민주의의 이론적 전개』가 간행되기 직전인 1949년 9월 말부터 각지에서 활동하던 빨치산에 대한 대대적인 '토

91) 梁又正, 위의 책, 1949, 130-131쪽.

92) 「一民主義란 무엇?: 새로운 哲學을 말하는 座談會①」, 『聯合新聞』 1950. 1. 21.

벌'이 시작된 것이다. 1949년 9월 22일에 내무부 장관실에서 내무부 장관, 차관, 치안국장 및 국방부 장관, 총참모장, 참모부장 등 군경 수뇌가 회합을 가져 '지리산지구토벌작전'을 단행하기로 해 지리산을 중심으로 한 지역에서 대대적인 '토벌작전'이 시행되었으며[93] 같은 달 28일에는 태백산지구전투사령부가 설치되어 태백산 지역에서도 전면적인 '토벌'이 진행되었다.[94] 그런데 앞서 본 1949년 4월 경과 마찬가지로 이때도 '토벌'과 동시에 '포섭'이 시도되었다는 점에 주목해야 한다. 내무부 주도로 입안된 '토벌작전'이 시작된 직후인 1949년 9월 29일에 내무부 장관 김효석이 치안문제와 관련해 "국제『보르세비키』로부터 이탈하여 참된 대한국민(大韓國民)으로서 민국을 육성하려는 근본입장에서 틀리는 이론을 갖이고 애국운동을 전개하는 자 등은 앞으로 신분보장도 하고 그들의 운동을 촉진시킬 방도도 있을 줄 안다."[95]라며 대한민국을 인정한다면 '틀리는 이론'을 가지고도 정치운동을 할 수 있는 가능성을 내비친 것이다. 일민주의 보급을 위한 조직인 일민주의보급회가 1949년 10월 22일에 실질적으로 발족하고, 보련에서 11월 1일부터 1주일을 '남로당 근절주간'으로 설정하고 그에 앞선 10월 25일부터 30일까지 6일 동안을 자수주간으로 설정한 것을 보더라도 일민주의와 전향의 관계를 짐작할 수 있는데,[96] 전향으로 유도하기 위해 이때 일민주의는 최대한 '틀리는 이론'과 유사한 모습을 보여줄 필요가 있었던 것이다.

---

93) 陸軍本部編纂, 『共匪討伐史』(陸軍本部, 1954), 30쪽.

94) 陸軍本部編纂, 위의 책, 1954, 25쪽.

95) 『自由新聞』 1949. 9. 30.

96) 『京鄕新聞』 1949. 10. 26. 일민주의보급회 발족과 남로당근절주간 설정은 동시에 보도되었다.

4. 맺음말

'민족사회주의'적 이념을 내세웠던 보련의 기획은 한국전쟁 발발 직후에 수많은 맹원들이 학살되면서 파탄이 났다.[97] 보련 조직과 더불어 체계화된 일민주의 역시 유엔군의 일원으로 전쟁을 치러야 할 상황에 맞게 민족주의적인 요소는 희석되었다.[98] 더욱이 일민주의를 내세운 정치세력이라고 할 수 있는 족청계는 한국전쟁 정전과 때를 같이 해서 권력 중추부에서 축출당하는데,[99] 그 과정에서 『동아일보』에서 "『족청(族靑)』이란 미군정시대(美軍政時代)에 좌우합작정책(左右合作政策)의 산물(産物)"이며 "좌우합작(左右合作)이 가능(可能)할 경우(境遇)란—족청(族靑)은 이 나라에서는 있을 수 없는 유일(唯一)한 좌우합작체(左右合作體)다—좌(左)에 의(依)하여 우(右)가 이용(利用)될 수 있는 경우에, 혹은 앞으로 그럴 기회(機會)의 도래(到來)가 예상(豫想)될 경우에 한(限)한다."라고 하면서 공격한 것처럼[100] 민족사회주의적인 경향이 나타날 수 있는 기반이었던 좌우합작 자체가 완전히 부정되기에 이르렀다. 이제 담론 차원에서도 냉전적인 진영논리가 관철되기 시작한 것이다.[101]

---

97) 보련 맹원들에 대한 학살과정에 대해서는 『국민보도연맹 사건 진실규명결정서』(진실·화해를위한과거사정리위원회, 2009) 참조.

98) 1950년부터 양우정을 대신해 일민주의의 주된 이데올로그로 등장한 안호상은 1951년 초에 "大韓民國路線인 一民主義는 UN路線"이라며 원래 일민주의가 지녔던 반제국주의적인 노선을 크게 변경시켰다(안호상, 「一民主義로 精神武裝(完)」, 『釜山日報』 1951. 1. 18).

99) 족청계의 몰락과정에 대해서는 후지이 다케시, 앞의 논문, 2010, 301-323쪽 참조.

100) 金東鳴, 「다시自由黨을말함: 우리는왜族靑系를싫어하나①」, 『東亞日報』 1953. 10. 31.

101) 후지이 다케시, 「제1공화국의 지배 이데올로기」, 『역사비평』 83, 2008, 141-142쪽.

이와 같은 변화를 단적으로 보여주는 사례로 앞에서 살펴본 강상운의 경우를 검토해보자. 민족사회주의를 적극적으로 평가하던 강상운의 『현대정치학개론』은 출판사를 옮기면서 1952년 9월에 발행된 4판에 이르기까지 대학교재 등으로 계속 사용되다가[102] 1954년 8월에 『신고정치학개론』으로 제목을 바꾸고 내용도 대폭 수정되어 출판되었다. 이 『신고정치학개론』에서는, 『현대정치학개론』의 '전편 일반정치학' 부분이 거의 그대로 계승된 반면에 이 책의 큰 특징이었던 '후편 현대정치학' 부분은 '독재정치론'을 제외한 모든 부분이 삭제되고 그 대신 '민주정치론'이 추가되었다.[103] 즉 민족사회주의를 소개했던 부분이 다 사라지고 민주정치가 그 자리를 매운 것이다. 그런데 이와 같은 변화는 강상운의 사상의 변화라고는 보기 힘든 점이 엿보인다. 의회주의에 대해 논한 부분에서 "지금 의회주의적(議會主義的) 민주정치(民主政治)의 비교표준(比較標準)이 되어오던 독이(獨伊) 독재제(獨裁制)가 몰락(沒落)하게 된 것은 [중략] 그 이념(理念)을 이념(理念)으로서 몰락(沒落)하게 한 것이 아니라 권력(權力)으로서 몰락(沒落)하게 한 것"이라고 말하는 것으로 알 수 있듯이 강상운은 독일과 이탈리아가 보인 이념이 이념으로서는 몰락하지 않았다고 보고 있다.[104] 또 책 마지막에 배치된 '민주정치론'을 "이상(以上)과 같은 쏘벧드적(的) 동구민주정치(東歐民主政治)의 형태이외(形態以外)도 파시스트급(及) 나치스적(的) 전체주의(全體主義) 형태(形態)를 따로 들어 설명(說明)하는 것이 당연(當然)한 것인 줄 아나 임이 현실적(現實的)

102) 姜尙雲, 『現代政治學槪論』 [文研社, 1952(4판)의 판권지]. 초판부터 4판에 이르기까지 내용은 동일하다.

103) 姜尙雲, 『新稿政治學槪論』 (唯文社, 1954).

104) 姜尙雲, 위의 책, 1954, 173쪽.

의의(意義)를 상실(喪失)했다고도 볼 수 있고 또 본(本) 저서(著書)의 지면(紙面)의 제한(制限)도 있고 해서 다음 기회(機會)로 밀우기로 하겠다."라는 말로 맺었는데,[105] '현실적 의의를 상실했다고도 볼 수' 있다는 유보적인 표현이 눈에 띈다. 즉 강상운은 자기 생각을 바꿨다기보다는 당시의 담론지형의 변화에 따라 부득이하게 수정을 가한 것이며 말하자면 그의 사상 역시 '권력(權力)으로서 몰락(沒落)하게' 된 것이다.

그런데 1950년대 말에도 미국에 대한 비판적 시각을 견지했던[106] 강상운의 사상은 5·16쿠데타 직후에 또 다시 굴절된 모습을 보이게 된다. 1961년 7월에 간행된 책에 수록된 글에서 강상운은 "외세(外勢)의 비호하에 정권을 장악"한 민주당과[107] "우리겨레를 지켜주는 민족혼(民族魂)을 간직한 군인(軍人)"을 대비시키면서[108] 쿠데타를 "재건혁명(再建革命)"이라고 부르고 지지하는 입장을 보였으며,[109] 1963년 1월에 김종필을 중심으로 신당이 발기되었을 때도 강상운은 발기인의 한 명으로 참여했다.[110] 하지만 실제로 이 '신당'이 민주공화당으로 창당되면서부터는 강상운은 직접 정치활동에 관여하지 않고 아마도 논공행상으로 취임하게 된 국회도서관 관장으로 60년대를 보내게 되었으며 70년대 이후로는 조선시대 정치사상을 주로 다루는 정치학자로 활동하

105) 姜尙雲, 위의 책, 1954, 305쪽. 밑줄은 원문 그대로임.

106) 허은, 『미국의 헤게모니와 한국 민족주의』(高麗大學校 民族文化硏究院, 2008), 404-405쪽.

107) 姜尙雲, 「國家再建의 政治的 方向」, 咸錫憲 외, 『韓國革命의 方向』(中央公論社, 1961), 136쪽.

108) 姜尙雲, 위의 글, 1961, 137쪽.

109) 姜尙雲, 위의 글, 1961, 126쪽.

110) 『民主共和黨四年史』(民主共和黨企劃調查部, 1967), 34쪽.

는 데 그쳤다.[111] 박정희 체제가 내세운 민족주의는 파시즘적 민족주의와 달리 근대화 담론에 포획된 것이었기 때문에[112] 강상운이 과거에 지향했던 저항적 민족주의는 이제 불가능했던 것이다.

그런데 '민족의 대외적 투쟁'을 중심으로 세계를 바라보던 파시즘적인 민족주의가 근대화론에 의해 포획되고 순치되는 과정과 유사한 사례는 17세기 프랑스에서도 찾아볼 수 있다. 미셸 푸코에 의하면, 16, 17세기에 역사를 인종들 사이의 전쟁으로 인식하는 담론이 등장해 권력관계의 본질이 지배관계임을 드러내는 '대항－역사(contre-histoire)'로서 기능했는데,[113] 17세기 말에 이르러서 이와 같은 역사의 주체로 인종(race)을 대신해 나타난 민족/국민(nation) 담론은[114] 역사를 다른 인종들과의 수평적인 관계 속에서 바라보았던 인식을 국가를 구성할 능력이라는 잠재성이 현실화되는 과정이라는 수직적인 관계로 보는 것으로 바꿔놓았다.[115] 1950년대 말에 등장한 근대화론 역시 국제적인 지배관계를 '경제성장의 제단계'로 바꿔놓아 문제의 원인을 '내부'에서 찾게 만드는 것이었는데,[116] 이와 같은 '민족'을 둘러싼 배치의 변화를 통해

---

111) 「尙雲 姜周鎭 博士 年譜抄」 및 「尙雲 姜周鎭博士 著書 및 論文目錄」, 『尙雲姜周鎭博士華甲紀念論文集』(尙雲姜周鎭博士華甲紀念論文刊行委員會, 1979).

112) 황병주, 『박정희 체제의 지배담론』, 한양대 박사학위논문, 2008, 158-172쪽.

113) Michel Foucault, *Il faut défendre la société* (Paris: Gallimard, 1997), p.57-73[미셸 푸코 저 · 박정자 역, 『"사회를 보호해야 한다"』(東文選, 1998), 85-105쪽]. 푸코는 인종전쟁 담론을 높이 평가하면서 이와 같은 '대항－역사' 담론이 계급투쟁 담론의 원형임을 지적했는데, 한국어판에서는 이 'contre-histoire'가 '반역사'라고 번역되어 있어 그 함의가 충분히 전달되지 않는다. 더욱이 뒤에서 부르주아지의 'anti-historien' 성격이 언급될 때도 '반역사적'이라고 번역되어 있어 원문을 확인하지 않으면 괜히 혼란이 생길 수 있다.

114) Ibid., p.117(미셸 푸코 저 · 박정자 역, 위의 책, 1998, 161쪽).

115) Ibid., p.199-200(미셸 푸코 저 · 박정자 역, 위의 책, 1998, 259쪽).

116) W. W. 로스토오 저, 李相球 · 姜命圭 공역, 『經濟成長의 諸段階: 反맑스主義史觀』(法文社, 1961).

민족주의는 근대화 담론 속으로 포획되어 반제국주의적인 성격을 잃어간 것이다.

근대화론의 등장과 더불어 파시즘사상의 흐름은 일단 단절된 것처럼 보이지만, 역사적 변화를 '진보'가 아니라 사회적 배치의 변화 과정으로 이해한다면, 어떤 배치의 변화를 통해 지하에 매장되었던 파시즘은 또 다시 지상에 그 모습을 드러낼 수 있다. 언제 부활할지도 모르는 파시즘에 맞서기 위해서는, 파시즘이 지니는 공격성이 계급투쟁의 굴절된 모습이라는 것을 염두에 두면서, 이 힘들을 다르게 구성할 수 있는 방법을 찾아내는 다양한 시도들이 요청된다. 그것을 위해 역사학자가 해야 할 것은, '파시즘'이라는 이름으로 화석화된, '자본주의의 위기와 그 극복방안'을 둘러싼 힘들의 교차와 갈등을 다시 드러냄으로써 '현재'를 구성하고 있는 지층 속으로 들어갈 수 길을 여는 일일 것이다.

톰슨(E. P. Thompson)의 계급형성 이론과 '경험'

이찬행

1. 머리말

1950년대 말과 1960년대 초에 일단의 마르크스주의 역사가들(예를 들자면, 파리의 군중을 연구한 조르쥬 뤼데, 파리의 상퀼로트를 연구한 알베르 소불, 영국의 노동계급을 다룬 E. P. 톰슨 등)은 이른바 '밑으로부터의 역사'에 관한 책과 논문을 출판하기 시작하였다. 특히 톰슨은 인간을 단순히 '객체'로 강등시킨 사회사의 차갑고 추상적인 시각에 반대하면서 인간의 '경험'을 계급형성의 결정적인 계기이자 역사연구의 핵심으로 파악하였다.[1] 그는 계급을 생산관계에서의 위치에 의해 구성되는 하나의 완결적인 사물(thing)로 파악하는 정태적인 사회학적 정의에 반대하면서 계급형성은 무엇보다도 공통된 경험을 매개로 하는 자기-형성(self-making)의 과정이라는 것, 따라서 그 과정은 "외적인 조건만큼이나 인간의 행위(agency)에 기인하는 능동적인"[2] 성격을 지니고 있다는 것을 강조하였다.

---

1) *Peter Schöttler, "Sozialgeschichte, 'Erfahrungsansatz' und Sprachanalyse", KultuRRevolution*, No.11, 1986, p.56.

'인간의 행위'와 '경험'에 대한 톰슨의 강조는 객관적인 규정을 간과했다는 이유로 주의주의·주관주의적이며 혹은 문화주의적이라는 비판을 받아오긴 하였으나 60년대 이후 사회사 및 노동사 연구에 자양분을 제공하였다. 이러한 맥락에서 톰슨의 『영국 노동계급의 형성』(이하 『형성』이라고 약함)은 '신노동사(new labor history)'의 출현을 수반하였다고 할 수 있다. 신노동사가들은 노동조합 및 정당과 같은 노동계급의 제도들과 사회주의 사상을 노동자들의 '경험'이라는 측면에서 해석하였으며 정치 지도자와 정치 제도를 다루는 인습적인 역사학(구노동사)으로부터 점차 노동자, 하인, 여성, 인종집단 등이 갖고 있는 사회적 성격과 일상생활에 대한 연구로 나아갔던 것이다.[3)]

톰슨의 저작으로부터 영향을 받은 신노동사가들은 스스로를 구노동사가들과 교조적인 마르크스주의자들로부터 구분하였으며 생산관계와 기술적인 변화뿐만이 아니라 문화, 종교, 민중적 정치의 중요성을 강조하였다. "가난한 양말 직공, 러다이트 직물공, '사양길의' 수직포공, '유토피아적인' 숙련직인의 … 열망은 그들 자신의 경험이라는 측면에서는 타당하다."[4)]는 톰슨의 주장은 신노동사의 방법론과 연구주제를 함축적으로 담고 있었다. 구노동사는 정당, 조합, 연합체와 같은 제도들과 노동운동의 이데올로기 및 노동운동의 지도자들에 강조점을 두었

---

2) E. P. Thompson, "The Poverty of Theory or An Orrery of Errors", *The Poverty of Theory and Other Essays* (London: Monthly Review Press, 1978), pp.106-107(이하 *The Poverty*로 약함); idem, *The Making of the English Working Class* (London: Vintage Books, 1966), p.9(이하 *The Making*으로 약함).

3) Lenard R. Berlanstein, "Introduction", Lenard R. Berlanstein, ed., *Rethinking Labor History: Essays on Discourse and Class Analysis* (Urbana & Chicago, Univ. of Illinois Press, 1993), p.1; Lynn Hunt, "Introduction: History, Culture, and Text", Lynn Hunt, ed., *The New Cultural History* (Berkeley & London, Univ. of Calif. Press, 1989), p.2.

4) *The Making*, pp.12-13.

지만 1960년대부터 1980년대까지 신노동사가들은 평범한(rank and file) 노동자들의 경험을 이해하기 위하여 의식적으로 '밑으로부터의' 노동사를 서술하였으며 작업장에서의 일상생활과 평범한 자들이 실천한 정치, 파업, 저항에 연구의 초점을 맞추었다.[5)]

하지만 이와 같은 새로운 접근방법과 그들의 탁월한 성과에도 불구하고 최근 노동사 및 사회사 일반은 그 어느 때보다도 심각한 위기에 직면해 있다고 할 수 있다. 이 위기는 일반적으로 역사가들이 질문하고 있는 문제들과 그러한 문제들에 접근하는 방법론 그리고 그들이 사용하는 범주들의 타당성을 중심으로 형성되어 있다. 구체적으로 '경제 및 사회에 의한 결정'이라는 통념은 여전히 유효한지, 계급정체성은 어떻게 형성되는지, 그리고 톰슨이 주장하듯이 계급이 과연 '경험'을 매개로 하여 구성되는지, 경험과 의식 사이에는 어떠한 관계가 있는지 그리고 노동계급이 지니고 있는 혁명적 잠재력은 여전히 유효한지, 또한 그와 불가분한 관계에 놓여 있는 다른 정체성들(예컨대 젠더나 민족, 인종)의 문제는 어떻게 이해할 수 있는지, 따라서 오늘날 계급정치가 지니고 있는 함의는 무엇인지 등이 바로 그것이다. 이러한 문제의식들은 1980년대 이후 좌파 및 노동운동의 쇠퇴와 그 궤를 같이하는 것이었으며 동유럽과 소련 사회주의 정권의 붕괴는 이를 더욱 가속화시켰다. 뿐만 아니라 계급적대로 환원될 수 없는 다양한 억압의 형태들이 사회운동을 구성하고 있으며 성적 억압과 민족 간의 적대 역시 계급적대만큼이나 보편적인 것으로 받아들여짐으로써 이러한 위기는 더욱 증폭되었다고 할 수 있다.

따라서 이 글에서는 오늘날의 사회사 및 노동사의 위기와 관련하여

---

5) Laura L. Frader, "Dissent over Discourse: Labor History, Gender, and the Linguistic Turn", *History and Theory*, Vol.34, No.3, 1995, pp.214-215.

톰슨의 계급형성 이론을 다음과 같은 측면에서 재검토하고자 한다. 첫째, 과연 톰슨의 계급형성 이론은 인간의 행위와 경험을 강조한 나머지 객관적인 규정을 외면하는가? 둘째, 경험이라는 개념은 톰슨의 계급형성 이론 내에서 어떠한 위상과 역할을 차지하는가? 셋째, 톰슨의 계급형성 이론이 노정할 수밖에 없는 이론적 난점은 무엇인가?

2. 계급형성의 객관적 조건과 능동적 행위

이미 역사학의 고전이 되어 버린 톰슨의 『형성』은 역사학, 특히 사회사 및 노동사를 연구하는 데 있어 새로운 의제를 마련해 주었다. 1963년에 출판된 이 책은 윌리엄 스웰이 밝히고 있듯이 노동계급사의 주제를 보다 풍부하게 확장시켰다. 이 책이 출판되기 전까지 노동계급사의 주제는 크게 네 가지 장르에 한정되어 있었다고 할 수 있다. 즉 노동조합 및 노동당의 역사, 노동운동 지도자들의 전기, 사회주의 강령의 역사 그리고 물질적인 생활수준과 관련된 '노동자들의 상태'에 대한 연구가 그것이다.[6] 따라서 이러한 노동계급사의 성격은 대단히 무미건조할 뿐만 아니라 그 안에서 과거 실제로 존재했던 노동계급의 구체적인 삶의 모습을 찾아보기란 불가능한 것이었다. 나아가 이러한 노동계급사는 흔히 당이 노동계급의 본질을 구현하고 있다고 가정할 뿐만 아니라 당의 강령에 맞추어 역사를 목적론적으로 해석하는 데

---

6) William H. Sewell, Jr., "How Classes are Made: Critical Reflections on E. P. Thompson's Theory of Working-Class Formation", Harvey J. Kaye and Keith McClelland, eds., *E. P. Thompson: Critical Perspectives* (Cambridge: Polity Press, 1990), p.50.

기여하였다고 할 수 있다.[7)]

이에 대해 톰슨의 노동계급사 연구는 일단 그 대상에 있어 방대함을 보여준다. 즉 1790년부터 1830년까지의 영국 노동계급의 형성을 다루는 이 책은 900페이지에 걸쳐서 노동조합과 사회주의 강령 그리고 실질 임금뿐만 아니라 민중의 정치적·종교적 전통, 작업장에서의 의식, 후미진 곳에서 반란을 꾀하는 음모가들, 민중의 발라드, 천년왕국설, 무명의 협박편지, 축제, 춤, 빈자들의 속임수, 직포공들의 정원, 개싸움 등을 포괄하고 있다. 한마디로 민중들의 구체적인 삶의 모습들을 담아내고 있는 이 책은 노동계급사의 지평을 갑작스럽게 그리고 엄청나게 확장시켰으며 젊은 세대의 역사가들은 톰슨의 연구를 계기로 이른바 '밑으로부터의 역사'라고 하는 기획에 참여하기도 하였다.[8)]

한편 톰슨의 노동계급 연구는 비록 그 책이 계급이론에 대한 연구서도 아니고 또한 『형성』의 「서문」을 제외하면 톰슨 자신의 계급이론이 명시적으로 제시된 부분도 거의 없지만,[9)] 계급에 대한 정의와 관련하여 많은 주목을 받아 왔고 1960년대 이후 봇물처럼 쏟아져 나온 노동계

7) 당과 노동조합 그리고 그것들의 강령을 중심으로 한 노동사는 분명 위와 같은 문제점을 안고 있다. 하지만 아직까지도 여전히 노동자들의 정치조직 및 노동조합의 형태가 노동자들의 투쟁에 있어 결코 주변적이지 않기 때문에 전통적인 노동사가 완전히 폐기될 대상만은 아니다. 노동자들의 실제적인 삶에 대한 연구를 수반하지 않는 노동계급사가 공허한 것과 마찬가지로 당과 조직 및 강령에 대한 연구가 없이 노동자들의 실제적인 삶과 경험에만 중심을 두는 것은 또한 맹목일 것이다.

8) William H. Sewell, Jr., op. cit., 1990, pp.50-51.

9) 스웰은 톰슨이 스탈린주의적인 형식주의에 강한 반감을 지니고 있었기 때문에 『형성』에서 톰슨의 계급이론은 다소간 은밀한 형태로 나타나고 있다고 지적하면서 『형성』의 「서문」에 담겨 있는 주요한 이론적 명제들을 다음과 같이 네 가지로 제시하고 있다. "계급은 역사적 현상이다."; "계급은 경험의 산물(outcome)이다."; "노동자들은 계급형성에 있어 능동적이고 의식적인 참여자들이다."; "계급은 의식에 의해 정의된다."(ibid., pp.51-54)

급에 대한 연구에 있어 표준적이고도 주요한 주제들을 제공하였다.[10)]

톰슨의 계급이론은 『형성』이라는 책의 제목 자체에 잘 나타나 있다. 즉 톰슨은 '형성(making)'이라는 용어를 사용함으로써 자신의 주제가 능동적 과정, 다시 말해 조건(conditioning)만큼이나 행위(agency)에 기인하는 능동적 과정에 대한 연구임을 밝히고 있는 것이다.[11)] 톰슨에 의하면 "노동계급은 정해진 시간에 해처럼 떠오르지 않는다. 노동계급은 자기 자신의 형성에 현존해 있었다."[12)]는 것이다.

1790년부터 1830년까지의 시간적 흐름 속에서 영국 노동계급이 형성되는 과정에 대해 연구한 톰슨은 무엇보다도 계급을 '구조'나 '범주'로 보지 않고 인간관계에서 실제로 일어난 것(그리고 일어난 것으로 입증할 수 있는 것)으로, 따라서 하나의 역사적 현상으로 파악한다.[13)] 그는 계급은 하나의 완결적인 사물 내지는 고정된 물(thing)이 아니라, 즉 범주를 통해 구획될 수 있는 것이 아니라 역사적으로, 따라서 '시간 속에서 발생하는 어떤 것'이라고 주장하면서 범주를 통해 계급을 분류하기에 바쁜 사회학적 접근을 이렇게 비판한다.

> 개념적인 탐색기들을 지니고 타임머신을 정지시켜 엔진실을 보기 위해 내려갔던 사회학자들은 그 어느 곳에서도 하나의 계급을 찾아내 분류할 수 없다고 말한다. 그들은 다만 상이한 직업, 수입, 신분상의 위계 등을 지니고 있는 사람들을 발견할 뿐이다. 이는 당연하다. 왜냐하면 계급은 기계

---

10) Ira Katznelson, "Working-Class Formation: Constructing Cases and Comparisons", Ira Katznelson and Aristide R. Zolberg, eds., *Working-Class Formation: Nineteenth-Century Patterns in Western Europe and the United States* (New Jersey: Princeton Univ. Press, 1986), p.8.

11) *The Making*, p.9.

12) *The Making*, p.9.

13) *The Making*, p.9.

> 의 이 부분 혹은 저 부분이 아니라 기계가 일단 작동하게 될 때 '기계가 움직이는 방식'이며 운동 그 자체이고 거기에서 발생하는 열이며 소리이다. 계급은 이 이해관계(interest) 그리고 저 이해관계가 아니라 이해관계들의 '마찰'이다. 계급은 추상적으로 또는 고립적으로는 정의될 수 없으며 오직 다른 계급들과의 관계 속에서만 정의될 수 있는 사회적 · 문화적 형성체이다. 그리고 궁극적으로 그 정의는 '시간', 즉 작용과 반작용, 변화와 갈등을 매개로 해서만 이루어질 수 있다. … 계급은 하나의 물(thing)이 아니라 생겨남(happening)이다.[14]

한편 톰슨은 "계급들은 생산과정 전체의 기능들이며 그들은 생산과정의 주체가 아니라 반대로 그 형태에 의해 결정된다."[15]는 발리바르의 주장에 대해서도 반격을 가한다. 나아가 그는 계급투쟁이 계급에서 가장 주요한 개념이며 계급은 투쟁에 선행하는 것이 아니라 투쟁으로부터 발생한다는 알튀세르의 명제[16]에 대해서도 이는 「18세기 영국사회: 계급 없는 계급투쟁?」[17]이라는 논문에서 제시된 자신의 견해와 유사한 것처럼 보이지만 사실은 정반대의 것이라고 주장한다. 왜냐하면 사람들이 생산관계 내에서 자신들의 적대적인 이해관계들을 확인하고 계급적인 방식으로 투쟁함으로써 계급이 발생한다는 생각은 대부분의 마르크스주의 역사가들이 공유하는 것이며, 이는 계급형

---

14) *The Poverty*, p.295.

15) E. Balibar, "The Basic Concepts of Historical Materialism", L. Althusser and E. Balibar, *Reading Capital*, trans. Ben Brewster (London: Verso, 1979), p.267; 루이 알튀세르 저 · 김진엽 역, 『자본론을 읽는다』 (두레, 1991), 345쪽.

16) L. Althusser, *Essays in Self-Criticism* (London: New Left Books, 1976), pp. 49-50; 루이 알튀세르 저 · 김동수 역, 「맑스주의와 계급투쟁」, 『아미엥에서의 주장』 (솔출판사, 1995), 69-71쪽; E. 발리바르 저 · 이해민 역, 「칼 마르크스와 마르크스주의」, 「잉여가치와 사회계급」, 『역사유물론 연구』 (푸른산, 1995), 49쪽, 156쪽.

17) E. P. Thompson, "Eighteenth-Century English Society: Class Struggle without Class?", *Social History*, Vol.3, No.2, 1978.

성의 과정이 무엇보다도 '자기－형성(self-making)의 과정'임을 의미하기 때문이라는 것이다. 따라서 톰슨은 알튀세르의 주장은, 비록 계급투쟁에 중요성을 부여하고 있지만, 결과적으로는 계급형성의 과정을, 다시 말해 '사람들이 행위자(agent)로 존재하는 과정'을 간과함으로써 역사의 주체(혹은 행위자)를 추방하고 계급형성이 결정(determination)과 자기－행동(self-activity)의 교차라는 것을 이해하지 못하는 이론이라고 비판한다.[18)]

톰슨에 의하면 "노동계급은 만들어진 만큼이나 스스로를 만들었다."[19)] 그것은 사회학이나 기계적인 역사유물론이 가정하듯이, 단순히 생산관계에서의 위치로 환원될 수 없는 것이다. 톰슨은 『형성』의 「서문」에서 밝히고 있는 것처럼, 계급은 외적인 조건에 의해 규정될 뿐만 아니라 스스로의 형성 과정에 현존해 있었다고 주장한다.[20)] 이러한 톰슨의 논리를 따르자면 이른바 객관적인 생산관계가 주어져 있는 것만으로는 계급형성을 구체적으로 파악할 수 없다. 홉스봄이 말했듯이, "계급들이 그들 자신에 대한 의식을 취득하는 역사적 순간에 비로소 완전한 의미에서의 계급은 존재"[21)]하는 것이라면, 계급형성의 고찰은 계급의식의 연구를 필수적인 조건으로 포함하지 않을 수 없게 된다.

톰슨은 계급의식과 계급은 분리될 수 있는 실체가 아니며 또한 계급과 계급의식은 역사과정에서 마지막 단계이지 결코 첫 번째 단계가 아

---

18) *The Poverty*, pp.106-107.

19) *The Poverty*, p.106.

20) *The Making*, p.9.

21) E. J. Hobsbawm, "Notes on Class Consciousness", *Workers: Worlds of Labor* (New York: Pantheon Books, 1984), p.16.

니라고 주장한다.[22] 톰슨에 의하면 "사람들은 (전적으로는 아니지만 주로 생산관계에 의해) 규정된 방식으로 구조화된 사회 속에 놓이게 된다. 그들은 착취를 경험한다(혹은 그들이 착취자라면 자신들에게 착취당하는 사람들에 대하여 권력을 유지시켜야 할 필요성을 경험한다). 그들은 이해관계를 확인하게 된다. 그들은 이러한 이슈들을 둘러싸고 투쟁하기 시작한다. 그리고 투쟁하는 과정에서 그들은 스스로를 계급으로서 발견하게 되고 결국에는 이러한 발견을 계급의식으로서 인식하기에 이른다."[23] 결국 톰슨에게 있어서 "계급은 어떤 사람들이 공통의 '경험'의 결과로서 자신들 간에는 이해관계가 일치하고 다른 사람들과는 대립된다는 점에서 '일체성을 느끼고 표현'할 때 발생한다. 그리고 계급경험은 인간들이 태어나면서부터 속하게 되는—혹은 자기 의지와는 무관하게 들어가게 되는—생산관계에 의해 주로 결정된다. 계급의식은 이러한 경험이 문화적 견지에서 다루어지는 방식, 즉 전통, 가치체계, 사상 및 제도적 형태에서 구현되는 방식이다."[24]

이러한 톰슨의 계급형성에 관한 논의들을 정리하면 '생산관계 → 착취의 경험 → 대립하는 이해관계의 확인 → 투쟁의 시작 → 계급의식의 획득 = 계급의 형성'이라는 인과관계를 추출해낼 수 있다. 그리고 톰슨이 계급형성의 과정에서 그토록 강조하는 능동적 과정, 즉 '사람들이 행위자로 존재할 수 있는 과정'은 '경험'에서 발견됨을 알 수 있다. '경험'은, 톰슨에 따르자면, 사회적 존재와 사회적 의식 사이에 있는 필수적인 중간 항이다.[25] 그리고 그것은 궁극적으로는 물질적

22) *The Poverty*, p.106.

23) E. P. Thompson, op. cit., 1978, p.149.

24) *The Making*, pp.9-10.

25) *The Poverty*, p.98.

인 삶에서 발생하며[26] 사회적 의식에 압력을 가한다는 의미에서 규정적(determining)이다.[27] 뿐만 아니라 바로 이러한 경험 내에서 구조는 과정으로 변형(transmute)되며 주체는 역사 속으로 다시 들어온다.[28] 즉 객관적으로 존재하는 생산관계는 경험을 통해 실재적인 계급을 형성하며, 사람들은 규정적인 생산관계를 경험하면서 이 경험을 의식과 문화 속에서 '처리함으로써(handling)', 비록 자율적인 주체 혹은 자유로운 개인들은 아니지만, 주체로서 되돌아온다는 것이다.[29]

그런데 이상과 같이 '경험'을 통한 '능동적 과정'과 '행위'를 강조하는 톰슨의 계급이론은 일찍이 많은 비판을 받아왔다. 그 비판들의 대부분은 톰슨이 '생산관계'에 준거하여 계급이 정의될 수 있음을 부정하고 계급적 주체들의 '계급의식'이나 '문화'의 차원에서 계급을 정의함으로써 주의주의적이고 주관주의적인 계급이론으로 귀결되고 말았다는 것이다.[30] 특히 페리 앤더슨은 『영국 마르크스주의 내에서의 논쟁들』[31]에서 톰슨의 계급이론을 철저하게 검토하고 있는데, 그는 톰슨이 "영국 노동계급은 만들어진 만큼 스스로를 만들었다."는 명제를 균형 있게 입증하지 못하였고 계급형성에 있어 외적 필연성과 행위의 공동결정

26) *The Poverty*, p.171.

27) *The Poverty*, p.8.

28) *The Poverty*, p.170.

29) *The Poverty*, p.164.

30) G. A. Cohen, *Karl Marx's Theory of History: A Defence* (Princeton: Princeton Univ. Press, 1978), p.75; P. Anderson, *Arguments Within English Marxism* (London: Verso, 1980), p.55; R. Johnson, "Edward Thompson, Eugene Genovese, and Socialist-Humanist History", *History Workshop Journal*, No.6, 1978, p.97; G. McLennan, "E. P. Thompson and the Discipline of Historical Context", Richard Johnson, et al. eds., *Making Histories: Studies in History-Writing and Politics* (Minneapolis: Univ. of Minnesota Press, 1982), p.110.

31) P. Anderson, *Arguments Within English Marxism,* 1980.

(co-determination)이라는 톰슨의 주장이 입증되려면 적어도 "산업혁명에 의한 노동력의 객관적 집결 및 변형에 대한 탐구와 그러한 객관적 상황에 대한 대응으로서 계급문화의 주관적 발아에 대한 탐구가 병행되지 않으면 안 된다."[32]고 비판한다. 다시 말해 객관적인 생산과정에 대한 분석과 주관적인 문화 및 계급의식에 대한 연구만이 톰슨의 계급 이론을 뒷받침해줄 수 있음에도 불구하고 『형성』은 객관적 조건에 대한 분석을 결여하고 있으며 영국 노동계급을 탄생시킨 객관적이고 주관적인 결정요인들을 노동자들의 고통과 저항 사이의 단순한 변증법, 즉 이 변증법의 운동 자체가 계급의 주관성에 내적인 운동이 되는 그러한 변증법으로 용해시키고 말았다는 것이다.[33]

『형성』의 구체적인 내용을 볼 때 앤더슨의 이러한 비판은 타당하다. 무엇보다도 계급형성이라는 '능동적인 과정'에서 핵심적인 개념이라고 할 수 있는 '경험'이 생산관계에 의해 '주로(largely)' 결정된다고 톰슨 스스로가 밝히고 있기 때문에 영국 노동계급이 형성되는 역사적 과정에 대한 고찰은 이러한 객관적인 조건들과 주관적인 상황들에 대한 연구를 통해서만이 그 전모가 밝혀질 수 있을 것이다. 그러나 『형성』에서는 앤더슨이 말하였듯이, "자본축적의 전체패턴을 보여주는 그 어떠한 객관적 틀도 제시되고 있지 않기 때문에, 영국 노동계급의 주관적 경험이 다른 것에 대하여 지니는 상대적 중요성은 평가될 수 없는"[34] 상태로 남고 말았던 것이다.

그러나 다른 한편 톰슨의 의도를 충실하게 따를 경우 앤더슨의 비판은 핵심을 놓치고 있다고 말할 수 있다. 왜냐하면 톰슨이 강조하고

---

32) Ibid., p.32.

33) Ibid., p.32, p.39.

34) Ibid., pp.34-35.

자 하는 것은 생산관계에 의거해 계급을 구조적으로 정의하는 것으로 만족하지 말고 실제로 계급의 객관적 조건(생산관계)이 계급 자체를 시간 속에서 탄생시키는 복잡하고 모순으로 가득 찬 역사적 과정에 주의를 기울이라는 것이기 때문이다.[35] 즉 톰슨이 『형성』에서 보여주려고 하였던 것은 그의 계급이론에 비추어 볼 때, 객관적인 생산관계라는 '구조'가 '경험'을 통해 계급형성의 '과정'으로 변형되는 역사, 혹은 사회적 존재가 '경험'을 통해 사회적 의식을 형성하는 바로 그 '과정'이었던 것이다. 톰슨은 결코 계급형성에 있어 객관적 결정요인들을 간과하지 않았고 그의 연구는 영국 노동계급의 자기의식에의 도달이라는 측면에서 파악될 필요가 있는 것이다.[36] 톰슨은 『형성』에서 이른바 객관적 조건들에 대하여 구체적인 분석을 수행하고 있지는 않지만, 이 객관적 조건이라는 것을 전제해 놓고서 이것이 '경험'을 거쳐 계급의식으로 발현되는 과정, 곧 완전한 의미에서의 계급이 형성되는 과정을 연구하려고 했던 것이다. 따라서 『형성』에 대한 비판은 그 책이 단순히 객관적 요인들에 대한 분석을 결여하고 있다는 식으로 이루어져서는 안 된다. 톰슨이 우선적으로 비판하려고 했던 대

---

35) Ellen M. Wood, "The Politics of Theory and the Concept of Class", *Studies in Political Economy*, Vol.9, 1982, p.52; idem, "Class as Process and Relationship", *Democracy Against Capitalism: Renewing Historical Materialism* (Cambridge: Cambridge Univ. Press, 1995).

36) 하비 J. 케이 저 · 양효식 역, 『영국 마르크스주의 역사가들』(증보판) (역사비평사, 1993), 207-234쪽; 양효식, 『E. P. 톰슨의 계급이론: 유물론적 비판－계급형성론과 경험개념을 중심으로』 (성균관대 석사학위논문, 1988)를 참조. 그런데 톰슨에 대한 비판에 있어 양효식 역시 앤더슨과 유사한 입장을 보이고 있다는 점을 밝혀두어야 할 것이다. 특히 그가 엘렌 우드의 해석을 긍정적으로 받아들이고 있음에도 불구하고(양효식, 위의 논문, 1988, 18-26쪽) 다시 앤더슨의 입장으로 되돌아가서 톰슨에게는 이른바 '객관적 분석'이 제시되고 있지 않다고 하는 것은(양효식, 위의 논문, 1988, 26-27쪽) 톰슨의 의도를 정확하게 파악하지 못한 것이며, 따라서 이는 『형성』을 그의 계급이론과의 관련 속에서 읽는 데 실패한 것이다.

상들, 즉 계급을 단순한 '구조'나 '범주'로 정의하려고 했던 입장들을 염두에 둘 때 톰슨의 의도는 정확히 '경험과 계급의식의 등장의 역사'였던 것이다.[37)]

3. 사회적 존재와 사회적 의식: 경험 I 과 경험 II

톰슨에게 있어서 "계급은 개별적이고 상호 무관하게 보이는 다수의 사건들을 '경험'이라는 원재료 속에서, 그리고 '의식' 속에서 하나로 통합하는 역사적 현상"[38)]이었다. 이러한 계급이론을 바탕으로 그는 계급을 단순한 구조로 환원하거나 범주로 파악하는 입장을 넘어서서 계급형성, 즉 외부적으로 규정되면서도 능동적인 행위를 포함하는 계급형성의 과정을 제시할 수 있었다. 뿐만 아니라 그는 하비 J. 케이가 말하고 있듯이 계급에 대한 연구의 중심을 계급분석으로부터 '계급투쟁분석'으로 옮겨 놓았다. 이 '계급투쟁분석'이 의미하는 바는 계급에 대한 몰역사적이고 정태적인 분석으로 특징지워지는 기존의 주류 사회학적

37) 『영국 노동계급의 형성』이라는 거창한 제목대로, 톰슨의 작업이 영국 노동계급 형성의 '전과정'을 포괄해야만 하는 것이었다면, 톰슨이 객관적 분석을 결여하고 있다는 비판은 타당할 수도 있다. 하지만 톰슨의 연구가 영국 노동계급의 모든 역사를 담는 것으로 간주되어서는 안 된다. 오히려 『형성』은 그의 계급이론과의 관계 속에서, 따라서 그것이 등장하게 된 상황 그리고 그것이 비판하고자 했던 대상들과의 관련 속에서 읽혀져야만 한다. 톰슨에 대한 본 논문의 이러한 해석은 『형성』의 구성을 보아서도 알 수 있다. "자유의 나무", "아담의 저주", "노동계급의 현존"이라는 세 부분으로 구성된 『형성』의 전반부는 노동자들이 겪을 수밖에 없었던 '경험'에 대해 서술한다. 그리고 마지막 부분은 '계급의식(제16장)'에 대한 서술에 할애되어 있다. 이는 톰슨이 『형성』에서 추구하고자 했던 것을 분명하게 보여주는 것이며 동시에 계급과 계급의식은 역사적 과정의 마지막에 온다는 자신의 이론과도 부합하는 것이다.

38) *The Making*, p.9.

관행과는 대조적으로 계급이 형성되는 역동적인 계급투쟁에 연구의 중점을 부여한다는 것이었다.[39)]

톰슨의 이론에서 핵심적인 개념이라고 할 수 있는 '경험'은 1960년대 이후 사회사에서, 특히 피지배자들 및 비가시적(invisible)인 사람들의 역사에서 주요한 개념이 되었다.[40)] 예컨대 노동사에 있어서 경험은 생산관계와 계급의식의 인식 사이에 놓여 있는 광대한 영역을 가리켰으며[41)] 독일의 역사학에 있어 하나의 혁신적인 분야로 발전한 일상생활사는 "지배와 착취의 추상적인 구조들이 조우"하는 장으로서의 경험에 중점을 두기도 하였다.[42)] 뿐만 아니라 여성사와 페미니즘 이론 역시 성적 억압과 의식 사이를 매개해주는 개념으로서 그리고 여성들 사이의 통일(unity)과 정체성을 만드는 것으로서 바로 이 경험에 오랫동안 의존해왔다.[43)]

경험 개념과 관련하여 톰슨은 「이론의 정치」라는 논문에서 경험이라는 것의 절반은 사회적 존재 안에 그리고 절반은 사회적 의식 안에 존재한다고 말하면서 전자를 경험 I (lived experience)로, 후자를 경험 Ⅱ(perceived experience)로 구분한다.[44)] 톰슨에 의하면 사회적 존재 내

---

39) 하비 J. 케이 저 · 양효식 역, 앞의 책, 1993, 232-241쪽.

40) Kathleen Canning, "Feminist History after the Linguistic Turn: Historicizing Discourse and Experience", *Signs: Journal of Women in Culture and Society,* Vol.19, No.2, 1994, p.174.

41) William H. Sewell, Jr., op. cit., 1990, pp.50-56.

42) Geoff Eley, "Labor History, Social History, Alltagsgeschichte: Experience, Culture and the Politics of the Everyday; A New Direction for German Social History?", *Journal of Modern History,* Vol.61, No.2, 1989, p.324.

43) Chandra Talpade Mohanty, "Feminist Encounters: Locating the Politics of Experience", Michèle Barret and Anne Phillips, eds., *Destabilizing Theory: Contemporary Feminist Debates* (Stanford: Stanford Univ. Press, 1992), p.76.

44) E. P. Thompson, "The Politics of Theory", Raphael Samuel, ed., *People's History and Socialist Theory* (London: Routledge & Kegan Paul, 1981), pp.405-406.

에서의 거듭된 사건들(events), 즉 의식 혹은 의도(intention)의 저편에서 진행되는 물질적 원인들의 결과인 이 사건들은 필연적으로 경험을 발생시키는데, 바로 이것이 경험 I 이다. 그리고 이 경험 I 은 비록 그것이 경험 II 에 즉각적으로 '반영'되는 것은 아니지만, 의식의 전 영역에 대하여 압력을 가하는데, 이 압력은 결코 이데올로기에 의해 억압되거나 지연될 수 없는 것으로 간주된다.[45] 그렇기 때문에 톰슨은 대부분의 사람들이 경험이라는 단어를 들으면 즉시 경험 II 를 연상하고 이 경험 II 를 불완전하고 허위적인 것, 이데올로기의 침입에 의해 오염된 것으로 간주하기 십상이지만 이는 수정될 필요가 있다고 주장한다. 왜냐하면 사회적 존재 내에서 발생하는 경험 I 은 의식에 대하여 압력을 가하고 그 과정에서 경험 I 은 부과된(imposed) 의식과 영원히 마찰을 빚기 때문이다.[46]

그러나 이러한 톰슨의 정식화에도 불구하고 많은 비판가들은 위와 같은 경험의 구분 자체가 이론적으로 만족스러운 것은 아니라고 지적한다. 톰슨은 경험을 때로는 의식이라는 보다 일상적인 의미로, 때로는 객관적 조건과 의식, 문화 사이의 중간 항으로, 때로는 객관적 조건 그 자체로 다양하게 사용하고 있는데, 톰슨의 이러한 용법은 동일한 개념으로 두 가지를 명명하는 것이며, 이는 개념적으로 분리되어야만 하는 것을 모호하게 만들 뿐이라는 것이다.[47] 그렇다면 과연 톰슨의 '경험' 개념이 이론적인 엄격함을 결여한 채 무작위적으로 사용되고 있는 것

45) Ibid., p.406.

46) Ibid., p.406.

47) Stuart Hall, "In Defence of Theory", Raphael Samuel, ed., ibid., p.384; 양효식, 앞의 논문, 1988, 36쪽; 배영수, 「사회사의 이론적 함의: 에드워드 톰슨에 있어서 계급과 문화 그리고 역사적 유물론」, 『역사와 현실』 10, 1993, 133쪽.

일까? 이러한 질문은 톰슨의 '경험' 개념에 대한 보다 전면적인 검토를 요구한다.

레이먼드 윌리엄스에 의하면 18세기까지 '경험' 개념은 사건들에 대한 고찰(consideration) 혹은 반성(reflection)이라는 생각과 과거로부터 얻어진 교훈들이라는 의미를 지니고 있었으나, 그와 동시에 특별한 종류의 '의식'을 가리키기도 하였다. 이 의식은 20세기에 와서 생각(thought)뿐 아니라 느낌(feeling)까지도 포함하는 완전하고 활동적인 '인식(awareness)'을 의미하게 되었으며, 가장 권위적인 진리로, 따라서 추론과 분석의 필수적인 기반으로 간주되었다. 그러나 20세기에 '경험' 개념은 또 다른 의미를 지니게 되었는데, 이는 주관적인 증명(testimony), 즉 즉각적이고 권위적인 것으로서의 주관적인 증명과는 다른 것이었다. 곧 그것은 개인들에게 외재적인 영향들, 즉 사회적 조건들, 제도들, 믿음 또는 인식의 형태들 등을 의미하게 되었던 것이다.[48]

요컨대 '경험'이라는 것은 18세기와 20세기 사이에는 개인들에게 내재적인 것, 즉 의식을 의미하였으나 그것이 개인들에게 외재적인 것을 의미하게 된 것은 20세기적인 현상이었다고 할 수 있다. 여기에서 알 수 있듯이 '경험'에 대한 톰슨의 이해는 바로 이와 같은 '경험'의 역사적 정의와 조응한다. 즉 톰슨은 경험 I 로써 개인들의 의식에 외재적이며 사회적 존재 내에 존재하는 것을, 그리고 경험 II 로써 개인들의 의식에 내재적이며 사회적 의식 내에 존재하는 것을 지시하였던 것이다.

톰슨은 이러한 구분을 기반으로 외재적인 영향과 주관적인 느낌 그리고 구조적인 것과 심리적인 것을 결합하였다.[49] 그리고 이와 같은

---

48) Raymond Williams, *Keywords: A Vocabulary of Culture and Society*, rev. ed., (London: Fontana, 1983), pp.126-128.

49) Joan W. Scott, "The Evidence of Experience", T. J. McDonald, ed., *The Historic Turn*

경험의 구분은 외적인 규정만큼이나 행위에 역점을 두는 그의 계급이론과 일치하는 것이라고 할 수 있다. 만일 계급형성은 경험을 통해 이루어진다는 톰슨의 명제를 경험이 사회적 의식 안에만 존재하는 것으로 이해한다면 톰슨의 입장이 주의주의적이고 주관주의적이라고 비판하는 것은 타당하지만, 그러나 톰슨은 경험, 보다 정확히 말하자면 경험 I 이 사회적 존재에서 발생하는 것으로 보았고 따라서 그와 같은 비판은 톰슨의 입장을 의도적으로 오해한 것이다. 분명히 톰슨은 외부적인 규정성이라는 것을 자신의 이론 안에 포함하고 있는 것이다. 또한 톰슨은 경험이 사회적 존재 내에만 존재하는 것이라고 주장하지 않았다. 만일 톰슨의 입장을 그렇게 해석한다면, 그것은 톰슨이 피력하고자 했던 인간의 '행위'를 톰슨의 이론에서 축출하는 것이 된다.[50] 왜냐하면 톰슨은 경험은 사회적 존재 내에서 발생하는 것이지만 "사람들은 그들 자신들의 경험을 느낌(feeling)으로서 경험"[51]하게 된다고 말하고 있는데, 바로 이러한 진술은 그가 경험의 심리적인 차원을 중요하게 간주하면서 '행위'를 설명하고 있음을 보여주기 때문이다.[52]

따라서 단순히 톰슨이 '경험'이라는 개념을 일관되게 사용하지 않았다는 것은 '행위'를 강조하는 그의 계급이론에 비추어볼 때 잘못된 비

---

in the Human Sciences (Ann Arbor: Univ. of Michigan Press, 1996), p.388.

50) 그럼에도 양효식은 "생산양식과 계급형성을 연결시키는 매개역할을 감당해낼 수 있을 만큼 '경험'이 유효타당하려면 오직 그 말이 객관적인 규정압력의 의미로 사용될 때만으로 한정되어야 한다."고 주장한다(양효식, 앞의 논문, 1988, 38쪽). 그리고 톰슨에게서 인간의 능동성이라는 관념을 가장 중요한 테마로 이해하는 배영수 역시, 자신의 이러한 톰슨 해석에도 불구하고, 경험 I 과 경험 II 의 구분이 명확성을 결여하고 있다고 지적한다(배영수, 앞의 논문, 1993, 133쪽). 그러나 이러한 주장들은 경험이라는 개념을 톰슨의 계급이론, 즉 '행위'를 강조하는 계급이론과의 관련 속에서 파악하지 못한 것이다.

51) *The Poverty*, p.171.

52) Joan W. Scott, op. cit., 1996, p.389.

판이다. 톰슨에게 있어서 계급형성이라는 것은 외적으로 규정될 뿐만 아니라 인간의 능동적인 행위를 포함하는 과정으로 이해되고 있는 만큼 경험이라는 개념 역시 사회적 존재와 사회적 의식에 걸쳐 있는 것으로 이해되어야만 하는 것이다.

4. 경험주의와 계급정체성

이상에서 본 바와 같이 톰슨의 계급이론은 계급형성에 있어 외적 규정만큼이나 행위를 강조하고 있다. 그럼에도 불구하고 그의 이론에 대해 객관적 분석을 결여하고 있다거나 혹은 경험이라는 용어를 무분별하게 사용하고 있다는 식으로 비판하는 것은 톰슨을 그의 의도와의 관련 속에서 읽는 데 실패한 결과라고 할 수 있다. 따라서 정말로 필요한 것은 이제 톰슨의 의도 자체에서부터 시작해 그의 계급이론의 문제점을 파악하는 것이다.

톰슨의 계급이론이 담고 있는 의도는 한 마디로 노동계급의 능동적 행위를 강조하겠다는 것이다. 이러한 목적을 위해 그가 배치하고 있는 개념적 도구가 바로 '경험'이었다. 톰슨에게 있어서 경험은 대개 생산관계에 의해 결정되지만 계급의식은 이러한 경험이 문화적 측면들에서 처리되는 방식이라고 할 수 있다. 톰슨 이론의 주요 개념인 '행위'가 결정적으로 부각되는 곳이 바로 이러한 경험의 문화적 처리 단계이다. 경험에 대한 톰슨의 강조는 데니스 드워킨이 밝히고 있듯이, 1950년대 말과 60년대 초 영국에서의 문화 연구에 초석을 마련하기도 하였다.[53)]

53) Dennis Dworkin, *Cultural Marxism in Postwar Britain: History, the New Left, and the Origins of Cultural Studies* (Durham & London: Duke Univ. Press), 1997, p.96.

특히 『형성』은 민중들의 투쟁을 문화적 관점에서 고찰함으로써 공산주의적인 역사서술에 신좌파의 시각을 부여하였고 이른바 문화적 마르크스주의 역사연구를 형성하는 데 커다란 기여를 하였다. 그리고 이들 문화적 마르크스주의 역사연구자들은 문화를 이차적인 지위, 즉 실질적인 사회적 관계의 반영으로 환원하는 교조적인 마르크스주의와 기껏해야 문화를 사상 내지는 글쓰기 정도로 파악하는 보수주의자들과는 반대로 문화를 일상생활과 경험의 표현으로 간주함으로써 '밑으로부터의 역사'라는 기획을 발전시킨 것으로 평가받는다.[54]

그런데 바로 여기에서 문제는 '경험과 의식 사이의 관계'를 톰슨이 어떻게 이해하고 있는가하는 점이다. 톰슨은 "경험은 결정되어 있는 것처럼 보이는 반면에 계급의식은 그렇지 않다."고 말하면서 "유사한 경험을 겪은 유사한 직업 집단의 반응에서 임의의 법칙(law)을 예견할 수는 없으며" "계급의식은 결코 항상 같은 방식으로 등장하지 않는다."고 덧붙인다.[55] 그렇지만 동시에 톰슨은 경험은 사회적 존재 안에서 발생하며 의식에 압력을 가하는 것으로 이해한다.[56] 톰슨에 의하면 "경험이라는 것은 궁극적으로는 물질적인 삶에서 발생하며 따라서 사회적 존재는 사회적 의식을 결정한다."[57] 결국 톰슨은 경험이라는 것은 생산관계에 의해 '주로(largely)' 결정되고 또 계급의식은 이 경험이 문화적 조건들 속에서 '다루어지는(handled)' 방식이라고 함으로써[58] 기계적인 결정론으로부터 벗어나 인간의 행위를 부각시키고는 있지만, 그

54) Ibid., pp.79-96.

55) *The Making*, p.10.

56) E. P. Thompson, op. cit., 1981, p.406.

57) *The Poverty*, p.171.

58) *The Making*, pp.9-10.

의 이러한 주장의 이면에는 '경험을 매개로 하는 사회적 존재에 의한 사회적 의식의 결정'이라는 테제가 놓여 있다고 할 수 있다.

일반적으로 톰슨은 한편으로는 노동계급의 행위를 옹호하면서 다른 한편으로는 경제적 토대에 의한 문화적 · 정치적 상부구조의 결정이라는 고전적인 마르크스주의의 메타포를 거부함으로써 노동사를 경제결정론으로부터 자유롭게 하는 데 많은 기여를 하였다고 평가받아왔다. 그러나 '문화주의'라는 용어가 의미하듯이, 톰슨이 경제와 생산관계를 이차적 역할로 강등시켰다는 것은 사실이 아니다.[59] 오히려 톰슨의 이론은 경제결정론에 대한 거부에도 불구하고, 자본주의적 생산양식의 발전이 노동계급 형성의 근본적인 원인이라는 것을 의미한다. 『형성』은 영국 노동자들의 경제적 삶과 생산관계에 대한 분석으로 가득 차 있으며 다만 톰슨을 다른 역사가들로부터 구분시켜주는 것은 생산관계를 추상적인 구조가 아니라 인간의 경험으로 파악해야 한다는 그의 주장이다. 즉 톰슨은 영국 노동계급 형성의 모든 측면을 구체적인 역사적 경험의 시각에서만 바라볼 것을 주장하는 것이다. 따라서 그는 스웰이 비판하듯이, 문화에 특권을 부여하는 '문화주의자'라기보다는 구체적인 역사적 행위자들의 시각에 특권을 부여하는 '경험주의자'라고 할 수 있다.[60]

요컨대 톰슨에게 있어서 문화는 사물의 처음이 아니라 마지막에 해당된다.[61] 따라서 톰슨의 계급이론에는 생산관계가 경험을 발생시키고 이 경험이 의식을 낳는다는 원인과 결과의 위계가 존재한다고 볼

59) William H. Sewell, Jr., op. cit., 1990, p.67.

60) Ibid., p.67.

61) Patrick Joyce, *Democratic Subjects: The Self and the Social in Nineteenth-Century England* (Cambridge: Cambridge Univ. Press, 1994), p.4.

수 있다.[62] 이는 경제결정론이 톰슨의 계급이론을 구조화하는 일종의 숨겨진 발전기의 역할을 하고 있다는 것을 의미하며 궁극적으로는 톰슨에게, 비록 약화된 형태이기는 하지만, 경제적 관계(즉자적 계급) → 계급경험 → 계급의식(대자적 계급)이라는 목적론적인 결정의 이론이 존재한다는 것을 드러내 보이는 것이다.[63] 톰슨이 "유사한 경험을 겪고 있는 유사한 직업 집단의 반응에서 비록 법칙(law)은 아닐지라도 어떤 논리(logic)를 발견할 수 있으며 또한 계급의식은 항상 같은 방식으로는 아니지만 상이한 시간과 장소에서 같은 방식으로 등장한다."[64]고 주장할 수 있었던 것은 사회적 존재에서 발생한 경험이 의식으로 연결된다는 가정이 존재하였기에 가능한 것이었다.

지금까지 보았듯이 톰슨에게 있어 경험이라는 것은 생산관계에 의해 주로 결정되며 계급적인 방식으로 구조화된다.[65] 톰슨의 이론을 따른다면 생산관계는 상이한 인종, 종교, 지역 및 조합의 노동자들에게 공통적인 것이기 때문에 그것은 필연적으로 하나의 공통분모를 제공하며 무엇보다도 경험의 결정요인으로 부각된다. 따라서 생산관계가 이처럼 하나의 공통분모라면 그리고 경험이 생산관계에 의해 결정된다면, 조앤 스코트가 비판하듯이, 이제 생산관계에 의해 결정되는 경험은 통합하는(unifying) 현상이며 다른 종류의 상이함들을 간과하는(overriding) 것으로 이해될 수밖에 없다.[66]

물론 톰슨은 공통의 경험에 기반을 둔 '단일노동계급설'을 통해 당시

---

62) Patrick Joyce, "Part C: Introduction", Patrick Joyce, ed., *Class* (Oxford & New York: Oxford Univ. Press, 1995), p.127.

63) William H. Sewell, Jr., op. cit., 1990, p.67; Ira Katznelson, op. cit., 1986, p.11.

64) *The Making*, p.10.

65) *The Making*, p.9; *The Poverty*, p.171.

66) Joan W. Scott, op. cit., 1996, pp.388-389.

경제사학계에 지배적이었던 낙관론, 즉 노동계급경험의 다양함을 강조하면서 산업혁명이 가져온 고통은 전근대적 노동자들에게만 해당되는 현상이고 오히려 공장노동자들의 생활수준은 향상되었다고 주장하는 낙관론에 대항하여 전통적인 파국론을 견지할 수 있었다.[67] 그러나 톰슨이 경험을 주로 생산관계에 의해 결정되는 것으로, 따라서 이 경험에 의해 형성된 계급을, 그 구성원들의 인종, 종교 등의 차이에도 불구하고 일종의 통합적 정체성으로 이해하는 한, 이는 계급 환원론적인 문제를 내포하는 것이다. 그 결과 젠더, 인종 등과 같은 다른 주체 위치들 혹은 역사와 정치는 계급에 포섭되는 것으로 설정된다.[68] 즉 계급 이외의 정체성을 구성하는 것들은 그것들이 분명 계급이라는 정체성 내에 현존하고 있음에도 불구하고, 경험이 주로 생산관계에 의해 결정되는 것으로 이해되고 있기 때문에 당연하게도 계급의 하부 항에 위치할 수밖에 없는 것이다. 그리고 이러한 다른 정체성에서의 모순 역시 계급 모순이 사라지면 자연스럽게 해소되는 것 정도밖에는 의의를 지닐 수가 없게 된다. 뿐만 아니라 이와 같이 환원론적인 계급이론에서의 역사는 계급이라는 정체성이 특권적인 위치를 지니게 됨으로써, 이제 본질주의를 벗어날 수 없게 된다. 즉 역사는 그것이 비록 때로는 다른 정체성들에 대한 서술로 무게중심을 옮기기도 하지만, 근본적으로 계급이라는 정체성을 통해 표상될 수 있는 것으로 파악되기 마련이다. 다시 말해 이제 계급이 주도적인 배우로 등장하게 되고 역사는 그를 중심으로 서술되는 것이다.[69]

---

67) *The Making*, p.195, p.212; Ellen M. Wood, "Falling Through the Cracks: E. P. Thompson and the Debate on Base and Superstructure", Harvey J. Kaye and Keith McClelland, eds., op. cit., p.143, p.151.

68) Joan W. Scott, op. cit., 1996, p.389.

69) Patrick Joyce, *Democratic Subjects*, p.4.

5. 맺음말

1960년대 이후 (신)노동사가들에게 지적인 영향력을 행사한 톰슨의 계급이론의 강조점은 인간의 능동적 행위에 있었다. 계급에 대한 기계적인 역사유물론 혹은 사회학적 정의에 반대하여 계급형성이 인간의 행위를 내포하는 자기-형성의 과정이라는 것을 밝히기 위해 톰슨이 전면에 내세운 것은 바로 경험이었다. 톰슨의 계급이론은 기존의 정태적이고 무미건조한 계급이론에 인간의 행위의 능동성을 부여함으로써 이후의 노동사와 사회사의 주요한 방향을 제시하였다고 할 수 있다.

이와 같은 톰슨의 계급형성 이론은 사실상 스탈린주의에 대한 비판이라는 측면과 사회주의적 휴머니즘의 옹호라는 측면을 동시에 지니는 것이기도 하였다. 교조적인 마르크스주의의 결정론적 정식에 반대하면서 그는 인간 행위자들(human agents)의 능력, 즉 스스로의 역사를 만들어가는 인간 행위자들의 능력을 강조하였으며, 당이 이데올로기라는 허위의식으로부터 노동자들을 구해내야 한다는 레닌주의적 주장에 맞서 '경험'에 호소하였다. 톰슨에게 있어서 사회주의 운동은 위로부터 부과된 다른 어떤 것에 의존하기보다는 바로 노동계급의 '경험'에 기반을 두어야 했다.[70] 그렇기 때문에 톰슨의 계급형성 이론은 "스탈린주의에서 그토록 중요시되었던 추상들, 즉 당과 마르크스주의-레닌주의-스탈린주의, 양대 진영, 노동계급의 전위와 같은 추상들을 반복하는 대신에 실질적인 인간을 사회주의적 이론과 열망의 중심으로 다시 한 번 위치시킨다는 점에서 휴머니즘적"이었으며 그와 동시에 "공산주의의 혁명적 전망, 즉 인류 혹은 프롤레타리아트 독재의 혁명적 잠재력뿐

70) Dennis Dworkin, op. cit., 1997, p.216.

만 아니라 실질적인 인간의 혁명적 잠재력에 대한 믿음을 재확언한다는 점에서 사회주의적"[71]이었다.

그러나 동시에 톰슨의 계급이론은 많은 이론가들로부터 계급형성에 있어 객관적 요인을 간과하고 있다거나 경험이라는 개념을 무분별하게 사용하고 있다는 식의 비판을 받아온 것도 사실이다. 톰슨의 계급이론이 주관주의·문화주의일 수밖에 없다는 비판은 바로 이러한 이해에 기반을 두는 것이었다. 하지만 앞에서 보았듯이, 톰슨의 계급이론은 결코 계급형성에서의 객관적인 결정을 간과하는 것이 아니었다. 톰슨이『형성』에서 제시하고자 하였던 것은 이른바 객관적인 조건들이 경험을 통해 계급의식으로 발현되는 과정 그 자체였다. 그리고 이 과정은 외적인 규정만큼이나 인간의 능동적인 행위를 포함하는 것이므로 경험은 사회적 존재와 사회적 의식에 걸쳐 있는 것이었다. 오히려 톰슨에게 있어서의 진정한 문제점은 바로 이러한 경험이 계급의식으로 구현된다는 가정, 즉 사회적 존재가 사회적 의식을 결정한다는 가정이었다.

경험이 곧 의식을 낳는 것은 아니다. 예를 들어 만약 여성들이 그들의 경험을 통해 자신들의 공통된 요구와 이해관계들을 의식하게 된다면 왜 모든 여성들이 페미니스트가 아닌가라고 질문할 수 있는 것이다.[72] 그리고 이와 같은 톰슨의 계급이론이 봉착할 수밖에 없는 이론적 난점은 '허위의식'과 '객관적' 혹은 '진정한' 이해관계들이라는 통념들에 의해 이미 잘 알려져 있다. 즉 톰슨의 계급이론과 같은 대부분의

71) E. P. Thompson, "Socialist Humanism, an Epistle to the Philistines", *The New Reasoner*, No.1, 1957, pp.103-143(Kate Soper, "Socialist Humanism", Harvey J. Kaye and Keith McClelland, eds., op. cit., p.208에서 재인용).

72) Leora Auslander, "Feminist Theory and Social History: Explorations in the Politics of Identity", *Radical History Review,* No.54, 1992, p.173.

본질주의적 계급이론의 분석 목표는 결국 사회경제적인 논리에 의해 추론된 위치와 현실적인 대상 간의 일치 혹은 이탈을 보여주는 것에 국한될 수밖에 없는 것이다.[73]

요컨대 톰슨은 경험에 특권적인 지위를 부여함으로써 계급형성에서 인간의 능동적인 행위를 부각시킬 수 있었지만 생산관계에 의해 결정되는 경험이 계급의식으로 발현된다고 가정함으로써 목적론적인 결정의 이론으로부터 벗어날 수 없었다. 그리고 이러한 사실은 그가 일종의 공통분모 격인 생산관계에 의해 경험이 결정된다고 파악함으로써 생산관계에 의한 경험의 통합적 성격을 전제할 수밖에 없었으며 그 결과 계급 환원론으로부터 자유로울 수 없었음을 의미하기도 하였다.

---

73) Bo Strath, "Introduction: Production of Meaning, Construction of Class Identities, and Social Change", in Bo Strath, ed., *Language and the Construction of Class Identities* (Gothenburg: 1990), pp.1-2; 톰슨의 계급이론이 지니고 있는 이론적 난점은 사실상 톰슨을 포함한 대부분의 역사가들에게 공통된 것이다. M. R. 소머즈가 밝히고 있듯이, 산업혁명기 영국 노동계급의 형성을 다루고 있는 사회학과 역사학의 그 많은 연구들은 결국 동일한 문제에 대한 상이한 답변에 불과하다고 할 수 있다. 즉 이들은 계급형성이론이 예견한 혁명적인 행동이 어째서 발생하지 않았는가라는 질문을 전제해 놓았던 것이다. 다시 말해 왜 노동계급은 '계급적인' 방식으로 행동하지 않았는가, 그리고 왜 즉자적 계급－대자적 계급이라는 예견이 실패하는가라는 문제를 중심으로 그 동안의 연구는 이루어져 왔다. 따라서 거기에는 하나의 동일한 가정, 즉 정상적인 상황에서라면 산업혁명의 사회경제적 변화(즉자적 계급)와 혁명적인 계급의식의 등장(대자적 계급) 사이에는 인과관계가 존재한다는 가정이 전제되어 있는 것이다(Margaret R. Somers, "Narrativity, Narrative Identity, and Social Action: Rethinking English Working-Class Formation", *Social Science History*, Vol.16, No.4, 1992, p.595).

포스트식민 역사(학)의 (불)가능성?

'서발턴의 역사'와 '서발턴 히스토리'

김택현

1. 근대 역사학과 식민주의

19세기 서구에서 근대적인 학문분과로 제도화된 역사학은 서구의 제국주의 정책을 통해 비서구 식민지의 근대적인 교육기관(대학)에 이식되어 비서구의 과거를 합리적으로 사유하고 재현할 수 있게 하는 담론/지식체계로 확립되었다. 따라서 비서구에서의 근대 역사학은 처음부터 서구 제국주의의 이데올로기적, 문화적, 정치적 기획물로 출발했고, 처음부터 식민성을 내재하고 있었다.

이 근대 역사학의 식민성을 극복하는 과제는 단순히 식민지의 피지배자들을 민족이나 계급의 이름으로 호명하여 식민주의에 대한 그들의 저항을 발굴하거나 기록하는 식의 연구로는, 즉 서구에서 유래하는 주체의 호명법과 경험주의적, 실증주의적 연구방법을 차용하는 것으로는 이루어질 수 없다. 그것은 서구에서 발원한 근대 역사학의 정체성 자체를 문제 삼는 것, 근대 역사학의 서사 원리와 사유 구조를 비판하는 것, 요컨대 근대 역사학이라는 구축물 자체를 심문하는 것에서 출발해야 한다.

그 출발점에서 근원적으로 조우하게 되는 것이 이른바 '역사주의적인 대문자 역사'일 것이다. 대문자 역사란 서구적 합리성의 역사적인 확장 과정이며, 민족-국가와 시민사회 및 그 주체들의 역사적 형성 과정이며, 결국 근대 자본 권력의 역사적 일대기이다. 이 서구 중심적인 거대 서사로서의 대문자 역사에 대한 비판은 이미 서구 내에서도 포스트모더니즘/포스트구조주의 이론가들에 의해 여러 방식으로 이루어져 왔고, 최근에는 국내 학계에서도 이에 대한 비판이 가해지고 있다. 그러나 문제는 그 비판들이 어떠한 이론적, 정치적 지반 위에서 어떠한 지형도를 그리면서 이루어지고 있는가 하는 점이다.

역사주의적 대문자 역사는 과거(와 현재)를 총체성, 동질화, 이원론(과 그것의 변종인 상대주의와 다원주의)을 통해 인식하려는 사유방식과 과거(부터 현재)를 합리적 발전과정으로 재현하는 서사 구조를 갖고 있다. 그리고 이 같은 사유방식과 서사구조 안에서 자본의 권력/담론을 유지하고 재생산하고 공고화하기 위해 그 구조의 논리에 어긋나거나 그것의 질서를 교란시키는 이질적 타자들을 억압하거나 주변화시켜 왔고, 이와 동시에 그 구조 안으로 통합되는 '길들여진 타자들'을 지속적으로 생산해 왔다.

포스트식민 역사(학)는 이 같은 사유방식과 서사구조를 갖고 작동해 온 서구 중심적인 역사주의적 대문자 역사를 비판하는 한편, 그것이 강제하는 총체성, 동질성, 합리성 등에 길들여지지 않은 역사들을 다르게 구성하려는 데에서 출발한다.

1980년대 초 이래 라나지트 구하(Ranajit Guha)로 대표되는 인도의 '서발턴 연구집단(Subaltern Studies Group)'의 작업은 바로 그 같은 가능성을 실현하려는 것이었다. 그러므로 이들이 추구하는 포스트식민 역사(학)을 되짚어 보는 일은 근대 역사학에서의 식민성의 문제를 새롭게 인식하는 데에, 나아가 미국을 맹주로 한 국제자본의 범세계적 지배가 초래하고 있는 오늘의 (신)식민적 현실에서 포스트식민적 변혁 주체를 다시/다르게 사유하는 데에도 필요할 것이다.

2. 인도의 민족주의 역사학과 전통적인 마르크스주의 역사학

인도의 근대사에 관한 (신)식민주의적 역사해석과 민족주의적 역사해석은, 그 이데올로기적 차이에도 불구하고, 권력의 문제를 시민사회=민족=국가의 '제도'의 측면에서 취급하는 엘리트 정치에 매몰되어 왔다. 이 엘리트 정치 관념은, 15, 6세기 르네상스 시대에 이탈리아의 도시국가가 출현한 이후 18세기 계몽주의 시대를 거쳐 19세기에 서구의 부르주아가 근대 민족－국가의 지배 계급이 되어 시민사회의 권력관계가 국가의 권력관계로 통합되자, 서구의 근대 역사학에서 하나의 '상식적인' 통념이 되었다.[1] 정치 영역이 엘리트 정치만으로 사유된다는 것은 (민족－)국가의 영역, 따라서 시민사회의 영역에서 부르주아의 헤게모니적 지배가 행사되고 있음을 의미한다.

그러나 인도의 식민 국가는 식민지 사회를 국가권력 안에 완전히 통합시킬 수 없었기 때문에 부르주아가 지배하는 서구의 제국주의적 자본주의 국가와 근본적으로 차이가 있었다. 인도에 침입한 영국의 부르주아와 자본은 법의 지배, 권리의 형식적 평등, 대의제 정치 등을 식민지 사회에 보편화시키는 데에서 역사적으로 실패했고, 그 결과 서구 부르주아는 인도의 사회와 문화를 완전히 분해시키거나 완전히 동화시

---

1) Ranajit Guha, *Dominance without Hegemony: History and Power in Colonial India* (Massachusetts & London: Harvard Univ. Press, 1997), p. xi.

키는 데에 실패했다. 이 점에서 인도의 식민 국가 권력은 "헤게모니 없는 지배(dominance without hegemony)"를 행사했을 뿐이다.[2] 따라서 인도의 민족주의 역사학이 인도의 (식민지) 근대사를 (민족−)국가와 시민사회의 역사로 구성한 것, 나아가 인도 민족의 형성과 민족주의 의식의 발전을 부르주아 엘리트에 의해 성취된 것으로 간주하거나 민족주의 운동을 부르주아 엘리트들이 인도 민중을 전근대적, 식민적 상태에서 해방시키려 한 노력으로 서술해 온 것은 인도사를 서구 자본주의 권력의 역사에 통합시켜 버린, 민족주의 판본의 식민주의적 역사해석인 것이다.[3]

인도의 식민지 근대사를 엘리트 민족주의자들의 '일종의 정신적 전기(a sort of spiritual biography)'로 구성하고 있는 민족주의 역사학은 민족주의와 대중의 '접합'의 문제를 제대로 이해할 수 없었다. 다시 말해 민족주의에 대중이 참여한 것을 엘리트의 영향 때문이라고 해석하는 민족주의 역사학은 식민지 시기의 민족주의 운동과정에서 민족주의 운동에 참가한 대중을 민족주의 지도자들이 억압한 것, 인도 대중들이 민족주의 운동에 참여하기도 했지만 그것으로부터 끊임없이 이탈하거나 민족주의자들의 지도를 거부한 것 등을 설명할 수 없거나 설명하지 않으려 한 것이다.

이러한 민족주의 역사학에서는 엘리트 정치만이 존재하는데, 그 같

2) *Ibid.*, p.xii.

3) 그러므로 처음부터 국가주의적 민족주의와 민족주의 역사학을 비판한 서발턴 연구는 "필연적으로 포스트식민적 관점(a necessarily postcolonial outlook)"을 가질 수밖에 없었고, 따라서 서발턴 연구가 모색한 포스트식민 역사학은 "역사학의 포스트민족주의적 형식(a postnationalist form of historiography)"을 취했던 것이다(Dipesh Chakrabarty, "Subaltern Studies and Postcolonial Historiography", *Nepantla*, Vol.1, issue 1, 2000, pp.10, 24).

은 엘리트 정치의 단일한 현존이 드러내고 있는 '부재(不在)'는 '민중의 정치 영역의 현존'이었다. 민중의 정치 영역은 도시와 농촌의 노동자 대중과 중간층으로 구성되는 서발턴 계급들이나 집단들이 참여하는 영역이며, 엘리트 정치의 '헤게모니'에 포섭되지 않은 자율적인 영역이다. 엄연히 다른 이 두 영역이 인도의 역사에서 공존하고 있(었)다는 사실은 인도의 민족주의적 부르주아가 하나의 단일한 총체로서의 인도 민족을 이야기하는 데에서 실패했음을 보여 준다. 그러므로 식민지 인도의 역사에 관한 서발턴 연구의 과제는 엘리트주의적인 민족주의 역사학의 '위조된 비역사적 일원론(the spurious and un-historical monism)'을 거부하고 엘리트의 정치영역과 민중(서발턴)의 정치영역의 공존 및 상호작용을 인식하면서 인도 민중의 역사를 새롭게 구성하는 것이었다.[4)]

서발턴 연구는 인도의 (식민지) 근대사를 자본주의적 생산양식의 기원과 발전이라는 의제를 중심으로 하는 이행 서사로, 혹은 자본주의적 생산양식의 물질적 토대에 조응하여 전개되어야 할 계급투쟁의 역사로 설명하고자 한 전통적인 마르크스주의 역사학 역시 인도 민중의 정치 영역을 올바르게 이해하지 못했다고 비판한다. 왜냐하면 인도의 전통적인 마르크스주의 역사학은 인도 근대사에서 그 식민지적 조건 때문에 늘 근대성의 '부재' 혹은 사회적 변혁 역량의 '불충분함'을 발견할 수밖에 없었기 때문이다.

마르크스주의 역사학의 서사에 따르면, 근대로의 이행기에 인도의 지주계급과 농민계급 간의 계급투쟁으로 나타난 인도 봉건사회의 내

---

4) Ranajit Guha, "On Some Aspects of the Historiography of Colonial India", *Subaltern Studies I* (Delhi: Oxford Univ. Press, 1982), pp.1-8. 이하에서 *Subaltern Studies*는 *SS*로 줄임.

적 모순은 봉건위기를 불러오고, 그 위기는 새로운 자본주의적 생산양식의 출현으로 해소될 수 있을 터였다. 하지만 식민 권력은 자본주의의 충분하거나 정상적인 발전을 가로막았고, 따라서 식민지 인도에서는 봉건적 생산양식(과 그에 일치하는 봉건적인 권력관계와 의식)이 오랫동안 잔존하게 된 결과 부르주아와 프롤레타리아의 성장이 불충분하게 이루어졌다. 그렇기 때문에 인도에서 식민 권력과 봉건적인 지주계급을 타도하여 자본주의의 자유로운 발전과 시민사회의 형성을 가져다 줄 반식민적 부르주아 민주주의 혁명과 자립적인 민족－국가의 건설은, 그것들을 성공시킬 만한 주체역량의 결핍 때문에 성취되지 못했다는 것이다.

따라서 봉건적 토지소유관계를 해체시킬 농민혁명의 부재, 부르주아적 정치변혁 및 자본주의의 충분한 발전의 부재, 프롤레타리아트에 기반을 두는 폭넓은 좌파적 사회혁명의 부재는 결국 인도의 근대로의 이행을 미완에 그치게 했다는 것인데,[5] 마르크스주의 역사학의 이러한 해석은 결국 인도의 식민지 시기의 역사를 근대로의 이행이 아직 제대로 이루어지지 않은 '미완의' 역사로 이해하는 것이라고 할 수 있다. 그런 의미에서 그 시기는, 기얀 프라카시(Gyan Prakash)가 말하고 있듯이, 인도 근대사의 전개과정에서 "불행한 에피소드(an unfortunate episode)"[6]의 시기가 되며, 그 미완의 역사 혹은 불행한 에피소드의 시기에 서발턴 민중의 정치 영역은 사라져 버렸던 것이다.

그렇다면 이렇게 민족주의 역사학에서와 마찬가지로 전통적인 맑스주의적 역사학에서도 사라진 인도의 서발턴 민중(의 정치)을 어떻게

---

5) Sumit Sarkar, *Modern India 1885 – 1947* (London: Macmillan, 1989), pp.3-4.

6) Gyan Prakash, "Can the 'Subaltern'Ride? A Reply to O'Hanlon and Washbrook", *Comparative Studies in Society and History*, Vol.34, No.1, 1992, p.177.

역사적으로 복원할 것인가?

3. 구하의 역사 서술: 서발턴 농민의 봉기와 정치의식

구하는 그의 저서 『서발턴과 봉기』[7]에서 식민지 인도에서의 농민 봉기는 식민 권력과 토착 지배자들에 맞선 의식적인 정치투쟁이었다고 주장한다.

에릭 홉스봄(Eric Hobsbawm)이 보여 주었듯이, 그동안 전통적인 마르크스주의 역사학자들은 산업화되어 가는 시기의 농민 봉기를 혈연이나 종교의 축을 따라 조직된 '전(pre-)정치적' 운동으로 간주해 왔다.[8] 다시 말해 농민들은 자신들이 열망하는 세계를 표현할 수 있는 언어를 아직 발견하지 못했거나 이제 막 발견하기 시작했을 뿐인 '전근대적' 민중이었을 뿐이다. 그러나 구하는 농민의식에 관한 이러한 역사해석에 가로 놓인 역사주의적, 진화주의적 사고방식을 엘리트주의적이라고 비판한다. 그 해석에 따르면 변화하는 세계와 맞서 싸우고자 하는 농민의식을 '후진성' 이외에는 다르게 규정할 방법이 없기 때문이다. 그리고 그 같은 해석은 (반)봉건적 생산관계의 물질적 조건에 조응하는 것으로서의 농민의식이라는 경제결정론적 분석틀을 보여 주면서 자본주의적 생산관계의 성립을 정당화한다. 왜냐하면 인도에서의 (반)봉건적 관계들의 현존은 자본주의로의 이행의 '미완성'의

---

7) Ranajit Guha, *Elementary Aspects of Peasant Insurgency in Colonial India*, Delhi, Oxford Univ. Press, 1983.[김택현 역, 『서발턴과 봉기』(박종철출판사, 2008)].

8) Eric J. Hobsbawm, *Primitive Rebels: Studies in Archaic Forms of Social Movement in the Nineteenth and Twentieth Centuries*, 1959 (Manchester: Manchester Univ. Press, 1978), p.2.

지표로 읽혀지는데, (반)봉건적인 관계와 거기에 조응하는 농민의 전정치적, 후진적 의식은 결국 근대 자본주의로의 진전에 의해 소멸될 것이기 때문이다.

따라서 홉스봄의 논리는 인도에 자본주의의 더 많은 제도화를, 그리고 그것이 필연적으로 수반하게 될 농민의 근대적인 정치의식과 시민화를 요구하는 것이라고 할 수 있다. 그렇다면 '전정치적' 농민들은 언제나 자본의 논리 '외부'에 위치하게 되고, 그 '원초적 반란자'들은 언제나 그들이 이해할 수 없고 통제할 수 없는 경제적 힘의 작동에 의해서, 혹은 혁명적 엘리트들의 계몽과 지도에 의해서 외부로부터 '근대적인' 정치의식을 얻게 된다. 이는 결국 농민을 대상화하는 것이고 농민(의식)의 정치적 주체성을 부인하는 것인데, 이런 식의 마르크스주의적인 해석은 식민주의 역사학에서의 해석과도 상통한다.[9]

구하는 이 같은 해석을 비판하면서 '정치적'이라는 개념을 자본의 논리로는 포섭되지 않는 것으로 이해했다. 또한 단순히 농민의 정치의식을 경제적 관계가 반영된 것으로 보거나 통일적이고 응집력 있는 것으로 보지 않았으며, 또 실천의 전단계라고도 생각하지 않았다. 그는 농민의 정치의식을 농민봉기의 바로 그 '실천에 내재하는' 어떤 것으로 간주했다. 따라서 구하는 농민봉기의 실천을 분석하고, 그 실천에서 전개된 특정한 관계들(식민 권력/토착 지주/고리대업자와 서발턴 농민의 관계, 혹은 서발턴 농민들 자신들의 관계)을 서술하고, 그 관계들 안에 존재하는 여러 요소들로부터 농민의 정치의식을 추출해냈던 것이다. 따라서 구하에게 식민지 인도에서 봉기를 일으킨 농민들은 시대착오적인 존재가 아니라 근대 식민주의와 불가분하게 접합

9) Ranajit Guha, *Elementary Aspects of Peasant Insurgency in Colonial India*, pp.5-6.

되어 있던 '동시대적' 존재였다. 그 농민들은 외부에서의 지도에 의해 이끌려야 할 대상이 아니라, 일상생활에서 그들을 지배해 온 근대 식민 권력과 토착 지배 권력의 코드들을 전복시키기 위해 그들만의 다양한 저항의 코드들을 전개했던 의식적인 정치적 주체였고, 농민봉기는 지배계급의 사회적 권위와 권력의 모든 상징들을 파괴하고 전복하여 농민들의 '서발터니티(subalternity)'의 기호들을 폐지시키고자 한 의식적인 정치투쟁이었던 것이다. 그렇다면 구하는 이 서발턴 농민들의 정치/의식과 그것에 내재하고 그것의 다른 이름인 이들의 봉기를 어떻게 서술하고 있는가?

구하는 『서발턴과 봉기』에서 1783년부터 1900년까지 117년 동안에 발생한 크고 작은 110개의 농민봉기의 사례들을 중심으로 식민지 인도에서 전개된 농민봉기들의 역사를 서술하고 있다. 그러나 그 책은 단순한 사례 연구가 아니며, 구하의 역사서술대상과 역사서술방식 그리고 이를 위한 사료접근방식도 기존 역사학의 인습적인 방식과 다르다.

구하가 서술의 대상으로 삼은 것은 한 세기 남짓한 농민봉기의 '역사과정' 전체가 아니라, 인도의 농민들이 여러 차례 여러 지역에서 만들어냈던 봉기 그 자체의 "일반적 형태(a general form)", 그리고 앞에서 말했듯이 크고 작은 봉기들을 만들고 이끌었던 농민들의 '의식'이었다. 말하자면 구하는 농민 봉기의 일반적 형태를 만들어낸 농민들의 고유한 정치의식을 분석함으로써, 그동안 기존의 역사학을 지배 해 온 엘리트주의의 논리를 '농민의 논리'로 대체하고자 한 것이다.

모든 경우가 그런 것은 아니지만, 기존의 역사학에서 봉기라든가 운동 혹은 혁명으로 통괄되는 일련의 사건들의 역사에 관한 서술은 통상적으로 그 사건들과 그 사건들의 주인공들이 처해 있는 객관적인 상황(말하자면 역사의 주체들의 사회경제적 조건이나 사건들을 둘러싼 내외적 정세)을 그 사건들에 선행하는 원인이나 배경으로 제시하는 것에서 출발한다. 그리고 사건들의 전개과정이나 발전과정 혹은 변화과정을 대개 시간적 순서에 따라 이야기하고, 그에 조응하는 주인공들의 생각의 변화와 행동의 양상들을 기술한다. 마지막으로 전체의 역사과정의 맥락에 비추어 그 사건들의 역사적 의미 또는 주인공들의 역사적 역할, 사건들이 차후에 미친 영향 등을 설명하게 된다. 그러나 구하는 이와 같이 겉으로 보기에 매우 질서 정연하게 역사적 사건들이 배열되는 역사구성방식, 사건들의 전개과정에서 주인공들이 대단히 합리적으로 역사적 상황에 대응하는 역사서술방식, 역사적 사건들과 인간들의 행위가 일정한 인과적 연쇄를 이루면서 전진하는 역사진행과정 등에는 주체와 객체의 기계적인 변증법, 진화주의적이고 단선적인 역사과정, 역사에 대한 목적론이 존재하며, 그같이 질서 있게 합리적으로 서술된 역사란 실은 역사연구자에 의한 과거의 통제/지배를 보여 준다고 말한다.[10)]

진화주의, 목적론, 합리주의 등과 불가분한 관계에 있는 인습적인 역사서술방식 자체가 과거의 농민의 정치의식에 대한 현재의 엘리트주의적 전유와 무관한 것이 아니다. 그렇다면 농민의 의식을 농민 자신의 것으로, 농민봉기를 농민의 논리로 재현하기 위해선 서술방식부터 다를 수밖에 없다. 따라서 구하는 식민지 인도의 농민봉기의 역사를 질서 있게 연대기적으로 서술하질 않고 120여 년간의 농민봉기를 구성했던 요소들, 즉 농민봉기를 생산한 농민들의 정치의식과 행동을 구성하고 있던 측면들을 추출하여, 그 각각의 요소들을 서술하는 방식을 취했다. 즉 그는 일반적 형태로서의 농민봉기라는 역사적 구성물의 구성

---

10) Ranajit Guha, "The Prose of Counter-Insurgency", *SS Ⅱ*, 1983, pp.1-42.

요소들을 설명하기 위해 크고 작은 여러 봉기들을 세밀하게 관찰한 다음, 그로부터 특정한 개념들을 추상했고, 그 개념들로 설명될 수 있는 농민들의 특정한 행동과 의식들을 다시 각각의 봉기들로부터 끄집어내어 서술한 것이다. 그의 책의 원제목에 농민봉기의 '역사'가 아니라 '요소적 측면들'이 들어간 것은 그 때문이며, 본문의 각 장의 제목들이 "부정(negation)", "모호함(ambiguity)", "양상(modality)", "연대(solidarity)", "전파(transmission)", "영토성(territoriality)" 등 그 구성요소들을 설명할 수 있는 개념들로 이름 붙여진 것도 그 때문이다.

하지만 이 요소들을 실제의 역사 속에서 추출해 내고 그것들을 개념화할 수 있으려면 당연히 농민봉기에 관한 사료나 기록이 필요하다. 그러나 인도의 경우에는 서발턴의 목소리를 직접 들을 수 있는 사료는 절대적으로 부족하거나 아예 없다. 식민지 시대의 농민봉기의 경우만 하더라도, 남아있는 사료란 농민봉기에 적대적이거나 그것을 진압했던 정부나 행정당국이 작성한 공식적인 문서들, 혹은 인도에 거주했던 영국인들이나 토착 지배자들의 일기와 회고담과 같은 사적인 기록들이 대부분이다. 이러한 조건하에서 과연 농민봉기의 논리와 농민의 의식을 어떻게 재현할 수 있을 것인가?

구하는, "봉기진압(counter-insurgency)" 자체가 봉기에서 직접 유래하는 것이고 그것의 형식과 어조(語調)가 봉기에 의해 결정되는 것이므로, 그리고 권력이 남긴 기록들은 봉기 농민들의 행위 또는 그들의 행위와 연관되는 담론들을 충분히 제공하기 때문에 그 같은 난점의 극복은 생각보다 어렵지 않다고 말한다.[11] 구하에 따르면 대부분의 사료에 기록되어 있는 농민봉기라는 역사적 현상은 봉기진압의 관점에서 주

---

11) Ranajit Guha, *Elementary Aspects of Peasant Insurgency in Colonial India*, p.16.

조된 이미지로 그려져 있지만, 봉기를 일으킨 농민을 적대적으로 인식하는 그 "굴절된 거울(distorting mirror)"에 포착된 이미지에는 하나의 논리, 즉 농민과 그들의 적의 대립을 식민 지배하에 있는 반(半)봉건적인 사회에서의 상호 적대적인 요소들의 대립으로 간주하는 논리가 존재한다. 따라서 농민에 적대적인 식민주의 엘리트 지배자들과 (반)봉건적인 토착 엘리트 지배자들에 의해 기록된 봉기진압의 사료들은 서로를 부정적으로 규정하는 두 개의 대립적이고 모순적인 인식들이 함께 존재하는 하나의 장(a site)이므로, 거기에서 드러나는 모순을 통해 봉기 주체들의 의지의 표현을 찾아 낼 수 있다는 것이다.

이렇듯 구하는 지배 엘리트가 굴절된 거울의 이미지로 남겨놓은 농민 봉기에 관한 기록들을 "거꾸로 된 글쓰기(writing in reverse)"로 읽게 되면, 농민에 적대적인 지배 엘리트의 왜곡된 인식 안에서 오히려 적들에 대한 농민의 인식과 봉기에 대한 농민의 의지를 포착할 수 있고, 따라서 농민봉기의 기획을 재구성할 수 있다고 본 것이다.[12] 그렇다면 구하가 말하는 농민봉기의 요소들은 구체적으로 어떻게 봉기를 구성하였던 것인가?

구하에 따르면, 식민 시기 인도 농민들의 정체성은 그들 자신의 사회적 존재에 대한 스스로의 깨달음에 의해서가 아니라 그들의 상급자들 또는 지배 권력에 의해 부여된 것이었고, 부와 지위와 문화에서의 차이로 나타나고 있던 그 지배자들과의 '거리'로부터 형성된 것이었다. 이같이 인도 농민들이 갖고 있던 자기 정체성 인식 혹은 농민의식에서의 "부정성(negativity)"은 그들의 의식을 결코 성숙한 계급의식으로 간주할 수 없게 만들지만, 그러나 구하는 역설적이게도 농민봉기의 힘은 바로

12) *Ibid.*, p.333.

거기에서 나온 것이었다고 말한다.

이 부정적 의식을 갖고 있던 농민들이 봉기를 통해 이루어내고자 한 것은 "세상을 뒤집어엎는 것", 즉 그들을 종속시키고 있는 사회적 질서를 "전도(顚倒)시키려는 것"이었다. 하지만 그들의 봉기가 성취하고자 한 '전도'는 새로운 사회질서나 정치구조에 대한 프로그램을 갖고 이루어진 것이 아니라, 이전에 그들을 종속시켜 왔던 (반)봉건적인 정치담론이나 정치행위 안에서 (또는 그것들에 의존하여) 표현될 수밖에 없었다. 다시 말해 농민들의 봉기는 권력에 관한 기획이었으나 농민들은 그들을 지배하였던 권력으로부터 "빌려온 언어"로, 즉 그들의 '적의 언어'로 자신들의 기획을 말했던 것이다. 그러므로 식민 시기 인도 농민의 봉기는 그 일반적인 형태에서 "낮은 것(the lower; adhara)"과 "높은 것(the higher; uttra)"을 자리바꿈 하는, 낮은 것을 높은 것으로 전도하는 기획을 갖는 것이었을 뿐, 새로운 민주적인 질서와 그것을 보장해 줄 새로운 제도와 체계를 구상한 것은 아니었다.

그럼에도 불구하고 구하는 농민들의 봉기가 "공개적이고 공적(open and public)"인 일종의 "집단적 사업(a collective enterprise)"이었으며, 이 집단성이 봉기과정에서의 농민들의 자율적인 동원을 가능케 했다고 말한다. 그 동원의 메커니즘에서 작동한 것은 혈연과 지연, 공동체의 원시적 유대, 루머, 관습, 종교 등 다양한 요소들의 결합이었다. 또한 구하는 농민 봉기가 "파괴적이면서 정치적인(destructive and political)" 것이었으며, "하나의 총체적이면서 통합적인 폭력(a total and integrated violence)"이었다고 말한다. 식민지 행정당국과 지주와 고리대업자와 상인들의 건물이나 문서들과 그들의 신체에 대한 농민들의 공격행위는 농민 봉기가 순전히 경제적인 것이 아니라 정치적인 행위, 정치적 투쟁임을 지시하고 있다는 것이다.

구하에 따르면, 농민의 부정적인 의식과 그것의 폭력으로의 발현을 보여 준 봉기 과정에서 농민들은 '연대'의 모습을 보여 주었지만, 그 연대의 성격은 계급적이라기보다는 종교성과 에스니시티(ethnicity)가 함께 결합되어 있는 경우가 많았다고 말한다. 그럼에도 불구하고 봉기에서 보여 준 농민들의 놀라운 연대는 정치적 측면에서 볼 때 농민들이 억압자들에 반대하는 집단으로서 스스로를 인식하게 되었음을 보여주며, 그러한 측면에서 농민들의 "보편적 합의(a general consensus)"가 존재하게 되었다는 것이다.

이 보편적 합의는 농민들의 봉기가 신속하게 "전파"되었던 것에서 확인되는데, 구하는 특히 봉기의 전파에 중요한 역할을 한 것이 불분명함, 익명성, 모호함, 개방성, 자발성, 즉흥적인 변조 가능성 등의 성질을 지닌 루머였다고 말한다. 그리고 농민들 사이에 퍼진 루머를 통해 봉기가 도달한 공간을 "영토성" 개념으로 설명한다. 그가 말하는 영토성이란 지배자들이 구획한 행정적, 지리적 단위와는 다른, 서발턴 농민들의 고유한 봉기 의식의 처소이자 농민들의 말이 발화되고 들려지는 서발턴적인 기호의 세계였다.

구하는 농민 봉기가 보여주었던 이러한 여러 요소들을 지배 권력이 남긴 기록/담론에 대한 '전복적 독해'를 통해 밝혀내고, 이 요소들이 서로 겹치거나 혼합되어 있었던 그 "파편화된 봉기의식(a fragmented insurgent consciousness)"이야말로 18세기 말 이래 20세기 초까지 식민 인도에서의 전투적 대중농민운동의 기초였다고 주장한다.

지배 엘리트가 생산한—굴절되거나 왜곡될 수밖에 없는—이미지/표상/담론의 '전복적 독해'를 통해서, 혹은 그것들이 완전하게 타자를 표현하거나 통제하지 못하기 때문에 드러낼 수밖에 없는 모순과 틈새를 읽어내는 '결을 거스르는 독해'를 통해서, 혹은 그 모순과 틈새에서 농민의

의지와 의식을 발견하는 '징후적 독해'를 통해서 자신들의 목소리를 남기지 못한 서발턴 농민들의 정치의식과 정치적 실천으로서의 봉기를 재구성한 구하의 방법은 역사학의 "언어학적 전환(linguistic turn)"을 보여준다.[13] 이러한 언어학적 전환 작업을 통해 구하는 식민지 인도에서 독자적인 서발턴의 정치영역을 가능케 했던 자율적인 농민의 정치의식의 존재와 그 고유한 논리를 입증했고, 제국주의자들과 토착 엘리트들의 헤게모니적 지배를 불가능하게 만든 서발턴의 현존을 증명했던 것이다.

이렇게 식민주의/민족주의 역사학을 공격하면서 전통적 맑스주의 역사학을 인도사의 특수한 맥락과 상황에서 수정한 구하의 포스트식민적 역사 연구는[14] 그 식민적/근대적/엘리트적 역사학에서 배제되거나 주변화되어 온 서발턴들을 엘리트 계급과 '구조적으로 분리'시키면서 지배(담론)에 내삽(內揷)되지 않는 '외부의' 공간에 자율적인 정치주체로 복원하여 '서발턴의 역사(a history of the subaltern)'를 새롭게 (재)구성하고자 한 것이었다.

4. 서발턴/여성은 말할 수 있는가?

서발턴 연구집단의 초기 작업들은 구하의 문제의식의 연장선상에

---

13) Dipesh Chakrabarty, "Subaltern Studies and Postcolonial Historiography", p.24.

14) 구하를 비롯한 서발턴 연구집단의 작업을 20세기에 들어와 아시아, 아프리카, 라틴 아메리카 등 세 대륙에서 전개된 트리컨티넨탈 맑스주의(Tricontinental Marxism)로서의 포스트식민주의의 역사적 계보에 위치시키고 있는 글로는 Robert J. C. Young, *Postcolonialism: An Historical Introduction* (Oxford & Massachusetts: Blackwell, 2001), pp.352-356 [김택현 역, 『포스트식민주의 또는 트리컨티넨탈리즘』 (박종철출판사, 2003)]을 볼 것.

서 인도의 여러 지방에서 전개된 농민 봉기들을 재구성하는 것이었다.[15] 그러나 과연 순전하게 서발턴 농민의식이라고 부를 수 있는 어떤 것이, 혹은 엘리트 지배에서 완전히 벗어나 있는 자율적인 서발턴 정치영역이라고 부를 수 있는 어떤 외적 공간이 존재할 수 있는가?[16] 이 문제를 근본적으로 재검토하도록 촉구한 이는 가야트리 스피박(Gayatri C. Spivak)이었다.

스피박은 구하를 비롯한 서발턴 연구집단의 작업이, 식민 시기의 역사적 변화를 '근대로의 이행의 서사'나 '생산양식의 서사'로 구성해 온 전통적인 마르크스주의 역사학에서와는 달리, 계급들 간의 '충돌'이나 '지배와 착취의 플롯(plot)'으로 구성했고, 그 역사적 변화를 만들어 낸 요인을 봉기를 일으킨 서발턴에서 찾고 있다는 점을 긍정적으로 평가한다. 그녀는 서발턴 연구의 그 같은 시도가 민중의 '자생성'과 '의식', 혹은 '구조'와 '역사' 사이의 낡은 대립을 문제화하는 것이고, 바로 그 점에서 서발턴 연구의 역사서술은 기존의 역사학을 '탈구축'하고 있다고 본다. 그럼에도 불구하고 그녀는 기존의 역사담론을 '전위(displace)'

15) 가령 갸넨드라 판디(Gyanendra Pandey)는 20세기 초 아와드(Awadh) 지방의 키산 사바(Kisan Sabha) 농민운동을 연구하여 그 지방 농민들이 간디의 이미지를 어떻게 전유하여 지주들에 대한 저항운동을 전개했는지를 밝혔고, 샤이드 아민(Shahid Amin)은 같은 시기 고락푸르(Gorakhpur) 지방의 농민들이 부르주아 민족주의자들이 이끈 인도 국민회의와 간디의 메시지를 어떻게 지주들에 대한 저항운동의 맥락에서 탈코드화시켜 농민 해방을 전망했는지를 규명했고, 데이빗 아널드(David Arnold)도 19세기 후반 마드라스(Madras) 지방의 농민의 의식과 행위를 재조명했다(Gyanendra Pandey, "Peasant Revolt and Indian Nationalism: The Peasant Movement in Awadh, 1919-1922", *SS Ⅰ*, 1982, pp.143-197; Shahid Amin, "Gandhi as Mahatma: Gorakpur District, Eastern UP, 1921-1922", *SS Ⅲ*, 1984, pp.1-61; David Arnold, "Famine in Peasant Consciousness and Peasant Action: Madras, 1876-8", *SS Ⅲ*, 1984, pp.62-115).

16) "Interview: Partha Chatterjee in Conversation with Anuradha Dingwaney Needham", *Interventions*, Vol.1, No.3, 1999, p.415-416.

시켜 그것의 '실패'를 드러내려는 서발턴 연구에는 "실증적이고 순전한 상태의 서발턴 의식"을 발견하려는 욕망이 있을 뿐만 아니라, 서발턴 연구집단이 지배 담론의 실패를 단순히 서발턴의 의식이라는 층위에서 찾으려는 것은 그들의 문제의식과 모순된다고 비판한다.

스피박은 서발턴 연구집단이 R. 바르트(R. Barthes)와 M. 푸코(M. Foucault) 등의 담론 이론을 차용하거나 서양의 휴머니즘 비판의 일부를 '번역'하여 서발턴의 의식과 행동을 밝혀내고 이를 통해 서발턴을 '역사의 주체'로 복원하고자 하지만, 바로 그 같은 '주체의 복원'이라는 문제설정 자체에서 그들의 번역의 퇴행성과 '본질주의적' 역사서술 그리고 '휴머니즘적' 개입전략이 발견된다고 비판한다. 그러한 문제설정은 서발턴을 필연적으로 하층민으로만 간주하는 그저 진보적인 입장을 보여주는 것일 뿐인데, 만일 그런 입장이 하나의 '전략'으로만 수용된다면 서발턴 농민의 봉기(= 정치의식)의 논리와 주권성과 통일성을 강조하는 것이 "긍정적 탈구축(affirmative deconstruction)"으로 인정될 수 있겠지만, 만일 그런 입장이 역사의 주체로서 복원하고자 하는 그 대상에 대해 절대적이고 최종적인 진리를 확립하는 것이라면, 서발턴 농민 의식의 논리와 주권성과 통일성에 대한 모든 강조는 불가피하게 서발턴을 대상화시킬 것이며 "권력으로서의 지식 게임"에 사로잡히게 되리라는 것이다.[17]

---

17) Gayatri Chakravorty Spivak, "Subaltern Studies: Deconstructing Historiography", *SS IV*, 1984, pp.342-345.
그녀가 널리 알려진 논문 「서발턴은 말할 수 있는가?」에서 마르크스의 『루이 보나파르트의 브뤼메르 18일』을 인용한 것도 지식인에 의한 피억압 민중의 담론적 '재현'이 갖는 의미를 정치적 '대표'의 문제와 연관시켜 경고하기 위한 것이었다[Gayatri Chakravorty Spivak, "Can the Subaltern Speak?" C. Nelson and L. Grossberg, eds., *Marxism and the Interpretation of Culture* (Univ. of Illinois Press, 1988), p. 276]. 마르크스는 그 책에서 19세기 중엽의 프랑스 소보유농은 '분산되고

물론 스피박은 지배 권력이 남긴 텍스트들에 대한 '결을 거스르는 독해'를 통해 농민 의식의 일반적 형태를 복원하려는 서발턴 연구집단의 기획이 본질주의를 "전략적으로" 활용하고 있는 것이라고 이해한다. 하지만 그녀가 경고하는 것은 그 같은 독해를 통해 텍스트의 진리를 확립할 수 있다고 주장해서는 안 된다는 점이다. 본질주의 전략은 '의식'이 오직 협소한 의미에서의 "자기-의식(self-consciousness)"으로 사용될 때에만 유용한데, 마르크스가 말한 "소외되지 않은 실천" 혹은 그람시가 강조한 "이데올로기적으로 통일되고 자생적인 다중(multitude)의 철학"이라는 그럴듯한 통념은 바로 의식이 그렇게 사용되고 있음을 보여준다는 것이다.

사실 서발턴 연구집단의 작업은 기존의 역사학 내부에서의 작업이며 기존의 역사학을 전복시키고자 하는 요소들을 모두 기존 역사학의 낡은 구조에서 빌려오고 있다고 할 수 있다. 그렇기에 스피박은 그들의 탈구축 기획은 항상 어떤 방식으로든 지배담론의 포로가 될 수밖에 없고, 그 결과 그들은 어쩔 수 없이, 부지불식간에 서발턴을 대상화하게 된다고 말한다. 다시 말해 그녀는, 서발턴 농민에 대한 그들의 연구가 '행위주체로서의 의식(consciousness-as-agent)'을 찾거나 총체성의 통념들로 회귀하거나 일종의 문화주의로 퇴행하고 있는 것은, 그들이 비판하고 있는 서구 휴머니즘과 단절하지 못하고 있음을 보여 주는 것이

탈구된 계급주체(a dispersed and dislocated class subject)'이며, 따라서 그 소농계급의 (부재하는 집단적) 의식은 그들의 '대표/재현자'에게서 그 '담지자(bearer)'를 발견할 수밖에 없다고 지적하면서 다음과 같이 말한다. "그들[소농들]은 스스로를 대표/재현(represent)하지 못한다; 그들은 대표/재현되어야만(represented) 한다. 동시에 그들의 대표/재현자(representative)는 반드시 그들의 주인(master)으로, 그들에 대한 권위로, 다른 계급들로부터 그들을 보호하고 그들에게 위로부터 비와 햇빛을 내려 보내주는 무제한적인 정부권력으로 등장한다. 그러므로 소보유농의 정치적 영향력은 사회를 자신에게 종속시키는 행정 권력에게서 그 최종적인 표현을 발견한다."[Karl Marx, *The Eighteenth Brumaire of Louis Bonaparte* (New York: International Publishers, 1984), p.124]

라고 지적하면서, 그들이 서발턴의 자기 결정성을 복원하는 바로 그 순간, 서발턴은 그들에 의해 통제되는 것이며, 그럴진대 그들이 드러내고자 하는 서발턴 의식이 과연 온전하게 복원될 수 있겠는지에 관한 의구심을 보여 준 것이다.

스피박은, 설령 그들이 서발턴 의식을 드러낼 수 있다 해도, 그 의식은 드러나자마자 지워질 것이므로 역사학의 담론으로 환원시켜 서술하기란 불가능하다고 주장하면서, 서발턴은 '엘리트의 사유 없이는 출현할 수 없기에' 서발턴 의식의 일반화는 정의상 불완전하다고 말한다. 즉 서발턴의 의식에 관한 소식을 제공하는 것이 봉기진압의 텍스트들이거나 엘리트들이 문서화한 텍스트들뿐인 상황에서, 아무리 그것들에 대한 전복적 읽기를 통해 서발턴의 의식을 드러낸다 해도, 그것은 그 같은 읽기의 프로젝트에 권위를 부여하기 위한 일종의 이론적 허구가 될 수 있다는 것이다. 결국 그녀는 복원이 불가능한 서발턴(의 정치의식)이 역사주체(의 의식)가 되는 것은 서발턴의 '주체－효과(subject-effect)'일 뿐이므로, 서발턴 연구의 "인식적 실패는 되돌릴 수 없다."고 선언한다.[18]

이와 같이 서발턴(의식)의 자율성의 공간—엘리트의 '외부에서' 독자적인 정치의 영역을 구축할 수 있는 공간—을 상정하는 것은 '이상적인' 자율성의 상태를 전제하면서 그것을 준거로 오히려 그 공간을 폐쇄하게 될 것이라고 비판하고 있는[19] 스피박의 입장은, 요컨대 어떠한 지배

---

18) Gayatri Chakravorty Spivak, "Subaltern Studies: Deconstructing Historiography", pp.333, 334-335, 339-341.

19) Gayatri Chakravorty Spivak, "Can the Subaltern Speak?", pp.285-286. 슈워쯔도 구하가 민족주의적/사회주의적 의식 이전의 '순수한 상태(pure state)'의 서발턴 의식을 분석하면서 그것을 서발턴의 '이론적 의식의 일반적 형태(the general form of the theoretical consciousness)'로 상정하고 있는데 이런 의식이 과연 가능하겠느냐고 비판한다[Henry Schwarz, *Writing Cultural History in Colonial and Postcolonial India* (Univ. of Pennsylvania, 1997), p. 32].

로부터도 벗어나 독자적인 목소리로 말할 수 있는, 그 목소리를 통해서 자기의 고유한 의식을 드러낼 수 있는 자율적인 역사주체로서의 서발턴이라는 개념은 불가능하며, 누구에게나 분명하고 의심할 여지없이 확인되는 단일한 목소리로 말하는 서발턴 범주를 구성하는 일은 어렵다는 것이었다.[20] 더구나 구하 본인이 말했듯이 "사건의 시간(event-time)"과 "담론의 시간(discourse-time)"의 '틈'으로 인해, 혹은 현재에 의해 조건 지워진 의식이 과거의 의식을 매개하는 것으로 인해, 재현의 부정확함이나 왜곡이 생겨날 수밖에 없다면,[21] 그것은 더더욱 어렵고 불가능한 일일지 모른다.

스피박은, 구하가 식민지 인도의 역사 속에서 서발턴의 자율적인 저항을 읽어내고 있는 것과는 달리, 인도 사회에서 오랫동안 존재해 온 '사띠(sati)'에 관한 담론이 어떻게 서발턴 여성을 침묵시키고 배제하여 왔는지를 이야기함으로써 담론 안으로의 여성의 '사라짐'을 읽어 낸다.

죽은 남편을 화장시키기 위해 쌓아 놓은 장작더미 위에서 과부가 자신의 몸을 불태우는 행위인 사띠는 고대 인도의 힌두 경전인 다르마샤스뜨라(Dharmasastra)라든가 리그 베다(Rig-Veda)에서 '예외적인' 신성한 행위 혹은 일종의 순교적 행위로 간주되었다. 힌두 종교 율법은 자살을 엄격히 금지하고 있었다. 그런데 이 신성한 행위로서의 과부의 자

---

20) Bill Ashcroft, Gareth Griffiths and Helen Tiffin, *Key Concepts in Post-Colonial Studies, London Routledge*, 1998, p.218. 존 비버리는 이렇게 말한다. "서발턴 연구는 권력에 관한 것이고, …… 권력은 재현과 연관된다. 어떤 재현들은 인식적 권능(cognitive authority)을 갖거나 헤게모니를 확보할 수 있지만, 어떤 재현들은 권능을 갖지 못하거나 헤게모니적이지 않다. 가야트리 스피박은 이 문제를 간략하게 정식화했다. 만일 서발턴이 말할 수 있다면 …… 그 서발턴은 서발턴일 수 없다."[John Beverley, *Subalternity and Representation* (Durham and London: Duke Univ. Press, 1999), p.1]

21) Ranajit Guha, "The Prose of Counter-Insurgency", p.33.

기희생을 위한 공간, 즉 과부가 남편의 죽음을 육체적으로 되풀이하는 화장용 장작더미(pyre)가 마련되자, 이 예외는 가부장적 지배구조를 낳게 되었다고 스피박은 말한다. 그 장작더미는 인도 여성이 힌두 율법을 파괴하는 범법행위를 저지르지 않고서도 자신을 '주체적으로 파괴할 수 있는' 신성한 장소가 되었고, 이 장소에서 여성의 주체성은 '합법적으로 전위'되었다. 이제 여성은 '자살'이 아닌 '자기 파괴'를 스스로 선택한 것이 되고, 그러한 행위는 그녀의 '자유 의지'로 재코드화되었으며, 이와 동시에 합법적으로 전위된 여성 주체는 저 신성한 장소에서 그녀의 남편의 소유물의 일부로 재정의된 것이다. 이렇게 사띠는 힌두 문화 안에서 인도 여성의 자유의지와 도덕적 행동의 모범으로 상징화되었고, 이와 동시에 젠더화된 여성 주체 자신의 욕망의 예외적인 기표(signifier)로, 또는 훌륭한 아내로서의 여성의 행위의 예외적인 기표로 (재)생산되었다.

그러나 사띠는 식민지하에서 다르게 재번역된다. 영국의 식민 행정가들은 사띠를 야만적인 힌두사회의 혐오스럽고 비인간적인 특성을 상징적으로 보여 주는, 그리고 인도 여성이 전통적인 인도 사회를 지배해 온 가부장적 폭력의 수동적인 희생물임을 압축적으로 보여 주는 악습으로 간주하면서, 그것의 폐지야말로 영국에 의한 인도의 근대화와 인도 여성 해방의 시작으로 해석했다. 영국은 1829년 사띠를 법적으로 금지시켰다. 그러나 스피박은 이 과정에서 식민권력과 거기에 기생한 토착 권력은 인도 여성의 주체-행위를 보호한 것이 아니라 그녀들의 몸을 이데올로기적인 전쟁터로 이용했고, 그렇게 함으로써 식민주의적 약탈과 전유를 이른바 '문명화 사명'으로 정당화했다고 공격한다. 그 관습이 힌두의 경전에서 기원하는 것인지를 확인하거나 여성들이 과연 자발적으로 불 속으로 들어갔는지에 관해 논쟁하는 식민주의자들의 담론과 가부장적인 담론들 어디에서도 인도의 여성들은 말할 수 있는 위치를 부여받지 못하고 그 담론들 안에 갇혀 사라져 버렸다는 것이다. 사띠에 관한 담론들은 서발턴 여성의 침묵이 지배 담론 안에 너무 깊게 기입되어 있어 인도 여성에 관한 어떠한 역사적 지식도 한계가 있다는 것을, 그러므로 여성의 "목소리-의식(voice-consciousness)"을 되살리는 일이 불가능하다는 것을 보여준다고 스피박은 주장한다.[22]

이렇게 스피박은 사띠에 관한 담론들이 생산된 역사적 맥락을 통해, 지배담론들이 여성에 대한 젠더화된 권력으로서 어떻게 기능해 왔고 지배담론 안에서 여성의 재현의 불가능성이 어떻게 조건지어져 왔는가 하는 문제를 제기하면서, '서발턴의 역사'의 인식론적 난점과 '서발턴의 역사'조차 '서발턴/여성'을 침묵시키게 될 가능성을 지적했던 것이다.

5. '서발터니티'와 저항적 차이의 공간

지배담론에서 서발턴은 언제나 권위적 범주들의 바깥에 있는 '순수한 외재성(a pure externality)'으로, 따라서 이해 불가능한 타자로 규정되지만, 지배담론의 재현기술은 그들을 완전히 이해할 수 있는 존재로 구성해 왔다. 하지만, 지배 권력/담론이 늘 정의해 왔듯이, 인도의 농민

22) Gayatri Chakravorty Spivak, "Can the Subaltern Speak?", pp.294-308. 18세기 후반부터 19세기 중반까지 사띠와 그것의 폐지에 관한 식민주의자들과 힌두 개혁주의자들의 견해와 논쟁에 관해서는 Amal Chatterjee, *Representations of India, 1740-1840: The Creation of Indian in the Colonial Imagination* (London: Macmillan, 1998), pp.111-124를 볼 것.

들이 근대성과 이성의 바깥에 존재하는 미신적 존재이며 비합리적 타자라면, '이성적인' 지배자들은 이들의 사유의 '미신적 내용'과 이들의 행동의 '비합리적 의미'를 어떻게 알 수 있겠는가? 그럼에도 불구하고 지배 권력/담론의 '이성'은 그들의 '비이성'을 속속들이 알기나 하는 것처럼 그들의 사유의 논리와 행동의 원인들을 재현해 왔다. 엘리트들의 역사담론이 생산한 왜곡에서 벗어나 권력의 '외재성'으로 서발턴을 이해할 수 있고 복원할 수 있다는 환상을 만들어 온 것은 바로 이러한 역설이었다.[23)]

그렇다고 해서 서발턴 민중을 권력에 자발적으로 동의하는 존재로 보거나 서발턴의 복종을 지배 헤게모니에 일상적으로 포섭된 '내재성'으로 이해하는 것, 혹은 서발턴의 저항 대 권력의 지배라는 이원론적 공간으로는 포착될 수 없는 이른바 빈 공간으로서의 '회색지대'가 존재한다고 주장하는 것 역시 지배담론의 역설이 만들어 낸 또 다른 엘리트주의적 환상일 뿐이다. '서발턴의 역사'에 대한 스피박의 개입은 서발턴의 정치의식과 주체성의 역사학적 구성/재현이라는 서발턴 연구의 기획이 그 같은 역설 혹은 환상에 사로잡힐 위험성을 경고하면서, 서발턴 농민과 정치적 지배집단의 관계가 농민의식과 그 외부의 엘리트 의식 사이의 확고한 구별에 의해 고정되는 것이 아님을 깨닫게 해준 것이었다. 요컨대 그녀는 서발턴 연구로 하여금 서발턴의 '서발터니티'의 문제를 다시/새롭게 사유하도록 촉구한 것이다.[24)]

하지만 그렇다고 해서 서발턴 연구집단과 스피박이 서로 대립하고

---

23) Gyan Prakash, "The Impossibility of Subaltern History", *Nepantla*, Vol.1, issue. 2, 2000, pp.287-288.

24) "Interview: Partha Chatterjee in Conversation with Anuradha Dingwaney Needham", pp.414-417.

있는 아니다. 앞에서 언급한 사띠 담론들에 대한 스피박의 문제의식과 논점은 서발턴 여성의 저항이 역사 속에 아예 없다거나 전혀 기록되어 있지 않다는 것이 아니라, 그에 관한 역사적 사례들이 언제나 지배적인 정치적 재현체계를 통해 이미 걸러졌다는 것, 그러므로 서발턴 여성이 죽음을 무릅쓰고 이야기할 때조차도 그녀의 목소리와 그녀의 발화행위는 들리지 않는다는 것이었다.[25] 구하에 대한 스피박의 비판도 단순히 서발턴은 역사주체로 복원될 수 없다는 것이 아니라, 역사적으로 배제되어 온 서발턴의 주체로의 복원은 본질주의적인 방식으로는 불가능하며 그런 방식으로의 복원의 가능성은 곧 불가능성의 기호이기도 하다는 점, 따라서 무엇보다 지배담론들에 의해 강제된 서발턴의 침묵의 조건들을, 지배담론들의 "양피지에 덧씌워진 보이지 않는 무늬(an invisible design covered over in the palimpsest)"를 인식해 내야 한다는 것이었다.[26] 그 침묵의 조건들이 인식될 수 있는 공간, 덧씌워져서 보이지 않는 무늬가 흔적을 남기고 있는 공간, 곧 서발턴이 역사 속에서 주체(-효과)로서 출현하고/사라지는 공간은 지배담론의 빈 공간으로서의 '차이(difference)의 공간'이라고 할 수 있다.

이 '차이'에 대한 인식에서 서발턴 연구집단의 구하와 스피박은 일종의 '긴장' 속에서 만나게 된다. 구하는 서발턴을 "인도 주민 전체와 엘리트로 불리는 자들 사이의 인구학적 차이"[27]라고 정의하고 있다. 그러한 정의는 그가 '서발턴' 개념을 단순히 일정한 사회적 집단의 '실재'

---

25) Stephen Morton, *Gayatri Chakravorty Spivak* (London & New York: Routledge, 2003), p.67.

26) Gyan Prakash, "Subaltern Studies as Postcolonial Criticism", *American Historical Review*, Vol.99, No.5, 1994, p.1486.

27) Ranajit Guha, "A Note on the terms 'elite', 'people', 'subaltern', etc. as used above", *SS* Ⅰ, p.8.

를 가리키는 것이 아니라 "권력관계 내에서의 비판적 포지션들을 지시하기 위한 일반적 개념"[28]으로, 또는 동질성, 보편성, 총체성을 강제하는 권력/담론구조 안에서 그것의 헤게모니에 포섭되지 않는 '차이의 공간'과 '모순적 틈새'를 만들어 내는 정치적, 이론적 비판의 전략적 근거지의 의미를 갖는 것으로 간주하고 있음을 보여 준다. 그러므로 구하가 서발턴을 역사 속으로 불러내고 있는 "또 다른 영역(the other domain)" 역시 '차이의 공간'이다.[29]

따라서 구하나 스피박 모두 서발턴 개념을 "지배자들로부터의 자율성은 아니더라도 근본적인 이질성"을 가리키는 것으로, 통제와 전유를 강제하는 동질화와 규범화에 근본적으로 포섭될 수 없다는 것을 지시하는 것으로 본다는 점에서는 입장을 같이 하고 있다. 다시 말해 둘 모두 지배권력/담론의 구조 안에 얽혀 있으되 그것의 작동 속에서 드러나는 서발턴의 '차이'에 주목하고 있는 것이다.

그렇다면 "서발턴이 역사 속에 등장할 가능성의 조건으로서의 차이"[30]란 무엇인가? 그것은 지배담론의 "덮어씌움(wraps)" 안에서 그것의 "엉클어짐(entanglement)"으로부터 출현하는 차이, 지배담론의 작동의 틈새와 모순 혹은 그것의 과장된 발화와 침묵 안에서 그것들의 효과로 출현하여 지배담론에 압력을 가하는 "저항적 차이(a recalcitrant difference)"라고 할 수 있다.[31] 다시 말해 '저항적 차이'란, 지배담론의

---

28) Gyan Prakash, "The Impossibility of Subaltern History", p.287.

29) Ranajit Guha, "Introduction", Ranajit Guha, ed. *A Subaltern Studies Reader 1986-1995* (Mineapolis & London: Univ. of Minnesota Press, 1997), p. xvii.

30) Gyan Prakash, "Can the 'Subaltern' Ride? A Reply to O'Hanlon and Washbrook", p.184.

31) Gyan Prakash, "Subaltern Studies as Postcolonial Criticism", p.1481; "The Impossibility of Subaltern History", p.294.

헤게모니 안에 머물 수밖엔 없지만 그 안에서 지배담론의 구조에 균열을 내고 그 내부를 파열시킬 수 있는 근거지, 그 '내부의 외부'인 것이다.

그러므로 '저항적 차이'로 출현하는 서발턴의 '서발터니티'란 지배체제의 내부에서 표면화하는 '제어불가능성', 지배담론/권력이 완전히 전유할 수 없는, 그리고 지배의 포획에 저항하는 '타자성(otherness)'이 된다. 지배권력/담론은 서발턴을 근본적으로 전유할 수 없기에 오직 서발터니티의 '실증적 현존'만을, 혹은 통제할 수 없는 서발터니티의 '인상들(impressions)'만을 기록할 수 있을 뿐, 결코 서발터니티 자체를 온전히 포착할 수 없다. 서발터니티가 이렇듯 지배권력/담론 안에서 분출하여 그것의 '한계'를 표시하는 것이라면, 서발턴은 지배권력/담론에 완전히 통합되지 않기에 그 안에서 '부분적이고 불완전하고 뒤틀린' 상태로 현존하는 것이고, 또 그 같은 현존 자체가 서발턴을 지배 엘리트와 분리시킴과 동시에 그들에게 위협이 되게 만드는 것이다. 그러므로 서발턴의 '서발터니티'란 지배권력/담론으로부터 침해받지 않는 외재성이 아니라, 지배권력/담론의 기능과 작동에서 모순과 탈구를 만들어내고 지배권력/담론에 대한 내재적 비판의 원천을 제공할 수 있는 "대항헤게모니의 가능성(counterhegemonic possibilities)"[32]을 의미한다.

6. '서발턴 히스토리'로서의 '서발턴의 역사'

'서발턴의 역사'는 단순히 서구 제국주의가 남겨 준 민족주의나 전통

32) Gyan Prakash, "The Impossibility of Subaltern History", p.288.

적 마르크스주의 역사학의 서구중심주의와 엘리트주의에서 서발턴들을 구출하여 그들의 역사를 이른바 그들의 '입장'에서 재현하는 것, 혹은 엘리트주의적인 지배담론에서 무시당하고 잊혀진 서발턴들을 지배담론의 텍스트에 대한 결을 거스르는 독해를 통해 찾아내고 역사의 무대 위에 주인공으로 올려놓는 것, 요컨대 지배담론 바깥에 있고 그것에 포획되지 않는 자율적 역사 주체로서 서발턴의 일대기를 쓰는 것이 될 수는 없다. 그런 의미에서 식민 역사학의 '전복적 대체물' 혹은 '외재적 대립물'로서의 포스트식민적인 '서발턴의 역사'는 불가능하다.

서구의 오랜 식민주의 지배와 오늘날 자본의 전지구적 지배의 효과로 인해, 서구의 근대(성)와 자본의 역사에서 유래하는 개념들 없이 비서구의 역사와 사회를 사유/서술하기는 어렵다. 그러한 조건하에서 '서발턴의 역사'는 서구에서 기원하는 근대 역사학의 '서발턴'일 수밖에 없고, 그런 의미에서 '서발턴의 역사'는 '서발턴 히스토리(subaltern history)'일 수밖에 없다.

그러나 동시에 '서발턴 히스토리'의 '서발터니티'는 지배적인 식민적/근대적 역사담론에 저항하며 그것을 '탈구축'함으로써 그것의 완성을 저지한다. '서발턴 히스토리'가 지향하는 '탈구축'은 식민적/근대적 역사담론의 총체성의 구조를 균열시키고, 그것의 담론적 완결성에서 오히려 그 폐쇄성을 읽어 내고, 그 담론의 작동을 어긋나게 할 수 있는 징후들을 탐색하는 것을 말한다. 혹은 식민담론이 타자에게 부여한 본질을 벗겨내기 위해 그 본질에 포섭되지 않는 '차이'를 드러내는 것을 말한다. 물론 식민담론이 강제하는 '보편'이나 '근본'을 완전히 폐기할 수는 없다. 그러나 식민담론이 타자를 근본주의적인 기원들로 환원시키거나 타자의 보편주의적 현존을 이야기하는 것을 경계하고 심문하면서, 그것이 강제하는 보편적 동일성이 아니라 이질성을, 그것에 통합되지 않을 가능성의 조건으로서의 '차이'에 주목하고 그것으로부터 지배담론에 대항할 수 있는 근거지를 찾는 것, 이것이 '탈구축'인 것이다.[33]

물론 이 이질성과 차이에 주목하는 '서발턴 히스토리'는 식민담론의 지배 안에 있기 때문에 식민담론의 언어를 차용할 수밖에 없다. 하지만 서발턴을 역사과정에서 아예 삭제하거나 아니면 민족 형태로든 계급형태로든 동질적 주체인 것처럼 구성해 온 식민담론의 재현을 심문하기 위해, 또는 그것이 권력으로서 발휘해 온 지배효과를 분석하기 위해, 그 언어를 '전위'시켜 비판적으로 재전유할 필요가 있다. 이를 통해 서구의 근대성과 그로부터 유래하는 식민적 지식형태들이 (비)서구의 지적, 문화적, 정치적 무대에서 어떻게 이데올로기적으로 공연되는지를 분석하고, 그 공연과정에서 드러나는 그것들의 어긋남과 자가당착과 황당함을 밝혀내야 한다.

그럴 때 서발턴은 바로 그 같은 식민담론의 번역과 작동과 공연의 과정이 보여 주는 모순적 틈새에서 그것의 효과로 등장하거나 혹은 모순적 효과를 만들면서, 다시 말해 '차이의 공간'을 만들면서 등장하게 될 것이다. 그러나 '서발턴 히스토리'에서 서발턴은 역사 속의 차이의 공간에 등장하자마자, 혹은 얼마 후에, 지배담론의 덧씌움 때문에 다시 지배담론 안으로, 그 덧씌움 안에 흔적을 남기면서 사라지게 될 것이다. 마치 하나의 삽화를 남기듯이.

서발턴은 식민담론이 구성하는 자본-권력의 역사에서 언제나 지배에 종속되어 있으므로, 지배담론의 동질화, 전체화, 보편화 전략에 포박되어 지배담론의 이데올로기를 내면화하게 되므로, 또 다른 권력관계(=지배/종속관계)를 젠더, 인종, 종교, 지역 등의 측면에서 모방하면

33) Gyan Prakash, Gyan Prakash, "Can the 'Subaltern' Ride? A Reply to O'Hanlon and Washbrook", p. 184.

서 '서발턴의 서발턴'을 재생산한다. 그런 의미에서 서발턴은 '서발턴적'이지만, 그러나 동시에 그 지배의 완성을 지연시키고 그것을 균열시키며 지배구조 안에서 차이의 공간을 만들어 낸다. 그렇기 때문에 서발턴은 '양가적'이며, '혼성적'이며, '이질적'이다. 이러한 서발턴은 식민지배담론이 상연되는 과정의 담론적 전위와 탈구의 계기에서 간헐적으로, 파편적으로, 우발적으로, 단속적(斷續的)으로, 불규칙적으로 출현하므로, 이들의 역사적 현존을 질서정연한 인과 연쇄적 논리구성과 단일한 역사주의적 시간구성 위에 배치할 수 없고, 식민담론의 외부에서 고유한 의식을 갖는 일관된 주체 행위자로 구성해 낼 수 없다.

그렇다면 저 양가적이고 혼성적인 서발턴이 저항적 차이와 타자성의 흔적을 드러내면서 역사 속에서 출현하는 '서발턴의 서발턴 히스토리'를 어떻게 서술할 것인가? 그 서술 형식은 아카데미 안에서 제도화된 기존의 '역사학적' 담론형식으로는 아무래도 불가능할 것이다. 아마도 그것은 기존 역사학의 경계를 위반하거나 넘어서는, 일종의 '포스트역사학적 형식(posthistorigraphical form)'이 되어야 하는 것은 아닐까?

출처

이 책에 실린 논문들은 저자들의 선행 논문을 일부 수정·보완하여 작성된 글이다. 출처는 다음과 같다.

第1部 전통사회의 구조와 국가질서의 형성

- 한영화 | 7~8세기 신라의 형률과 그 운용으로 본 군신관계
  출처: 『한국고대사연구』 44, 2006

- 박재우 | 고려전기 군신(君臣)의 위상과 역할에 대한 관념
  출처: 『한국사연구』 132, 2006

- 하원수 | 당대(唐代) 진사과(進士科)의 등장과 그 변천
  출처: 『사림』 36, 2010

- 구태훈 | 일본 근세 무사의 직분과 '병농공상'의 사회
  출처: 『사림』 9, 1993

제2부 근대 전환기의 사회변동과 근대적 질서의 모색

■ 조성산 | 18세기 후반~19세기 전반 주자학적 지식체계의 균열과 그 의미
출처: 『역사교육』 110, 2009

■ 임경석 | 3·1운동 전후 한국 민족주의의 변화
출처: 『역사문제연구』 4, 2000

■ 박기수 | 청 말 광주(廣州)의 생사·비단 제품 수출에 대한 기초적 연구
출처: 『明淸史硏究』 30, 2008

■ 정현백 | 20세기 전환기 독일의 근대국가와 성매매 여성
출처: 『사림』 34, 2009

제3부 현대사회의 균열과 비판적 역사이론의 대두

■ 후지이 다케시 | 해방 직후~정부 수립기의 민족주의와 파시즘
출처: 『역사문제연구』 24, 2010

■ 이찬행 | 톰슨(E. P. Thompson)의 계급형성 이론과 '경험'
출처: 『사림』 14, 2000

■ 김택현 | 포스트식민 역사(학)의 (불)가능성?: '서발턴의 역사'와 '서발턴 히스토리'
출처: 『역사와 문화』 12, 2006

찾아보기

【ㄱ】

【ㄴ】

【ㄷ】

【ㄹ】

【ㅁ】

【ㅂ】

【ㅅ】

【ㅇ】

【ㅈ】

【ㅊ】

【ㅌ】

【ㅍ】

【ㅎ】

【기타】

필자소개(논문게재순)

한영화 | 성균관대학교 사학과 Post-Doc 연구원
성균관대학교 사학과 박사(한국고대사 전공)
주요 저서 및 논문으로는 『고대 동아시아 재편과 한일관계』(공저, 경인문화사, 2010), 「신라 사면의 의례와 공간」(『역사와 현실』 94, 2014), 「6~7세기에 나타나는 삼국 형률의 적용 양상과 특징」(『사림』 50, 2014), 「한국 고대사회의 형벌권의 추이－'율령' 반포 이전을 중심으로」(『한국사학보』 27, 2012), 「『삼국지』 동이전에 보이는 한국 고대사회의 俗과 法」(『사림』 43, 2012) 등이 있다.

박재우 | 성균관대학교 사학과 교수
서울대학교 사학과 박사(한국중세사, 고려사 전공)
주요 저서 및 논문으로는 『고려전기 대간제도 연구』(새문사, 2014), 『고려 중앙정치제도사의 신연구』(공저, 혜안, 2009), 『고려 국정운영의 체계와 왕권』(신구문화사, 2005), 「고려 최씨정권의 정국 운영과 성격」(『한국중세사연구』 40, 2014), 「고려후기 인사행정과 인사문서에 대한 비판적 검토」(『한국사연구』 162, 2013), "Consultative Politics and Royal Authority in the Goryeo Period"(*Seoul Journal of Korean Studies*, Vol.24, No.2, 2011) 등이 있다.

▪ **하원수** | 성균관대학교 사학과 교수
서울대학교 사학과 박사(중국 고·중세사 전공)
주요 저서 및 논문으로는 『사료로 보는 아시아사』(공저, 위더스북, 2014), 『천성령 역주』(공저, 혜안, 2013), 『역주 중국정사 외국전』(공저, 동북아역사재단, 2009), 「魏晉南北朝 時期의 "士"에 관한 一試論-日本學界에서의 "貴族"論 에 대한 再檢討를 중심으로」(『대동문화연구』 80, 2012), 「科擧制度의 多重性:傳統의 近代的 解釋과 관련한 一試論」(『사림』 39, 2011), 「唐代 進士科의 登場과 그 變遷-科擧制度의 歷史的 意義 再考」(『사림』 36, 2010) 등이 있다.

▪ **구태훈** | 성균관대학교 사학과 교수
일본 쓰쿠바(筑波) 대학 박사(일본 근세사)
주요 저서 및 논문으로는 『일본사 키워드 30』(재팬리서치21, 2012), 『일본사 이야기』(재팬리서치21, 2012), 『일본문화 이야기』(재팬리서치21, 2012), 『일본제국, 일어나다』(재팬리서치21, 2010), 『일본제국, 무너지다』(재팬리서치21, 2010), 「일본적 유학의 성립과 그 의미」(『사림』 42, 2010), 「德川時代 초기의 天道思想과 道理觀念」(『日本歷史研究』 10, 1999) 등이 있다.

▪ **조성산** | 성균관대학교 사학과 교수
고려대학교 사학과 박사(한국중세사, 조선사 전공)
주요 저서 및 논문으로는 『19세기 조선의 문화구조와 동역학』(공저, 소명출판, 2013), 『조선후기 탕평정치의 재조명(하)』(공저, 태학사, 2011), 『조선 후기 낙론계 학풍의 형성과 전개』(지식산업사, 2007), 「18세기 후반 李喜經·朴齊家의 북학사상 논리와 古學」(『역사교육』 130, 2014), 「16~17세기 北人 學風의 변화와 事天學으로의 전환」(『朝鮮時代史學報』 71, 2014), "Discursive Structures and Cultural Features of Nak-ron Thought in Late Joseon Korea"(*Korea Journal*, vol.51, No.1, 2011) 등이 있다.

임경석 | 성균관대학교 사학과 교수
성균관대학교 사학과 박사(한국근대사 전공)
주요 저서 및 논문으로는 『시대를 앞서 간 사람들』(공저, 선인, 2014), 『모스크바 밀사: 조선 공산당의 코민테른 가입 외교, 1925-1926년』(푸른역사, 2012), 『한국근대외교사전』(공편, 성균관대학교출판부, 2012), 「13인회 연구」(『역사와 현실』 94, 2014), 「두 밀사－경성지방법원 정재달·이재복 사건기록과 그 실제」(『역사비평』 109, 2014), 「일본인의 조선 연구: 사상검사 이토 노리오(伊藤憲郎)의 사회주의 연구를 중심으로」(『한국사학사학보』 29, 2014) 등이 있다.

박기수 | 성균관대학교 사학과 교수
성균관대학교 사학과 박사(중국 근대사 전공)
주요 저서 및 논문으로는 『중국 전통 상업관행과 금융의 발전』(공저, 한국학술정보, 2013), 『遺大投艱集: 紀念梁方仲教授誕辰一百周年』(공저, 廣東人民出版社, 2012), 『중국 전통상인과 근현대적 전개』(공저, 한국학술정보, 2010), 「최근의 한중관계사·한일관계사 연구의 쇄도와 새로운 동양사 연구 방향의 탐색」(『歷史學報』 223, 2014), 「淸代 行商의 紳商的 성격」(『대동문화연구』 80, 2012), 「葛藤·協力·隸屬: 淸代 廣東對外貿易中의 行商과 東印度會社의 關係를 중심으로」(『명청사연구』 36, 2011) 등이 있다.

정현백 | 성균관대학교 사학과 교수
독일 보쿰(Bochum) 대학교 박사(독일 현대사 전공)
주요 저서 및 논문으로는 『젠더와 사회: 15개의 시선으로 읽는 여성과 남성』(공저, 동녘, 2014), 『여성주의 연구의 도전과 과제: 각 학문 영역에서 이뤄온 여성 연구의 과거·현재·미래』(공저, 한울, 2013), 『한반도는 통일 독일이 될 수 있을까?』(공저, 송정문화사, 2010), 「주거현실과 주거개혁 정치－19세기 말에서 바이마르공화국까지의 독일을 중심으로」(『역사교육』 132, 2014), 「독일여성사 서술의 현황과 과제」(『여성과 역사』 21, 2014), 「독일제국과 식민지 폭력: 남서아프리카 헤레로 봉기(1904-1907)를 중심으로」(『독일연구』 26, 2013) 등이 있다.

후지이 다케시 | 성균관대학교 사학과 연구교수
성균관대학교 사학과 박사(한국 현대사 전공)
주요 저서 및 논문으로는 『파시즘과 제3세계주의 사이에서: 족청계의 형성과 몰락을 통해 본 해방8년사』(역사비평사, 2012), 『죽엄으로써 나라를 지키자: 1950년대, 반공·동원·감시의 시대』(공저, 선인, 2007), 「당국체제의 연쇄: 동아시아 내전과 냉전」(『동북아역사논총』 43, 2014), 「1950년대 반공 교재의 정치학」(『역사문제연구』 30, 2013), 「ファシズムと第三世界主義のはざまで: 冷戰形成期における韓國民族主義」(『歷史學硏究』 868, 2010), [역서] 『다미가요 제창』(삼인, 2011) 등이 있다.

이찬행 | 성균관대학교 사학과 Post-Doc 연구원
미국 뉴욕주립대(State University of New York at Stony Brook) 박사(미국사 전공)
주요 저서 및 논문으로는 *Korean American History*(Co-authored, Korean Education Center in Los Angeles, 2009), 「『폴링 다운』(*Falling Down*)과 분노한 백인 남성의 로스앤젤레스 오디세이」(『미국학논집』 46, 2014), 「두순자-할린스 사건에 관한 연구」(『미국사연구』 38, 2014), 「칼라 블라인드: 1960년대 중반 이후 미국의 자유주의적 인종주의에 관한 연구」(『서양사론』 120, 2014), "'An Invisible Design': Asian Americans and the Making of Whiteness in the Early Twentieth Century"(『도시연구: 역사·사회·문화』 11, 2014) 등이 있다.

김택현 | 성균관대학교 사학과 교수
성균관대학교 사학과 박사(서양 근대사, 역사이론 전공)
주요 저서 및 논문으로는 『트리컨티넨탈리즘과 역사』(울력, 2012), 『서발턴과 역사학 비판』(박종철출판사, 2003), 「역사학 비판으로서의 서발턴 역사: 라나지트 구하의 역사작업에 대하여」(『사림』 49, 2014), 「홉스봄의 시선: 제국주의와 '제3세계'」(『영국연구』 30, 2013), 「왜곡과 오용으로 헤겔 구하기」(『서양사론』 118, 2013), [역서] 『역사란 무엇인가』(까치, 2015), [역서] 『유럽을 지방화하기: 포스트식민 사상과 역사적 차이』(그린비, 2014) 등이 있다.